¿Cómo va la vida? 2015

MEDICIÓN DEL BIENESTAR

OCDE

MEJORES POLÍTICAS PARA UNA VIDA MEJOR

El presente trabajo se publica bajo la responsabilidad del Secretario General de la OCDE. Las opiniones expresadas y los argumentos utilizados en el mismo no reflejan necesariamente el punto de vista oficial de los países miembros de la OCDE.

Tanto este documento como cualquier mapa que se incluya en él no conllevan perjuicio alguno respecto al estatus o la soberanía de cualquier territorio, a la delimitación de fronteras y límites internacionales, ni al nombre de cualquier territorio, ciudad o área.

Por favor, cite esta publicación de la siguiente manera:
OCDE (2015), *¿Cómo va la vida? 2015. Medición del bienestar*, OECD Publishing, París.
http://dx.doi.org/10.1787/9789264240735-es

ISBN 978-92-64-24074-2 (impresa)
ISBN 978-92-64-24073-5 (PDF)

Los datos estadísticos para Israel son suministrados por y bajo la responsabilidad de las autoridades israelíes competentes. El uso de estos datos por la OCDE es sin perjuicio del estatuto de los Altos del Golán, Jerusalén Este y los asentamientos israelíes en Cisjordania bajo los términos del derecho internacional.

Publicado por la OCDE en inglés y francés con los títulos:
How's Life? 2015. Measuring Well-being / Comment va la vie ? 2015. Mesurer le bien-être

Traducción: Gilda Moreno Manzur
Edición: Laura Milena Valencia E.
Coordinación Editorial: Centro de la OCDE en México para América Latina

Prefacio

El informe *¿Cómo va la vida?* forma parte de la Iniciativa para una Vida Mejor de la OCDE, orientada a fomentar "Mejores Políticas para una Vida Mejor", acordes con la misión general de la OCDE. Se trata de un informe estadístico publicado cada dos años que presenta una gran diversidad de resultados de bienestar, así como la manera en que varían con el tiempo, entre grupos de población y entre países. La evaluación se basa en un marco multidimensional que cubre 11 dimensiones de bienestar y cuatro tipos de recursos que ayudan a sostener el bienestar a lo largo de los años. Cada tema incluye también capítulos especiales que aportan un análisis en profundidad de aspectos específicos del bienestar. La edición 2015 abarca el bienestar de los niños, el papel que el voluntariado desempeña en el bienestar y la medición del bienestar a nivel regional.

El informe fue preparado por la Unidad de Bienestar y Progreso de la Dirección de Estadísticas de la OCDE, con aportaciones de la División de Políticas Sociales de la Dirección de Empleo, Trabajo y Asuntos Sociales (Capítulo 4) y la División de Políticas de Desarrollo Regional de la Dirección de Gobernanza Pública y Desarrollo Territorial (Capítulo 6). Algunas otras direcciones de la OCDE contribuyeron también con datos para este informe; a todas ellas se les agradece su colaboración y recomendaciones.

Los autores principales de cada uno de los capítulos fueron Carlotta Balestra (Capítulo 5); Monica Brezzi y Paolo Veneri (Capítulo 6); Carrie Exton (Capítulos 1, 2 y 3); y Dominic Richardson y Clara Welteke (Capítulo 4). Se agradece a Elena Tosetto su gran apoyo estadístico y asistencia en investigación, en especial para los Capítulos 2 y 3. Nuestro agradecimiento también para Anne-Charlotte Boughalem y Eric Gonnard por su apoyo estadístico y asistencia en investigación para los Capítulos 3 y 6, respectivamente. Carrie Exton fue líder del proyecto, el cual fue supervisado y editado por Romina Boarini, Marco Mira d'Ercole y Martine Durand. Martine Zaida, coordinadora de comunicación del proyecto *How's Life?*, aportó un apoyo esencial a lo largo del proceso. Se agradece a Sophia Schneidewind la preparación de las notas de país que acompañan esta publicación. Nuestro agradecimiento para Willem Adema, Rolf Alter, Joaquim Oliveira Martins, Monika Quiesser, Paul Schreyer, Peter van de Ven y la División de Salud de la OCDE por sus comentarios sobre los textos preliminares de varios capítulos. Sue Kendall-Bilicki, Vincent Finat-Duclos y Patrick Hamm proporcionaron apoyo editorial para la publicación en inglés. Alejandro Camacho y Laura Milena Valencia coordinaron la traducción y publicación de la edición en español, con la asistencia de Marcos Díaz Ramírez, Joshua Monje-Jelfs y Pedro Carranza. Nuestro reconocimiento y agradecimiento a todos ellos por su valiosa ayuda, así como a muchas otras personas que, de manera menos visible, contribuyeron a la publicación de este libro.

Por último, el informe se benefició de los comentarios, sobre textos preliminares, aportados por delegados nacionales al Comité de Estadísticas y Política Estadística de la OCDE (todos los capítulos), así como al Grupo de Trabajo sobre Política Social (Capítulo 4) y el Grupo de Trabajo sobre Indicadores Territoriales (Capítulo 6). Sus contribuciones y sugerencias se agradecen.

Editorial: una vida mejor, hoy y mañana

La inversión en el bienestar del mañana comienza hoy

El final de 2015 estará marcado por dos momentos decisivos para el bienestar de las generaciones por venir: el acuerdo sobre el conjunto final de Objetivos de Desarrollo Sostenible en la Asamblea General de las Naciones Unidas en Nueva York, así como la Conferencia de las Naciones Unidas sobre el Cambio Climático de París (COP21), oportunidad para que los líderes del mundo emprendan acciones encaminadas a atender los riesgos del cambio climático. Estos dos acontecimientos centrarán la atención en la importancia de encontrar nuevas maneras de asegurar y mejorar el bienestar actual sin poner en riesgo las oportunidades de bienestar futuras de nuestros niños.

Para tomar buenas decisiones de inversión para el futuro debemos, entre otras cosas, contar con información adecuada sobre el presente. *How's Life?* (*¿Cómo va la vida?*), publicado por primera vez en 2011, es un informe pionero que resume una amplia variedad de indicadores de bienestar y pone al alcance de los diseñadores de políticas públicas y de los ciudadanos los datos más recientes sobre los avances de la OCDE y países asociados. Además de presentar el estado del bienestar actual, esta tercera edición del informe ofrece un primer vistazo de las perspectivas del bienestar futuro al estudiar tres áreas clave. Primero, considera algunas reservas de recursos naturales, humanos, sociales y económicos que pueden medirse actualmente y que moldearán los resultados de bienestar en el futuro. Segundo, presenta resultados de bienestar para los niños, cuyas oportunidades de vida para el futuro se verán afectadas por sus condiciones de vida actuales. Tercero, se enfoca en el voluntariado, que es una forma clave de inversión en capital social, el cual aporta dividendos tanto para los voluntarios como para la sociedad en general, ahora y en el futuro.

Todos los países pueden mejorar sus resultados de bienestar

El análisis de los puntos fuertes y débiles relativos al bienestar entre los países de la OCDE, presentado en este informe, muestra que, si bien algunos países obtienen mejores resultados que otros en una amplia gama de indicadores de bienestar, ninguno lo tiene todo. Por lo general, algunos aspectos del bienestar (como el ingreso familiar, el patrimonio, el empleo y la satisfacción ante la vida) son mejores en los países de la OCDE con altos niveles de PIB per cápita; sin embargo, algunos países con un PIB alto aún afrontan retos en lo que se refiere a balance vida-trabajo, riesgo de desempleo, seguridad personal y baja esperanza de vida. Un resultado notable, mostrado en este reporte, es el referente a cuán diferentes pueden ser los resultados de bienestar entre países con niveles de PIB per cápita muy similares. Este resultado reafirma la importancia de prestar más atención a los múltiples factores que van *más allá del PIB* y que conforman las experiencias de vida de las personas. También implica que hay oportunidades para los países con niveles similares de desarrollo económico de aprender el uno del otro "qué es lo que funciona" para lograr un crecimiento más incluyente y un mejor nivel de bienestar.

El trabajo de voluntariado aporta beneficios mutuos

El voluntariado contribuye de forma importante, aunque "oculta", al bienestar, produciendo bienes y servicios que no se incluyen en las estadísticas económicas convencionales, y generando capital social mediante el fomento de la cooperación y la confianza. La suma del valor del tiempo que las personas dedican al voluntariado en los países de la OCDE representa aproximadamente 2% del PIB al año, en promedio.

No es de extrañar que las personas que tienen más para sí mismas puedan permitirse dar más a otros: las tasas de voluntariado tienden a ser más altas entre quienes ocupan una mejor posición económica, quienes tienen niveles educativos más altos, y quienes tienen empleo (en relación con los desempleados). Además, aquellos que dedican tiempo a su comunidad también reciben algo a cambio: los voluntarios se benefician de los conocimientos y competencias promovidos por el trabajo de voluntariado y se sienten más satisfechos con la vida en su conjunto. Este círculo virtuoso de voluntariado ofrece beneficios mutuos de bienestar. Por otra parte, también aumenta el riesgo de excluir a aquellos que tienen menos recursos para comenzar en esta dinámica virtuosa. Por consiguiente, es prioritario generar oportunidades de voluntariado para un rango mayor de personas, por ejemplo, mediante iniciativas públicas como el *Service Civique* en Francia.

Las desigualdades en el bienestar van mucho más allá del ingreso y el patrimonio

La desigualdad en el ingreso ha sido ampliamente documentada tanto para los países de la OCDE como para los países emergentes; no obstante, la nueva información sobre las desigualdades en el *patrimonio familiar neto* es aún más impactante. En promedio en los 17 países de la OCDE para los cuales se cuenta con datos, las familias del 1% superior de la distribución tienen un patrimonio mayor que el de todas las familias del 60% inferior combinadas. En esos mismos países, el patrimonio se distribuye de forma mucho menos equitativa que el ingreso: mientras que el 10% superior en la distribución del ingreso percibe el 25% del ingreso total, el 10% superior en la distribución del patrimonio posee el 50% del patrimonio total.

No obstante, las desigualdades en el bienestar van mucho más allá del ingreso y el patrimonio. En este informe se presentan diferentes perspectivas sobre las brechas de bienestar. Una de ellas incluye las *grandes diferencias en el bienestar entre las regiones* de un solo país, brechas que pueden ser tan o más grandes que las diferencias entre países de la OCDE. Por ejemplo, las tasas de empleo regional en Italia varían de 40% en Campania a 73% en Bolzano; brecha similar a la observada entre la tasa de empleo nacional de Grecia (49%) e Islandia (82%). El lugar de residencia de las personas influye en la calidad del aire que respiran, los servicios a los que tienen acceso y el nivel prevaleciente de desigualdad de ingresos. Teniendo en cuenta que en los países de la OCDE cerca de 40% del gasto público y dos tercios de la inversión pública son llevados a cabo por gobiernos sub-nacionales, la dimensión regional del bienestar no debe pasarse por alto.

Las *desigualdades intergeneracionales* en el bienestar se pueden expresar a través de muchas y diversas formas. En promedio, las personas menores de 30 años tienen más probabilidades que las de 50 o más de sentir que tienen amigos o familiares con los que pueden contar cuando lo necesiten. Asimismo, es mucho más probable que la generación más joven de adultos en edad productiva haya terminado la educación media superior, en comparación a las generaciones anteriores. Sin embargo, estas ventajas no implican necesariamente mejores oportunidades económicas para los jóvenes. En dos tercios de los países de la OCDE, los jóvenes (de 15 a 24 años) tienen más probabilidades que los trabajadores en su etapa más productiva (de 25 a 54 años) de estar desempleados por un año o más, y en los peores casos la tasa de desempleo de largo plazo es más del doble entre los trabajadores más jóvenes. Además, el fuerte aumento del desempleo de largo plazo que ha venido ocurriendo desde 2009 en varios países a menudo ha afectado desproporcionadamente a los jóvenes. Esta situación representa un factor de riesgo importante para el bienestar futuro.

No todos los niños inician la vida de la mejor forma posible

Ofrecer a los niños un buen inicio en la vida es muy importante no solo para su bienestar presente, sino también para mejorar sus oportunidades de bienestar en etapas posteriores. La evidencia analizada en este informe muestra que a algunos niños se les brinda un comienzo mucho mejor que a otros. La pobreza en términos de ingresos afecta a 1 de cada 7 niños en la zona de la OCDE y 10% de los niños pertenece a familias desempleadas. Alrededor de 1 de cada 10 niños de 11, 13 y 15 años de edad informa haber sido víctima del acoso escolar por lo menos dos veces en los últimos dos meses, y este porcentaje se eleva a más de 15% en algunos países.

El entorno socioeconómico ocupa un lugar preponderante en las disparidades en el bienestar de los niños. Una mejor condición económica de la familia se relaciona con una mejor salud para los niños, así como una vida escolar más feliz. A la inversa, los niños de familias menos ricas se sienten más presionados en la escuela, reportan que la escuela les gusta poco, piensan que pocos compañeros son amables y serviciales, además de tener más probabilidades de ser víctimas de acoso en la escuela. Aunado a esto, la satisfacción ante la vida, las competencias en la lectura y solución de problemas, la comunicación con sus padres y la intención de votar también son más bajas para los niños de familias con una condición socioeconómica inferior.

Los países con mejores condiciones para los niños a menudo también tienen mejores condiciones para los adultos, aunque los resultados de bienestar para ambos grupos no siempre coinciden. En la mayoría de los países de la OCDE, la tasa de pobreza de los niños es más alta que la de la población en general. Por otro lado, algunos países que tienen un desempeño comparativamente bueno en términos del bienestar en los adultos, tienen un desempeño más bajo en el bienestar de los niños. Esto implica que para mantener en el tiempo los niveles de bienestar que los adultos de hoy disfrutan, estos países necesitan ofrecer mejores condiciones de vida para su población infantil.

Enfocarse en el futuro

Para una gestión eficaz, es necesario vigilar hoy los recursos para el bienestar futuro. Esta edición de *¿Cómo va la vida?* incluye por primera vez un conjunto de indicadores ilustrativos de elementos de las "reservas de capital" natural, humano, social y económico que contribuyen al bienestar tanto presente como futuro. Se destacan algunos de los principales factores de riesgo en estas áreas, desde las crecientes concentraciones de gases de efecto invernadero en la atmósfera hasta la creciente obesidad, y desde las recientes caídas en la confianza en los gobiernos hasta los bajos niveles de inversión en activos económicos (como edificios, infraestructura, maquinaria y equipo). Si bien la panorámica actual es solo parcial, agrupar esta información en un único sitio y mostrar tendencias comparativas en el tiempo y entre países ofrece una nueva perspectiva de los logros actuales en el bienestar y las posibilidades de mantenerlos a lo largo del tiempo.

Mejor información para una vida mejor

El trabajo de la OCDE sobre el bienestar hace hincapié en que las nuevas fuentes de datos (que varían entre datos sobre el patrimonio familiar y su distribución, la calidad del empleo, y el bienestar subjetivo) son fundamentales para comprender el progreso en nuevas y diversas formas. En cada una de las dimensiones del bienestar hay todavía mucho por hacer para mejorar la calidad y la comparabilidad de la información disponible. El aspecto positivo es que nuestra capacidad para medir los avances hacia una vida mejor se incrementa con rapidez. La integración de esta amplia gama de información puede servir de base para desarrollar un enfoque más holístico en la elaboración de políticas públicas, que es el objetivo en las iniciativas de la OCDE de Crecimiento Incluyente y de Nuevos Enfoques ante los Retos Económicos. Asimismo, los nuevos Objetivos de Desarrollo Sostenible de la ONU darán un nuevo empuje para lograr mejores políticas para una vida mejor a nivel mundial, políticas que habrán de apuntalarse con mejor información incluso en áreas que tradicionalmente han quedado fuera del ámbito de las estadísticas oficiales. El trabajo continúa.

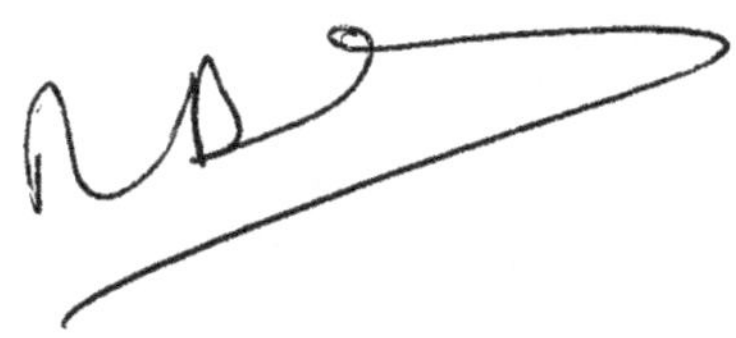

Estadística en Jefe de la OCDE

Directora del Departamento de Estadística de la OCDE

Índice

Cuadros

Gráficas

Recuadros

Siga las publicaciones de la OCDE en:

http://twitter.com/OECD_Pubs

http://www.facebook.com/OECDPublications

http://www.linkedin.com/groups/OECD-Publications-4645871

http://www.youtube.com/oecdilibrary

http://www.oecd.org/oecddirect/

Este libro contiene...

StatLinks

¡Un servicio que transfiere ficheros Excel® utilizados en los cuadros y gráficos!

Busque el logotipo *StatLinks* en la parte inferior de los cuadros y gráficos de esta publicación. Para descargar la correspondiente hoja de cálculo Excel®, solo tiene que introducir el enlace en la barra de direcciones de su navegador incluyendo primero el prefijo *http://dx.doi.org* o bien haga clic en el enlace de la versión electrónica.

Guía del lector

Estipulaciones

- En cada gráfica, los datos mostrados para la OCDE y la UE OCDE son promedios simples de los países, correspondientes a estos grupos, que aparecen en cada gráfica, a menos que se indique lo contrario. Cuando no se cuenta con datos de los 34 países de la OCDE se especifica en la gráfica el número de países incluidos para el cálculo (por ejemplo, OCDE 33). Cuando las gráficas muestran cambios en el tiempo, los promedios de la OCDE se calculan utilizando únicamente los países con datos disponibles para todos los puntos en el tiempo relevantes.
- Cuando se utilizan promedios de la OCDE ponderados por la población, esto se especifica en las notas de la gráfica y se refieren a la media, ponderada de acuerdo con el tamaño de la población en diferentes países, como porcentaje de la población total de la OCDE. El procedimiento asigna más peso a los países con una población mayor en relación con aquellos con una población de menor tamaño, y permite hacer deducciones sobre el "ciudadano promedio de la OCDE" (en vez de enfocarse en el "país promedio de la OCDE").
- En cada gráfica se especifica el periodo cubierto, y las notas correspondientes suministran mayores detalles cuando los datos se refieren a años diferentes para distintos países.
- En las gráficas, de estar disponible, la información sobre los países asociados se presenta por separado de la de los países de la OCDE.
- Varias gráficas del Capítulo 4 presentan intervalos de confianza de 95% alrededor de los valores calculados. Los intervalos de confianza son estimados de parámetros posibles de la población que en principio se desconocen y, por tanto, se estiman con base en una muestra de observaciones, como las que están disponibles en las encuestas. El tamaño de los intervalos de confianza señala la precisión del valor calculado.

En todas las gráficas se utilizan códigos ISO para los países y regiones del mundo

AUS	Australia	GRC	Grecia	NLD	Países Bajos
AUT	Austria	FIN	Finlandia	NOR	Noruega
BEL	Bélgica	HUN	Hungría	NZL	Nueva Zelanda
BRA	Brasil	IDN	Indonesia	OECD	Promedio OCDE
CAN	Canadá	IND	India	OECD EU	Promedio europeo OCDE
CHE	Suiza	IRL	Irlanda	POL	Polonia
CHL	Chile	ISL	Islandia	PRT	Portugal
CZE	República Checa	ISR	Israel	RUS	Federación de Rusia
DEU	Alemania	ITA	Italia	SVK	República Eslovaca
DNK	Dinamarca	JPN	Japón	SVN	Eslovenia
ESP	España	KOR	Corea	SWE	Suecia
EST	Estonia	LUX	Luxemburgo	TUR	Turquía
GBR	Reino Unido	MEX	México	USA	Estados Unidos de América

Este documento y cualquier mapa incluido en él se presentan sin perjuicio de la condición o soberanía de cualquier territorio, de la delimitación de fronteras internacionales y confines, ni del nombre de cualquier territorio, ciudad o zona.

Los datos estadísticos para Israel son suministrados por y bajo la responsabilidad de las autoridades israelíes competentes. El uso de estos datos por la OCDE es sin perjuicio del estatuto de los Altos del Golán, Jerusalén Este y los asentamientos israelíes en Cisjordania bajo los términos del derecho internacional.

¿Cómo va la vida? 2015
Medición del bienestar

Resumen ejecutivo

¿Cómo va la vida, en general?

Una mejor comprensión del bienestar de las personas es esencial para la elaboración de mejores políticas para una vida mejor. El bienestar es multidimensional y cubre distintos aspectos de la vida que van del compromiso cívico a la vivienda, del ingreso familiar al balance vida-trabajo, y de las competencias y habilidades a la salud. La evaluación exhaustiva del mejoramiento de la vida requiere una amplia gama de medidas, centradas en el ser humano, y capaces de reflejar las diversas experiencias de las personas. Contribuir en lo antes mencionado es el objetivo principal de este reporte.

La evidencia más reciente sobre el bienestar en 11 dimensiones de la vida sugiere que los países de la OCDE siguen patrones diversos con respecto a sus puntos fuertes y débiles en términos del bienestar. Como es previsible, los países que se encuentran en el primer tercio de la OCDE en términos de producto interno bruto (PIB) per cápita tienden a tener buenos resultados de bienestar en general, particularmente en los indicadores de bienestar material, como ingresos de los hogares y remuneraciones. No obstante, independientemente de su nivel de PIB per cápita, los países de la OCDE pueden tener puntos considerablemente débiles en áreas como seguridad en el empleo, calidad del aire, asequibilidad de la vivienda y balance vida-trabajo. Si bien durante mucho tiempo hemos sabido que en la vida hay más aspectos a tomar en cuenta que el PIB, en este informe se muestra en dónde hay margen incluso para que los países más ricos de la OCDE mejoren el bienestar de sus ciudadanos.

Desigualdades en el bienestar

Los promedios nacionales muestran tan solo una parte del bienestar: diferentes grupos de la población pueden tener experiencias muy distintas en lo que se refiere al bienestar. Estas disparidades a menudo varían de un país a otro e implican mucho más que diferencias en el ingreso familiar. Por ejemplo, el 60% inferior de la distribución correspondiente posee 20% o más del patrimonio neto total en República Eslovaca, Grecia y España, pero menos de 8% en Alemania, Países Bajos, Austria y Estados Unidos de América. Las personas con un nivel educativo alto tienden a vivir más, pero los hombres (de 30 años) con educación superior pueden esperar vivir de 4 a 18 años más que sus vecinos con educación primaria, dependiendo del país. En varios países de la OCDE (Italia, Bélgica, Hungría, Australia, Luxemburgo y el Reino Unido), la tasa de desempleo de largo plazo entre los trabajadores jóvenes (de 15 a 24 años) es de por lo menos el doble de la tasa de aquellos en su edad más productiva. Además de tener niveles bajos de desigualdad de ingresos, los países nórdicos tienden a presentar diferencias mucho menores en los resultados de calidad de vida, lo cual incluye las diferencias relacionadas con el género y la edad.

¿Está mejorando la vida?

En varios aspectos, el ciudadano promedio de la OCDE vive mejor ahora que en 2009, aunque los cambios en bienestar han sido mixtos, tanto entre países como entre indicadores. En la mayoría de los países de la OCDE, el ingreso familiar inició una lenta recuperación con respecto a los niveles alcanzados durante la crisis, pero los avances en otras áreas (como el desempleo de largo plazo, el horario de trabajo largo y la participación electoral) no han seguido el mismo patrón en muchos de los casos. Los países que experimentan las caídas más graves en el ingreso familiar desde 2009 (como Grecia, Portugal, Italia y España) continúan afectados en otras áreas, desde un alto desempleo y una menor remuneración, hasta menor asequibilidad de la vivienda. Si bien casi todos los países tuvieron algunas ganancias en las tasas de terminación de la educación media superior y en la esperanza de vida, desde 2009, estos resultados evolucionan en marcos de tiempo muy diferentes en relación con los resultados de bienestar material.

Controlando los recursos para el futuro

El control de las reservas de recursos con los que se cuenta hoy en día, y que pueden ayudar a mantener el bienestar en el tiempo, constituye el primer paso hacia la comprensión de las posibilidades del bienestar futuro. En este informe se considera un conjunto de medidas para ilustrar elementos de las reservas de capital natural, humano, social y económico que pueden determinar las oportunidades de bienestar en el futuro, así como algunas inversiones, posibilidades de agotamiento y factores de riesgo que las afectan. Las tendencias analizadas van desde la creciente concentración de gases de efecto invernadero en la atmósfera hasta el aumento de la escolaridad de los jóvenes adultos, cambios en los niveles de endeudamiento familiar y recientes bajas en la confianza en el gobierno. Este conjunto de indicadores seguirá desarrollándose con el paso del tiempo para complementar el conjunto de indicadores de bienestar actual utilizados en *¿Cómo va la vida?* con indicadores de bienestar que capturen mejor el largo plazo.

¿Cómo va la vida para los niños?

No a todos los niños se les brinda el mejor inicio posible en la vida. En los países de la OCDE, 1 de cada 7 niños vive en la pobreza, casi 10% de ellos vive en familias desempleadas, y 1 de cada 10 informa que es víctima de acoso en la escuela. Se trata de desigualdades impactantes en el bienestar de los niños relacionadas con la condición socioeconómica familiar: los niños de familias con mayores recursos tienen mejor salud, competencias más altas, mayor compromiso cívico, y mejores relaciones con sus padres y compañeros. Asimismo, los estudiantes de familias más favorecidas tienen menos probabilidades de ser víctimas del acoso escolar y mayores probabilidades de tener una sensación de pertenencia a la escuela. Estos resultados sugieren que las desigualdades del bienestar entre los adultos se convierten en desigualdades de oportunidades para sus hijos.

Voluntariado y bienestar

El voluntariado se puede expresar a través de formas muy diferentes, desde la participación política hasta la atención a un vecino anciano. La evidencia actual sugiere que en los países de la OCDE, 1 de cada 3 adultos trabaja como voluntario mediante una organización por lo menos una vez al año, y 7 de cada 10 europeos dicen que prestan ayuda informal a amigos, vecinos y desconocidos. El voluntariado puede beneficiar a los propios voluntarios, al aportarles nuevas competencias y conocimientos para mejorar su desarrollo profesional o perspectivas de empleo. De igual manera, los voluntarios reportan un nivel de satisfacción con la vida más alto que quienes no trabajan como voluntarios. Esto sugiere un círculo virtuoso en el que las personas obtienen buenos resultados al hacer el bien. En la zona de la OCDE, el valor del tiempo que las personas dedican al voluntariado puede ser de cerca de 2% del PIB. Si bien se trata de una aproximación, esto sugiere que el voluntariado proporciona una contribución considerable, aunque en gran medida oculta, a la sociedad en general.

El lugar de residencia de las personas afecta mucho su bienestar

El lugar de residencia de las personas influye de manera fundamental en muchos de los factores que conforman la vida del ser humano, como la seguridad personal, la contaminación atmosférica, las oportunidades de empleo y el acceso a servicios básicos. Algunas veces, las disparidades en calidad de vida y condiciones materiales *dentro* de los países suelen ser tan grandes como las que existen entre países distintos. Por ejemplo, en 2014 la diferencia en la tasa de desempleo entre las regiones con el mejor y el peor desempeño en Turquía, España e Italia fue cercana a 20 puntos porcentuales. Esta cifra es casi tan grande como la diferencia en el promedio nacional de desempleo entre Grecia y Noruega. Asimismo, las regiones difieren considerablemente en el grado de desigualdad en la distribución del ingreso, con niveles de desigualdad particularmente altos en regiones con grandes zonas metropolitanas. Con evidencia sugiriendo que algunas brechas regionales en el bienestar se amplifican con el paso del tiempo, la necesidad de una perspectiva regional es cada vez más apremiante.

Capítulo 1

Bienestar hoy y mañana: un panorama general

En este capítulo se presenta de manera conjunta el panorama general del bienestar, con una descripción del marco de la OCDE para medir el mismo, así como una revisión de los resultados que se analizarán en detalle en los capítulos 2 y 3. Un análisis de los puntos fuertes y débiles del bienestar reafirma que en todos los países de la OCDE existen áreas en las que se puede mejorar, y que países con niveles de PIB per cápita muy similares pueden mostrar perfiles de bienestar muy diferentes. Hay asimismo amplias brechas de bienestar al interior de los países, por ejemplo, entre la población joven y adulta, entre hombres y mujeres, y entre personas con diversos grados de escolaridad. Los cambios en el bienestar a partir de 2009 sugieren un cuadro diverso, con avances en algunos países y en algunos indicadores, pero con retos persistentes en otros. Las tendencias recientes referentes al capital natural, humano, social y económico apuntan a recursos y riesgos para el bienestar futuro. Los datos de www.oecdbetterlifeindex.org muestran las dimensiones de bienestar a las que las personas otorgan más importancia al elaborar su propio Índice para una Vida Mejor. Por último, se describen algunos de los avances más recientes en la medición y uso de información sobre el bienestar.

Los datos estadísticos para Israel son suministrados por y bajo la responsabilidad de las autoridades israelíes pertinentes. El uso de estos datos por la OCDE es sin perjuicio del estatuto de los Altos del Golán, Jerusalén Este y los asentamientos israelíes en Cisjordania bajo los términos del derecho internacional.

Introducción

El objetivo de la OCDE es promover "mejores políticas para una vida mejor". Para ello se requiere comprender a fondo lo que significa tener una vida mejor; por consiguiente, es fundamental evaluar el bienestar actual de las personas junto con un sentido de las mejoras que deberán priorizarse para el futuro. Las estadísticas en este informe ofrecen una panorámica de la vida en los países de la OCDE y algunos países asociados (Brasil y Federación de Rusia). Estas estadísticas proveen información objetiva sobre las condiciones en que viven las personas y sus oportunidades en la vida, así como datos que reflejan el sentir de las mismas respecto de diferentes aspectos de sus vidas. Al proveer de una visión general de la vida de los habitantes de diferentes países, este informe pretende promover un debate más profundo y comprometido sobre los cambios necesarios para mejorar esas vidas, el cual incluye reconocer las prioridades en políticas públicas.

Si bien no hay una fórmula única para el bienestar, se cuenta con un creciente consenso acerca de una lista común de ingredientes útiles para su estudio y medición. El marco de la OCDE para medir el bienestar individual incluye 11 diferentes dimensiones importantes para el bienestar hoy en día, agrupadas en dos grandes categorías: *condiciones materiales* (ingreso y riqueza, empleo y salarios, y vivienda) y *calidad de vida* (salud, balance vida-trabajo, educación y competencias, relaciones sociales, compromiso cívico y gobernanza, calidad del medio ambiente, seguridad personal, y bienestar subjetivo) (Gráfica 1.1). "Ir más allá del promedio" es un elemento sustancial del marco: es importante observar no solo si la vida está mejorando en general, sino también *para quién*. Esto incluye diferencias entre hombres y mujeres, entre jóvenes y adultos, entre grupos de ingresos altos y bajos, y entre personas con diferentes niveles educativos.

Sin embargo, el marco abarca más que el bienestar actual al considerar las reservas de recursos (o "capital") que pueden medirse hoy y que desempeñan una función esencial en la determinación de los resultados de bienestar futuros, como capital natural, capital humano, capital económico y capital social.

El objetivo de este capítulo es mostrar el panorama general del bienestar, resumiendo los hallazgos presentados en los capítulos 2 y 3, los cuales ofrecen un informe más detallado del estado actual del bienestar (Capítulo 2) y los recursos que pueden ayudar a sostener el bienestar a lo largo del tiempo (Capítulo 3). En la primera sección se presenta una panorámica de la vida en la OCDE y después un breve análisis de los puntos fuertes y débiles en relación con el bienestar entre los países de la OCDE. Posteriormente, se consideran las disparidades en el bienestar entre diferentes grupos de la población, seguido por una sección en la que se describen los cambios en materia de bienestar ocurridos en el transcurso del tiempo. Asimismo, en este capítulo se examinan y resumen las tendencias recientes en la evolución de las reservas de capital claves que servirán para mantener el bienestar en el tiempo. Después se describen algunos datos sobre las respuestas de usuarios de la herramienta electrónica del *Índice para una Vida Mejor* de la OCDE (*www.oecdbetterlifeindex.org*), a la vez que se ofrecen algunas observaciones sobre lo que las personas manifiestan que es más importante para su bienestar. En la sección final se describen algunos de los avances más recientes en la medición y uso de datos sobre bienestar.

Gráfica 1.1. **Marco de la OCDE para medir el bienestar**

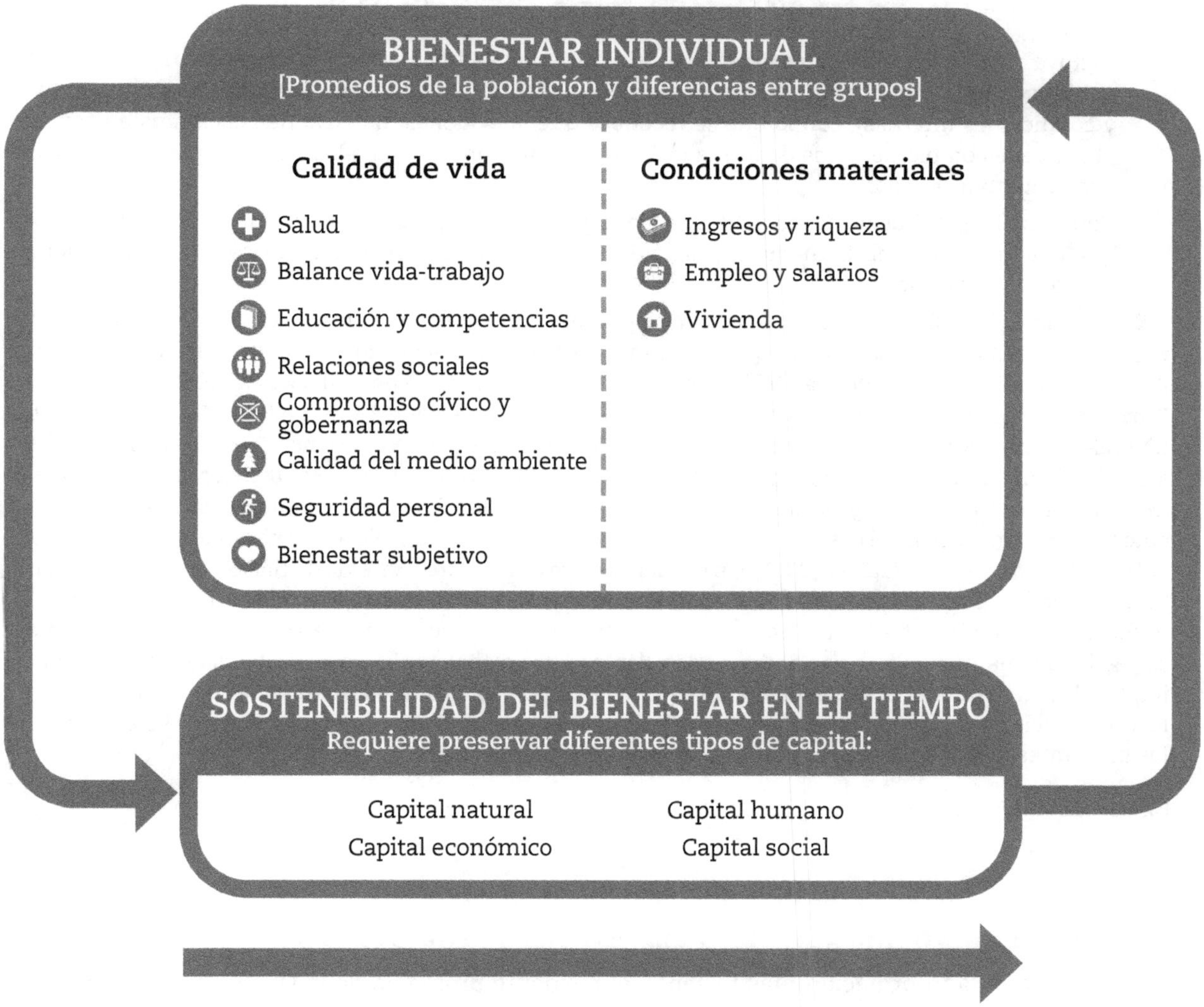

Fuente: OECD (2011), *How's Life?: Measuring Well-Being*, OECD Publishing, París, *http://dx.doi.org/10.1787/9789264121164-en.*

Recuadro 1.1. **El enfoque de la OCDE para medir el bienestar**

El marco de la OCDE para medir el bienestar se presentó por primera vez en *How's Life? 2011*. Se basa en diversas iniciativas nacionales e internacionales diseñadas para medir los avances de las sociedades mediante un amplio conjunto de parámetros, así como en las recomendaciones del *Stiglitz, Sen and Fitoussi Report* (2009) y la información proveniente de las oficinas nacionales de estadísticas (NSO) representadas en el Comité de Estadística y Política Estadística de la OCDE. En el aspecto conceptual, el marco refleja elementos del *enfoque de competencias* (Sen, 1985; Alkire y Sarwar, 2009; Anand, Durand y Heckman, 2011), con muchas dimensiones que abordan los factores que pueden aumentar las opciones y oportunidades de vivir la vida que las personas valoran, lo que incluye salud, educación e ingreso (véase OECD, 2013a).

El planteamiento para medir el bienestar consta de varios elementos importantes:

- Pone a las **personas** (individuos y familias) en el centro de la evaluación, al enfocarse en sus circunstancias de vida y experiencias de bienestar.
- Se centra en los **resultados** de bienestar: aspectos de vida importantes para las personas, de manera directa e intrínseca, y no insumos y productos con que puedan conseguirse esos resultados. Por ejemplo, en la dimensión de educación, las medidas se enfocan en las habilidades y competencias logradas, más que en el dinero gastado en escuelas o en el número de profesores capacitados.

Recuadro 1.1. **El enfoque de la OCDE para medir el bienestar** *(cont.)*

- Incluye resultados tanto **objetivos** (es decir, observables por un tercero) como intrínsecamente **subjetivos** (es decir, cuando solo la persona en cuestión puede informar sobre sus sentimientos y condiciones internas), con lo que se reconoce que la evidencia objetiva de las circunstancias de vida puede complementarse de forma útil con información acerca de la forma en que las personas experimentan su vida.
- Considera la **distribución** de resultados de bienestar en toda la población como un aspecto importante que debe reflejarse en la medición, incluidas las disparidades relacionadas con la edad, género, educación e ingresos.

El enfoque de la OCDE para evaluar los recursos para el bienestar futuro se centra en los sistemas natural, económico, humano y social amplios que incluyan y sostengan el bienestar individual a lo largo del tiempo. El enfoque en las reservas de "capital" o recursos coincide con las recomendaciones del *Stiglitz, Sen and Fitoussi Report* (2009), así como con otras iniciativas de medición recientes, entre ellas el Grupo de Trabajo UNECE-Eurostat-OCDE para la Medición del Desarrollo Sostenible (United Nations, 2009), el *Inclusive Wealth Report* (Informe de Riqueza Inclusiva) de UNU-IDHP y UNEP (2012), la *Conference of European Statisticians' Recommendations on Measuring Sustainable Development* (Recomendaciones de la Conferencia de estadísticos europeos sobre medición del desarrollo sostenible) (UNECE, 2014), y varias iniciativas nacionales (por ejemplo, FSO, 2013; Statistics New Zealand, 2011). Un elemento clave de estos marcos es la distinción entre el bienestar "aquí y ahora" y las reservas de recursos que pueden afectar el bienestar de las generaciones futuras "después". Varios de estos enfoques trascienden la simple medición de los niveles de reservas para considerar cómo se gestionan, mantienen o se ven amenazados. Por los retos globales y las responsabilidades compartidas implicados en mantener el bienestar con el paso del tiempo, muchos de estos enfoques destacan también la importancia de comprender de qué manera las acciones emprendidas en un país afectan el bienestar de los habitantes de otros países, es decir, la dimensión de "en otras partes".

Fuente: How's Life? Measuring Well-Being (OECD, 2011; 2013a).

Bienestar actual: ¿Cómo va la vida en los países de la OCDE?

Según la información más reciente, el residente promedio de la OCDE vive con un ingreso familiar anual de alrededor de USD 27 000 (per cápita, después de impuestos y transferencias),[1] y su patrimonio financiero familiar neto es de más del doble (per cápita). Cerca de dos tercios de las personas de 15 a 64 años de edad tienen empleo, aunque 1 de cada 38 integrantes de la fuerza laboral de la OCDE ha estado desempleado por un año o más. El ingreso bruto promedio anual en la zona de la OCDE asciende a USD 40 600 por cada empleado de tiempo completo y no son poco usuales los horarios largos de trabajo: 1 de cada 8 empleados trabaja rutinariamente 50 horas o más por semana. Las personas con empleo de tiempo completo dedican en promedio poco menos de 15 horas al día al ocio y al cuidado personal, incluido el tiempo en que duermen. Mantener su vivienda cuesta a la familia promedio de la OCDE 20% de su ingreso bruto ajustado disponible al año. La vivienda promedio tiene más habitaciones que residentes (alrededor de 1.7 por persona), aunque en 10 países de la OCDE más de 2% de las personas aún no tiene acceso a un inodoro interior con drenaje para uso privado de los miembros del hogar. Cerca de 80% de los habitantes de los países de la OCDE dice estar satisfecho con la calidad del agua de su zona, pero solo 40% de los residentes de la OCDE vive en áreas donde la exposición anual a contaminación atmosférica por concentraciones de partículas pequeñas ($PM_{2.5}$) es menor que el límite establecido por la Organización Mundial de la Salud, de 10 microgramos por metro cúbico.

En más de dos tercios de los países de la OCDE, un niño nacido hoy puede esperar vivir hasta los 80 años de edad o más. Entre los adultos, 69% de las personas describe su salud como "buena" o mejor que buena. Cada año, 1 de cada 25 adultos reporta haber sufrido una agresión o robo y una de cada 25000 personas en la OCDE muere como resultado de una agresión. Solo dos tercios de las personas dicen sentirse seguras al caminar solas por la noche en la zona que habitan. No todos ejercen su derecho a votar: alrededor de 68% de las personas censadas emitió su voto en la elección más reciente. En la OCDE, solo poco más de tres cuartos de las personas de 25 a 64 años de edad obtuvieron por lo menos educación media superior. Si bien la mayoría siente que tienen un amigo o pariente en quien confiar cuando lo necesiten, cerca de 1 de cada 8 personas no lo cree así. Cada día en la OCDE, cerca de 25% de las personas informan que sienten más ira, preocupación y tristeza que alegría, calma y risa. Al pedirles que evaluaran su satisfacción ante la vida en su conjunto, el residente promedio de la OCDE le asigna una calificación de apenas poco más de 7 de 10.

El "residente promedio de la OCDE" es, desde luego, una construcción estadística: un resumen de las experiencias de toda la población, pero que quizá no concuerde con la mayoría de la gente. En realidad, hay grandes diferencias en las circunstancias y experiencias de vida, tanto dentro de los países como entre ellos. La parte restante de esta sección se centra en las diferencias del bienestar entre países, mientras que la siguiente analiza con más detalle los patrones prevalecientes *dentro* de los países.

El bienestar es, de forma inherente, multidimensional, y por consiguiente, difícil de resumir. No es sencillo identificar quién "tiene" bienestar y quién "carece" de él, en los aspectos individual y nacional. En el Capítulo 2 se detallan más de 30 indicadores para medir el bienestar actual, que abarcan las 11 dimensiones incluidas en la Gráfica 1.1, de 36 países. Esta sección pone énfasis en algunos modelos generales observados en un número pequeño de indicadores "principales". Esto sugiere que los diferentes países tienen diferentes puntos fuertes y débiles en bienestar, y que todo país tiene áreas en las que se desempeña bien o mal. Una conclusión asombrosa es cuán diferentes son los resultados de bienestar en diferentes dimensiones en países con niveles muy similares de PIB per cápita, lo que destaca la importancia de prestar más atención a los otros factores *además del PIB* que conforman las experiencias de bienestar de un país.

El siguiente análisis se centra en la información disponible más reciente del conjunto central de medidas "principales" también reportadas en ediciones previas de *How's Life?* (OECD, 2011 y 2013a; véase el Cuadro 1.1). Estos indicadores se seleccionaron con base en varios criterios relacionados tanto con su pertinencia para evaluar el bienestar (por ejemplo, validez aparente, enfoque en personas o familias, o referencia a resultados más que a insumos o productos) como con su calidad y disponibilidad (por ejemplo, basarse en definiciones acordadas y métodos comparables de recopilación de datos, generarse con frecuencia y prontitud razonables, y estar disponibles en la gran mayoría de los países de la OCDE; consultar OECD 2011a y 2013a para más detalles). Si bien la mayoría de las medidas destacadas satisface la mayoría de estos criterios, elaborar mejores indicadores es una tarea continua (véase a continuación y el Capítulo 2). Si no se cuenta con estadísticas oficiales que cumplan estos criterios en todos los países, se utilizan marcadores de posición tomados de fuentes de datos no oficiales; esto se aplica a datos sobre apoyo social, calidad del agua, victimización reportada por el afectado y bienestar subjetivo. La disponibilidad de datos para toda la OCDE es todavía una limitante importante para seleccionar indicadores, lo cual mejorará conforme se cuente con estadísticas más adecuadas y comparables.

Cuadro 1.1. Indicadores principales del bienestar actual

Campo del bienestar	Concepto	Indicador	Año*	Unidad de medición
Ingresos y riqueza	Ingreso familiar	Ingreso familiar disponible neto ajustado	2013	USD a PPA 2010, per cápita
	Patrimonio financiero	Patrimonio financiero familiar neto	2013	USD a PPA actual, per cápita
Empleo y salarios	Empleo	Tasa de empleo	2014	Empleados de 15-64 años de edad, como porcentaje de la población de 15-64 años de edad
	Ingresos	Ingreso anual bruto promedio por empleado de tiempo completo	2013	USD a PPA 2013
	Seguridad en el empleo	Probabilidad de quedar desempleado	2014	Entrada anual al desempleo (puntos porcentuales)
	Desempleo de largo plazo	Tasa de desempleo de largo plazo	2014	Porcentaje de la fuerza laboral desempleado durante uno o más años
Balance vida-trabajo	Horario laboral	Empleados que trabajan muchas horas	2013	Porcentaje de empleados con un horario laboral rutinario de 50 horas o más por semana
	Tiempo libre	Tiempo dedicado al ocio y al cuidado personal	Varios	Horas por día, solo personas con empleo de tiempo completo
Vivienda	Habitaciones por persona	Habitaciones por persona	2013	Número promedio de habitaciones por persona (excluidos baño, inodoro, cocineta, lavadero y garaje)
	Acceso a la vivienda	Gasto en vivienda	2012	Porcentaje del ingreso familiar disponible bruto ajustado gastado en vivienda y mantenimiento de vivienda
	Servicios básicos	Viviendas sin servicios básicos	2013	Porcentaje de personas sin acceso privado a inodoros interiores con drenaje
Calidad del medio ambiente	Calidad del agua	Satisfacción con la calidad del agua	2014	Porcentaje de personas satisfechas en la población total
	Contaminación atmosférica o calidad del aire ($PM_{2.5}$)	Exposición anual a pequeñas partículas ($PM_{2.5}$) contaminantes del aire	Promedio 2010-2012	Exposición ponderada por población a concentraciones de $PM_{2.5}$, microgramos por metro cúbico
Salud	Esperanza de vida	Esperanza de vida al nacer	2013	Número de años que un recién nacido puede esperar vivir
	Salud percibida	Estado de la salud percibido	2013	Porcentaje de adultos que informan que su salud es "buena" o mejor que buena
Educación y competencias	Logro educativo	Logro educativo de la población adulta	2013	Porcentaje de personas de 25 a 64 años de edad con por lo menos educación media superior
	Competencias cognitivas	Competencias de estudiantes de 15 años de edad	2012	Calificación promedio del Programa para la Evaluación Internacional de Estudiantes (PISA) de la OCDE en lectura, matemáticas y ciencias
	Competencias de adultos	Competencias de la población adulta de 16-65 años de edad	2012	Calificación promedio del Programa para la Evaluación Internacional de las Competencias de los Adultos (PIAAC) de la OCDE en lectura y matemáticas
Relaciones sociales	Apoyo social	Red de apoyo social percibida	2014	Porcentaje de personas que tienen amigos o familiares en quienes pueden confiar cuando lo necesiten

Cuadro 1.1. **Indicadores principales del bienestar actual** *(cont.)*

Campo del bienestar	Concepto	Indicador	Año*	Unidad de medición
Compromiso cívico y gobernanza	Participación electoral	Participación electoral	2014	Porcentaje de la población censada que votó durante una elección
Seguridad personal	Muertes por agresión	Tasa de homicidios	2012	Tasa estandarizada por edad por cada 100 000 habitantes
	Victimización reportada por el afectado	Tasa de asaltos	2010	Porcentaje de personas que declararon haber sufrido un asalto en los 12 meses anteriores
Bienestar subjetivo	Evaluación de la vida	Satisfacción ante la vida	2014	Valores medios reportados con la escala de Cantril de 0-10, que cubre de la mejor vida posible a la peor vida posible

* En un número limitado de países, el último año disponible será anterior al que se muestra.

Puntos fuertes y débiles de bienestar con diferentes niveles de PIB per cápita

Para ofrecer una imagen verdaderamente multidimensional de bienestar es importante ir más allá de un simple resumen y analizar *qué países* obtienen buenos resultados en *qué dimensiones* de bienestar. En el Anexo 1.A (Gráfica 1.A.1) se presenta un análisis detallado de los puntos fuertes y débiles relativos país por país e indicador por indicador. El Anexo 1.A muestra que, si bien algunos países se desempeñan mejor que otros en las diversas dimensiones de bienestar, ninguno lo tiene todo: si se considera una gama muy amplia de resultados, todo país tiene áreas de fuerza relativa y áreas de debilidad relativa. En el Anexo 1.A se presenta un resumen de bienestar de países agrupados en términos geográficos muy amplios, pero para proporcionar una imagen de alto nivel, en la siguiente sección se abordan los niveles de bienestar relativo entre países con niveles similares de desarrollo económico, es decir, aquellos en los tercios superior, medio e inferior de la OCDE en lo referente al PIB per cápita en 2013 (véase el Recuadro 1.2).

Recuadro 1.2. **Evaluación de los puntos fuertes y débiles relativos de bienestar en diferentes niveles del PIB per cápita**

Los análisis de las gráficas 1.2 a 1.4 (más adelante) se centran en el desempeño de bienestar *relativo* de diferentes países dentro de la zona de la OCDE. Los indicadores considerados son los indicadores "principales" detallados en el Cuadro 1.1. Como primer paso, las calificaciones de los países en cada indicador de bienestar se clasificaron de mejor a peor. Un resultado se contempla como "punto fuerte" relativo si un país se ubica dentro del tercio superior de los países de la OCDE; una "clasificación media" significa que el país se ubica en el tercio medio, y un resultado se considera "punto débil" relativo si el país se ubica dentro del tercio inferior. Varios países muestran brechas porque faltan datos: las competencias de adultos (PIAAC) y el tiempo libre (tiempo dedicado al ocio y el cuidado personal) son dos resultados que se ven afectados en particular por esta limitada cobertura nacional. En estos casos, los puntos fuertes y débiles se determinan en relación *solo con los países que cuentan con información disponible*. Por consiguiente, si únicamente se cubre a 21 países, el tercio superior se refiere a los siete países ubicados en el extremo superior.

En las gráficas 1.2 a 1.4 se resumen estos puntos fuertes y débiles de tres grupos de países, agrupados de acuerdo con su nivel de PIB per cápita en 2013 (expresado en USD a PPA actual; estos datos provienen de OECD, 2015a). La Gráfica 1.2 muestra los puntos fuertes y débiles de bienestar en los 12 países ubicados en el tercio superior de la zona de la OCDE en términos de PIB per cápita (entre USD 91 000 en Luxemburgo

Recuadro 1.2. Evaluación de los puntos fuertes y débiles relativos de bienestar en diferentes niveles del PIB per cápita *(cont.)*

y 43000 en Canadá). La Gráfica 1.3 se centra en los puntos fuertes y débiles de 11 países con un PIB per cápita intermedio (que varía entre USD 42000 en Islandia y 32 500 en Israel). Por último, en la Gráfica 1.4 se describen los puntos fuertes y débiles de los 11 países ubicados en el tercio inferior de la OCDE en términos de PIB per cápita (entre USD 28900 en Eslovenia y 16 900 en México).

Si bien los países con un PIB per cápita más alto tienden a calificar mejor en muchos resultados de bienestar, las gráficas 1.2 a 1.4 también demuestran que un PIB alto no garantiza un alto nivel de bienestar en todos los aspectos de la vida. Los países con niveles de recursos económicos muy similares también tienen niveles muy diferentes de desempeño en diversos resultados de bienestar. Esto implica que diversos factores *además del PIB* pueden determinar los niveles promedio de bienestar en un país determinado. También sugiere que hay oportunidades claras para que países con niveles similares de desarrollo económico aprendan unos de otros "lo que funciona" para alcanzar mejores resultados de bienestar.

La posición de un país en relación con otros países de la OCDE es, desde luego, solo un aspecto de su desempeño general en bienestar. Si bien puede ser informativo analizar los elementos de puntos fuertes y débiles relativos, este tipo de análisis tiene algunas limitaciones obvias. La clasificación del PIB y de los resultados de bienestar en "tercio superior", "tercio medio" y "tercio inferior" es en esencia arbitraria; no hay un fundamento empírico para utilizar estos límites particulares. Asimismo, este tipo de análisis no puede destacar áreas de bienestar en las que todos los países podrían tener dificultades (aunque unos tengan más que otros) o áreas de bienestar en las que todos los países de la OCDE funcionen bien en general, en relación con las expectativas de las personas, o con objetivos de políticas más específicos. En el futuro, también podría ser valioso ampliar este análisis para considerar las desigualdades en bienestar, así como cambios en el bienestar a lo largo del tiempo.

Puntos fuertes y débiles de bienestar entre los países de la OCDE con el PIB per cápita más alto

En los países de la OCDE con el PIB per cápita más alto (es decir, con un nivel de PIB per cápita dentro del tercio superior de los países de la OCDE: Luxemburgo, Noruega, Suiza, Estados Unidos de América, Países Bajos, Irlanda, Austria, Australia, Suecia, Dinamarca, Alemania y Canadá), el desempeño promedio en bienestar tiende a ser alto. La Gráfica 1.2 muestra que los resultados de estos países tienden a ser fuertes en particular en términos de remuneración, calidad del agua, ingreso familiar disponible neto ajustado y habitaciones por persona, los cuales son puntos fuertes en al menos dos tercios de los casos (y ningún país con PIB alto tiene puntos débiles importantes en estas áreas). Más de la mitad de todos los países con PIB alto tienen también puntos fuertes en salud percibida, servicios básicos, patrimonio financiero neto, empleo, satisfacción ante la vida y horario laboral.

Sin embargo, un PIB per cápita alto no garantiza un desempeño alto en todos los indicadores de bienestar. Solo cuatro de los 12 países con PIB alto tienen puntos fuertes en seguridad en el empleo (medida como la probabilidad de quedar desempleado) y victimización reportada por el afectado. Entre los países con PIB alto en los que se contaba con información, solo un tercio tiene puntos fuertes en competencias de adultos y tiempo libre (tiempo dedicado al ocio y al cuidado personal). De hecho, el tiempo libre, la seguridad en el empleo y la esperanza de vida son áreas de debilidad comunes en los países con PIB alto: por lo menos tres de ellos se ubican en el tercio inferior de la OCDE en estos indicadores. Por lo menos dos países con PIB alto muestran también puntos débiles en lo referente a horario laboral, acceso a la vivienda, muerte por agresión, victimización reportada por el afectado y participación electoral.

Gráfica 1.2. **Puntos fuertes y débiles de bienestar en los países de la OCDE con el PIB per cápita más alto**

Cantidad de países con puntos fuertes, débiles y medios, año más reciente disponible

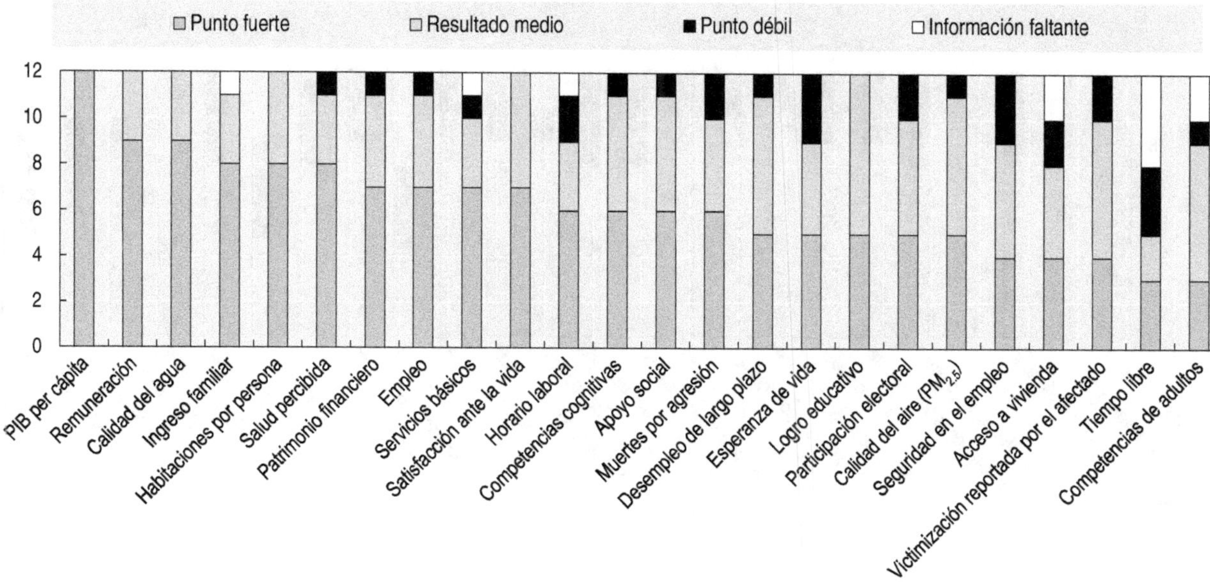

Nota: Los países de la OCDE con los niveles más altos de PIB per cápita (en USD) en 2013 son aquellos cuyo PIB per cápita se clasifica en el tercio superior de la zona de la OCDE (es decir, Luxemburgo, Noruega, Suiza, Estados Unidos de América, Países Bajos, Irlanda, Austria, Australia, Suecia, Dinamarca, Alemania y Canadá). En el caso de los indicadores de bienestar mostrados en el eje x, los "puntos fuertes" se refieren a resultados clasificados en el tercio superior de la zona de la OCDE en su conjunto (34 países); los "puntos débiles" se refieren a resultados clasificados en el tercio inferior de la zona de la OCDE en su conjunto.

StatLink http://dx.doi.org/10.1787/888933267289

Puntos fuertes y débiles de bienestar entre los países de la OCDE con PIB per cápita intermedio

Un nivel medio de PIB no siempre se relaciona con resultados medios de bienestar: los países en el tercio medio de la OCDE en términos de PIB per cápita (Islandia, Bélgica, Finlandia, Reino Unido, Francia, Japón, Nueva Zelanda, Italia, España, Corea e Israel) muestran un desempeño mixto en los distintos indicadores principales. Más de la mitad de los países con PIB intermedio (6 de 11) tiene puntos fuertes en relación con esperanza de vida y victimización reportada por el afectado, y 5 de 11 los tienen en patrimonio financiero neto, participación electoral, muerte por agresión, habitaciones por persona, apoyo social y desempleo de largo plazo.

Los retos para los países con PIB intermedio son logro educativo y competencias de adultos, los cuales son puntos débiles para cerca de 60% de los países de este grupo. El horario laboral y el acceso a la vivienda son también puntos débiles para alrededor de la mitad de los países de este grupo. Más de un tercio afronta también dificultades en relación con la victimización reportada por el afectado, desempleo de largo plazo, seguridad en el empleo, servicios básicos, calidad del aire y calidad del agua. En cambio, ninguno de los países con PIB intermedio tiene puntos débiles relativos en ingreso familiar, patrimonio financiero neto y esperanza de vida.

Gráfica 1.3. **Puntos fuertes y débiles de bienestar en los países de la OCDE con PIB per cápita intermedio**

Cantidad de países con puntos fuertes, débiles y medios, año más reciente disponible

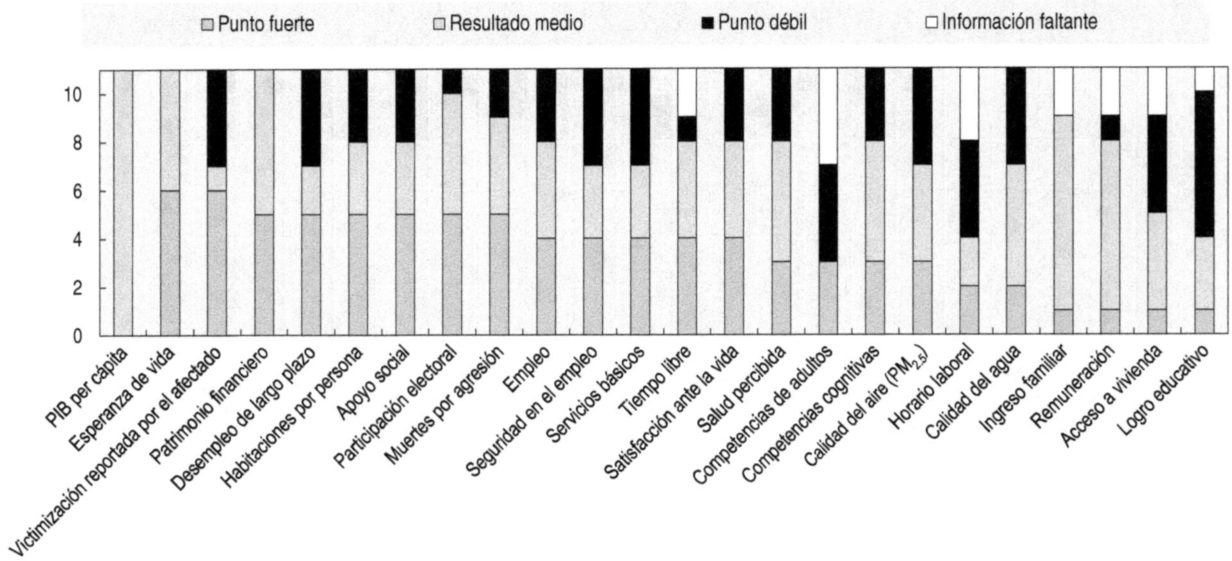

Nota: Los países de la OCDE con los niveles intermedios de PIB per cápita (en USD) en 2013 son aquellos cuyo PIB per cápita se clasifica en el tercio medio de la zona de la OCDE (es decir, Islandia, Bélgica, Finlandia, Reino Unido, Francia, Japón, Nueva Zelanda, Italia, España, Corea e Israel). En el caso de los indicadores de bienestar mostrados en el eje x, los "puntos fuertes" se refieren a resultados clasificados en el tercio superior de la zona de la OCDE en su conjunto (34 países); los "puntos débiles" se refieren a resultados clasificados en el tercio inferior de la zona de la OCDE en su conjunto.

StatLink http://dx.doi.org/10.1787/888933267291

Puntos fuertes y débiles de bienestar entre los países de la OCDE con el PIB per cápita más bajo

Los países cuyo PIB per cápita se ubica dentro del tercio más bajo de la zona de la OCDE (Eslovenia, República Checa, Portugal, República Eslovaca, Estonia, Grecia, Polonia, Hungría, Chile, Turquía y México) por lo general tienen un bienestar menor en la mayoría de los indicadores principales (Gráfica 1.4), aunque hay excepciones. Cerca de la mitad de todos los países con información disponible en este grupo tiene puntos fuertes en logro educativo y acceso a la vivienda, y cerca de un cuarto los tiene en seguridad en el empleo y calidad del aire. Dos de los 11 países de este grupo tienen también puntos fuertes en horario laboral y competencias cognitivas de los jóvenes de 15 años de edad.

Los países de este grupo comparten algunos retos comunes en bienestar. Como cabría esperar, todos los países con el PIB más bajo tienen puntos débiles en ingreso familiar y remuneración. Más de dos tercios tienen también puntos débiles en patrimonio financiero neto, participación electoral, satisfacción ante la vida, esperanza de vida y habitaciones por persona. En contraste, vivienda y seguridad en el empleo aparecieron como puntos débiles en solo un tercio de estos países. Hay lagunas de información muy importantes en los países con PIB más bajo en competencias de adultos y tiempo libre.

Gráfica 1.4. **Puntos fuertes y débiles de bienestar en los países de la OCDE con el PIB per cápita más bajo**

Cantidad de países con puntos fuertes, débiles y medios, año más reciente disponible

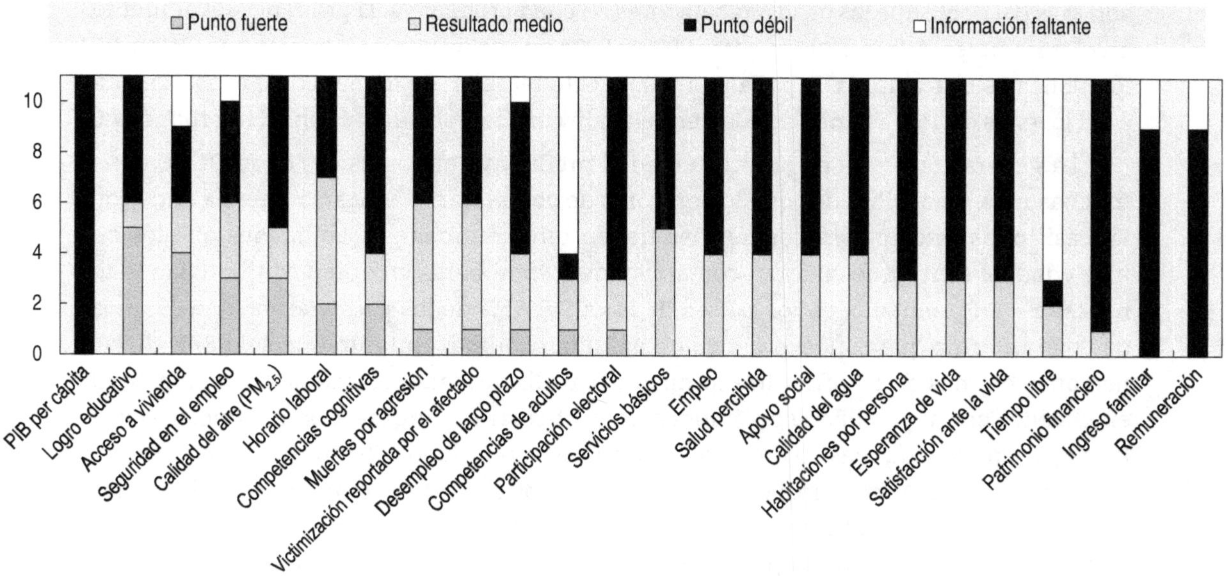

Nota: Los países de la OCDE con los niveles más bajos de PIB per cápita (en USD) en 2013 son aquellos cuyo PIB per cápita se clasifica en el tercio inferior de la zona de la OCDE (es decir, Eslovenia, República Checa, Portugal, República Eslovaca, Estonia, Grecia, Polonia, Hungría, Chile, Turquía y México). En el caso de los indicadores de bienestar mostrados en el eje x, los "puntos fuertes" se refieren a resultados clasificados en el tercio superior de la zona de la OCDE en su conjunto (34 países); los "puntos débiles" se refieren a resultados clasificados en el tercio inferior de la zona de la OCDE en su conjunto.

StatLink http://dx.doi.org/10.1787/888933267306

Más allá del promedio: ¿Cómo se distribuyen los resultados del bienestar?

Si bien a menudo es difícil realizar un análisis detallado de la distribución del bienestar debido a la disponibilidad de información, en el Capítulo 2 se describen algunas disparidades en resultados, como las relacionadas con educación, ingresos, género y edad. *How's Life?* 2013 (OECD, 2013a) incluyó un énfasis especial en las disparidades de género, mientras que esta edición aborda en particular las diferencias en bienestar relacionadas con la edad, lo que complementa la evidencia de bienestar infantil del Capítulo 4. Al considerar estas conclusiones, no se hace distinción alguna entre las diferencias relacionadas con la edad en sí (por ejemplo, diferencias asociadas al proceso de envejecimiento o cambios en el curso de la vida) respecto de los efectos de cohorte (por ejemplo, los relacionados con las experiencias de vida de personas nacidas en un momento particular). Además, las personas en diferentes etapas de su vida pueden a menudo experimentar diferentes circunstancias de vida, como niveles de ingreso, relaciones sociales y estados de salud. Por consiguiente, las diferencias relacionadas con la edad no necesariamente se deben siempre a la edad misma y es necesario comprenderlas en relación con diversos factores que covarían con la edad.

Los resultados del mercado laboral para los jóvenes fueron particularmente afectados durante los primeros años de la crisis financiera (OECD, 2013b; 2014a), y esta tendencia continuó en años más recientes. En dos tercios de los países de la OCDE, los jóvenes (de 15 a 24 años de edad) en la actualidad tienen más probabilidades que los trabajadores en edad productiva (25 a 54 años de edad) de permanecer desempleados durante largos periodos, y en varios países (por ejemplo, Bélgica, Hungría, Australia, Luxemburgo, Reino Unido e Italia) las tasas de desempleo de largo plazo entre los trabajadores más jóvenes son más del doble que las de los trabajadores en edad productiva. El pronunciado aumento en el desempleo de largo plazo entre 2009 y 2014 en varios países (por ejemplo, Portugal, República Eslovaca, Italia, España y Grecia) afectó también de manera desproporcionada a los jóvenes de 15 a 24 años de edad en relación con los trabajadores en edad productiva.

La generación joven de adultos en edad productiva en los países de la OCDE tiene muchas más probabilidades que los mayores de completar la educación media superior. En casi todos estos países, los jóvenes tienen también más probabilidades que los de más edad de sentir que cuentan con amistades o familiares en quien confiar cuando lo necesiten. En promedio, en los países de la OCDE, 93% de las personas de 15 a 29 años de edad informa que conocen a alguien en quien confiar, en tanto que solo 87% de las personas de más de 50 años dice lo mismo. Las disparidades relacionadas con la edad en el apoyo social percibido son grandes, en particular en Turquía, Corea, Chile, Grecia y Portugal, y muy pequeñas en Canadá, Australia, Nueva Zelanda, Reino Unido, Dinamarca, Islandia e Irlanda. Asimismo, las personas de 50 años y más tienen menos probabilidades que otros adultos de sentirse seguras al caminar solas por la noche en la zona que habitan: mientras cerca de 75% de las personas de 15 a 29 y de 30 a 49 años de edad afirman que se sienten seguras, solo 68% de las de más de 50 años afirman lo mismo.

En lo que se refiere a resultados de bienestar subjetivo, las diferencias relacionadas con la edad varían mucho entre países. En varios países del sur y el este de Europa, tanto la satisfacción ante la vida como las emociones y sentimientos cotidianos[2] tienden a ser menores entre los grupos de mayor edad. En cambio, en muchos países del norte de Europa y de habla inglesa, los resultados de bienestar subjetivo son más bajos en la mediana edad (30 a 49 años) y los de más de 50 años disfrutan niveles de este bienestar similares a los de 15 a 29 años de edad. Sin embargo, algunos países de la OCDE muestran muy pocas diferencias en bienestar subjetivo para diferentes grupos de edad, esto es especialmente cierto para muchos países nórdicos en lo referente a satisfacción con la vida.

Otras disparidades en bienestar estudiadas en el Capítulo 2 son las diferencias entre hombres y mujeres en desempleo de largo plazo, balance vida-trabajo y seguridad personal. Entre países, las diferencias de género varían tanto en el tamaño de las brechas de género como algunas veces en la dirección de la diferencia (es decir, si hombres o mujeres se desempeñan mejor en un resultado determinado). En la OCDE en su conjunto, hombres y mujeres tienen ahora la misma probabilidad de padecer desempleo de largo plazo; es más probable que las mujeres trabajen 50 horas o más a la semana de forma rutinaria; además, las mujeres por lo común dedican menos tiempo que los hombres al ocio y al cuidado personal (lo que implica una carga de trabajo total mucho mayor para ellas, tanto remunerado como no remunerado). La remuneración de tiempo completo y todo el año de los hombres es mayor que la de las mujeres en todos los países de la OCDE, y en promedio las mujeres ganan alrededor de 85 centavos por cada dólar estadounidense ganado por los hombres.[3] En todos los países de la OCDE, las mujeres tienen menos probabilidades que los hombres de sentirse seguras al caminar solas por la noche en la zona que habitan, en tanto que las tasas de muertes por agresión son más altas en los hombres.

Los beneficios de la educación a menudo se enmarcan en términos de empleo e ingresos, pero las personas con un nivel educativo más alto también gozan de una mejor salud, tienen más probabilidades de estar cívicamente comprometidas (véase el Capítulo 5), reportan niveles más altos de apoyo social por parte de sus amistades y familiares, y tienen más probabilidades de estar satisfechos con su vida en general. Al igual que con otras formas de desigualdades en bienestar, la magnitud de las diferencias en educación varía de un país a otro. Por ejemplo, en los 15 países de la OCDE donde se cuenta con información, un hombre de 30 años de edad con educación superior puede esperar vivir ocho años más, en promedio, que un hombre sin educación media superior, pero el tamaño de esta brecha oscila entre 18 años y tan solo 4 años, según el país.

Por último, las desigualdades de los ingresos, según mediciones del Índice de Gini y la proporción de participación de ingresos entre deciles S90/S10 (ingreso salarial promedio recibido por la población en el 10% superior de la escala de ingresos en relación con el 10% inferior)[4] también sugieren amplias diferencias entre los países de la OCDE. Por ejemplo, esta proporción de participación de ingresos obtenidos por el 10% superior (en relación con el 10% inferior) en Estados Unidos de América, Chile y México es más de tres veces superior al observado en Dinamarca, República Checa, Eslovenia, Finlandia e Islandia, lo que sugiere una concentración mucho más alta de ingresos en el primer grupo de países en relación con el segundo. Nueva información de la OCDE sobre la distribución del patrimonio familiar neto (incluso activos no financieros) sugiere que la riqueza está distribuida de forma mucho más desigual que el ingreso: entre los 18 países de los cuales se cuenta con datos sobre el patrimonio neto, mientras que el decil superior de la respectiva distribución acumula 25% del ingreso familiar total, este acumula cerca de 50% del patrimonio familiar total.

¿Cómo cambió la vida en los últimos años?

El bienestar material mejoró para algunos y empeoró para otros

Para el residente promedio de la OCDE, el bienestar material se recupera con lentitud desde los primeros años de la crisis financiera. Si bien el patrimonio financiero familiar neto promedio aumentó en todos los países de la OCDE desde los momentos álgidos de la crisis, el ingreso familiar disponible promedio ajustado en 2013 fue solo 1.9% más alto en términos reales que en 2009. De igual forma, en 2013, el ingreso bruto promedio anual en la OCDE fue solo 2.3% más alto que en 2009, y la tasa de empleo promedio en 2014 fue de cerca de un punto porcentual más alta que en 2009. Para más de dos tercios de los países de la OCDE, la tasa de desempleo de largo plazo en 2014 permaneció más alta que en 2009. La probabilidad de quedar desempleado en 2013 fue 1.8 puntos porcentuales menor que en 2009.

No obstante, en la práctica, el promedio de la OCDE oculta tendencias muy divergentes en el bienestar material en los distintos países. Los ingresos, empleo y salarios bajaron en relación con los niveles de 2009 en Italia, España, Portugal y Grecia en particular, países que también experimentaron grandes aumentos de la tasa de desempleo de largo plazo, el gasto en vivienda como proporción del ingreso general y la probabilidad de que los trabajadores queden desempleados (excepto España, donde este último rubro ya era de más del doble del nivel promedio de la OCDE en 2009). Irlanda, Países Bajos, Dinamarca y Eslovenia también han afrontado peores condiciones materiales desde 2009 en diferentes indicadores, como desempleo de largo plazo, tasa de empleo y salarios, así como (excepto Dinamarca) ingreso familiar. En más de un cuarto de los países de la OCDE, tanto la tasa de desempleo de largo plazo *como* la probabilidad de quedar desempleado siguieron más altas en 2014 que en 2009. El ingreso familiar disponible neto ajustado bajó en un tercio de los países en términos reales entre 2009 y 2013, al igual que el ingreso bruto promedio anual. Mientras tanto, la vivienda se volvió menos accesible en la mitad de los países de la OCDE. Entre 2011 y el año más reciente disponible (por lo general 2012), la proporción S90/S10 aumentó en Estados Unidos de América, Reino Unido, Italia, Luxemburgo, México e Israel, lo cual indica que la proporción del ingreso total que corresponde al 10% superior es mayor que antes. Durante el mismo periodo, el Índice Gini de desigualdad de ingresos también subió en Estados Unidos de América, Nueva Zelanda y Luxemburgo, pero bajó en República Eslovaca e Israel.

Corea y Alemania mejoraron en casi todos los aspectos de bienestar material desde 2009, con un aumento en ingreso familiar, patrimonio financiero, empleo y salarios, aunado a una baja del desempleo de largo plazo, de la probabilidad de quedar desempleado y de la cantidad de familias sin servicios básicos. En México se registró un fuerte crecimiento en el ingreso familiar per cápita y un incremento del empleo, así como bajas del desempleo de largo plazo, gasto en vivienda como porcentaje del ingreso y número de familias sin servicios básicos; sin embargo, también se redujo ligeramente el ingreso promedio. En Estonia, Japón, Canadá y Suecia aumentaron el ingreso familiar, el empleo, la remuneración y el patrimonio financiero, y bajó la probabilidad de quedar desempleado, pero (al igual que la mayoría de los países de la OCDE) Suecia y Canadá experimentaron un aumento del desempleo de largo plazo entre 2009 y 2014. De 2009 a 2013, en Noruega, Suiza y Australia el ingreso familiar y la remuneración crecieron más de 3% (acumulativo). En Hungría y Turquía hubo un fuerte crecimiento del empleo, y bajas del desempleo de largo plazo y de la probabilidad de quedar desempleado; sin embargo, en Hungría el ingreso familiar casi no ha mejorado y el ingreso promedio ha disminuido un poco (no se cuenta con datos de estos indicadores en Turquía).

Los cambios en la calidad de vida desde 2009 han sido mixtos

La disponibilidad de información es más limitada para evaluar el cambio con el transcurso del tiempo en lo referente a calidad de vida, y los datos con que se cuenta son de carácter mixto. En términos de salud, la esperanza de vida promedio en la OCDE aumentó nueve meses entre 2009 y 2013, en tanto que la salud percibida se mantuvo razonablemente estable en muchos países. La proporción de adultos (de 25 a 64 años de edad) que alcanzaron por lo menos la educación media superior se incrementó más de tres puntos porcentuales en la zona de la OCDE en su conjunto. Sin embargo, la participación electoral bajó más de cinco puntos porcentuales, en promedio, desde 2007, y el porcentaje de personas que de forma rutinaria trabajan más de 50 horas a la semana aumentó más de medio punto porcentual desde 2009.

Más allá del promedio de la OCDE se observa lo siguiente:

- Si bien en general la esperanza de vida se mostró estable o mejoró entre 2009 y 2013, en algunos países hubo mejoras mucho mayores que en otros durante este periodo. Las ganancias en esperanza de vida desde 2009 variaron de solo unos meses en Islandia, Japón y Alemania (en los cuales esta esperanza ya era alta en 2009) a más de dos años en Turquía y Estonia (donde la esperanza de vida era una de las más bajas en la OCDE).
- Entre 2009 y 2013, los incrementos del porcentaje de adultos con al menos educación media superior fueron mayores (más de cinco puntos porcentuales) en Portugal, Grecia, Islandia, Irlanda y Reino Unido, países que califican cerca o debajo del promedio de

la OCDE en este resultado. Las menores ganancias (menos de un punto porcentual) de logro educativo se registraron en Estados Unidos de América, República Eslovaca, Alemania y Suiza, países que comenzaron con niveles muy por arriba del promedio de la OCDE en 2009.

- Entre 2009 y 2013, el porcentaje de personas que de forma rutinaria trabajan 50 horas o más a la semana se elevó en varios países pero bajó en otros. En Reino Unido, Irlanda y República Eslovaca hubo aumentos de alrededor de un punto porcentual, en tanto que en Portugal y Chile hubo incrementos de más de cuatro puntos porcentuales. En cambio, la incidencia de horarios laborales largos bajó más de dos puntos porcentuales en Brasil, República Checa, Israel y Turquía.
- La participación electoral bajó entre 2007 y 2014 en cerca de dos tercios de los países de la OCDE; algunas de las reducciones más importantes ocurrieron en Estados Unidos de América, Japón, Grecia, Eslovenia, Italia, Portugal y España. Los números de votantes fueron más estables en Corea, Polonia, Reino Unido, Israel y Turquía.
- La cantidad de muertes por agresión aumentó en México entre 2009 y 2012, pero bajó en otros países durante el mismo periodo, entre ellos Federación de Rusia, Estonia y Chile.

En ningún país se registraron fuertes mejoras generalizadas en bienestar desde 2009, aunque es probable que diferentes resultados de bienestar evolucionen a diferente velocidad. En Corea hubo una fuerte mejora en condiciones materiales en los últimos cinco años, pero también bajas en la salud reportada por la gente y en el apoyo social percibido, así como un incremento en emociones y sentimientos negativos en relación con los positivos. En México mejoraron varios aspectos de bienestar material, pero hubo una pequeña reducción del ingreso promedio y el apoyo social percibido, en tanto que la tasa de muertes por agresión se elevó considerablemente. Alemania registró grandes mejoras en muchos aspectos de condiciones materiales, pero se observaron cambios relativamente pequeños en la mayoría de los resultados de calidad de vida que pudieron evaluarse, así como una baja en la participación electoral desde la elección parlamentaria de 2005.

Los países más afectados por la crisis (Grecia, Portugal, Italia y España) sufrieron las bajas más graves en múltiples resultados de bienestar desde 2009. Más que en cualquier otro país, en Grecia hubo muy fuertes reducciones de todos los resultados de bienestar material, pero también en términos de bienestar subjetivo (satisfacción ante la vida y balance afectivo positivo) y participación electoral. Grecia registró un aumento en el logro educativo en educación media superior y una baja del porcentaje de viviendas sin servicios básicos. Portugal comparte un perfil similar de cambios de bienestar con Grecia, aunque con menos reducciones en la mayoría de los indicadores. Sin embargo, en Portugal, entre 2009 y 2013, el porcentaje de personas que trabajan 50 o más horas a la semana casi se duplicó (subió 4.4 puntos porcentuales), pero aumentó de forma menos drástica en Grecia (cerca de un punto porcentual).

Recursos para el bienestar en el futuro

Por primera vez, esta edición de *How's Life?* presenta un pequeño conjunto de indicadores centrados en algunos factores que pueden afectar las perspectivas futuras de bienestar de la gente (Capítulo 3). Estos indicadores se refieren a recursos que pueden medirse hoy pero que conformarán las oportunidades de bienestar disponibles para las personas con el tiempo. Los indicadores seleccionados se relacionan con cuatro tipos distintos de capital: reservas de recursos naturales, humanos, sociales y económicos que pueden actuar como almacenes de "riqueza" en bienestar. También se consideran las inversiones en estos recursos, o su merma, así como algunos de los factores de riesgo que pueden influir en la estabilidad y valor de estas reservas. Este conjunto de indicadores provisionales incorpora elementos del marco de medición de desarrollo sostenible recomendados por la Conferencia de Estadísticos Europeos (UNECE, 2014) y analizados en *How's Life? 2013* (Capítulo 6, OECD, 2013a).

El limitado conjunto de indicadores del Capítulo 3 no presenta una imagen completa del mantenimiento del bienestar con el tiempo, en particular no en el nivel de países individuales. Las brechas de información son también considerables en muchos casos, sobre todo en lo relativo a la evaluación de cambios en las reservas de capital con el tiempo y entre un gran número de países. No obstante, algunos patrones generales surgen de la información hoy disponible:

- ***Capital natural***: el riesgo del cambio climático aún presenta una gran amenaza para el bienestar futuro. Las concentraciones de emisiones de gases de efecto invernadero en la atmósfera crecieron con rapidez en las últimas cuatro décadas, y las reducciones en las emisiones per cápita de estos gases logradas en varios países de la OCDE en la década pasada no bastan para compensar el aumento de las concentraciones globales. Aunque se consideró previamente en el análisis del bienestar actual (en el Capítulo 2), la exposición crónica a la contaminación atmosférica por pequeñas partículas ($PM_{2.5}$) también plantea amenazas para la salud futura. Alrededor de 40% de los residentes de la OCDE vive en zonas en las que la exposición anual a contaminación atmosférica por pequeñas partículas ($PM_{2.5}$) se encuentra dentro de los niveles recomendados, pero se estima que cerca de 42 millones de personas residentes en la zona de la OCDE están expuestas a niveles anuales de $PM_{2.5}$ de entre 25 y 35 microgramos por metro cúbico, cantidad mucho más alta que los límites para calidad del aire de la OMS y la UE. Los bosques proporcionan muchos servicios que benefician el bienestar humano, y los países de la zona de la OCDE representan cerca de 25% de las áreas boscosas del mundo. Desde 2000 ha habido una baja de 7% en el área boscosa promedio por cada 1 000 habitantes de la OCDE en su conjunto, debido a una pequeña baja en la cobertura forestal como porcentaje de las áreas terrestres totales y al aumento de población. Las pérdidas netas mundiales de áreas forestales se estiman en alrededor de 5.2 millones de hectáreas al año (una zona del tamaño de Costa Rica) entre 2000 y 2010 (FAO, 2010). Asimismo, la pérdida de biodiversidad es preocupante en casi toda la OCDE, al considerarse que porcentajes importantes de mamíferos, aves y flora vascular son especies amenazadas.
- ***Capital humano:*** en años recientes aumentaron varios elementos de la reserva de este capital: porcentajes crecientes de personas en edad productiva logran al menos el nivel de educación media superior en la mayoría de los países de la OCDE y la esperanza de vida crece en toda la OCDE. No obstante, el aumento en el logro educativo de las personas de 25 a 34 años de edad empieza a estabilizarse, o incluso a bajar, en algunos países, lo que les dificulta más sustituir las competencias de la fuerza laboral actual en el futuro. El desempleo de largo plazo puede también mermar el capital humano. Después de la crisis, el desempleo de largo plazo aumentó considerablemente en varios países y en 2014 se mantuvo más alto que en 2009 en dos tercios de los países de la OCDE. Si bien la esperanza de vida continúa al alza en toda la OCDE, algunos factores de riesgo pueden afectar la calidad de la salud que las personas experimenten más adelante. Si

bien la prevalencia del tabaquismo bajó en casi todos los países de la OCDE desde 2000, las crecientes tasas de obesidad presentes en casi todos ellos puede plantear un nuevo conjunto de retos futuros para la salud.

- ***Capital social:*** esta es el área más difícil de ilustrar con bases de datos de alta calidad. Algunos de los datos recientes más interesantes sobre la confianza social se limitan a los países europeos. Estos datos sugieren que en Europa, la confianza de las personas en el sistema legal es más alta que la confianza en la policía, la cual a su vez es más alta que la confianza en el sistema político. Tanto la confianza en otras personas como la confianza en las instituciones son más altas entre los grupos con ingresos más altos y entre las personas con nivel educativo más alto, en tanto que los desempleados muestran niveles mucho más bajos de confianza que las personas empleadas, jubiladas o que estudian o están en formación (Eurostat, 2015a). El compromiso cívico, una medida del bienestar actual, puede también considerarse como una forma de inversión en capital social. Al considerar la participación electoral, las personas se han interesado menos desde 2007: la tasa de participación electoral bajó en 21 de 34 países de la OCDE, con una reducción promedio de cinco puntos porcentuales. El trabajo voluntario desempeña también una función importante en el desarrollo de la reserva de capital social. Cerca de uno de cada tres adultos en los países de la OCDE trabaja como voluntario en alguna organización al menos una vez al año y, según la evidencia, esto causa un fuerte efecto económico y social (mayores detalles en el Capítulo 5).
- ***Capital económico:*** los niveles de este capital varían ampliamente en los países de la OCDE. En el ámbito familiar, el patrimonio financiero neto (excluidos los activos no financieros) en la mayoría de los países de la OCDE fue más alto en 2013 que en 2009. Si se consideran por separado las deudas familiares (como porcentaje del ingreso neto disponible), el nivel de deuda familiar promedio de la OCDE en 2013 fue ligeramente menor que en 2007, pero esto oculta tendencias divergentes en los países. En la economía en general, la reserva de activos fijos netos per cápita aumentó entre 2005 y 2010 en los 15 países de la OCDE para los que se contaba con datos comparables. Sin embargo, las tasas de inversión en capital fijo de toda la OCDE bajaron mucho en 2008 y 2009. Volvieron a crecer en 2010, pero continuaron débiles desde entonces. En la última década, en los países de la OCDE, la posición financiera per cápita de la economía en general mostró también tendencias divergentes, al igual que el apalancamiento del sector bancario y el capital financiero neto del sector gubernamental general.

¿Qué aspectos del bienestar son más importantes y para quién?

El sitio web *Índice para una Vida Mejor* de la OCDE permite explorar algunas estadísticas de bienestar descritas en el Capítulo 2 mediante visualizaciones interactivas de datos (Recuadro 1.3). Ahora disponible en siete idiomas (inglés, francés, alemán, italiano, portugués, ruso y español), el sitio ha sido visitado más de 7 millones de veces desde su lanzamiento, en mayo de 2011. Un aspecto clave del sitio es que se invita a los usuarios a desarrollar su propio índice de bienestar general personalizado, al clasificar diferentes áreas de bienestar de acuerdo con la importancia que le dan. Los usuarios ven cómo se clasifican los países en términos de desempeño general basado en el índice que ellos personalizaron.

Al momento de preparar este texto, alrededor de 74 000 visitantes del BLI residentes de la zona de la OCDE han compartido sus calificaciones de las diferentes dimensiones de

Recuadro 1.3. *Índice para una Vida Mejor*: cómo funciona

¿Qué significa para ti una vida mejor? ¿Qué dimensiones de bienestar importan más? El *Índice para una Vida Mejor* (BLI) es un sitio web interactivo destinado a explorar estadísticas de bienestar en la OCDE, Federación de Rusia y Brasil. La herramienta se basa en un conjunto de indicadores de bienestar principales, como se detalla en el Capítulo 2, que se agrupan en 11 medidas compuestas y normalizadas que reflejan las 11 dimensiones del marco de la OCDE para medir el bienestar. Los usuarios del sitio pueden desarrollar su propio índice a partir de estas 11 dimensiones con la barra de herramientas que aparece del lado derecho de la Gráfica 1.5. Esto les permite asignar ponderaciones a las diferentes dimensiones de acuerdo con cuán importante sienten que es cada una para ellos.

Gráfica 1.5. *Índice para una Vida Mejor*

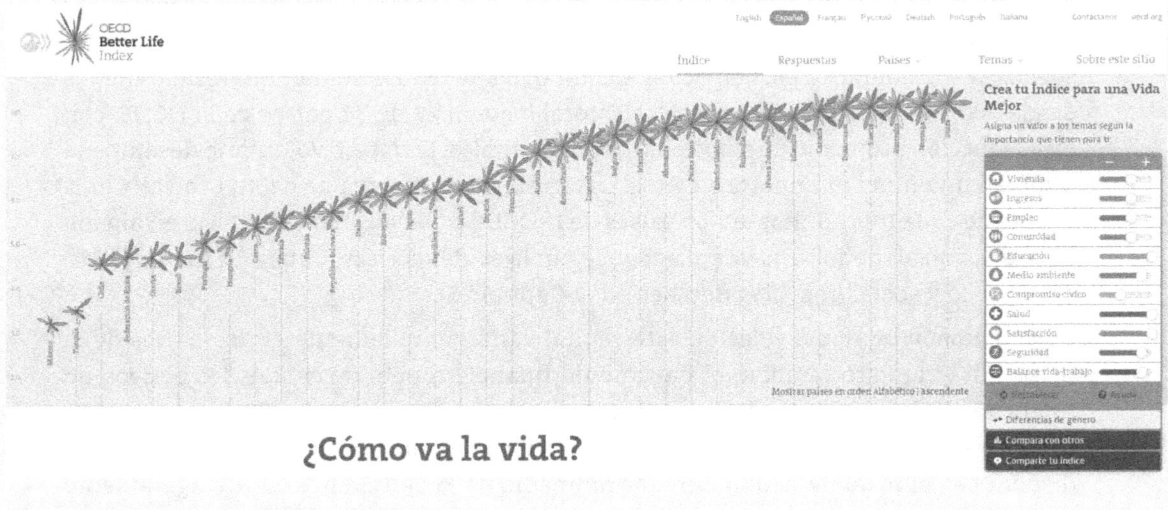

Fuente: http://www.oecdbetterlifeindex.org.

El sitio web permite también examinar las diferencias de género en el bienestar y explorar estadísticas de bienestar desglosadas por tema y por país. Los usuarios pueden compartir con sus redes sociales y con la OCDE información sobre la importancia que asignaron a las diferentes dimensiones de vida.

bienestar a través del sitio. Estas calificaciones sugieren que, por lo común, todas las dimensiones de bienestar se consideran importantes, pero la salud, la satisfacción ante la vida y la educación reciben una puntuación particularmente alta. A la inversa, el compromiso cívico y la comunidad tienden a atraer una calificación más baja en promedio (Gráfica 1.6).[5] Dado que el grupo de personas que comparte sus calificaciones en el BLI tiende a no ser representativo de la población en general en términos de género y edad (por ejemplo, en la mayoría de los países, las mujeres más jóvenes y mayores suelen no estar del todo representadas), los datos han sido ajustados para corregir estos sesgos.[6] Sin embargo, aun después de estos ajustes, interpretar los datos requiere mucha precaución: la muestra de usuarios se autoselecciona, no se selecciona al azar; el sitio web puede atraer solo a personas que conozcan y estén interesadas en el trabajo de la OCDE, y la base de usuarios se restringe a hablantes de los idiomas proporcionados.[7] Pese a estas limitaciones, los resultados arrojan un poco de luz sobre qué dimensiones concuerdan más con los puntos de vista de los usuarios respecto de qué es lo que importa para el bienestar. El Recuadro 1.4 describe otras investigaciones en esta área.

Gráfica 1.6. **Prioridades de bienestar entre los usuarios del *Índice para una Vida Mejor* en los países de la OCDE**

Porcentaje de las calificaciones totales

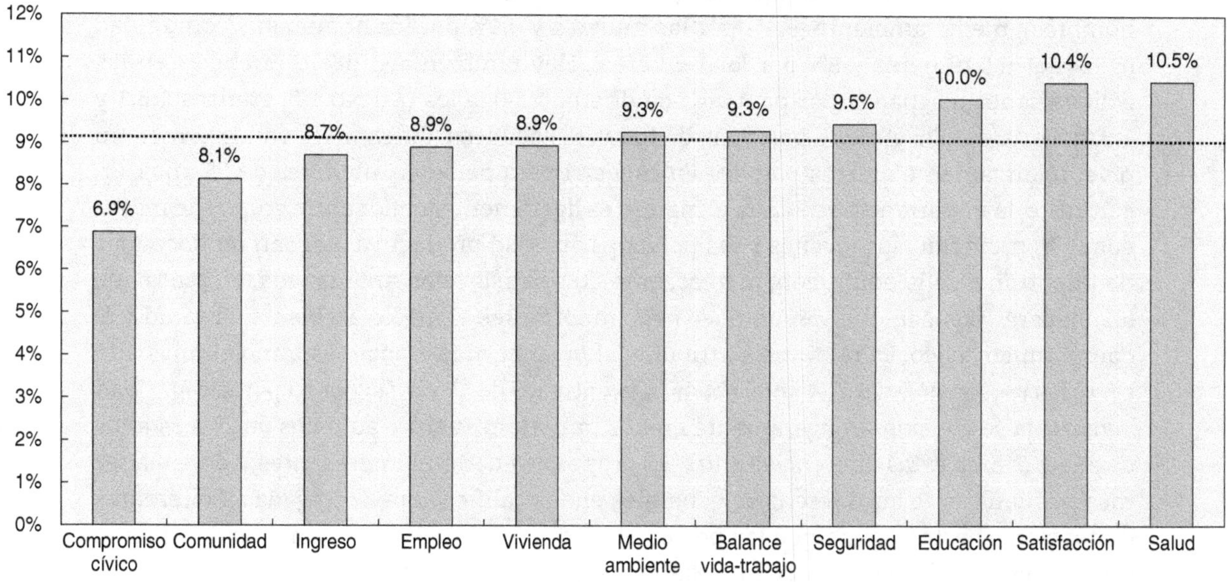

Notas: Las respuestas se ponderaron ex post para corregir por sesgos en la composición de edad y género de la muestra de usuarios mediante la información sobre edad y género que proporcionaron. El sitio web utiliza una escala de calificación de 0 a 5. Aquí las calificaciones se expresan como porcentaje de las calificaciones totales asignadas; esto implica que si los usuarios otorgaran ponderaciones iguales a las 11 dimensiones, cada una atraería 9.09% del total (este nivel se muestra como la línea horizontal punteada que aparece en la gráfica). Por consiguiente, si un usuario califica la salud con "5" y todos los demás resultados con "4", la suma de todos los pesos será de 45, y la calificación en salud como porcentaje del total será de 11.1%.

Fuente: Cálculos de la OCDE con base en las calificaciones de 73 761 usuarios del BLI compartidas por residentes de la OCDE.

StatLink http://dx.doi.org/10.1787/888933267318

Recuadro 1.4. **Medir lo que más interesa a la gente**

Investigaciones recientes reflejan cuán importante es medir mejor lo que le importa a la gente para obtener información sobre las preferencias referentes a las diferentes dimensiones de bienestar mediante preguntas más detalladas y muestras más representativas (por ejemplo, Benjamin, Heffetz, Kimball y Szembrot, 2014; Benjamin, Heffetz, Kimball y Rees-Jones, 2014; Becchetti, Corrado y Fiaschetti, 2013; Kettner, Köberl, Mayrhuber y Karmasin Steiniger, 2012). Muchas iniciativas para medir el bienestar emprendidas por las oficinas nacionales de estadísticas incluyen también amplias consultas al público para entender qué significa el bienestar para las personas y qué valoran más (por ejemplo, en Australia, Austria, Italia, México y Reino Unido). En 2015, Francia y Alemania, con base en el trabajo de comisiones ya existentes en ambos países, emprendieron nuevas consultas públicas, centradas en reflejar mejor los conceptos de avance económico, social y ambiental en los conjuntos de indicadores utilizados para sustentar la elaboración de políticas (France Stratégie y CESE, 2015; Bundesregierung, 2015). En relación con los futuros Objetivos de Desarrollo Sostenible (ODS, véase el Recuadro 1.7), la ONU emprendió también una encuesta global en línea (Mi Mundo), mediante la cual se invita a las personas a votar por los seis temas, tomados de una relación de 17, que más les importan: *http://vote.myworld2015.org/*.

Una razón clave para recopilar información acerca de las opiniones sobre el bienestar es asegurarse de que el trabajo de medición en este campo refleje lo que las propias personas sienten que es más importante para una buena vida. También hay interés de políticas públicas en comprender mejor las prioridades de las personas relacionadas con el bienestar en diferentes contextos. Esto puede incluir sustentar la determinación de objetivos de políticas públicas o comprender las opiniones de las personas sobre las compensaciones entre diferentes objetivos (por ejemplo, entre los resultados de bienestar material y balance vida-trabajo), así como de qué manera podrían diferir estas opiniones entre diferentes grupos.

Se observan algunas diferencias pequeñas en las calificaciones asignadas a las diferentes dimensiones por hombres y mujeres en promedio en los países de la OCDE, en particular en los casos de ingreso (calificado con 8.4% por las mujeres y 9% por los hombres), medio ambiente (9.4% por las mujeres y 9.1% por los hombres) y comunidad (8.3% por las mujeres y 8% por los hombres). Hay también algunas diferencias en las calificaciones asignadas por personas de diferentes edades (Anexo 1.B, gráficas 1.B.1 y 1.B.2). Por ejemplo, aunque personas de todas las edades calificaron la educación en un nivel relativamente alto, esto aplica en especial para personas menores de 25 años. En contraste, la importancia atribuida al ingreso es ligeramente menor entre grupos de mayor edad. En promedio, los jóvenes y las personas en edad productiva asignan un poco más de importancia a la educación, ingreso, empleo y satisfacción ante la vida, en tanto que los mayores piensan que son un poco más importantes el medio ambiente, la salud y el compromiso cívico. La relevancia atribuida al balance vida-trabajo es también más alta entre las personas de 25 a 34 años y más baja entre los de 55 y más; por su parte, seguridad y vivienda se consideran ligeramente menos importantes entre aquellos de 25 a 34 años de edad. Si bien estas diferencias entre los grupos de edad son interesantes, tienden a ser más pequeñas que las diferencias generales en las calificaciones otorgadas a diferentes dimensiones: esto sugiere que las personas de diferentes edades están más de acuerdo que en desacuerdo respecto de los resultados que más importan.

Medir y utilizar los datos sobre el bienestar: actualización de las actividades de la OCDE y sus asociados

La OCDE ha participado de forma muy importante en el trabajo internacional orientado a promover la agenda estadística sobre medición del bienestar. En tanto que los demás capítulos de esta edición describen algunos de los principales retos y prioridades de medición en ciertas áreas específicas, esta sección ofrece una actualización de varias iniciativas importantes emprendidas por la OCDE y sus asociados, con el fin de cerrar algunas de estas brechas. Se discuten algunas medidas que ya han sido implementadas con el fin de introducir indicadores de bienestar en el trabajo de políticas públicas de la OCDE. Por último, se describen las implicaciones que los Objetivos de Desarrollo Sostenible de la ONU, por acordarse por su Asamblea General en septiembre de 2015, tendrán para la agenda estadística futura en este campo.

Entre los proyectos continuos de la OCDE para desarrollar y afinar medidas del bienestar actual se encuentran los siguientes:

- Continuar el desarrollo de bases de datos de la OCDE relacionadas con la distribución de recursos económicos familiares, junto con una nueva base de datos que aporte información comparable sobre la distribución del patrimonio familiar en 18 de sus países miembros (*http://stats.oecd.org/Index.aspx?DataSetCode=WEALTH*). También se elaboró una nueva herramienta en línea que permite a los visitantes comparar sus percepciones e ideales sobre desigualdades de ingreso con la realidad que impera en su país de origen (*www.oecd.org/statistics/compare-your-income.htm*). Con miras a reconciliar micro y macro datos sobre los hogares, la OCDE trabaja en la medición de disparidades entre los hogares dentro de un marco de contabilidad nacional (por ejemplo, Fesseau y Mattonetti, 2013a; Fesseau, Wolff y Mattonetti, 2013b).
- Se trabaja en la definición, medición y evaluación de la calidad del empleo (Recuadro 1.5).

Recuadro 1.5. **Marco de Calidad del Empleo de la OCDE**

La calidad del empleo es un factor determinante del bienestar de los trabajadores. La OCDE elaboró un marco para medir la calidad del empleo, así como un conjunto de tres indicadores de alto nivel para evaluarla: i) un índice sintético de la calidad de ingresos, que considera tanto el *nivel* de ingresos como su *distribución* entre la fuerza laboral; ii) un indicador de la (in)seguridad en el mercado laboral que combina el riesgo de desempleo, la duración esperada del desempleo y el nivel de seguro de desempleo, en lo relativo a cobertura y generosidad; iii) una medida de la calidad del entorno laboral, centrada en la incidencia de tensión laboral, que refleja una combinación de altas demandas laborales (presión de tiempo, exposición a riesgos de salud física) y escasos recursos laborales (autonomía laboral, buenas relaciones en el trabajo).

Algunos otros puntos del trabajo de la OCDE en el área de calidad en el empleo son un **Inventario de Preguntas sobre la Calidad del Entorno Laboral**, que estudia las fuentes de datos internacionales sobre los países pertenecientes y no pertenecientes a la OCDE, así como una nueva base de datos de la OCDE sobre **Calidad del Empleo**, disponible a finales de 2015 en *www.OECD.stat.org*, que permitirá al usuario descargar los indicadores de la OCDE respecto de este tema. Este conjunto de datos incluirá también datos desglosados para comparar la calidad del empleo en relación con las características de los trabajadores. Como siguiente paso, la OCDE se propone desarrollar un conjunto de directrices de medición sobre la "calidad del entorno laboral" que los generadores de datos podrían usar para cerrar brechas de información y aumentar la comparabilidad de las medidas en el futuro.

Fuente: OECD (2014b), "How good is your job? Measuring and assessing job quality", en OECD, *OECD Employment Outlook 2014*, OECD Publishing, París, *http://dx.doi.org/10.1787/empl_outlook-2014-6-en*; Cazes, Hijzen y Saint-Martin (2015), en prensa.

- El Portal de Igualdad de Género de la OCDE sigue proporcionando estadísticas actuales que ilustran las diferencias entre hombres y mujeres en términos de resultados educativos, empleo y emprendimiento (*www.oecd.org/gender/data*).
- Hay un nuevo proyecto para medir la desigualdad en salud, el cual apuntará a reunir medidas más comparables de las disparidades en las edades de muerte por género, educación y causa de muerte.

Se espera que varias iniciativas de medición mejoren la calidad y amplitud de los indicadores con que se reflejan los recursos naturales, humanos, sociales y económicos que ayudan a mantener el bienestar a través del tiempo. Entre ellas se encuentran las siguientes:

- Nuevos trabajos metodológicos para crear mejores y más pertinentes indicadores de confianza, tanto en otras personas como en instituciones públicas, como parte de la Estrategia sobre Confianza de la OCDE. Esta actividad contribuirá al trabajo de la Campaña Global sobre Gobernabilidad Urbana, recién establecida (Praia Group; UNECE, 2015). Otros avances en estadísticas sobre gobernanza incluyen la publicación *Regulatory Policy Outlook*, de próxima aparición (OECD, 2015b), que contiene un nuevo indicador compuesto del compromiso de actores del gobierno, con base en la Encuesta de Indicadores Regulatorios de la OCDE 2014.
- El trabajo en curso de la OCDE para poner en marcha el marco central del nuevo Sistema de Contabilidad Medioambiental y Económica, el cual establece conceptos, definiciones, clasificaciones y reglas de contabilidad acordados en el ámbito internacional para recopilar información comparable sobre la interacción entre la economía y el medio ambiente, adoptando una estructura compatible con el marco del Sistema de Cuentas Nacionales (UNSC, 2012).

- La iniciativa de Indicadores de Crecimiento Verde (OECD, 2014c), que sigue desarrollando medidas mejoradas de la base de activos naturales y su gestión, así como aspectos de la calidad de vida medioambiental. Recientes innovaciones incluyen nuevos indicadores de exposición a contaminación atmosférica por pequeñas partículas ($PM_{2.5}$) a partir de observaciones satelitales (Brezzi y Sanchez-Serra, 2014; OECD 2014d). En el futuro, los datos geoespaciales y georreferenciados pueden ser una valiosa fuente de información nacional y subnacional tanto acerca de la base de activos naturales (por ejemplo, uso de tierra y cobertura vegetal) como de aspectos de la calidad de vida medioambiental (por ejemplo, acceso a espacios verdes).

En 2013 se instituyó la Comisión de Expertos de Alto Nivel sobre la Medición del Desempeño Económico y Progreso Social (HLEG), con el auspicio de la OCDE, para dar seguimiento a las recomendaciones de la Comisión para Medir el Desempeño Económico y el Progreso Social (Stiglitz, Sen y Fitoussi, 2009). La HLEG centra su trabajo en cuatro áreas de medición: desigualdad de patrimonio e ingreso, desigualdades multidimensionales y globales, bienestar subjetivo, y sostenibilidad (mayores detalles en *www.oecd.org/statistics/measuring-economic-social-progress*).

Desde 2013, la serie *How's Life?* también se ha estado expandiendo. En *How's Life in Your Region?* (OECD, 2014d) se analizan los resultados de bienestar en el nivel subnacional en 362 diferentes regiones de la OCDE. Este trabajo fue complementado con una herramienta de visualización de datos en línea (*http://www.oecdregionalwellbeing.org/*), la cual incluye 8 de las dimensiones de bienestar de *How's Life?* En el Capítulo 6 de este informe se describen las conclusiones clave sobre las diferencias regionales de bienestar y el trabajo estadístico que apuntala la iniciativa regional de bienestar. Una colaboración reciente entre la OCDE y el proyecto de investigación Clio Infra también dio paso a la publicación en 2014 de *How Was Life? Global Well-Being since 1820*, el cual aporta una perspectiva histórica del bienestar y su desarrollo en el mundo (Van Zanden *et al.*, 2014).

Se han incorporado ya indicadores de bienestar en diversas actividades de políticas públicas de la OCDE (Recuadro 1.6). Asimismo, mediante varios eventos y plataformas, la OCDE sigue comprometiendo a los responsables de políticas públicas y estadísticos, así como a la sociedad civil y la comunidad de investigadores con el bienestar. Entre estos eventos y plataformas se encuentran el Quinto Foro Mundial de la OCDE sobre Estadísticas, Conocimiento y Políticas, que se llevará a cabo en Guadalajara, México, en octubre de 2015, llamado "Transformando Políticas y Cambiando Vidas". Estos eventos se orientan a profundizar la reflexión en curso sobre la manera de medir el bienestar y el progreso social, y de integrar estas nuevas medidas en la elaboración de políticas públicas. El sitio web Wikiprogress.org, alojado en la OCDE, ofrece una plataforma global para compartir información acerca del bienestar y el progreso, y crea una comunidad digital de investigadores, hacedores de políticas públicas y grupos de la sociedad civil interesados en el tema. Como seguimiento a la publicación *Guidelines on Measuring Subjective Well-Being* (Directrices para medir el bienestar subjetivo) (OECD, 2013c), la OCDE también ha organizado diversos talleres regionales sobre la medición y aplicación a políticas públicas de datos sobre bienestar subjetivo, con la participación de generadores y usuarios de datos provenientes del mundo de las políticas públicas, estadísticas, sociedad civil y ámbito académico. Los resultados de estos debates se incluirán en un nuevo compendio de estas *Directrices* de la OCDE.

Recuadro 1.6. **Incluir estadísticas de bienestar en la asesoría de la OCDE sobre políticas públicas**

Se están incorporando indicadores de bienestar en diversas actividades, nuevas y existentes, de la OCDE; por ejemplo:

- ***Encuestas económicas nacionales,*** que analizan en profundidad las economías de la OCDE cada 18 meses, y se centran en políticas con el potencial de hacer mejorar el desempeño económico de estos países en el largo plazo. Las encuestas por lo regular cubren una gran variedad de áreas de políticas públicas, desde mercados laborales y capital humano hasta tributación y gasto público. Estudios recientes sobre Austria (OECD, 2013d), Estados Unidos de América (OECD, 2014e), Italia (OECD, 2015c) y México (OECD, 2015d) prestaron atención especial a aspectos de bienestar y su distribución.
- ***Estudios multidimensionales nacionales*** (MDCR), que ofrecen un nuevo enfoque en la asesoría sobre políticas de desarrollo, adaptando los marcos de la OCDE al contexto de un país no miembro. Los MDCR, realizados por el Centro de Desarrollo de la OCDE, consideran objetivos múltiples de desarrollo y se sustentan en un marco de bienestar adaptado del marco utilizado por los países miembros de la OCDE (Boarini, Kolev y McGregor, 2014). Evalúa los avances de un país en los diferentes campos del bienestar y los compara con los que podrían esperarse por su nivel de desarrollo económico. El objetivo de los MDCR es ayudar a los países a identificar restricciones que limiten los avances hacia un desarrollo más equitativo y sostenible. Hasta ahora se han publicado estudios para Myanmar (OECD, 2013e) y Uruguay (OECD/ECLAC, 2014), y se trabaja en los de Filipinas, Costa de Marfil, Perú y Kazajistán.
- La ***Iniciativa de Crecimiento Incluyente*** de la OCDE es un componente central de la Iniciativa Nuevos Enfoques ante los Retos Económicos (NAEC),[a] y se dirige a aclarar las opciones de políticas públicas y las compensaciones que necesitan equilibrarse para lograr un crecimiento incluyente. El trabajo estadístico abarca el desarrollo de un marco de medición para examinar si el crecimiento económico ha generado estándares de vida más altos para varios grupos de la población. Esta herramienta permite evaluar el efecto de las políticas públicas sobre un subgrupo de dimensiones de bienestar (ingreso, empleo y salud) en toda la población.
- El estudio ***Habilidades para el Progreso Social*** examina la función de las habilidades sociales y emocionales (como perseverancia, sociabilidad y autoestima) en la conformación de una gran variedad de resultados de bienestar material y no material, entre ellos ingreso, empleo, salud y satisfacción ante la vida. En 2015 se publicó un informe en el que se sintetiza el trabajo analítico realizado sobre bases de datos de 9 países de la OCDE (OECD, 2015e); posteriormente se realizará un estudio longitudinal encabezado por la OCDE en las principales ciudades del mundo de 2019 en adelante.

[a] La iniciativa NAEC ha fomentado un enfoque más multidimensional en las políticas públicas, al elaborar herramientas para un análisis más integrado de ellas y atraer conocimientos especializados de los ámbitos de las ciencias experimentales y conductuales. *El NAEC Synthesis Report 2015* "demanda prestar más atención al bienestar y su distribución para garantizar que el crecimiento conlleve avances para todos" y sostiene que "las decisiones sobre políticas públicas deberán sustentarse en una evaluación de su impacto en diferentes dimensiones de bienestar, así como sus consecuencias distribucionales" (OECD, 2015f).

En Europa, Eurostat sigue elaborando un conjunto de indicadores de Calidad de Vida (CdV) para la Unión Europea (Eurostat, 2015b). Una publicación en internet (*http://ec.europa.eu/eurostat/statistics-explained/index.php/Quality_of_life_indicators*) detalla las estadísticas disponibles y presenta información sobre tendencias en el tiempo y diferencias entre países y entre grupos demográficos. Avances recientes incluyen la realización de un módulo *ad hoc* sobre bienestar como parte de la recopilación de Estadísticas de Ingreso y Condiciones de Vida de la Unión Europea en 2013, que ha proporcionado estimaciones de alta calidad sobre varios aspectos de bienestar subjetivo (Eurostat, 2015c), así como estadísticas sobre confianza social (Eurostat, 2015a), descritas en los capítulos 2 y 3 de este informe, respectivamente. También se trabaja en países de forma individual en diversas iniciativas relacionadas con la medición del bienestar y su evolución en el tiempo, como la labor realizada por las oficinas nacionales de estadísticas de Alemania (DESTATIS, 2014), Australia (ABS, 2014), Austria (Statistik Austria, 2014), España (INE, 2015), Francia (INSEE, 2015), Italia (ISTAT, 2015), México (INEGI, 2014), Países Bajos (Statistics Netherlands, 2015), Portugal (Statistics Portugal, 2014; 2015), Reino Unido (ONS, 2015) y Suiza (FSO, 2014).

Los Objetivos de Desarrollo Sostenible de la ONU (ODS, Recuadro 1.7) prestarán más atención al desarrollo de la capacidad estadística mundial durante los próximos 15 años. Los ODS se relacionan con la *puesta en marcha* de prácticas de desarrollo sostenible; representan un conjunto negociado en términos políticos de objetivos y metas aspiracionales que destacan las prioridades mundiales de desarrollo sostenible. Si bien el proceso de ODS es un ejercicio impulsado por las políticas públicas, tendrá implicaciones importantes para la agenda estadística sobre "medición del desempeño más allá del PIB", pues muchos objetivos, metas e indicadores presentados en los ODS guardan alguna relación con los resultados de bienestar descritos en este informe. De hecho, las recomendaciones de la Conferencia de Estadísticos Europeos sobre medición del desarrollo sostenible (UNECE, 2014) enmarcan el tema en términos de cubrir las necesidades de bienestar de las personas "aquí y ahora", "después" y en otros países (es decir, "en otras partes"). En algunos casos se pondrá énfasis en desarrollar la infraestructura estadística necesaria para atender las exigencias del seguimiento de los ODS. En otros casos, iniciativas de medición sobre temas específicos, como gobernanza (por ejemplo, el Grupo Praia de Estadísticas de Gobernanza) o nuevas metodologías (como el uso de Datos Masivos y datos geoespaciales y georreferenciados), también contribuirán a impulsar la agenda de medición del bienestar.

Recuadro 1.7. **Objetivos de Desarrollo Sostenible y la Agenda de Desarrollo Post 2015**

Los Objetivos de Desarrollo Sostenible de la ONU (ODS) desempeñarán una función decisiva en la conformación de la agenda de medición del bienestar y el desarrollo sostenible en los próximos 15 años hasta 2030. Planificados como objetivos universales, globales, para el desarrollo sostenible centrado en las personas en todos los países, los ODS son un ambicioso marco sucesor de los Objetivos de Desarrollo del Milenio.

Las propuestas para los ODS se elaboraron por medio de un proceso de consulta a múltiples actores sin precedentes y con amplio alcance. En julio de 2014, el Grupo de Trabajo Intergubernamental Abierto, bajo el mandato de la Asamblea General de la ONU, elaboró una propuesta de 17 ODS y 169 metas (OWG, 2014). Después de la adopción esperada de los ODS por parte de la Asamblea General de la ONU en el otoño de 2015, se seguirá trabajando para determinar el conjunto de indicadores para supervisar los avances hacia las metas, encabezados por la Comisión de Estadística de la ONU. Al momento de escribir este informe, se espera que dicha Comisión avale un marco indicador en su asamblea de marzo de 2016.

Fuente: The UN Sustainable Development Knowledge Platform, *https://sustainabledevelopment.un.org/topics/sustainabledevelopmentgoals.*

Notas

1. Con base en precios de 2010; consulte el Capítulo 2, Recuadro 2.1, para una definición completa.
2. Las emociones diarias se miden como el porcentaje de las personas con un equilibrio afectivo positivo, es decir, cuando los sentimientos y emociones negativos de una persona superan los sentimientos y emociones negativos que declaran tener (Capítulo 2, Recuadro 2.11).

3. La brecha salarial promedio por género de la OCDE, calculada como la diferencia entre el salario medio de hombres y mujeres, dividido entre el salario medio de los hombres, es de 15.5%.
4. El porcentaje de ingresos recibidos por las personas que ocupan el 10% superior de la escala de ingresos, dividido entre el porcentaje de ingresos recibidos por el 10% inferior de la escala (S90/S10).
5. Los lectores interesados en analizar las diferencias por país en la manera en que los usuarios del BLI clasificaron los diversos campos encontrarán más información en *www.oecdbetterlifeindex.org*. Asimismo, en el sitio pueden descargarse directamente las calificaciones promedio de nivel nacional, aunque estos datos no están ajustados a sesgos de la muestra.
6. Los datos se corrigieron *ex post* para representar a la población de los países en edad y género, mediante la información sobre estos factores proporcionada por los usuarios. Las ponderaciones del diseño se calculan como inversos de las probabilidades de inclusión y se ajustan de modo que alcancen el tamaño de la muestra. Sin embargo, no se dispone de datos sobre otras características clave, como los niveles educativos de los encuestados.
7. Tampoco es posible saber si los visitantes del sitio web expresan opiniones muy arraigadas ni estar seguros de que todos los usuarios comprenden de igual manera lo que cada dimensión pretende representar, aunque en el sitio web se explica esto en detalle para los interesados.

Bibliografía

ABS (Australian Bureau of Statistics) (2014), *Measures of Australia's Progress, 2013*, *www.abs.gov.au/AUSSTATS/abs@.nsf/mf/1370.0* (consultado el 22 de mayo de 2015).

Alkire, S. y M.B. Sarwar (2009), *Multidimensional Measures of Poverty and Well-being*, Oxford Poverty and Human Development Initiative, Oxford Department of International Development, Universidad de Oxford.

Anand, P., M. Durand y J. Heckman (2011), "Editorial: The Measurement of Progress – some achievements and challenges", *Journal of the Royal Statistical Society*, Vol. 174, pp. 851-855.

Becchetti, L., L. Corrado y M. Fiaschetti (2013), "*The heterogeneity of wellbeing "expenditure" preferences: evidence from a simulated allocation choice on the BES indicators*", *CEIS Research Paper 297*, Tor Vergata University, *http://papers.ssrn.com/sol3/papers.cfm?abstract_id=2344695*.

Benjamin, D. J., O. Heffetz, M. S. Kimball y A. Rees-Jones (2014), "Can Marginal Rates of Substitution Be Inferred From Happiness Data? Evidence from Residency Choices", *American Economic Review*, Vol. 104, núm. 11, pp. 3498-3528.

Benjamin, D. J., O. Heffetz, M. S. Kimball, y N. Szembrot (2014), "Beyond Happiness and Satisfaction: Toward Well-Being Indices Based on Stated Preference", *American Economic Review*, Vol. 104, núm. 9, pp. 2698-2735.

Boarini, R., A. Kolev y A. McGregor (2014), "Measuring Well-being and Progress in Countries at Different Stages of Development: Towards a More Universal Conceptual Framework", *OECD Development Centre Working Papers*, núm. 325, OECD Publishing, París, *http://dx.doi.org/10.1787/5jxss4hv2d8n-en*.

Brezzi, M. y D. Sanchez-Serra (2014), "Breathing the Same Air? Measuring Air Pollution in Cities and Regions", *OECD Regional Development Working Papers*, No. 2014/11, OECD Publishing, París, *http://dx.doi.org/10.1787/5jxrb7rkxf21-en*.

Bundesregierung (2015), sitio web, *www.gut-leben-in-deutschland.de/DE/Home/home_node* (consultado el 5 de mayo de 2015).

Cazes, S., Hijzen, A. y A. Saint-Martin (2015), "How good is your job? The new OECD framework for measuring and assessing job quality", *OECD Working Paper*, en prensa.

Destatis (2014), *Sustainable Development in Germany Indicator Report 2014*, Statistisches Bundesamt (Federal Statistical Office), Wiesbaden, *www.destatis.de/EN/Publications/Specialized/EnvironmentalEconomicAccounting/Indicators2014.pdf?__blob=publicationFile* (consultado el 29 de mayo de 2015).

Eurostat (2015a), "Quality of life in Europe - facts and views – governance", en *Quality of Life*, publicación en línea, *http://ec.europa.eu/eurostat/statistics-explained/index.php/Quality_of_life_indicators* (consultado el 4 de julio de 2015).

Eurostat (2015b), *Quality of life indicators*, publicación en línea Eurostat, Luxemburgo, *http://ec.europa.eu/eurostat/statistics-explained/index.php/Quality_of_life_indicators* (consultado el 25 de mayo de 2015).

Eurostat (2015c), *Quality of life in Europe - facts and views - overall life satisfaction*, *http://ec.europa.eu/eurostat/statistics-explained/index.php/Quality_of_life_in_Europe_-_facts_and_views_-_overall_life_satisfaction* (consultado el 25 de mayo de 2015).

Fesseau, M. y M. L. Mattonetti (2013a), "Distributional Measures Across Household Groups in a National Accounts Framework: Results from an Experimental Cross-country Exercise on Household Income, Consumption and Saving", *OECD Statistics Working Papers*, núm. 2013/04, OECD Publishing, París, *http://dx.doi.org/10.1787/5k3wdjqr775f-en.*

Fesseau, M., F. Wolff y M. L. Mattonetti (2013b), "A Cross-country Comparison of Household Income, Consumption and Wealth between Micro Sources and National Accounts Aggregates", *OECD Statistics Working Papers*, núm. 2013/03, OECD Publishing, París, *http://dx.doi.org/10.1787/5k3wdjrnh7mv-en.*

FAO (2010), Global Forest Resources Assessment 2010, Main Report, *FAO Forestry Paper* 163, Organización de las Naciones Unidas para la Agricultura y la Alimentación, Roma, *http://www.fao.org/docrep/013/i1757e/i1757e.pdf*

France Stratégie y CESE (2015), sitio web, *www.strategie.gouv.fr/actualites/indicateurs-evaluer-situation-pays* (consultado el 5 de mayo de 2015).

FSO (2014), *Indicator system for the measurement of well-being 2014*, Oficina Federal de Estadística de Suiza, Neuchâtel, *www.bfs.admin.ch/bfs/portal/en/index/news/medienmitteilungen.html?pressID=9882* (consultado el 29 de mayo de 2015).

FSO (2013), *Sustainable Development – A Brief Guide 2013: 17 key indicators to measure progress*, Oficina Federal de Estadística de Suiza, Neuchâtel, *www.bfs.admin.ch/bfs/portal/en/index/themen/21/01/new.html?gnpID=2013-267* (consultado el 29 de mayo de 2015).

INE (2015), *Quality of Life Indicators*, *www.ine.es/ss/Satellite?param1=PYSDetalleGratuitas&c=INEPublicacion_C&p=1254735110672&param4=Ocultar&pagename=ProductosYServicios%2FPYSLayout&cid=1259937499084&L=1* (consultado el 25 de mayo de 2015).

INEGI (2014), *Niveles de bienestar en México*, Instituto Nacional de Estadística Geografía e Informática, INEGI, Aguascalientes, *www3.inegi.org.mx/sistemas/biblioteca/ficha.aspx?upc=702825450557* (consultado el 29 de mayo de 2015).

INSEE (2015), Economic performance and social progress - Following up on the Stiglitz Report, *www.insee.fr/en/publications-et-services/default.asp?page=dossiers_web/stiglitz/performance_eco.htm#deux* (consultado el 25 de mayo de 2015).

ISTAT (2015), The BES project to measure equitable and sustainable well-being, *www.misuredelbenessere.it/index.php?id=documents* (consultado el 25 de mayo de 2015).

Kettner, C., K. Köberl, C. Mayrhuber, S. Karmasin y N. Steiniger (2012), "Mehr als Wachstum. Messung von Wohlstand und Lebensqualität in ausgewählten Ländern mit dem OECD Better Life Index auf

Basis der österreichischen Präferenzen", *Austrian Institute of Economic Research (WIFO) monograph*, Vienna: WIFO. *http://www.wifo.ac.at/publikationen?detail-view=yes&publikation_id=45900* (consultado el 5 de mayo de 2015).

OECD (2015a), "Aggregate National Accounts, SNA 2008: Gross domestic product", *OECD National Accounts Statistics* (base de datos), *http://dx.doi.org/10.1787/data-00001-en* (consultada el 24 de mayo de 2015).

OECD (2015b), *Regulatory Policy Outlook*, OECD Publishing, París, en prensa.

OECD (2015c), *OECD Economic Surveys: Italy 2015*, OECD Publishing, París, *http://dx.doi.org/10.1787/eco_surveys-ita-2015-en*.

OECD (2015d), *OECD Economic Surveys: Mexico 2015*, OECD Publishing, París, *http://dx.doi.org/10.1787/eco_surveys-mex-2015-en*.

OECD (2015e), *Skills for Social Progress: The Power of Social and Emotional Skills*, OECD Skills Studies, OECD Publishing, París, *http://dx.doi.org/10.1787/9789264226159-en*.

OECD (2015f), *Final NAEC Synthesis: New Approaches to Economic Challenges*, informe presentado en la Reunión del Consejo de Ministros de la OCDE, París, 3-4 de junio de 2015, *http://www.oecd.org/mcm/documents/Final-NAEC-Synthesis-Report-CMIN2015-2.pdf*

OECD (2014a), *Employment Outlook 2014*, OECD Publishing, París, *http://dx.doi.org/10.1787/empl_outlook-2014-6-en*.

OECD (2014b), "How good is your job? Measuring and assessing job quality", en OECD, *OECD Employment Outlook 2014*, OECD Publishing, París, *http://dx.doi.org/10.1787/empl_outlook-2014-6-en*.

OECD (2014c), *Green Growth Indicators 2014*, OECD Green Growth Studies, OECD Publishing, París, *http://dx.doi.org/10.1787/9789264202030-en*.

OECD (2014d), *How's Life in Your Region? Measuring Regional and Local Well-being for Policy Making*, OECD Publishing, París, *http://dx.doi.org/10.1787/9789264217416-en*.

OECD (2014e), *OECD Economic Surveys: United States 2014*, OECD Publishing, París, *http://dx.doi.org/10.1787/eco_surveys-usa-2014-en*.

OECD (2013a), *How's Life? 2013: Measuring Well-being*, OECD Publishing, París, *http://dx.doi.org/10.1787/9789264201392-en*.

OECD (2013b), *OECD Action Plan for Youth: Giving Youth a Better Start in the Labour Market*, Reunión del Consejo de Ministros de la OCDE, París, 29-30 de mayo de 2013, *www.oecd.org/newsroom/Action-plan-youth.pdf* (consultado el 7 de mayo de 2015).

OECD (2013c), *OECD Guidelines on Measuring Subjective Well-being*, OECD Publishing, París, *http://dx.doi.org/10.1787/9789264191655-en*.

OECD (2013d), *OECD Economic Surveys: Austria 2013*, OECD Publishing, París, *http://dx.doi.org/10.1787/eco_surveys-aut-2013-en*.

OECD (2013e), *Multi-dimensional Review of Myanmar: Volume 1. Initial Assessment*, OECD Development Pathways, OECD Publishing, París, *http://dx.doi.org/10.1787/9789264202085-en*.

OECD (2011), *How's Life?: Measuring Well-being*, OECD Publishing, París, *http://dx.doi.org/10.1787/9789264121164-en*.

OECD/ECLAC (2014), *Multi-dimensional Review of Uruguay: Volume 1: Initial Assessment*, OECD Development Pathways, OECD Publishing, París, *http://dx.doi.org/10.1787/9789264209459-en*.

ONS (2015), *Measuring National Well-Being, sitio web, www.ons.gov.uk/ons/guide-method/user-guidance/well-being/index.html* (consultado el 25 de mayo de 2015).

OWG (2014), "Open Working Group Proposal for Sustainable Development Goals", *Full report of the Open Working Group of the General Assembly on Sustainable Development Goals*, Document A/68/970, *http://undocs.org/A/68/970* (consultado el 29 de mayo de 2015).

Sen, A. (1985), *Commodities and Capabilities*, North-Holland Publishing, Amsterdam.

Statistics Netherlands (2015), *Sustainability Monitor of the Netherlands 2014*, Statistics Netherlands, the Hague, *www.cbs.nl/en-GB/menu/themas/dossiers/duurzaamheid/publicaties/publicaties/archief/2015/monitor-duurzaam-nederland-2014.htm* (consultado el 29 de mayo de 2015).

Statistics New Zealand (2011). *Key findings on New Zealand's progress using a sustainable development approach:* 2010, Statistics New Zealand, Wellington, *www.stats.govt.nz/browse_for_stats/snapshots-of-nz/Measuring-NZ-progress-sustainable-dev-%20approach/key-findings-2010.aspx* (consultado el 29 de mayo de 2015).

Statistics Portugal (2014), The Portuguese Index of Wellbeing, Statistics Portugal, Lisboa, *https://www.ine.pt/xportal/xmain?xpid=INE&xpgid=ine_indbemestar&xlang=en* (consultado el 12 de julio de 2015).

Statistics Portugal (2015), Sustainable Development Indicators, Statistics Portugal, Lisboa, *https://www.ine.pt/xportal/xmain?xpid=INE&xpgid=ine_dossie_idsustentavel&xlang=en* (consultado el 12 de julio de 2015).

Statistik Austria (2014), *How's Austria? www.statistik.at/web_en/statistics/------/hows_austria/index.html* (consultado el 11 de julio de 2015).

Stiglitz, J.E., A. Sen y J.-P. Fitoussi (2009), *Report by the Commission on the Measurement of Economic Performance and Social Progress, www.stiglitz-sen-fitoussi.fr/documents/rapport_anglais.pdf* (consultado el 12 de mayo de 2015).

UNECE (2014), *Conference of European Statisticians Recommendations on Measuring Sustainable Development*, United Nations, Nueva York y Ginebra, *www.unece.org/fileadmin/DAM/stats/publications/2013/CES_SD_web.pdf* (consultado el 10 de abril de 2015).

UNECE (2015), Report of Cabo Verde on Governance, Peace and Security Statistics, Note by the Secretary-General for the forty-sixth session of UN Statistical Commission on 3-6 March 2015, *https://unstats.un.org/unsd/statcom/doc15/2015-17-CaboVerde.pdf* (consultado el 29 de mayo de 2015).

United Nations (2009), *Measuring Sustainable Development*, United Nations, preparado en cooperación con la OCDE y la Oficina de Estadística para las Comunidades Europeas (Eurostat), Nueva York y Ginebra.

UNSC (2012), *System of Environmental-Economic Accounting Central Framework*, UN Statistical Commission, borrador, texto sin editar sujeto a una edición oficial, *http://unstats.un.org/unsd/envaccounting/White_cover.pdf*

UNU-IHDP y UNEP (2012) *Inclusive Wealth Report 2012. Measuring progress towards sustainability*, Cambridge University Press, Cambridge.

van Zanden, J., *et al.* (eds.) (2014), *How Was Life?: Global Well-being since 1820*, OECD Publishing, París, *http://dx.doi.org/10.1787/9789264214262-en*.

ANEXO 1.A.

Puntos fuertes y débiles del bienestar a nivel nacional

Los resultados de bienestar resumidos en este capítulo, y descritos en detalle en el Capítulo 2, tienen unidades de medición muy diferentes, desde el ingreso de los empleados en dólares estadounidenses hasta la esperanza de vida por persona expresada en años. Para mostrar estas diversas medidas en una escala similar, en la Gráfica 1.A.1 se utilizan calificaciones normalizadas (también conocidas como "calificaciones z"), en las que, por cada indicador, el promedio de la OCDE se fija en cero y los valores reflejan las desviaciones estándar por arriba y por debajo del promedio de la OCDE.*

Cuando un país tiene una calificación por arriba del promedio de la OCDE en un cierto indicador, la calificación estándar toma un valor positivo, en tanto que las calificaciones por debajo del promedio de la OCDE toman un valor negativo. En la mayoría de los indicadores, alrededor de dos tercios de los países muestran desviaciones estándar de +1 a –1 de la media. Un valor mayor de +1 en un indicador significa que el país tiene una calificación mucho mayor del promedio y por lo regular solo cerca de cinco de 34 países tendrán un valor como este. Por otra parte, un valor de –1 significa que la calificación del país es mucho menor que el promedio de la OCDE y también por lo común solo cerca de cinco países la obtienen. Los límites de la escala se fijan en –2 a +2 para facilitar la presentación y en casos extremos los valores estandarizados para algunos países los exceden.

Estas calificaciones estandarizadas ofrecen una imagen de los puntos fuertes y débiles relativos de los países en los indicadores de bienestar clave. En la Gráfica 1.A.1, los países se agrupan en grandes zonas geográficas.

* Con el valor promedio simple de todos los países de la OCDE se realizan evaluaciones comparativas y en ocasiones difiere ligeramente de los promedios de la OCDE mostrados en el Capítulo 2, los cuales por lo regular se ponderan por el tamaño de la población para ofrecer un estimado representativo del *residente* promedio de la OCDE (en lugar de centrarse en el *país* promedio de la Organización).

Gráfica 1.A.1. **Puntos fuertes y débiles relativos de bienestar, por país**

Calificaciones estandarizadas, año más reciente disponible

Panel A: Países del norte de Europa

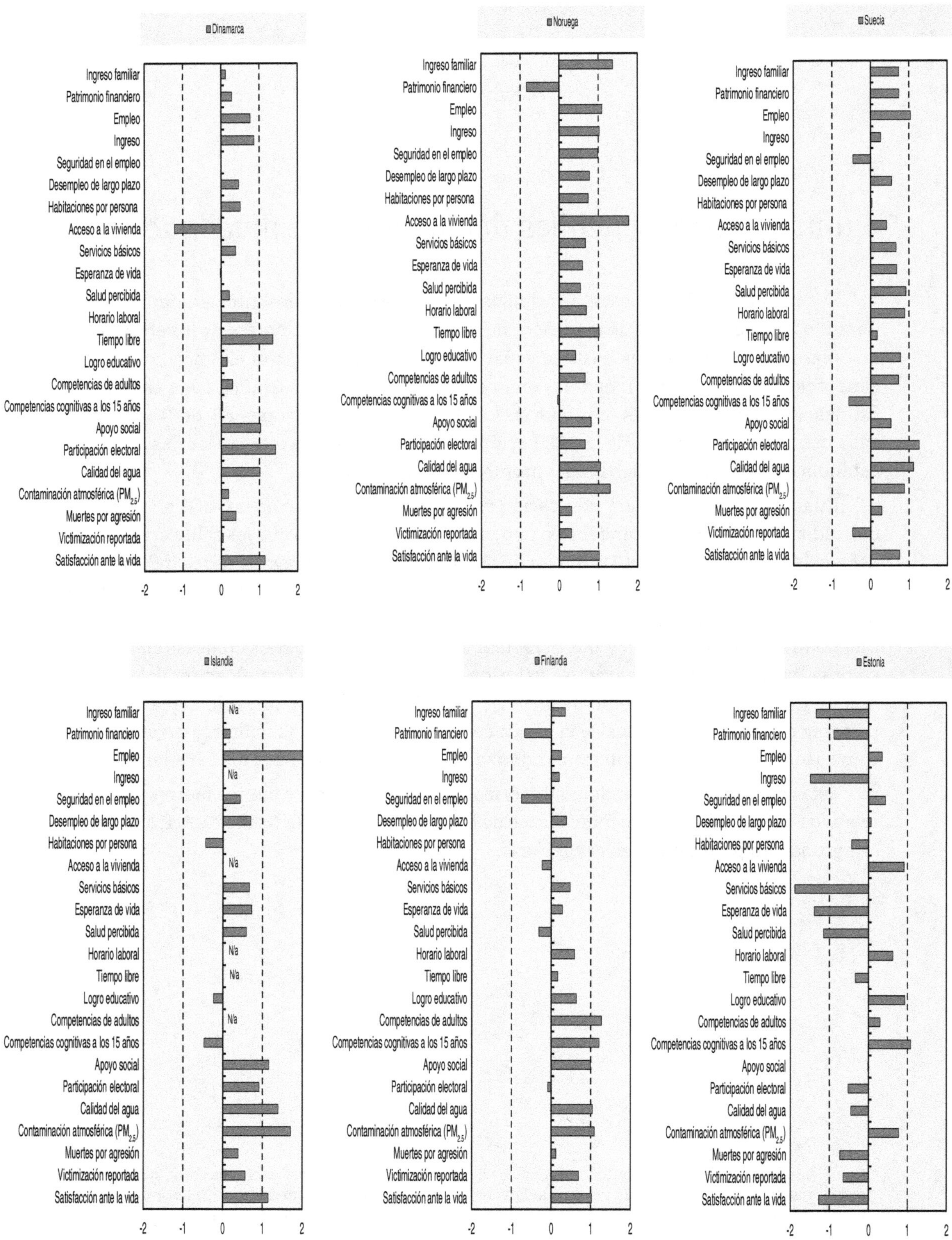

Gráfica 1.A.1. **Puntos fuertes y débiles relativos de bienestar, por país** *(cont.)*

Calificaciones estandarizadas, año más reciente disponible

Panel B: Países europeos continentales, Reino Unido e Irlanda

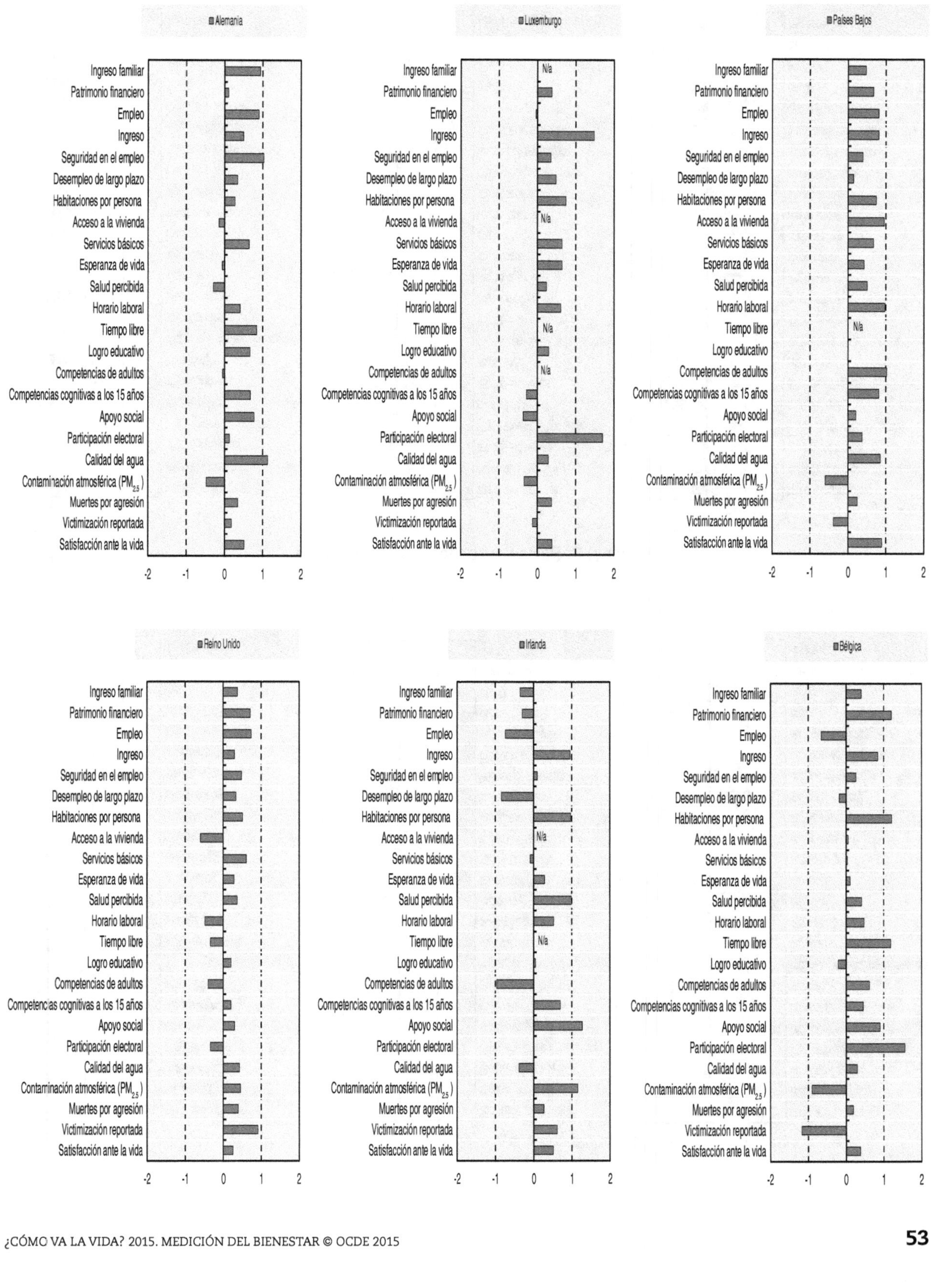

Gráfica 1.A.1. **Puntos fuertes y débiles relativos de bienestar, por país** *(cont.)*

Calificaciones estandarizadas, año más reciente disponible

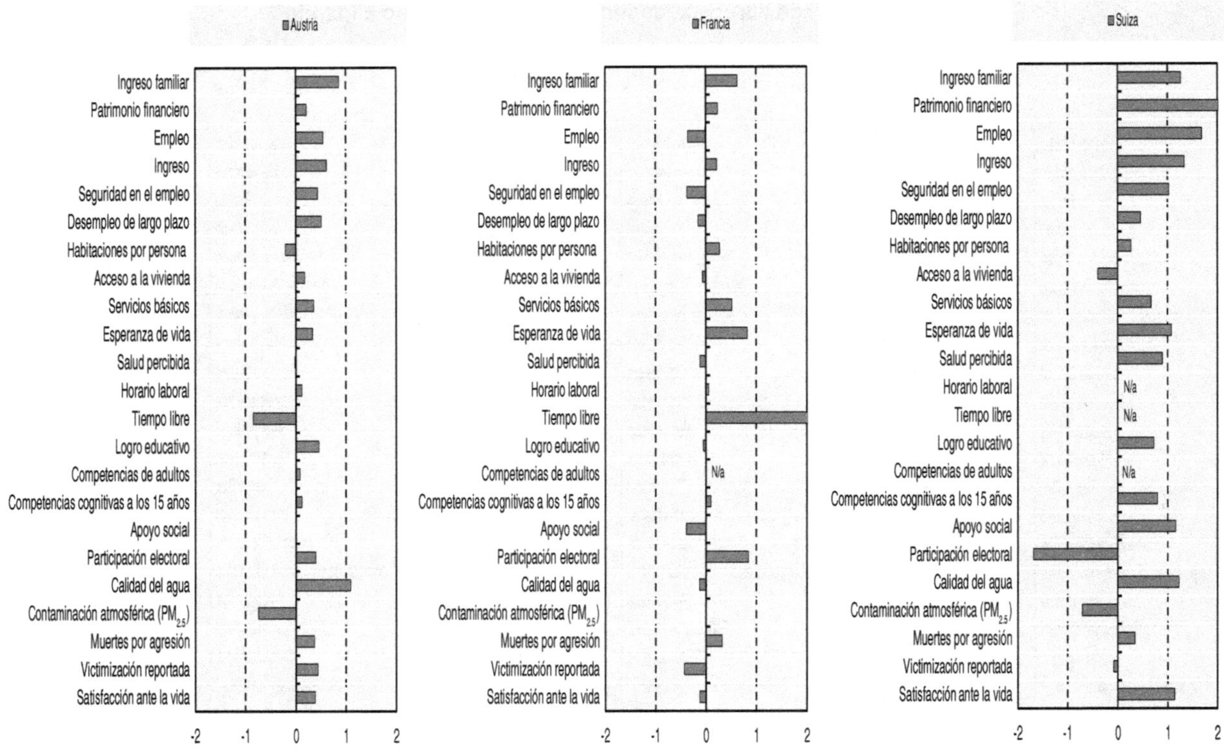

Panel C: Países europeos del sur y oriente

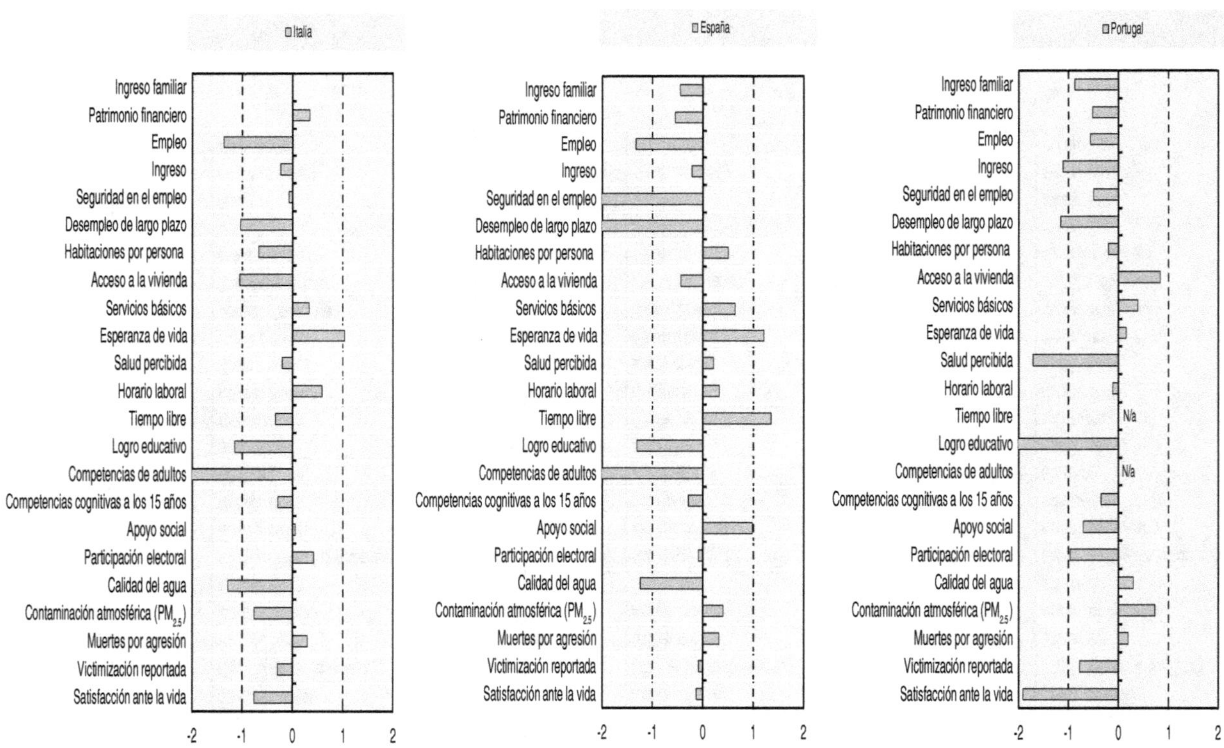

Gráfica 1.A.1. Puntos fuertes y débiles relativos de bienestar, por país *(cont.)*

Calificaciones estandarizadas, año más reciente disponible

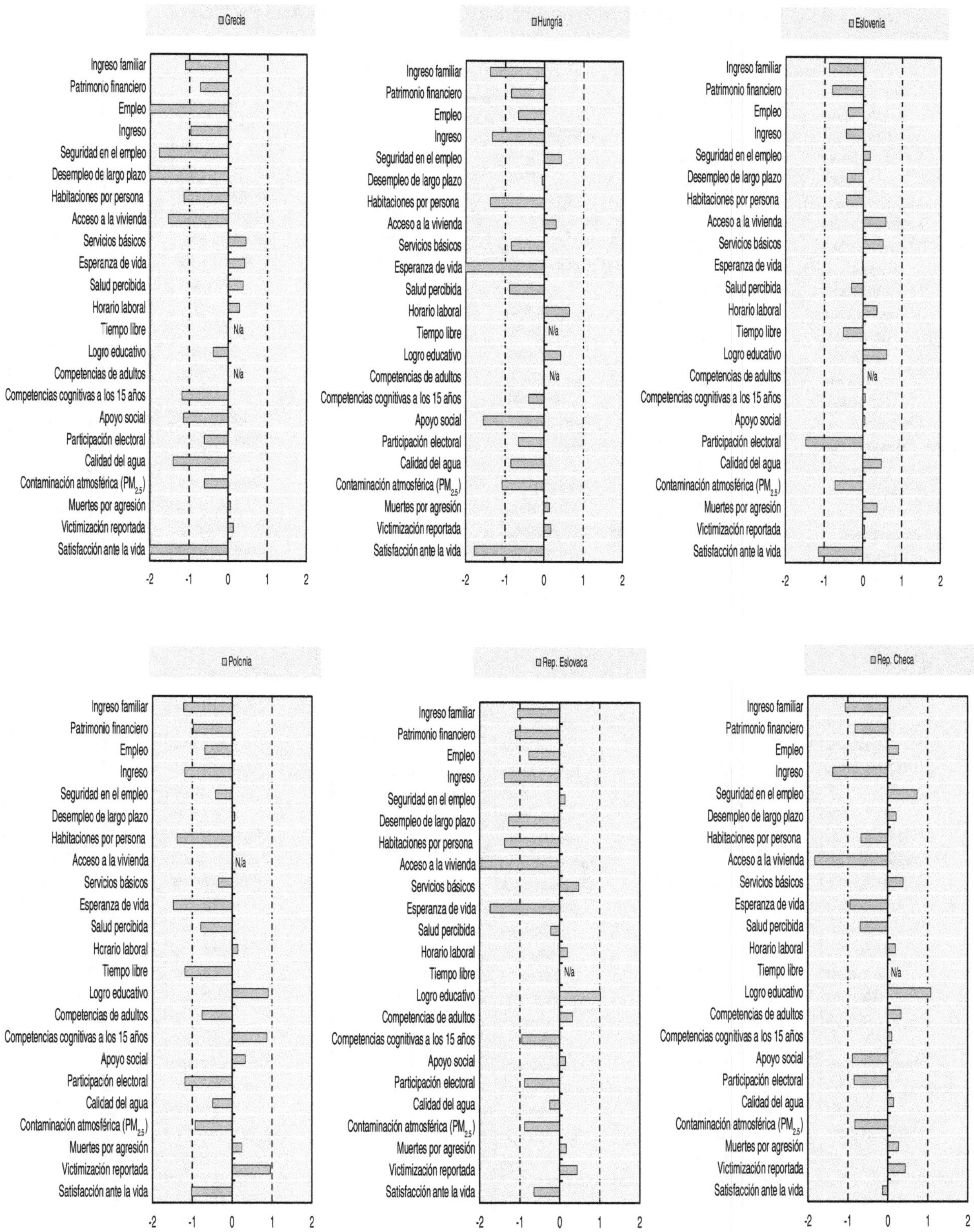

Gráfica 1.A.1. **Puntos fuertes y débiles relativos de bienestar, por país** *(cont.)*

Calificaciones estandarizadas, año más reciente disponible

Panel D: Estados Unidos de América, Canadá y países de Asia-Pacífico

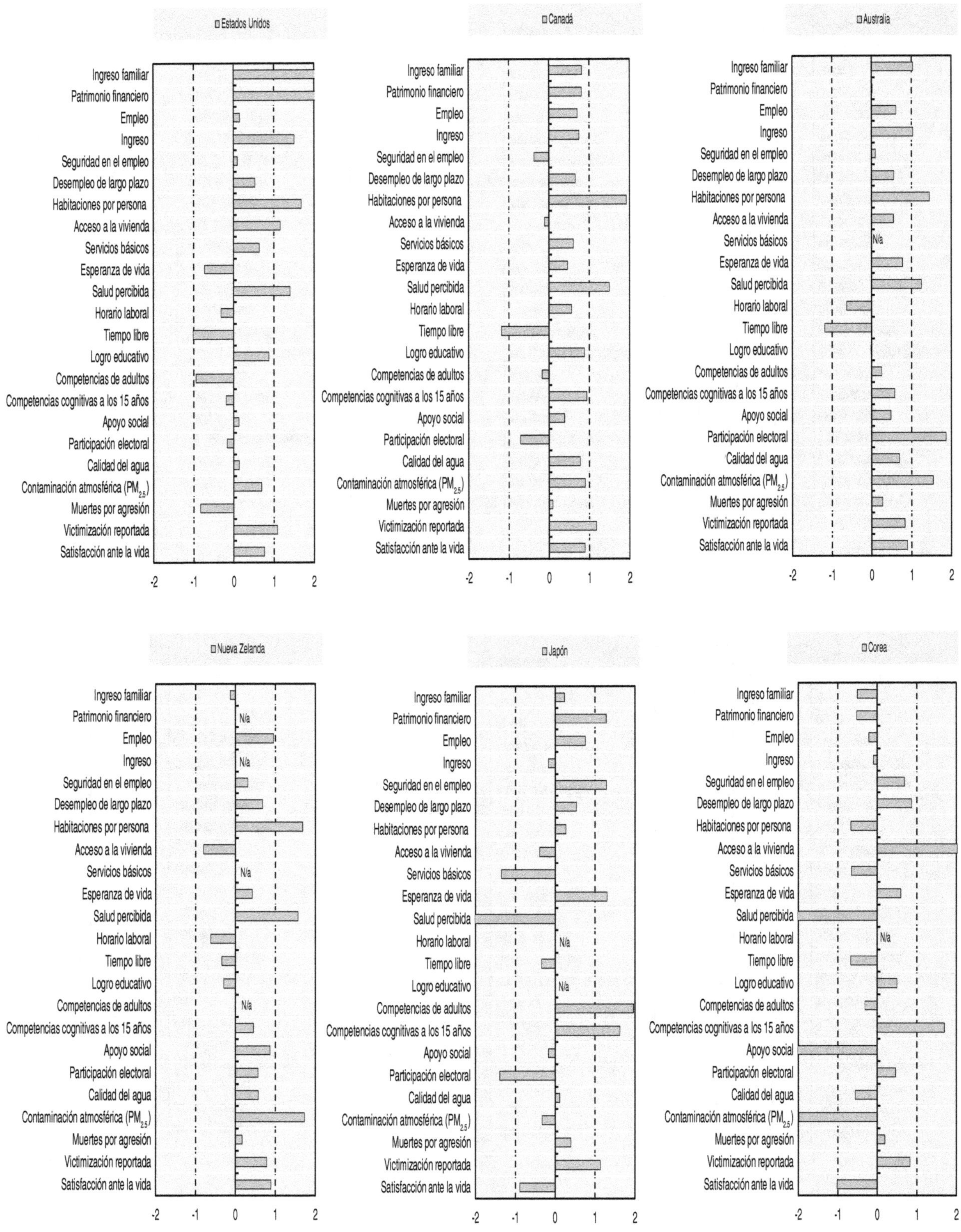

Gráfica 1.A.1. **Puntos fuertes y débiles relativos de bienestar, por país** *(cont.)*

Calificaciones estandarizadas, año más reciente disponible

Panel E: Otros países

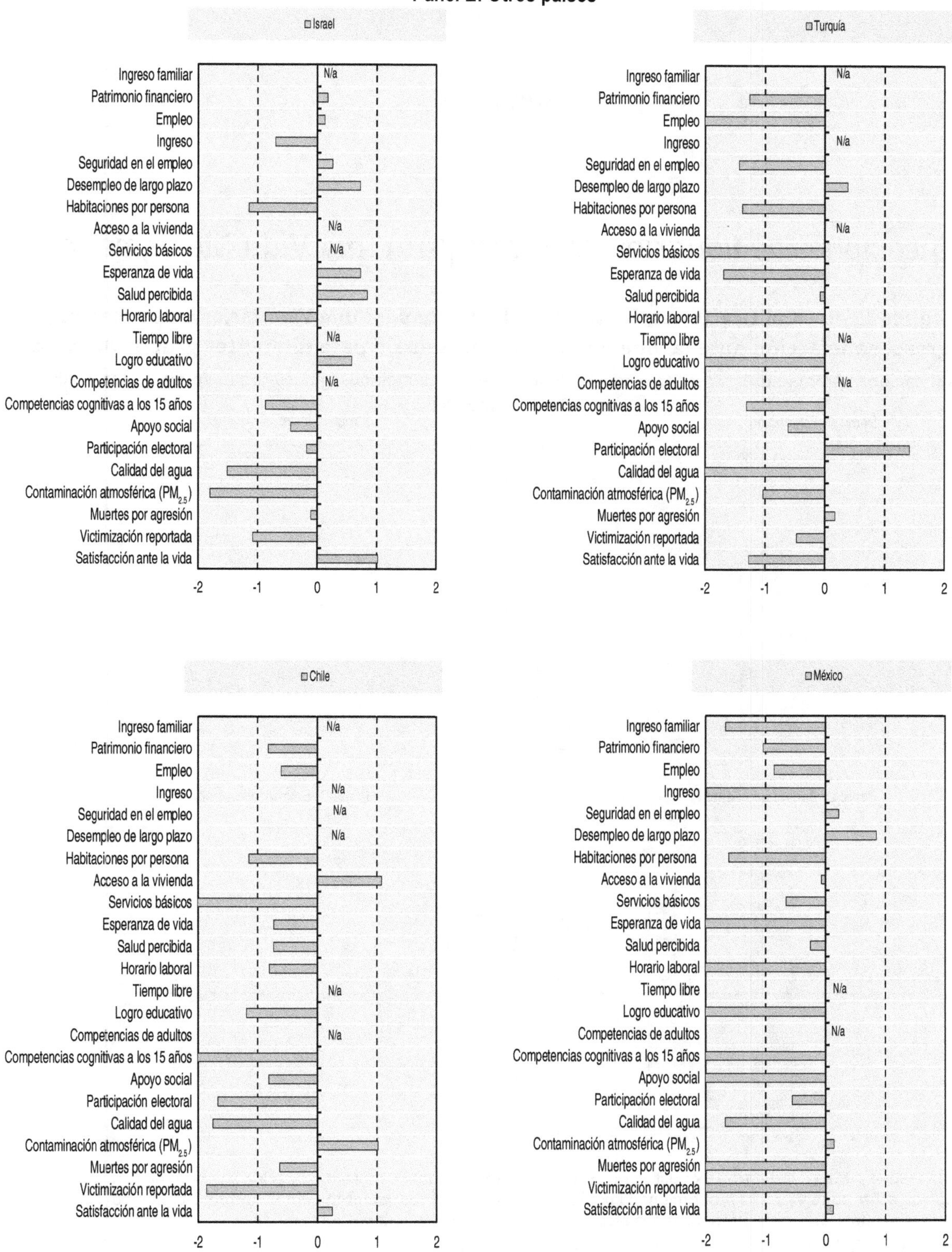

StatLink http://dx.doi.org/10.1787/888933267320

ANEXO 1.B.

Calificaciones de usuarios del Índice para una Vida Mejor, por edad

Gráfica 1.B.1. **Calificaciones del usuario del *Índice para una Vida Mejor* en educación, ingreso, satisfacción ante la vida y balance vida-trabajo para diferentes grupos de edad**

Calificaciones promedio, expresadas como porcentaje; las ponderaciones iguales serían equivalentes a 9.09% (línea punteada)

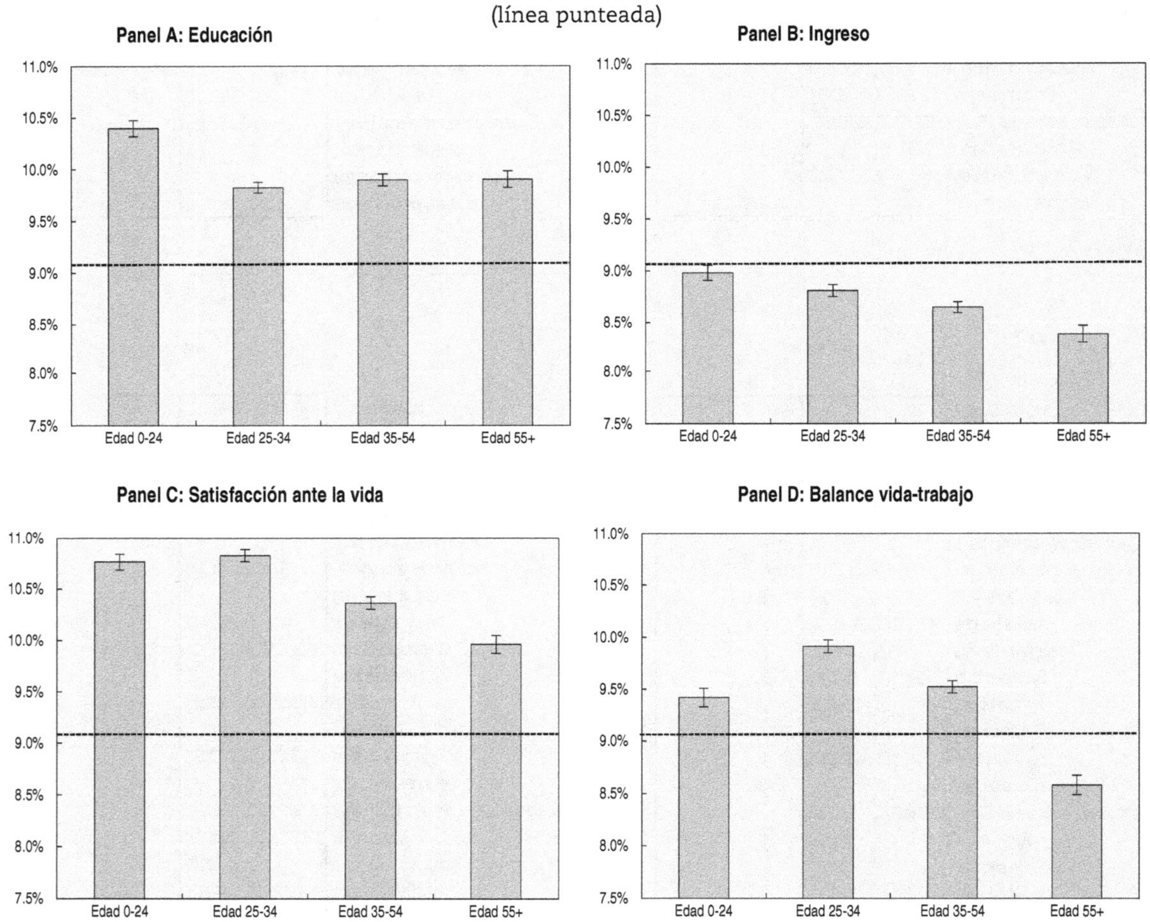

Nota: Las respuestas se ponderaron ex post para corregir los sesgos en la composición de edad y género de la muestra con la información sobre edad y género proporcionada por los usuarios. Las barras azules muestran la calificación media; las señales en su extremo superior representan los intervalos de confianza de 95% alrededor de la media.

Fuente: Cálculos de la OCDE, con base en las calificaciones de usuarios del Índice compartidas por residentes de la OCDE. Tamaños de las muestras: 20457 personas de 0-24 años; 22908 de 25-35; 23242 de 35-54 y 7124 de 55+.

StatLink http://dx.doi.org/10.1787/888933267336

Gráfica 1.B.2. **Calificaciones del usuario del *Índice para una Vida Mejor* en medio ambiente, salud, compromiso cívico y seguridad para diferentes grupos de edad**

Calificaciones promedio, expresadas como porcentaje; las ponderaciones iguales serían equivalentes a 9.09% (línea punteada)

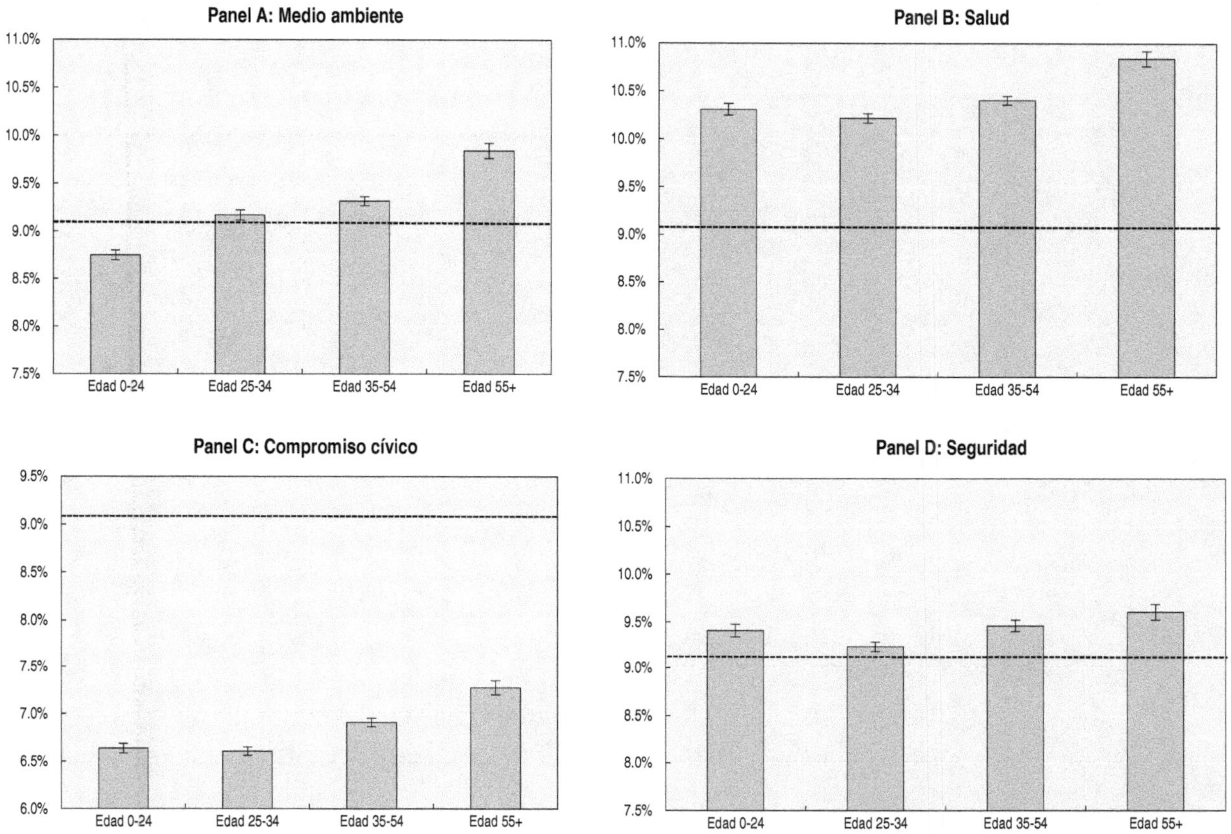

Nota: Las respuestas se ponderaron ex post para corregir los sesgos en la composición de edad y género de la muestra, utilizando la información sobre edad y género proporcionada por los usuarios. Las barras azules muestran la calificación media; las líneas en su extremo superior representan los intervalos de confianza de 95% alrededor de la media.

Fuente: Cálculos de la OCDE, con base en las calificaciones de usuarios del Índice compartidas por residentes de la OCDE. Tamaños de las muestras: 20457 personas de 0-24 años; 22908 de 25-35; 23242 de 35-54 y 7124 de 55+.

StatLink *http://dx.doi.org/10.1787/888933267349*

Capítulo 2

¿Cómo va la vida? en cifras

Medir los aspectos de mayor importancia para el bienestar de las personas requiere de una amplia gama de indicadores que se centren en el ser humano y que sean capaces de reflejar las diversas experiencias de los diferentes grupos que conforman la población. Este capítulo parte de la evidencia más reciente sobre el bienestar actual en los países miembros y asociados de la OCDE, y proporciona estadísticas clave de 11 dimensiones de la vida, desde condiciones materiales de vida de las personas (como ingreso y riqueza, empleo y salarios, y vivienda) hasta factores que afectan su calidad de vida (desde su salud hasta su balance vida-trabajo, educación y competencias, relaciones sociales, compromiso cívico y gobernanza, calidad del medio ambiente, seguridad personal y bienestar subjetivo). Además de mostrar el estado actual del bienestar, este capítulo analiza también si la vida mejoró en tiempos recientes. Se centra en los cinco años transcurridos desde 2009 e informa de un desempeño muy desigual, tanto entre indicadores como entre países. Se describen también las diferencias en los niveles de bienestar por edad, género, educación e ingreso, y se destaca la manera en que las desigualdades de los resultados de bienestar pueden diferir considerablemente entre los países de la OCDE.

Los datos estadísticos para Israel son suministrados por y bajo la responsabilidad de las autoridades israelíes pertinentes. El uso de estos datos por la OCDE es sin perjuicio del estatuto de los Altos del Golán, Jerusalén Este y los asentamientos israelíes en Cisjordania bajo los términos del derecho internacional.

En este capítulo se presenta la evidencia más reciente sobre diferencias entre países, cambios en el tiempo y desigualdades de bienestar en los países miembros de la OCDE y países asociados. Parte de, y actualiza, los indicadores principales de las ediciones de 2011 y 2013 de *How's Life?* (OECD, 2011a; 2013a) que abarcan las 11 dimensiones de bienestar actual incluidas en el marco de la OCDE (véase el Capítulo 1), y documenta cómo ha cambiado la vida en los cinco años transcurridos desde 2009.

Ingresos y riqueza

Aunque el dinero no es el único componente del bienestar, el ingreso es un medio importante para cubrir las necesidades básicas de las personas, desde una vivienda adecuada hasta una buena nutrición. Contar con una reserva económica protege a las personas de crisis económicas y les brinda seguridad para el futuro. Además, el ingreso y la riqueza aumentan la libertad de las personas para tomar decisiones acerca de su vida, ya sea para invertir más tiempo con amigos y familiares o para invertir en asegurar una vida cómoda al jubilarse.

En 2013, el ***ingreso familiar disponible neto ajustado*** (HADI) promedio de la OCDE —es decir, el ingreso disponible después de pagar impuestos, y que incluye transferencias recibidas, tanto de dinero en efectivo como en especie (véase la definición exacta en el Recuadro 2.1)— fue de alrededor de USD 27 630 per cápita. Sin embargo, las variaciones a nivel nacional son grandes: el HADI promedio en Estados Unidos de América fue cerca de tres veces mayor que los de México y Hungría, en tanto que el ingreso en Estonia y República Eslovaca fue de alrededor de la mitad de los ingresos de Australia, Canadá y Suiza (Gráfica 2.1).

Gráfica 2.1. **Ingreso familiar disponible neto ajustado**

USD a PPA de 2010, per cápita

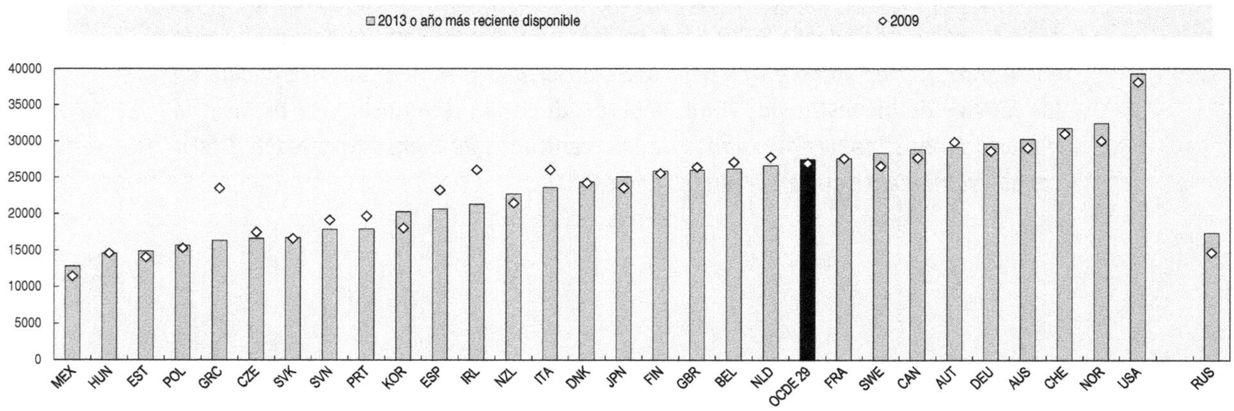

Nota: El año más reciente disponible para Italia, Noruega, Portugal y Suecia es 2014; y 2012 para México, Nueva Zelanda, Polonia, Suiza y Federación de Rusia. El primer año mostrado para Corea es 2010. El promedio de la OCDE se pondera por la población.

Fuente: Cálculos de la OCDE a partir de la base de datos *OECD National Accounts Statistics*, *http://dx.doi.org/10.1787/na-data-en*; los datos de Noruega se tomaron de la base de datos *Statistics Norway's Statbank*, *https://www.ssb.no/en/statistikkbanken*.

StatLink http://dx.doi.org/10.1787/888933267355

Entre 2009 y 2013, el promedio HADI per cápita de la OCDE se incrementó en 1.9% acumulado. Sin embargo, un tercio de los países de la OCDE sufrió una baja en los ingresos familiares durante este periodo. Las bajas acumuladas más grandes ocurrieron en los países más afectados por las crisis financiera y económica, es decir, Grecia (–30%), Irlanda (–18%), España (–11%), Portugal e Italia (ambos con –9%). A la inversa, las mayores alzas se registraron en Noruega (8%), México y Corea (ambos con 12%), y Federación de Rusia (18%).

En 2013, el ***patrimonio financiero familiar neto*** (véase la definición en el Recuadro 2.1) fue más alto que en 2009 en todos los países de la OCDE que contaban con esta información, y el aumento acumulado promedio fue de cerca de 30% (Gráfica 2.2). En 2013, osciló entre más de USD 160 000 per cápita en Estados Unidos de América y menos de USD 10 000 en República Eslovaca y Turquía. Sin embargo, esta medida excluye activos no financieros, como terrenos y vivienda, los cuales representan la mayor parte del patrimonio neto total de las familias en la mayoría de los países de la OCDE.

Gráfica 2.2. **Patrimonio financiero familiar neto**

USD a PPA corriente, per cápita

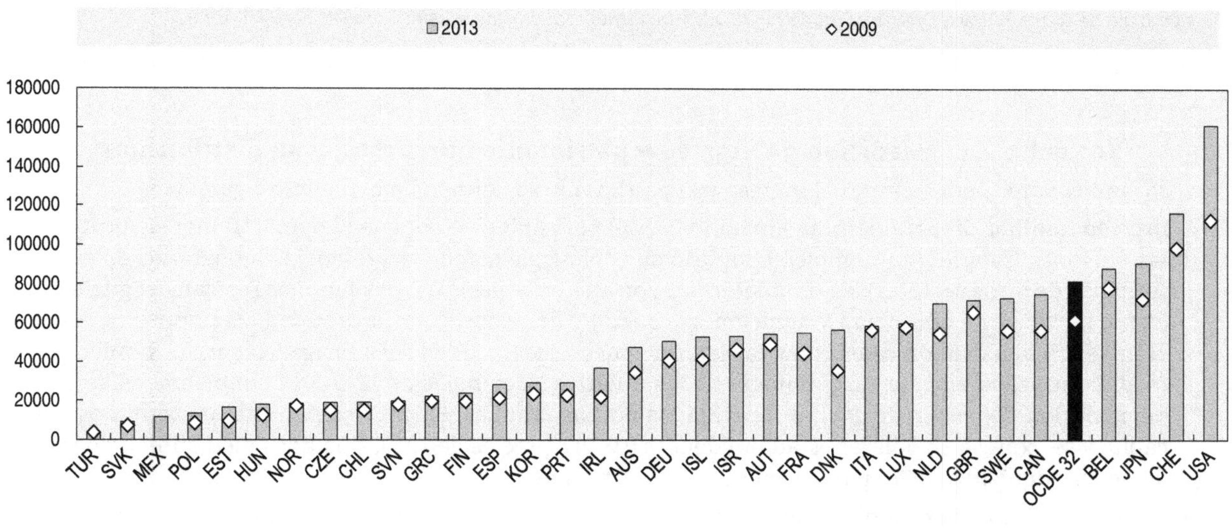

Nota: El año más reciente disponible de Corea es 2012, y 2009 para México. Los datos se refieren a SNA (Sistema de Cuentas Nacionales) 2008, excepto en los casos de Chile, Japón, Corea y México, los cuales se refieren a SNA 1993. Las Paridades de Poder Adquisitivo (PPA) corresponden al consumo familiar privado. El promedio de la OCDE se pondera por la población.

Fuente: Cálculos de la OCDE a partir de la base de datos OECD National Accounts Statistics, *http://dx.doi.org/10.1787/na-data-en.*

StatLink *http://dx.doi.org/10.1787/888933267362*

En una nueva recopilación de datos de la OCDE, que cubre a 18 de sus países miembros, se ofrecen estimaciones del ***patrimonio familiar neto*** total (es decir, incluidos los activos no financieros; véase el Recuadro 2.1). En 2010 aproximadamente, los niveles promedio de patrimonio neto por familia más altos correspondieron a Luxemburgo y Estados Unidos de América, y los más bajos a República Eslovaca y Finlandia (Gráfica 2.3). El valor mediano es mucho menor que la media en Estados Unidos de América, Austria y Alemania, y Países Bajos en particular, lo cual sugiere una distribución muy desigual del patrimonio neto.

Gráfica 2.3. Patrimonio neto medio y mediano por familia, incluyendo activos no financieros

2010 o año más reciente disponible, valores en USD de 2005

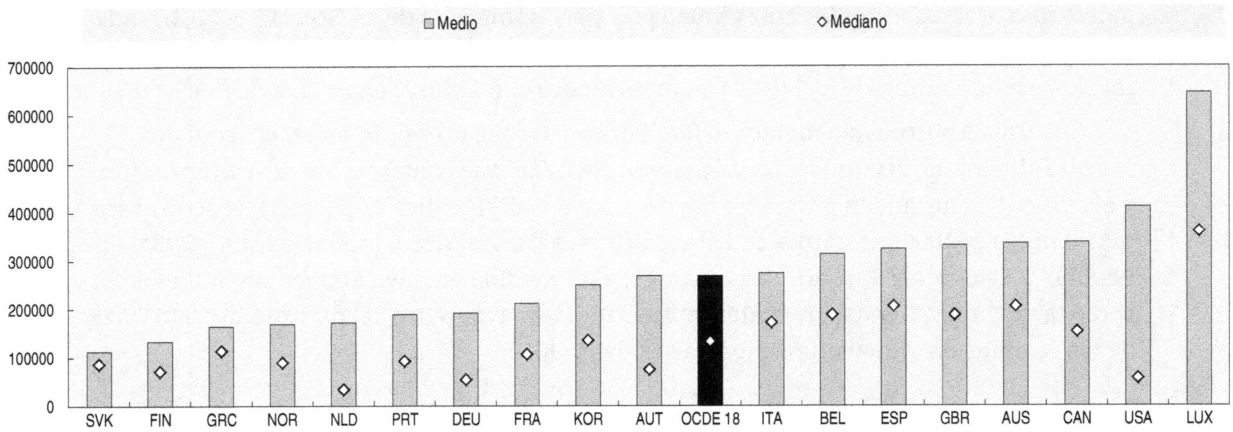

Nota: El año más reciente disponible oscila entre 2010 y 2013. Las Paridades de Poder Adquisitivo (PPA) corresponden al consumo familiar privado. Los datos del Reino Unido son solo para Gran Bretaña.

Fuente: Base de datos Wealth Distribution de la OCDE, *http://stats.oecd.org/Index.aspx?DataSetCode=WEALTH.*

StatLink http://dx.doi.org/10.1787/888933267370

Recuadro 2.1. Medición de ingreso y patrimonio familiares, y su distribución

Los indicadores para capturar el ingreso y el patrimonio se definen de la manera siguiente:

- **Ingreso familiar disponible neto ajustado** (HADI) per cápita: se obtiene al sumar al ingreso bruto de las personas (salarios, autoempleo e ingreso de capital, así como transferencias monetarias en curso recibidas de otros sectores) las transferencias sociales en especie que las familias reciben del gobierno (como servicios de educación y atención a la salud) y de restarle a esta cantidad los impuestos sobre el ingreso y el patrimonio, así como las aportaciones a la seguridad social pagadas por las familias. La medida utilizada en este caso, tomada de las Cuentas Nacionales de la OCDE, también considera la depreciación de bienes de capital consumidos por las familias. El HADI se presenta en términos per cápita y se expresa en dólares estadounidenses (USD) a precios de 2010, ajustados mediante paridades de poder adquisitivo (PPA) para el consumo individual real.
- **Patrimonio financiero familiar neto** per cápita: consiste en divisas y depósitos, préstamos, acciones y otros valores, así como otros fondos (incluidas acciones emitidas por fondos de inversión), reservas técnicas de seguros y otras cuentas por cobrar o por pagar, y obligaciones financieras familiares netas, según definición del Sistema de Cuentas Nacionales (SNA). En la mayoría de los casos, no se incluyen los fondos de pensiones no financiados. El patrimonio financiero familiar neto se muestra aquí en términos per cápita, expresado en USD a precios corrientes, ajustado mediante paridades de poder adquisitivo (PPA) para el consumo familiar privado. Los datos mostrados en este caso se tomaron de la base de datos *National Accounts Statistics* de la OCDE.
- **Patrimonio familiar neto:** se refiere a los activos y obligaciones reales y financieros de las familias privadas residentes en el país, según mediciones provenientes de microdatos. Los valores se expresan en USD a precios de 2005, ajustados mediante paridades de poder adquisitivo (PPA) para el consumo familiar privado. El concepto de patrimonio corresponde a las recomendaciones de la publicación *OECD Guidelines for Micro Statistics on Household Wealth* (OECD, 2013b) y se muestran por familia (y no por persona o por adulto), sin ajustes para reflejar las diferencias de tamaño de las familias. Los datos se tomaron de la base de datos *Wealth Distribution* de la OCDE, la cual incluye datos suministrados por las oficinas nacionales de estadística y otros órganos generadores de estadísticas oficiales (basados en encuestas a familias o registros fiscales y administrativos), así como datos para uso público del Banco Central Europeo (en 11 países participantes en la encuesta sobre finanzas y consumo familiares de la

Recuadro 2.1. **Medición de ingreso y patrimonio familiares, y su distribución** *(cont.)*

eurozona). Estos datos excluyen el patrimonio por pensiones, cuyo tamaño y distribución difiere en gran medida en los distintos países de la OCDE, según las características de sus sistemas de jubilación. Existen varias diferencias nacionales en el grado de sobremuestreo de familias ricas (desde ningún sobremuestreo en Australia, hasta un gran sobremuestreo en Estados Unidos de América y España).

- **Índice de Gini:** es una medida descriptiva de la desigualdad de ingresos en la población. Se calcula con base en microdatos (recopilados de encuestas a familias y registros administrativos) del ingreso familiar después de impuestos y transferencias, donde el ingreso familiar se ajusta para reflejar las diferencias en las necesidades de familias de distintos tamaños. El Índice de Gini, que es más sensible a los cambios en la parte media de la distribución, oscila entre 0 (punto en el que todos tienen el mismo nivel medio de ingreso) y 1 (donde todo el ingreso se concentra en una sola persona). Un cambio de un "punto Gini" significa un cambio de 0.01, en esta escala de 0 a 1. Las estimaciones aquí presentadas parten de los datos de ingreso familiar de la base de datos *Income Distribution* de la OCDE.
- **Proporción de ingresos entre deciles (S90/S10)**: es una medida de la desigualdad de ingresos más sensible a los cambios en los extremos de la distribución; se refiere al porcentaje de todo el ingreso recibido por el 10% más rico de la población, dividido entre el porcentaje de todo el ingreso recibido por el 10% más pobre. Se calcula con base en medidas del ingreso familiar disponible equiparado (es decir, ajustado por las diferencias del tamaño de las familias), después de impuestos y transferencias. Los estimados aquí mostrados se tomaron de la base de datos *Income Distribution* de la OCDE.

Para los dos primeros indicadores (basados en las Cuentas Nacionales), los datos se refieren al agregado de las familias, incluso empresas no constituidas e instituciones sin fines de lucro que dan servicio a familias. Los indicadores aquí mostrados son compatibles con los indicadores de la economía en general, como el PIB y la productividad. El concepto de ingresos utilizado es la medida más amplia de las posibilidades de consumo familiar disponibles dentro del sistema de cuentas nacionales. Sin embargo, la medida de patrimonio financiero neto excluye diversos activos fundamentales para el bienestar material de las familias, como vivienda y terreno. En la actualidad, los datos sobre estos activos no financieros solo están disponibles en las cuentas nacionales de un pequeño número de países miembros y asociados de la OCDE. La medida de patrimonio familiar neto mostrada antes sí incluye activos no financieros de 18 países de la OCDE, pero se basa en microdatos.

Los datos aquí mostrados tienen limitaciones. En primer lugar, solo unos cuantos sistemas de cuentas nacionales proporcionan datos que excluyan a las instituciones sin fines de lucro que dan servicio a familias: esto significa que la cobertura de los dos primeros indicadores aquí descritos es un poco más amplia que la utilizada en las encuestas a familias. En segundo lugar, para reflejar mejor las diferencias en las necesidades familiares, los datos, idealmente, deberían "equipararse", es decir, expresarse en términos de unidades de consumo, en tanto que los datos SNA son per cápita. De manera más general, los datos de las cuentas nacionales de nivel macroeconómico no proporcionan información sobre la distribución de recursos económicos. Para conciliar los microdatos y los macrodatos sobre familias, la OCDE trabaja actualmente en la medición de las disparidades entre familias dentro de un marco de cuentas nacionales (por ejemplo, Fesseau y Mattonetti, 2013a; Fesseau, Wolff y Mattonetti, 2013b). Asimismo, recientemente la OCDE publicó directrices para medir la distribución del patrimonio familiar (OECD, 2013b), así como un marco para lograr un análisis que integre el ingreso, el consumo y el patrimonio (OECD, 2013c).

Lecturas sugeridas:

- Murtin, F., y M. Mira d'Ercole (2015), "Household wealth inequality across OECD countries: New OECD evidence", *OECD Statistics Brief*, núm. 21, *www.oecd.org/social/household-wealth-inequality-across-OECD-countries-OECDSB21.pdf*.
- OECD (2015a), *In It Together: Why Less Inequality Benefits All*, OECD Publishing, París, *http://dx.doi.org/10.1787/9789264235120-en*.
- OECD (2013b), *OECD Guidelines for Micro Statistics on Household Wealth*, OECD Publishing, París, *http://dx.doi.org/10.1787/9789264194878-en*.

Distribución de ingreso y riqueza

En la mayoría de los países de la OCDE la brecha entre las familias ricas y pobres se encuentra ahora en su nivel más alto de los últimos 30 años (OECD, 2015a). En 2012 (o alrededor de este año), el **Índice de Gini** de la desigualdad en los ingresos (véase la definición en el Recuadro 2.1) se ubicó en su nivel más alto en México, Turquía, Estados Unidos de América e Israel, y en el más bajo en Dinamarca, Eslovenia, República Eslovaca, Noruega y República Checa (Gráfica 2.4). Desde 2011, el primer año donde los datos disponibles son estrictamente comparables,[1] el Índice de Gini promedio de la OCDE ha permanecido estable en términos generales. Sin embargo, el nivel de desigualdad de ingresos se redujo 1 punto Gini en República Eslovaca e Israel, en tanto que en Estados Unidos de América, Nueva Zelanda y Luxemburgo, aumentó 1 punto o más.

Gráfica 2.4. **Índice de Gini de desigualdad en los ingresos**

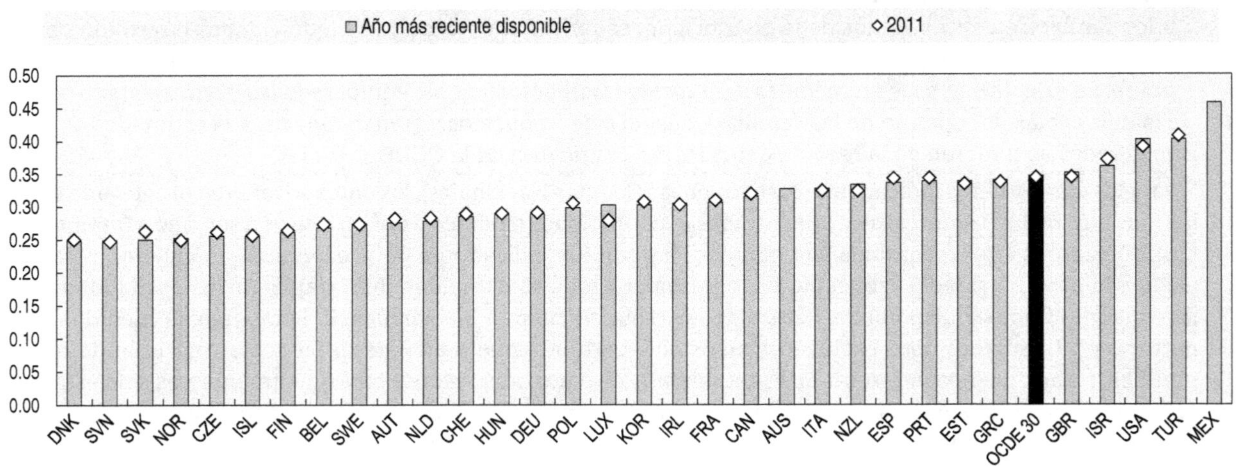

Nota: El año más reciente disponible es 2014 para Hungría; 2013 para Finlandia, Israel, Corea, Países Bajos y Estados Unidos de América; y 2012 para los demás países. El primer año mostrado es 2010 para Canadá, y 2012 para Hungría, Corea y Estados Unidos de América. El promedio de la OCDE se pondera por la población.

Fuente: "Income Distribution", base de datos *Social and Welfare Statistics* de la OCDE, *http://dx.doi.org/10.1787/data-00654-en.*

StatLink *http://dx.doi.org/10.1787/888933267381*

La ***proporción de ingresos entre deciles (S90/S10)*** (véase la definición en el Recuadro 2.1) proporciona otra perspectiva de la distribución de ingresos. En 2012 (o alrededor de este año), esta proporción se ubicaba en su nivel más bajo en Dinamarca, República Checa, Eslovenia y Finlandia, donde el porcentaje del ingreso recibido por el 10% más rico de la población era poco más de cinco veces más que el recibido por el 10% inferior. A la inversa, en Israel, la población que se encuentra en el decil superior recibió un ingreso 15 veces mayor que el de la población del decil inferior, en Estados Unidos de América la diferencia fue de cerca de 19 veces, y en México, de 25 veces. Desde 2011, la proporción de participación de ingresos entre deciles se ha incrementado alrededor de 1 punto en Estados Unidos de América, Reino Unido, Italia y Luxemburgo, y en cerca de 2 puntos en Israel.

El patrimonio familiar neto en los países de la OCDE se encuentra altamente concentrado en el extremo superior de la distribución. En la Gráfica 2.6 se muestra que en la mayoría de los países, el 1% superior de la distribución suele poseer más riqueza que el 60% inferior combinado. En promedio, el 60% inferior posee alrededor del 13% del patrimonio familiar neto en la OCDE, en tanto que el 1% superior posee el 18%. El patrimonio se distribuye de forma más desigual que el ingreso: para los países aquí mostrados; mientras que el 10% de la población más rica en términos de patrimonio familiar neto concentra el 50% de este, el 10% de la población con mayores ingresos concentra tan solo el 25% de los mismos (OECD, 2015a). No obstante, estos datos excluyen el patrimonio de pensiones, cuyo tamaño y distribución difiere mucho entre los países de la OCDE, según las características de sus sistemas de jubilación.

Gráfica 2.5. **Proporción de ingresos entre deciles (S90/S10)**

Porcentaje del ingreso recibido por el 10% más rico dividido entre el porcentaje del ingreso recibido por el 10% inferior

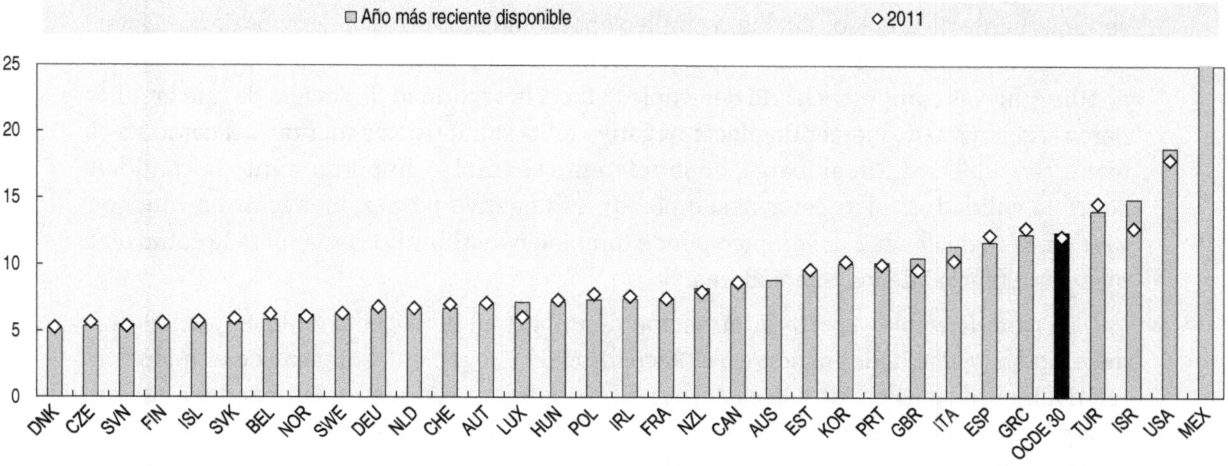

Nota: El año más reciente disponible es 2014 para Hungría; 2013 para Finlandia, Israel, Corea, Países Bajos y Estados Unidos de América; y 2012 para los demás países. El primer año mostrado es 2010 para Canadá, y 2012 para Hungría, Corea y Estados Unidos de América. El promedio de la OCDE se pondera por la población.

Fuente: "Income Distribution", base de datos *Social and Welfare Statistics* de la OCDE, *http://dx.doi.org/10.1787/data-00654-en*.

StatLink http://dx.doi.org/10.1787/888933267392

Gráfica 2.6. **Distribución del patrimonio familiar neto**

2010 o año más reciente disponible

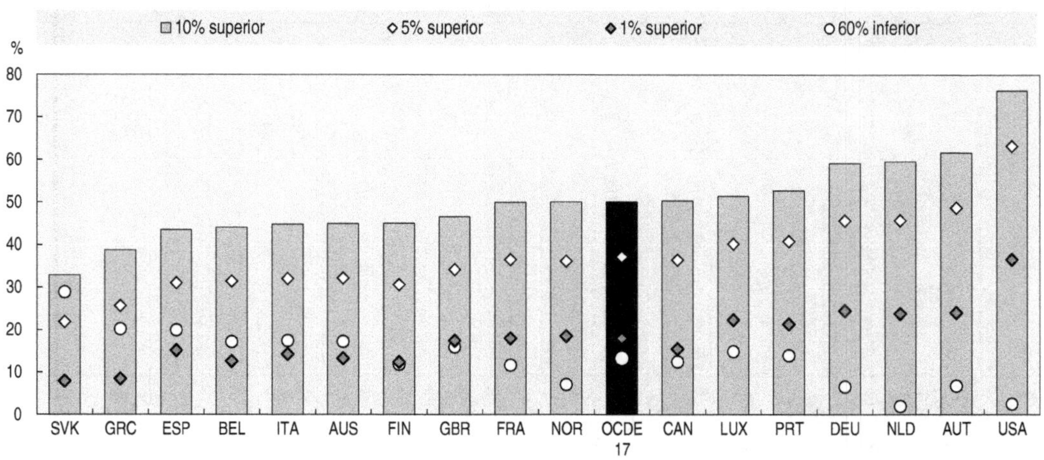

Nota: El año más reciente disponible oscila entre 2010 y 2013. Los datos del Reino Unido son solo para Gran Bretaña.

Fuente: Base de datos *Wealth Distribution* de la OCDE, *http://stats.oecd.org/Index.aspx?DataSetCode=WEALTH*.

StatLink http://dx.doi.org/10.1787/888933267400

Como se analiza más a fondo en OECD (2015a), el patrimonio familiar por lo general es mayor cuando el jefe de familia cuenta con mayor escolaridad y tiene entre 55 y 64 años de edad. La vivienda de residencia principal es el activo más importante de la mayoría de las familias, y los activos no financieros se distribuyen en forma más equitativa que los activos financieros. Los niveles de deuda aumentan a medida que lo hace el ingreso, pero la deuda excesiva es más alta entre los grupos de ingreso medio y entre las familias encabezadas por adultos jóvenes.

Empleo y salarios

El empleo desempeña un papel central en la vida de muchas personas. Además de ser una fuente de ingresos, un buen empleo aporta muchos otros beneficios de bienestar, desde la ampliación de la red de apoyo social para las personas, hasta la posibilidad de adquirir nuevas competencias. El desempleo afecta la seguridad financiera de una familia, pero también puede ejercer un efecto negativo en la salud física y mental, así como en el bienestar subjetivo. Sin embargo, en lo referente al empleo, importan tanto la cantidad como la calidad: si bien estar desempleado es negativo para el bienestar en muchos niveles, la mala calidad del empleo puede también constituir un riesgo para la salud y el bienestar general de los trabajadores.

La ***tasa de empleo*** aporta información de importancia respecto de la disponibilidad del empleo (véase la definición en el Recuadro 2.2). En general, las tasas de empleo son relativamente bajas en los países del sur de Europa y en algunos de Europa del Este; por otra parte, en los países nórdicos y del norte de Europa son altas, así como en Suiza, Nueva Zelanda y Japón. En promedio en la OCDE, la tasa de empleo aumentó cerca de 1 punto porcentual entre 2009 y 2014 (Gráfica 2.7).[2] Sin embargo, durante el mismo periodo se registraron grandes bajas en los países más afectados por la crisis: en Grecia en 2014 la tasa de empleo se encontraba aún 11.4 puntos porcentuales por debajo de la de 2009,

Gráfica 2.7. **Tasa de empleo**

Personas empleadas de 15-64 años de edad, como porcentaje de la población de la misma edad

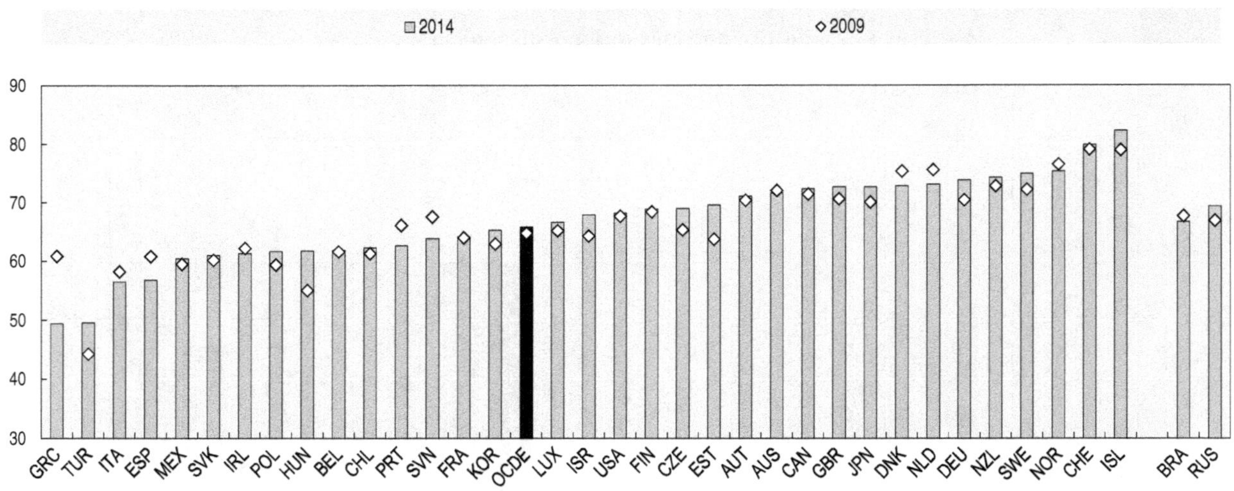

Nota: El año más reciente disponible es 2013 para Chile y Brasil. El primer año mostrado de Chile es 2011, debido a una interrupción en la serie. Las comparaciones en el tiempo para Alemania y Portugal deben interpretarse con precaución debido al rediseño de la encuesta de fuerza de trabajo ocurrido en 2010. El promedio de la OCDE se pondera por la población.

Fuente: "Labour Force Statistics", base de datos *Employment and Labour Market Statistics* de la OCDE, *http://dx.doi.org/10.1787/lfs-lfs-data-en*.

StatLink http://dx.doi.org/10.1787/888933267412

asimismo, se registraron bajas importantes en España (-4.0 puntos porcentuales), Eslovenia (-3.6 puntos), Portugal (-3.5 puntos), Dinamarca (-2.5 puntos) y Países Bajos (-2.5 puntos).

El ***desempleo de largo plazo*** pone a la población en riesgo de incurrir en pobreza, privación, exclusión social y estigmatización, y puede implicar costos psicológicos como baja autoestima y desaliento. En 2014, la proporción de la fuerza laboral desempleada durante un año o más osciló entre menos de 1% en Corea, México, Noruega, Israel, Islandia, Nueva Zelanda y Canadá, y más de 7% en Italia, Portugal y República Eslovaca, 12.9% en España, y 19.5% en Grecia (Gráfica 2.8). Desde 2009, el desempleo de largo plazo aumentó en más de dos tercios de los países de la OCDE, y el promedio de la OCDE se elevó 0.7 puntos porcentuales (acumulado). En Grecia, el desempleo de largo plazo en 2014 fue más de cinco veces mayor que en 2009; se triplicó durante el mismo periodo en los Países Bajos, España, Eslovenia y Dinamarca, y se duplicó en Italia, Nueva Zelanda, Portugal e Irlanda. En contraste, el desempleo de largo plazo bajó más de 1 punto porcentual en Turquía, Alemania e Israel.

Gráfica 2.8. **Tasa de desempleo de largo plazo**

Porcentaje de la fuerza laboral desempleada durante un año o más

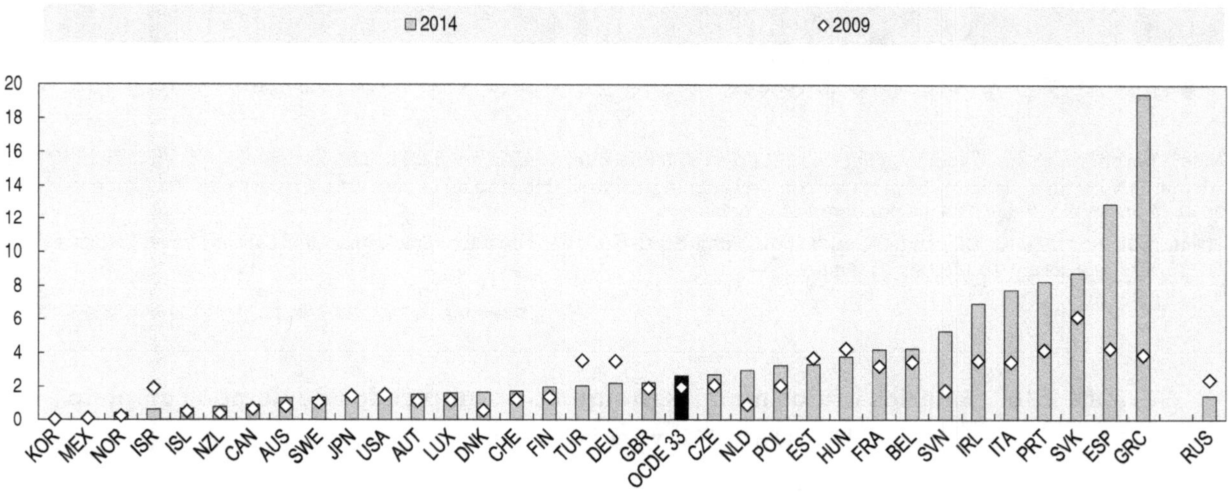

Nota: El año más reciente disponible es 2013 para Corea. El primer año mostrado de Bélgica es 2011 debido a una interrupción en la serie. Las comparaciones realizadas en el tiempo para Alemania y Portugal deben interpretarse con precaución debido al rediseño de la encuesta de fuerza de trabajo ocurrido en 2010. El promedio de la OCDE se pondera por la población.

Fuente: "Labour Force Statistics", base de datos *Employment and Labour Market Statistics* de la OCDE, *http://dx.doi.org/10.1787/lfs-lfs-data-en*.

StatLink *http://dx.doi.org/10.1787/888933267420*

En 2014, la ***probabilidad de quedar desempleado*** (véase la definición en el Recuadro 2.2) estuvo en su nivel más bajo en Japón, Alemania, Suiza y Noruega, donde afectó a menos de 1 de cada 33 trabajadores (Gráfica 2.9). Por el contrario, en Portugal y Finlandia afectó a alrededor de 1 de cada 15 trabajadores, a más de 1 de cada 11 en Turquía, cerca de 1 de cada 10 en Grecia, y a más de 1 de cada 7 en España. En 2014, en la OCDE en su conjunto, la probabilidad de quedar desempleado fue 1.8 puntos porcentuales menor que en 2009. Sin embargo, el riesgo del desempleo aumentó en alrededor de un cuarto de los países de la OCDE, incluidos Portugal, Italia, Países Bajos y Grecia.

Los ***salarios*** brutos anuales promedio de empleados de tiempo completo en 2013 (véase la definición en el Recuadro 2.2) oscilaron entre USD 56 000 en Estados Unidos de América y Luxemburgo, y menos de 20 000 USD en Estonia y México (Gráfica 2.10). El salario bruto bajó entre 2009 y 2013 en un tercio de los países, y se redujo 22% en Grecia, 6% en Irlanda y España, 4% en Reino Unido y 3% en México. A la inversa, el salario promedio aumentó 5% o más en Noruega, Corea, Canadá y Polonia.

Gráfica 2.9. **Probabilidad de quedar desempleado**

Entrada anual al desempleo como porcentaje de las personas empleadas en el año previo

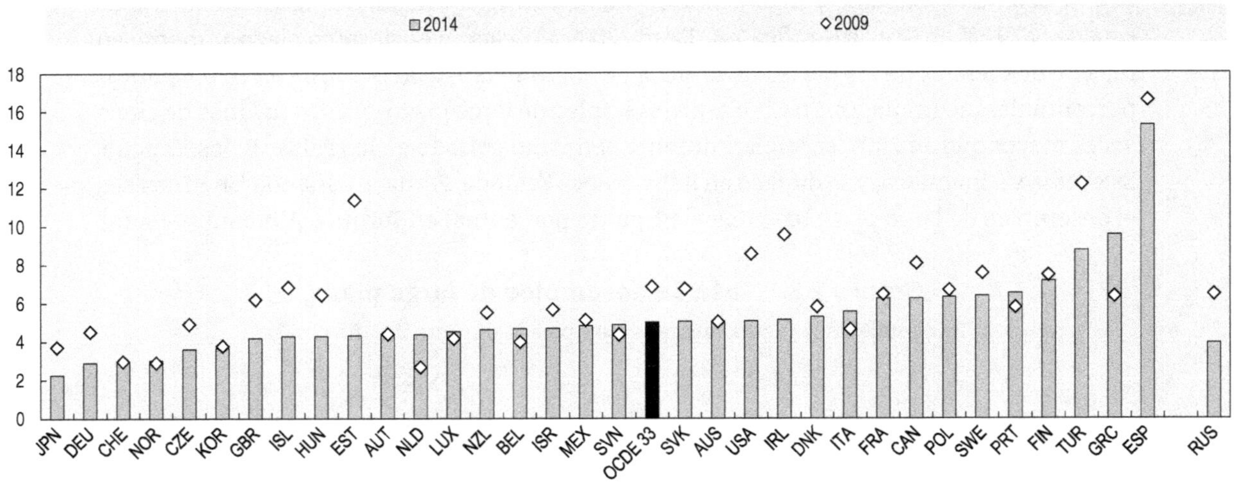

Nota: El primer año mostrado de Bélgica es 2011 debido a una interrupción en la serie. Las comparaciones en el tiempo para Alemania y Portugal deben interpretarse con precaución debido al rediseño de la encuesta de fuerza de trabajo ocurrido en 2010. El promedio de la OCDE se pondera por la población.

Fuente: Cálculos de la OCDE con base en "Labour Force Statistics", base de datos *Employment and Labour Market Statistics* de la OCDE, *http://dx.doi.org/10.1787/lfs-lfs-data-en.*

StatLink http://dx.doi.org/10.1787/888933267439

Gráfica 2.10. **Salarios brutos anuales promedio de empleados de tiempo completo**

USD a PPA de 2013 y precios constantes de 2013

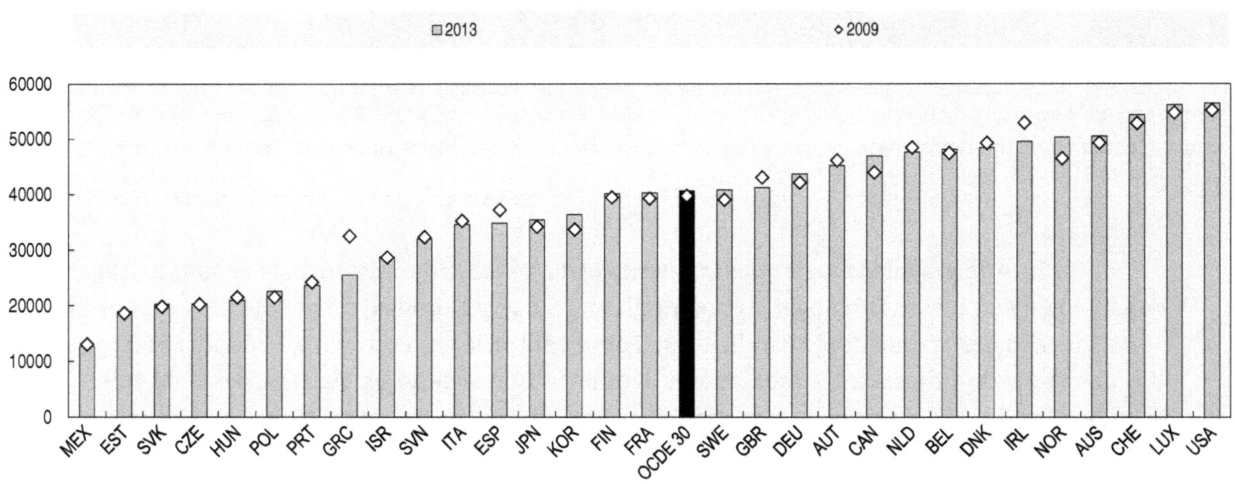

Nota: El año más reciente disponible de México es 2011. Los salarios se expresan en términos de un trabajo de tiempo completo en un año completo. El promedio de la OCDE se pondera por la población.

Fuente: Cálculos de la OCDE que combinan cifras de la base de datos Earnings Distribution de la OCDE y la base de datos *Average Annual Earnings per Full-time and Full-year Equivalent Dependent Employee* de la OCDE.

StatLink http://dx.doi.org/10.1787/888933267441

Recuadro 2.2. **Medición del empleo y salarios**

Los cuatro indicadores principales para medir el empleo y salarios se definen de la manera siguiente:

- **Tasa de empleo:** es el porcentaje de las personas en edad productiva (de 15 a 64 años de edad en la mayoría de los países de la OCDE) que declaran haber contado con empleo remunerado por lo menos una hora de la semana anterior. Esto incluye también a quienes, habiendo trabajado ya en su empleo actual, se ausentaron de forma temporal del trabajo durante el periodo de referencia aunque conservaron un nexo formal con su empleo (por ejemplo, debido a licencia por paternidad o maternidad, enfermedad, licencia anual). Los datos sobre las tasas de empleo provienen de las encuestas nacionales de fuerza de trabajo (LFS), recopiladas en la base de datos *Annual Labour Force Statistics* (ALFS) de la OCDE, y son compatibles con las recomendaciones de la Organización Internacional del Trabajo (OIT).
- **Tasa de desempleo de largo plazo:** es el número de personas que han estado desempleadas durante un año o más, como porcentaje de la fuerza laboral (la suma de personas empleadas y desempleadas). Los desempleados se definen como aquellos que en la actualidad no trabajan pero están dispuestos a hacerlo y buscan trabajo de forma activa. Los datos se tomaron de las encuestas nacionales a la fuerza de trabajo disponibles en la base de datos *Employment Outlook* de la OCDE.
- **Probabilidad de quedar desempleado:** se calcula como la entrada anual al desempleo, es decir, el número de personas que han estado desempleadas durante menos de un año, como proporción del número de personas empleadas el año anterior. El indicador se calcula a partir de la base de datos *Labour Force Statistics* de la OCDE y se expresa como cifra anual. En tanto que la tasa de desempleo mide la "reserva" de personas que no pueden encontrar empleo, la probabilidad de quedar desempleado mide el número de personas que corren el riesgo de no tener empleo el día de mañana aunque hoy tengan uno.
- **Salarios brutos anuales promedio de empleados de tiempo completo:** se refieren a los salarios anuales promedio de empleados que trabajan en todos los sectores de la economía y en todo tipo de empleo dependiente; y se expresan como equivalentes a un trabajo de tiempo completo en un año completo. Los salarios incluyen la remuneración bruta de los empleados, es decir, con las aportaciones sociales de los empleadores y antes de hacer deducciones por parte de estos relacionadas con impuestos, aportaciones de los trabajadores a la seguridad social y programas de pensiones, primas de seguro de vida, cuotas sindicales y otras obligaciones de los empleados. El indicador se calcula como los costos salariales totales de las cuentas nacionales divididos entre el número de empleados de tiempo completo o su equivalente en la economía. El número de empleados de tiempo completo o su equivalente se obtiene al multiplicar los datos del número de empleados por la proporción de horas trabajadas por todos los empleados y por los empleados de tiempo completo, con el fin de corregir la prevalencia del trabajo de tiempo parcial, que varía de forma considerable en cada país. El indicador combina cifras de las bases de datos *Earnings Distribution* y *Average Annual Earnings per Full-time and Full-year Equivalent Dependent Employee*, ambas de la OCDE.

Por lo general, los datos sobre empleo, desempleo y remuneración son de buena calidad, y se recopilan de acuerdo con definiciones estandarizadas a nivel internacional. La medida aquí mostrada para la probabilidad de quedar desempleado parte de datos transversales (no de los datos obtenidos de paneles de las mismas personas en distintos momentos). Esto supone que todas las entradas al desempleo provienen del empleo, en tanto que todas las salidas del desempleo van al empleo, lo cual significa que no se capturan los flujos de entrada y salida de la fuerza laboral.

Lecturas sugeridas:

- Cazes, S., A. Hijzen y A. Saint-Martin, (2015), "How good is your job? The new OECD framework for measuring and assessing job quality", *OECD Working Paper*, en prensa.
- OECD (2015b), *OECD Employment Outlook 2015*, OECD Publishing, París, *http://dx.doi.org/10.1787/empl_outlook-2015-en*.
- OECD (2013d), "Well-being in the workplace: Measuring job quality", en OECD, *How's Life? 2013: Measuring Well-being*, OECD Publishing, París, *http://dx.doi.org/10.1787/how_life-2013-9-en*.

Midiendo la calidad del empleo: Marco de Calidad del Empleo de la OCDE

El bienestar de los trabajadores también se ve afectado por la **calidad de los empleos** disponibles, no solo por su cantidad. Conforme al enfoque de *¿How's Life?*, y a partir de la Organización Internacional del Trabajo (2012), así como la labor en esta área de la Comisión Económica para Europa de las Naciones Unidas (2015), la OCDE elaboró un marco para medir y evaluar la calidad del empleo, el cual se centra en los resultados a nivel individual, así como en su distribución. Este marco comprende tres dimensiones:

- **Calidad de la remuneración:** medida que considera tanto los salarios por hora como su distribución en la fuerza laboral.[3]
- **(In)seguridad del mercado laboral:** captura la pérdida esperada de ingresos asociada a desempleo, que combina la probabilidad de quedar desempleado, la duración promedio esperada de los periodos de desempleo completados y el seguro de desempleo disponible.
- **Calidad del entorno de trabajo:** medida como la incidencia de tensión laboral entre los empleados. Se define como una combinación de altas demandas laborales (por ejemplo, presión de tiempo y exposición a riesgos a la salud física) y escasos recursos laborales (por ejemplo, autonomía laboral, oportunidades de aprendizaje y buenas relaciones en el sitio de trabajo), y se miden con información autorreportada por los trabajadores.

En la publicación *Employment Outlook 2014* de la OCDE se presentan conclusiones detalladas sobre estas tres dimensiones en los países de la Organización, y en *Employment Outlook 2015*, de 12 economías emergentes. Como se aprecia en la Gráfica 2.11, algunos países muestran un buen desempeño en todas las dimensiones de calidad en el empleo (como Noruega, Suiza y Dinamarca), mientras que para otros países las áreas de mejor y peor desempeño están claramente definidas.

Distribución de empleos y salarios

En dos tercios de los países de la OCDE, los jóvenes tienen más probabilidades de sufrir desempleo de largo plazo que los trabajadores en edad intermedia (Gráfica 2.12). En Bélgica, Hungría, Australia, Luxemburgo y Reino Unido, el desempleo de largo plazo entre los trabajadores jóvenes es por lo menos el doble que el de los trabajadores en edad intermedia. En Italia, 1 de cada 14 trabajadores en edad intermedia ha padecido desempleo de largo plazo, pero en el caso de los jóvenes, la tasa aumenta a 1 de cada 4. En Grecia, 1 de cada 3 trabajadores de 15 a 24 años de edad se encuentra en desempleo de largo plazo.

Asimismo, los aumentos en la tasa de desempleo de largo plazo registrados entre 2009 y 2014 perjudicaron de forma particular a los trabajadores jóvenes, por ejemplo, en República Eslovaca, Portugal, España, Italia y Grecia (Gráfica 2.13). Por lo general, los trabajadores jóvenes también afrontan riesgos en términos de empleo no regular, con una alta incidencia de trabajo temporal, a menudo aunada a bajas tasas de transición de un empleo temporal a uno permanente (OECD, 2014a).[4]

En la OCDE en su conjunto, hombres y mujeres tienen la misma probabilidad de entrar al desempleo de largo plazo (con una tasa de 1 de cada 38 miembros de la fuerza laboral). Sin embargo, hay grandes diferencias de género en Irlanda, donde las tasas de desempleo de largo plazo entre los hombres son casi dos veces mayores que las de las mujeres, y en Turquía, Grecia y República Checa, donde las tasas son más altas para las mujeres.

Gráfica 2.11. **Calidad del empleo en países de la OCDE**

Calificación normalizada entre 0 y 1[5]

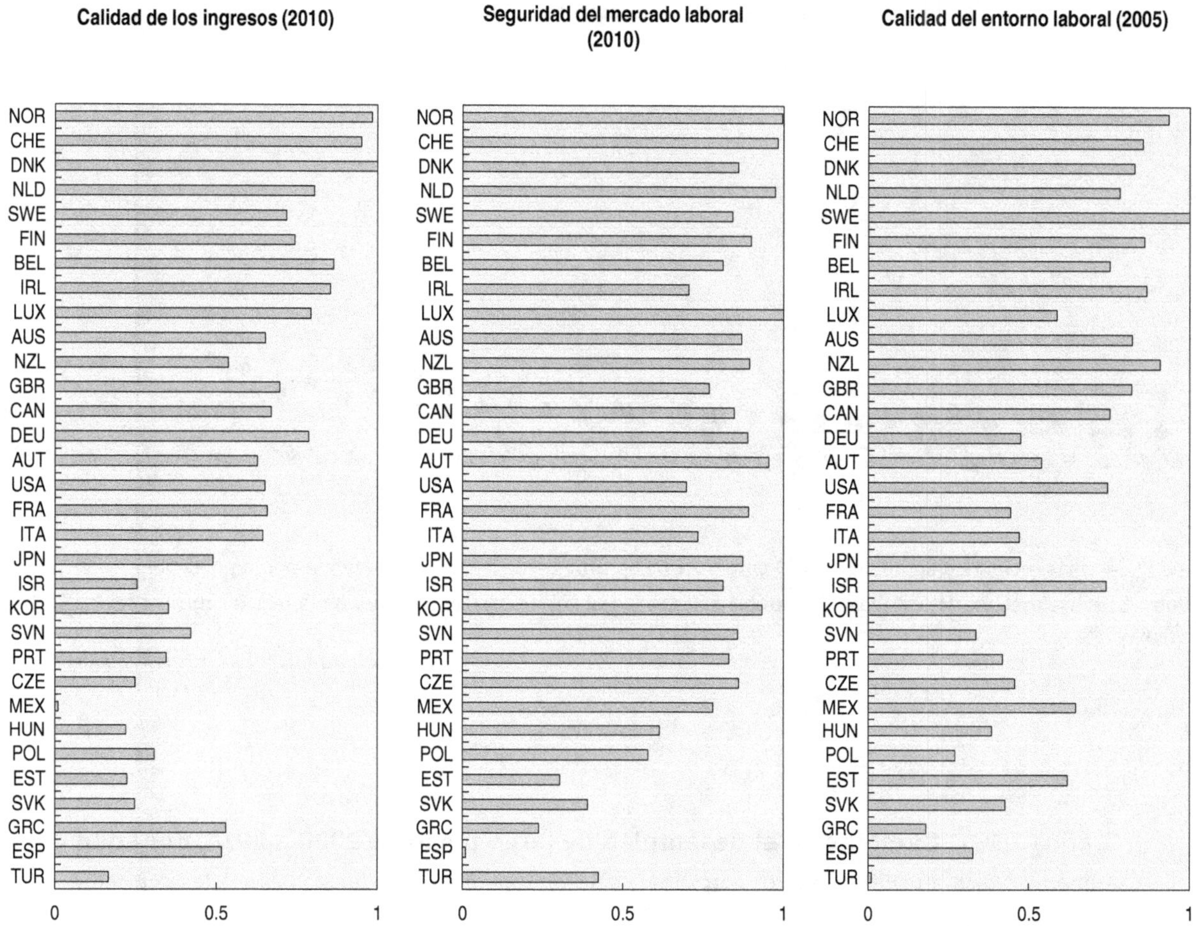

Nota: Los datos se refieren a 2010 en los casos de la calidad de los ingresos y la seguridad del mercado laboral, y a 2005 en la calidad del entorno laboral.

Fuente: Cálculos de la OCDE con base en "Job Quality", base de datos *Employment and Labour Market Statistics* de la OCDE, *http://dx.doi.org/10.1787/lfs-data-en.*

StatLink *http://dx.doi.org/10.1787/888933267457*

Los salarios de los hombres (de tiempo completo, año completo) son más altos que los de las mujeres en todos los países de la OCDE, y la brecha promedio en salarios por género[6] se ubica ahora en 15.5% (OECD, 2015c). En otras palabras, las mujeres ganan poco menos de 85 centavos por cada dólar ganado por los hombres. La diferencia en salarios entre hombres y mujeres es mayor en Corea, Estonia, Japón e Israel (con brechas salariales muy por encima de 20%), y menores en Grecia, Luxemburgo, Bélgica y Nueva Zelanda (donde la brecha salarial es de menos de 7%).

Gráfica 2.12. **Diferencias en las tasas de desempleo de largo plazo para trabajadores jóvenes y trabajadores en edad intermedia**

Porcentaje de la fuerza laboral desempleada durante un año o más, 2014

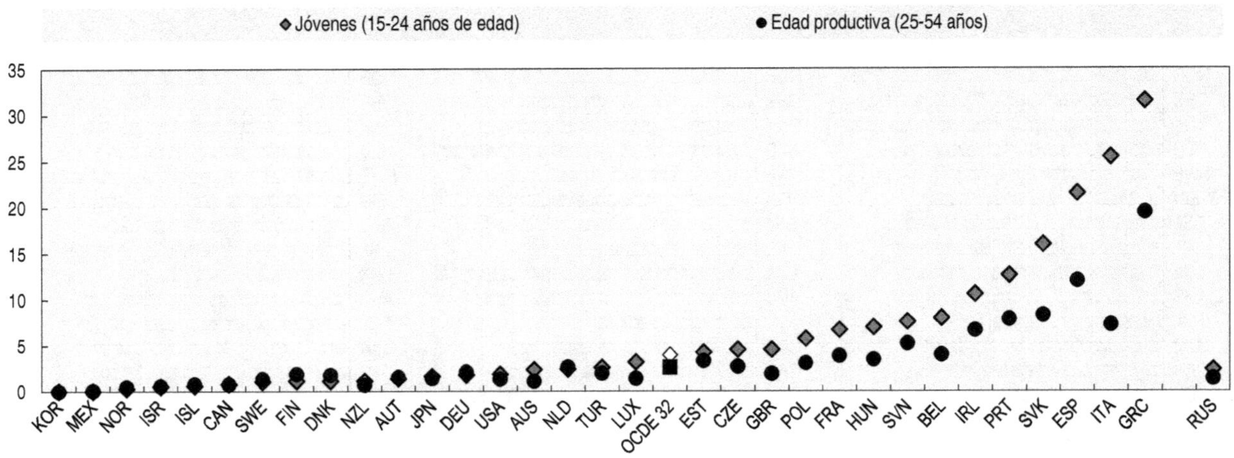

Nota: El año más reciente disponible es 2013 para Corea. El promedio de la OCDE se pondera por la población.

Fuente: "Labour Force Statistics", base de datos *Employment and Labour Market Statistics* de la OCDE, *http://dx.doi.org/10.1787/lfs-lfs-data-en.*

StatLink *http://dx.doi.org/10.1787/888933267462*

Gráfica 2.13. **Cambios en el desempleo de largo plazo de 2009 a 2014, por edad**

Aumento o disminución en puntos porcentuales de la proporción de la fuerza laboral desempleada durante un año o más

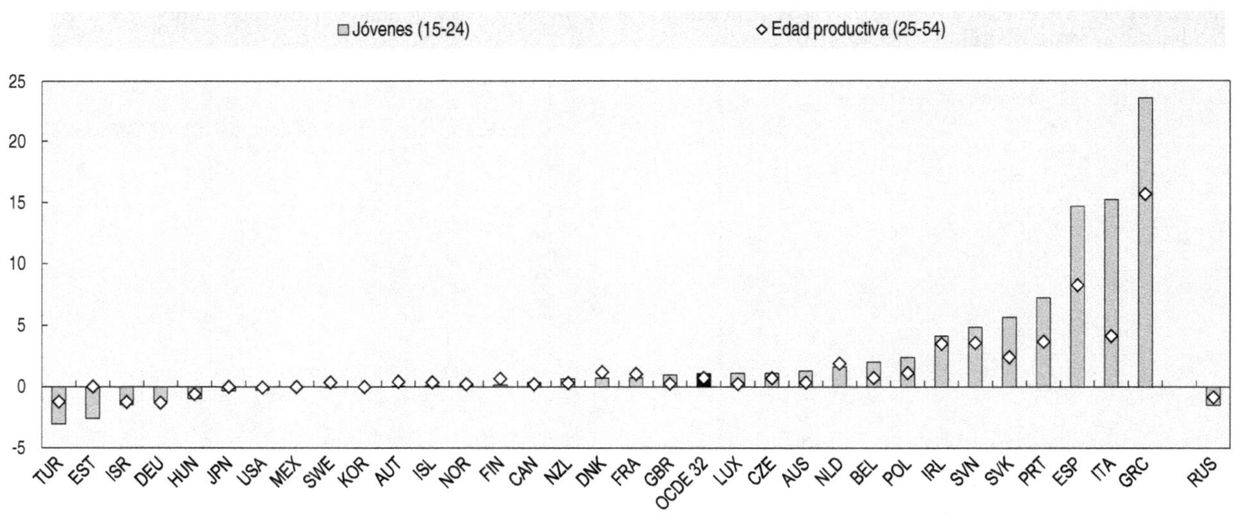

Nota: El año más reciente disponible es 2013 para Corea. Los cambios de Bélgica se calculan para el periodo 2011-2014 debido a una interrupción en la serie. El promedio de la OCDE se pondera por la población.

Fuente: "Labour Force Statistics", base de datos *OECD Employment and Labour Market Statistics* de la OCDE, *http://dx.doi.org/10.1787/lfs-lfs-data-en.*

StatLink *http://dx.doi.org/10.1787/888933267473*

Gráfica 2.14. **Diferencias de género en las tasas de desempleo de largo plazo**

Porcentaje de la fuerza laboral desempleada durante un año o más, 2014

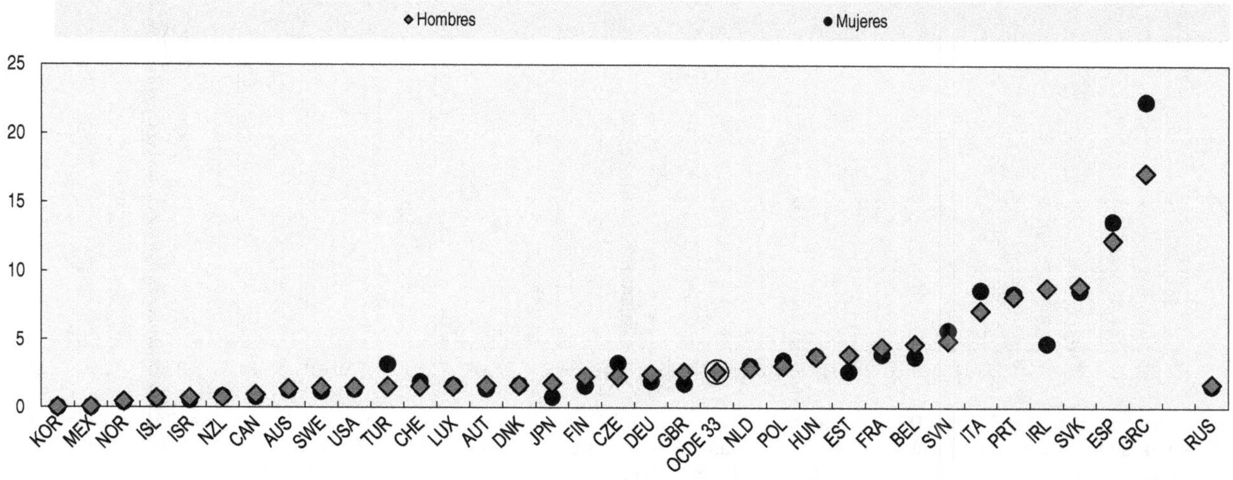

Nota: El promedio de la OCDE se pondera por la población.

Fuente: "Labour Force Statistics", base de datos *Employment and Labour Market Statistics* de la OCDE, *http://dx.doi.org/10.1787/lfs-lfs-data-en*.

StatLink http://dx.doi.org/10.1787/888933267485

Condiciones de vivienda

El lugar donde viven las personas, el cual incluye condiciones de vivienda, acceso a servicios de saneamiento y otra infraestructura, puede ejercer gran impacto en sus vidas. La vivienda es esencial para cubrir la necesidad básica de abrigo, asimismo, la vivienda de buena calidad ofrece un sentido de seguridad, privacidad y espacio personal. La vivienda influye en las relaciones personales al proporcionar un espacio para socializar con amistades, así como un lugar para criar una familia. El costo de la vivienda tiene a menudo gran peso en las finanzas tanto de propietarios como de arrendatarios.

El ***número de habitaciones por persona*** (véase la definición en el Recuadro 2.3) varía mucho en los países de la OCDE. Las casas en Canadá, Estados Unidos de América, Nueva Zelanda, Australia y Bélgica tienen el doble de habitaciones por persona, en promedio, que las casas en México, Hungría, Polonia, República Eslovaca y Turquía (Gráfica 2.15).

El acceso a ***servicios de saneamiento*** (véase la definición en el Recuadro 2.3) está ampliamente cubierto en todos los países de la OCDE, pero aún hay cantidades importantes de personas que viven sin un inodoro interior con drenaje y de acceso privado para su familia; esto incluye más de 5% de la población de Japón, Estonia, Chile, Turquía, Brasil y Federación de Rusia (Gráfica 2.16). En la mayoría de los países, la proporción de personas que habitan viviendas sin servicios de saneamiento en general ha disminuido desde 2009.

Gráfica 2.15. **Habitaciones por persona**

Número promedio, 2013 o año más reciente disponible

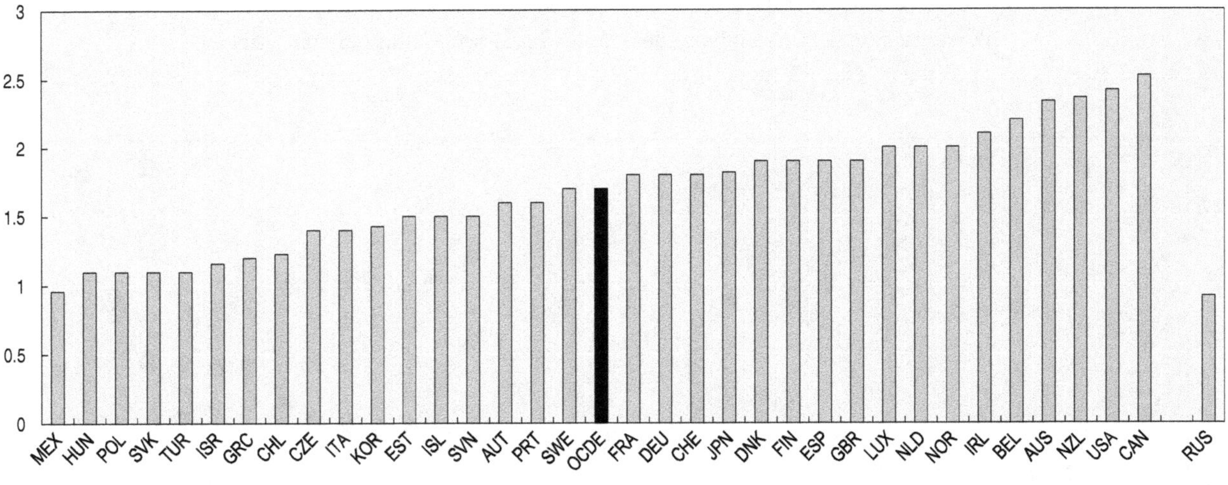

Nota: Las estimaciones de la OCDE para Australia, Canadá, Israel, Nueva Zelanda, Estados Unidos de América, Chile y Federación de Rusia se basan en datos nacionales. El año más reciente disponible es 2012 para Irlanda e Israel; 2011 para Australia, Federación de Rusia, Turquía y Canadá; 2010 para Corea y México; 2008 para Japón, y 2002 para Chile. El promedio de la OCDE se pondera por la población.

Fuentes: Encuesta de Ingresos y Condiciones de Vida de la Unión Europea (EU-SILC) para países de la UE y Noruega; Censo de Población y Vivienda ABS 2011 para Australia; Encuesta Familiar Nacional de Canadá, Censo INE 2002 para Chile; Encuesta de Gasto Familiar para Israel; Encuesta de Vivienda y Tierra de Japón para Japón; Censo de Población y Vivienda de Corea para Corea; Censo de Población y Vivienda 2010 INEGI para México; Censo de Nueva Zelanda para Nueva Zelanda; Censo de Población y Vivienda de Turquía para Turquía; Encuesta de la Comunidad Estadounidense para Estados Unidos de América; e informe estadístico ROSSTAT de Ingresos, Gastos y Consumo Familiares para Federación de Rusia.

StatLink http://dx.doi.org/10.1787/888933267495

Gráfica 2.16. **Personas que habitan viviendas sin servicios de saneamiento**

Porcentaje de la población que habita viviendas sin un inodoro interior con drenaje ni acceso privado para su familia

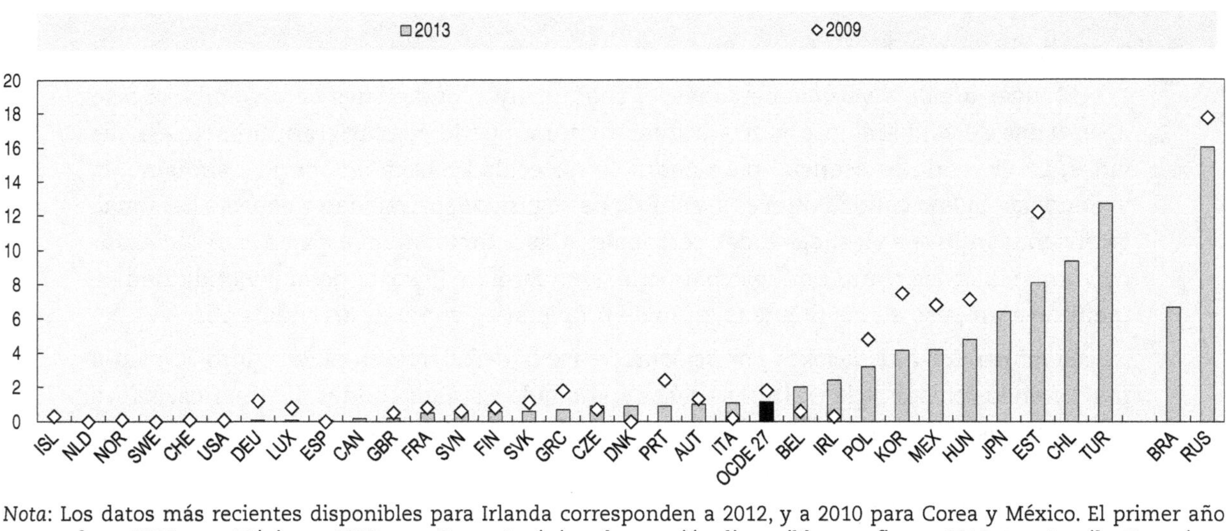

Nota: Los datos más recientes disponibles para Irlanda corresponden a 2012, y a 2010 para Corea y México. El primer año mostrado es 2006 para México, y 2005 para Corea. La única observación disponible se refiere a 2010 para Brasil y Turquía; a 2008 para Japón; a 2001 para Chile, y a 1997 para Canadá. El promedio de la OCDE se pondera por la población.

Fuentes: Encuesta de Ingresos y Condiciones de Vida de la Unión Europea (EU-SILC) *http://epp.eurostat.ec.europa.eu/portal/page/portal/microdata/eu_silc* para países de la UE y Noruega; Encuesta de Instalaciones y Equipo de Viviendas Canadienses para Canadá; Censo INE 2002 para Chile; Encuesta de Vivienda y Tierra de Japón para Japón; Censo de Población y Vivienda de Corea para Corea; Censo de Población y Vivienda 2010 INEGI para México; Censo de Población y Vivienda de Turquía para Turquía; Encuesta de la Comunidad Estadounidense para Estados Unidos de América; Universo do Censo Demográfico 2010 de Brasil para Brasil, e informe estadístico ROSSTAT de Ingresos, Gastos y Consumo Familiares para Federación de Rusia.

StatLink http://dx.doi.org/10.1787/888933267505

Por lo general, los ***costos de vivienda*** consumen un porcentaje considerable del presupuesto familiar. En promedio, la población de los países de la OCDE gasta poco más de 20% de su ingreso familiar disponible bruto ajustado anual en vivienda (véase la definición en el Recuadro 2.3). El gasto en vivienda rebasa 23% del ingreso familiar bruto ajustado anual en Nueva Zelanda, Italia y Dinamarca, y 25% en República Checa y República Eslovaca (Gráfica 2.17). Entre 2009 y 2012, el gasto en vivienda aumentó en cerca de la mitad de los países de la OCDE. Los aumentos más pronunciados ocurrieron en Portugal, Italia, España y Grecia, donde el ingreso familiar bajó más y con mayor rapidez que el costo de la vivienda.

Gráfica 2.17. **Gasto en vivienda**

Como porcentaje del ingreso familiar disponible bruto ajustado

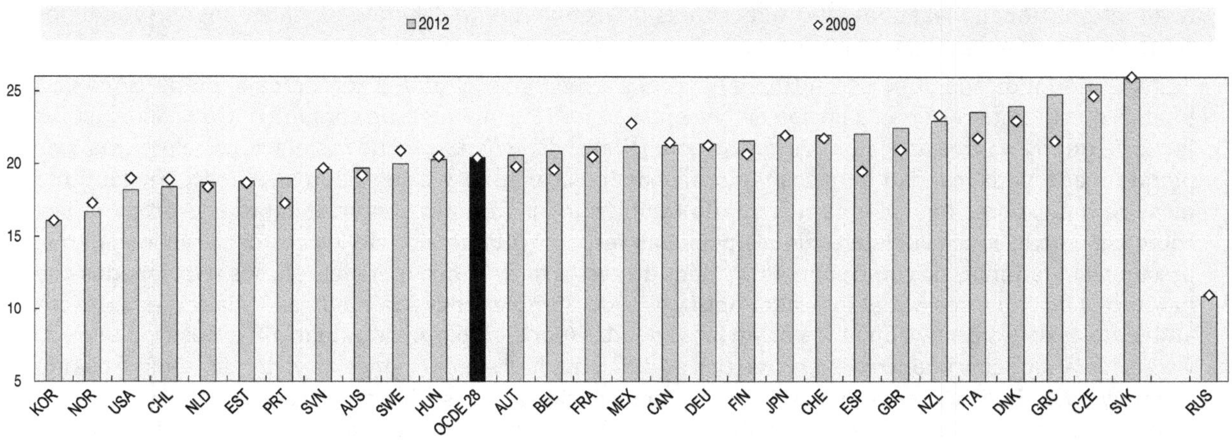

Nota: El año más reciente disponible para Nueva Zelanda es 2011. El primer año mostrado para Corea y Países Bajos es 2010. El promedio de la OCDE se pondera por la población.

Fuente: Cálculos de la OCDE a partir de la base de datos National Accounts Statistics de la OCDE, *http://dx.doi.org/10.1787/na-data-en*.

StatLink http://dx.doi.org/10.1787/888933267515

Recuadro 2.3. **Medición de las condiciones de vivienda**

Los tres indicadores principales de las condiciones de vivienda antes presentados se definen de la manera siguiente:

- **Número de habitaciones por persona:** mide si las personas habitan en condiciones de hacinamiento. Se mide como el número de habitaciones de una vivienda dividido entre el número de personas que la habitan. Excluye habitaciones como cocineta, lavadero o trastero, baño, inodoro, garaje, consultorio, oficina o tienda. Las fuentes de los datos se detallan en la nota de la Gráfica 2.15.
- **Porcentaje de la población que habita viviendas sin acceso a servicios de saneamiento:** se refiere al porcentaje de la población que habita una vivienda sin un inodoro interior con drenaje y acceso privado para su familia. No se consideran los inodoros con drenaje fuera de la vivienda, pero sí se incluyen los inodoros con drenaje ubicados en una habitación donde también haya una ducha o un baño. Las fuentes de datos se detallan en la nota de la Gráfica 2.16.
- **Proporción del ingreso familiar disponible bruto ajustado gastada en vivienda y su mantenimiento:** según se define en el Sistema de Cuentas Nacionales (SNA), incluye el alquiler real e imputado de vivienda, el gasto en mantenimiento y reparaciones de la vivienda (incluidos diversos servicios), en

Recuadro 2.3. **Medición de las condiciones de vivienda** *(cont.)*

suministro de agua, electricidad, gas y otros combustibles, así como el gasto en mobiliario, equipo doméstico, y bienes y servicios para el mantenimiento doméstico de rutina, expresado como porcentaje del ingreso familiar disponible bruto ajustado. Esta medida de los costos de vivienda excluye los pagos familiares de intereses y capital de hipotecas de vivienda. Los datos se refieren a la suma de familias e instituciones no lucrativas que brindan servicio a familias y se tomaron de la base de datos *National Accounts* de la OCDE.

El indicador de hacinamiento (o sobrepoblación de la vivienda) sufre diversas limitaciones. En primer lugar, no toma en cuenta la posible compensación entre el tamaño de la vivienda y su ubicación: algunas familias pueden elegir habitar viviendas pequeñas ubicadas en zonas con mejores servicios que viviendas más grandes en ubicaciones menos deseables. En segundo lugar, un indicador ideal del espacio disponible por persona tendría que referirse no solo al número de habitaciones disponibles, sino también a su tamaño general (como el número de metros cuadrados por persona). Por ejemplo, el tamaño del alojamiento suele ser más pequeño en las zonas urbanas que en las rurales, lo cual puede complicar las comparaciones a nivel internacional. Idealmente, los indicadores de hacinamiento deberían complementarse con datos sobre la falta de espacio percibida, según se informe en encuestas familiares.

El segundo indicador, que se centra en el acceso a inodoros interiores con drenaje, proporciona una medida que intenta capturar la noción de "vivienda digna". Sin embargo, un conjunto ideal de indicadores incluiría también otros aspectos básicos de condiciones de vivienda, como instalaciones eléctricas y de plomería adecuada, calidad de pisos y puertas, daño estructural y calefacción adecuada. Un conjunto ideal de indicadores de vivienda informaría también si las familias son arrendatarias o propietarias, sobre las percepciones subjetivas de las personas respecto a la presión de los costos de vivienda en el presupuesto familiar, así como sobre otros tipos de gastos de vivienda (por ejemplo, los relacionados con hipotecas) no cubiertos por el indicador aquí utilizado. También incluiría medidas de las características ambientales de las zonas donde se ubican las viviendas (por ejemplo, contaminación, exposición al ruido y cercanía a servicios públicos). En la práctica es difícil medir las condiciones de vivienda, pues se cuenta con muy pocos indicadores comparables a nivel internacional y no se dispone de encuestas armonizadas sobre vivienda en cada país. En la actualidad la OCDE trabaja en una base de datos internacionalmente comparable centrada en los índices de precios de vivienda (IPV) —también llamados índices de precios de propiedad residencial (IPPR)— y otros indicadores relacionados, con el fin de ofrecer una imagen más completa del mercado de propiedades residenciales. Este trabajo incluye el lanzamiento de una nueva base de datos de la OCDE, *House prices and related indicators*, en el verano de 2015.

Lecturas sugeridas:

- Balestra, C., y J. Sultan (2013), "Home Sweet Home: The Determinants of Residential Satisfaction and its Relation with Well-being", *OECD Statistics Working Papers*, núm. 2013/05, OECD Publishing, París, *http://dx.doi.org/10.1787/5jzbcx0czc0x-en*.
- OECD (2011b), "Housing conditions", en *How's Life? Measuring Well-being*, OECD Publishing, París, *http://dx.doi.org/10.1787/9789264121164-6-en*.

Salud

La salud y el bienestar van de la mano. Tener la salud necesaria para participar en actividades que la gente valora y buscar el estilo de vida que se desea vivir es un elemento fundamental del bienestar para las personas de todas las edades. La mala salud se relaciona de forma sistemática con una menor satisfacción ante la vida en su conjunto, y con peores emociones y experiencias diarias. La salud afecta también la capacidad de trabajar, estudiar y aprovechar el tiempo de ocio al máximo.

En más de dos tercios de los países de la OCDE, la ***esperanza de vida*** al nacer actual es de más de 80 años (Gráfica 2.18; véanse las definiciones en el Recuadro 2.4). El nivel más bajo de esperanza de vida se observa en México, Hungría, República Eslovaca y Turquía, donde se ubica por debajo de los 77 años de edad. Las ganancias acumuladas en esperanza de vida alcanzadas entre 2009 y 2013 varían de alrededor de cuatro meses en Islandia, Alemania, Estados Unidos de América y Japón a más de dos años en Turquía y Estonia.

Una vida más larga no necesariamente es una vida *más sana*, y por esto se utiliza el indicador de ***salud percibida,*** que ofrece una perspectiva complementaria sobre las experiencias de la gente. Poco más de dos tercios de la población de la zona de la OCDE informan que se encuentran en "buena" o "muy buena" salud (Gráfica 2.19; véase la definición en el Recuadro 2.4). Entre 2009 y 2013, esta proporción permaneció muy estable en la mayoría de los países, aunque en Corea, Finlandia, Islandia y Reino Unido bajó 3 puntos porcentuales o más, y en Eslovenia y República Eslovaca aumentó 4 puntos porcentuales o más.

Gráfica 2.18. **Esperanza de vida**

Años

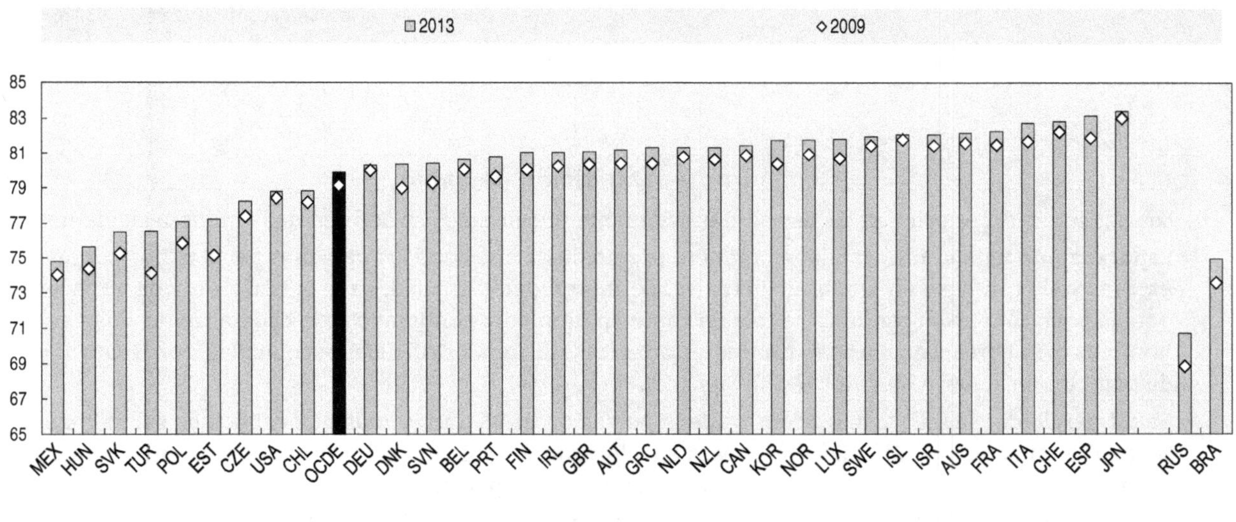

Nota: El año más reciente disponible es 2014 para México, y 2011 para Canadá. Los valores para Alemania provienen de Destatis y se refieren a los periodos 2007-2009 y 2010-2012. El promedio de la OCDE se pondera por la población.

Fuente: "Health status", base de datos *Health Statistics de la OCDE*, *http://dx.doi.org/10.1787/data-00540-en*; y Destatis (2015), *www.destatis.de/DE/ZahlenFakten/GesellschaftStaat/Bevoelkerung/Sterbefaelle/Tabellen/SterbetafelDeutschland.xlsx.*

StatLink http://dx.doi.org/10.1787/888933267529

Gráfica 2.19. **Estado de salud percibido**

Porcentaje de adultos que califican su salud como "buena" o "muy buena"

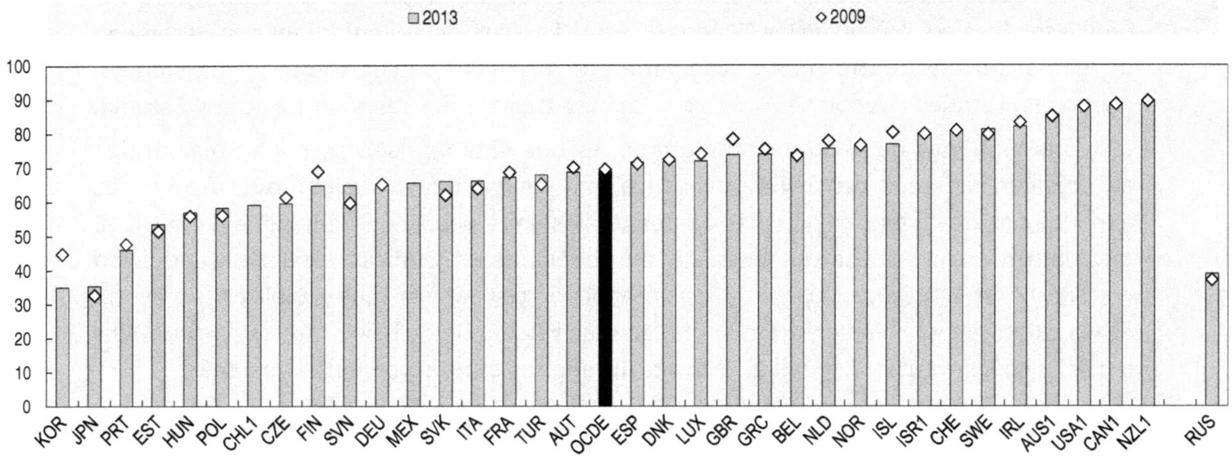

Nota: El año más reciente disponible es 2014 para Federación de Rusia. Los valores de 2009 se refieren a 2007 para Australia, Japón y Nueva Zelanda; y a 2011 para Federación de Rusia. El dato único para México se refiere a 2006, y a 2011 para Chile. En general se define a los adultos como personas de 15 años de edad o más. Los resultados de los países marcados con un "1" no son comparables de forma directa con los de otros países debido a diferencias en escalas de información, las cuales pueden provocar un sesgo ascendente en los estimados reportados. El promedio de la OCDE se pondera por la población.

Fuente: "Health status", base de datos *Health Statistics* de la OCDE, *http://dx.doi.org/10.1787/data-00540-en.*

StatLink http://dx.doi.org/10.1787/888933267536

Recuadro 2.4. **Medición de salud**

Los dos indicadores principales de salud previamente presentados se definen de la manera siguiente:

- **Esperanza de vida al nacer:** mide el número promedio de años que las personas nacidas hoy pueden esperar vivir con base en las tasas (actuales) de mortalidad por edad. La esperanza de vida al nacer para la población en su conjunto se calcula como un promedio ponderado de la esperanza de vida para hombres y mujeres. Los datos parten de estadísticas nacionales oficiales recopiladas por la OCDE y disponibles en su base de datos *Health Statistics.*
- **Salud percibida:** se refiere al porcentaje de la población de 15 años y más que califica su salud como "buena" o "muy buena". El indicador se basa en la pregunta siguiente: "¿Cómo es su salud en general?", la cual obtuvo, en la mayoría de los países, categorías de respuesta como "muy buena /buena/regular/mala/muy mala". Algunas diferencias entre los países en la metodología de medición (por ejemplo, el uso de diferentes escalas de respuesta) pueden limitar la comparabilidad entre países; en la nota de la Gráfica 2.19 se ofrecen mayores detalles. Los datos se recopilan como parte de la base de datos *Health Statistics* de la OCDE y se toman de la Encuesta de Ingresos y Condiciones de Vida de la Unión Europea (EU-SILC), encuestas familiares generales o entrevistas sobre salud más detalladas realizadas como parte de encuestas oficiales nacionales en varios países.

La esperanza de vida al nacer aporta solo un estimado de la duración de vida esperada en un año específico, pues no se conocen por anticipado las tasas de mortalidad por edad reales de ninguna cohorte de nacimiento. Las medidas de esperanza de vida al nacer se basan en datos de buena calidad en todos los países de la OCDE, y pueden desglosarse por género. Sin embargo, relativamente pocos países tienen la capacidad de ofrecer información rutinaria sobre esperanza de vida por logro educativo e ingreso porque estas medidas requieren vincular los registros de mortalidad a un censo de población, o bien, la información sobre la escolaridad del fallecido para asentarla en el certificado de defunción respectivo.

Recuadro 2.4. **Medición de salud** *(cont.)*

Medir la morbilidad (es decir, la incidencia de enfermedades y dolencias) es más difícil. Un enfoque es centrarse en el *funcionamiento* de una persona —es decir, si tiene alguna limitación en áreas como visión, audición, posibilidad de caminar, cognición o afecto (estados de ánimo, emociones y sentimientos)—, así como dolor y cansancio. El Grupo de Trabajo UNECE-WHO-Eurostat para medir la salud (o Iniciativa de Budapest) y el Grupo de Washington sobre Estadísticas de la Discapacidad propusieron un conjunto de preguntas para medir el funcionamiento, pero aún se requiere contar con datos comparables de nivel internacional. También hay un gran vacío respecto de estadísticas internacionalmente comparables sobre resultados relativos a la salud mental. La Encuesta Europea de Salud 2014 aportará datos comparables sobre diversos indicadores de salud en el futuro cercano para varios países europeos.

Los indicadores de salud percibida son algunos de los pocos indicadores de morbilidad disponibles en todos los países de la OCDE. Estas medidas resumen una amplia gama de dimensiones de morbilidad, pues abordan el estado general de salud del encuestado. Sin embargo, los indicadores de salud percibida se centran en las *experiencias* de las personas sobre su salud y no definen la morbilidad en términos objetivos. El uso de diferentes métodos de medición, posibles sesgos culturales y otros factores contextuales podrían limitar la comparabilidad de los datos entre países.

Lecturas sugeridas:

- OECD (2015d), *Health at a Glance 2015: OECD Indicators*, OECD Publishing, París, en prensa.
- OECD (2014b), *Making Mental Health Count: The Social and Economic Costs of Neglecting Mental Health Care*, OECD Health Policy Studies, OECD Publishing, París,*http://dx.doi.org/10.1787/9789264208445-en*.

Distribución de los resultados de salud

Las mujeres viven más, pero por lo general se sienten menos saludables que los hombres: la esperanza de vida de las mujeres es mayor que la de los hombres en todos los países de la OCDE, pero su estado de salud, calificado por ellas mismas, suele ser peor (OECD, 2013a). La evidencia sugiere también que la salud varía con la escolaridad, y las personas más educadas gozan de una mayor esperanza de vida en relación con los menos educados (OECD, 2012; OECD, 2015d; EU, 2013). Por ejemplo, entre los 15 países de la OCDE sobre los cuales se cuenta con información,[7] un hombre de 30 años de edad con educación terciaria puede esperar vivir, en promedio, ocho años más que alguien sin educación media superior; entre las mujeres, la diferencia promedio es de cuatro años (OECD, 2015d). Estas diferencias son mayores en República Checa, Estonia, Hungría y Polonia, y menores en Italia, Suecia y Portugal. Por ejemplo, en República Checa, un hombre de 30 años de edad con un título de educación terciaria puede esperar vivir 18 años más que un hombre que no terminó la educación media superior; en Estonia la diferencia es de 15 años, en tanto que en Italia, Suecia y Portugal, la diferencia es de solo cuatro años.

También hay un determinante social en salud percibida en los países de la OCDE: en tanto que 78% de las personas con ingresos en el quintil más alto califican su salud como buena o mejor, únicamente 60% de aquellos con ingresos en el quintil inferior la califican así (Gráfica 2.20). Las desigualdades en el estado de la salud autorreportado son grandes, particularmente en Estonia, República Checa, Finlandia, Bélgica, Alemania, Reino Unido y Eslovenia, donde la brecha en salud percibida entre los quintiles superior e inferior es de 25 puntos porcentuales o más. En contraste, la brecha es de menos de 10 puntos en Nueva Zelanda, Grecia e Islandia.[8]

Gráfica 2.20. **Brecha en salud percibida entre grupos de ingresos altos y bajos**

Porcentaje de adultos que califican su salud como "buena" o "muy buena", 2013 o año más reciente disponible

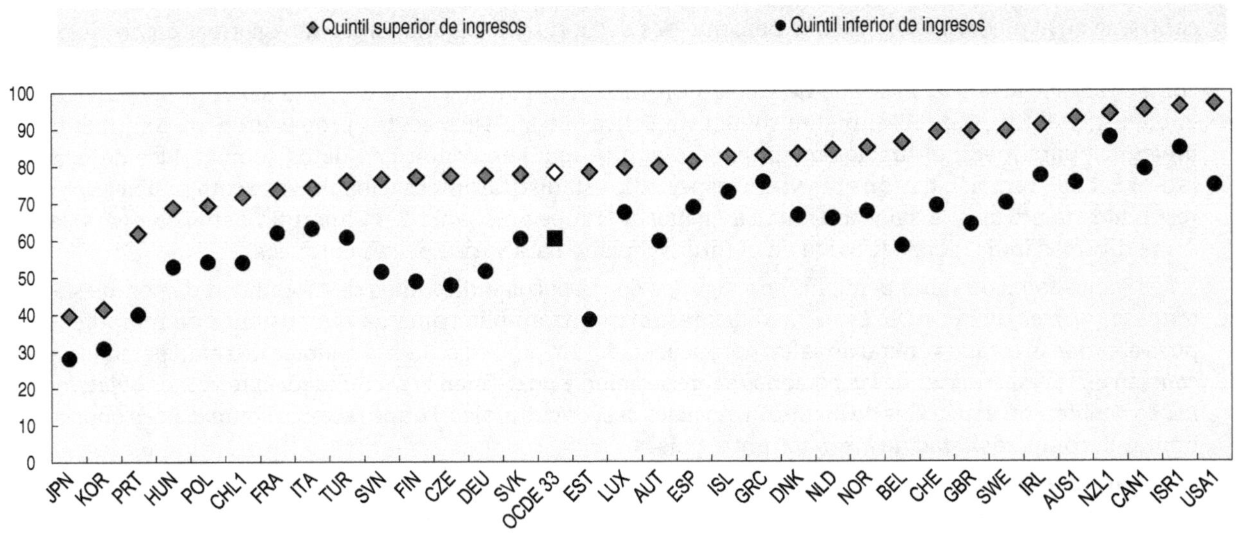

Nota: Los datos se refieren a 2014 para Nueva Zelanda; 2011 para Chile y 2007 para Australia. En general se define a los adultos como personas de 15 años de edad o más. Los resultados de los países marcados con un "1" no son estrictamente comparables con los de otros países debido a diferencias en las escalas utilizadas, las cuales pueden generar un sesgo positivo en las estimaciones reportadas. El promedio de la OCDE se pondera por la población.

Fuente: "Health status", base de datos *Health Statistics* de la OCDE, *http://dx.doi.org/10.1787/data-00540-en*.

StatLink http://dx.doi.org/10.1787/888933267542

Balance vida-trabajo

La manera en que las personas pasan su tiempo es un factor determinante de su bienestar general, y la mayoría de los trabajadores dedican la mayor parte del tiempo en que están despiertos a trabajar en comparación a cualquier otro tipo de actividad. Obtener el balance correcto entre la vida personal y el trabajo influye en la salud y la felicidad de la gente, pero también en las relaciones con amigos, familiares y la comunidad en general. La capacidad de equilibrar el trabajo y la vida tiene también implicaciones para el bienestar de los demás: atender a los hijos y otras personas dependientes es una forma importante de "trabajo no remunerado" que muchas personas necesitan reconciliar con un empleo de tiempo completo.

Uno de cada ocho empleados en los países de la OCDE trabaja 50 horas o más a la semana de forma rutinaria (Gráfica 2.21; véanse las definiciones en el Recuadro 2.5). El porcentaje de empleados ***que trabajan muchas horas*** varía de solo 1 de cada 250 en Países Bajos a 1 de cada 2.4 empleados en Turquía. Desde 2009, la proporción promedio de empleados que trabajan muchas horas aumentó 0.7 puntos porcentuales en toda la OCDE. En Portugal y Chile, la incidencia de un horario semanal de trabajo muy largo en 2013 fue de casi el doble del nivel de 2009, es decir, un incremento de 6.9 puntos porcentuales en Chile y 4.4 puntos porcentuales en Portugal. También aumentó alrededor de 1 punto porcentual en República Eslovaca, Irlanda, Reino Unido, Estados Unidos de América, Grecia y Nueva Zelanda. Por el contrario, en Turquía, Israel, República Checa, Austria y Brasil se registraron reducciones de dos puntos porcentuales o más.

Gráfica 2.21. **Empleados que trabajan muchas horas**

Porcentaje de empleados que suelen trabajar 50 horas o más a la semana

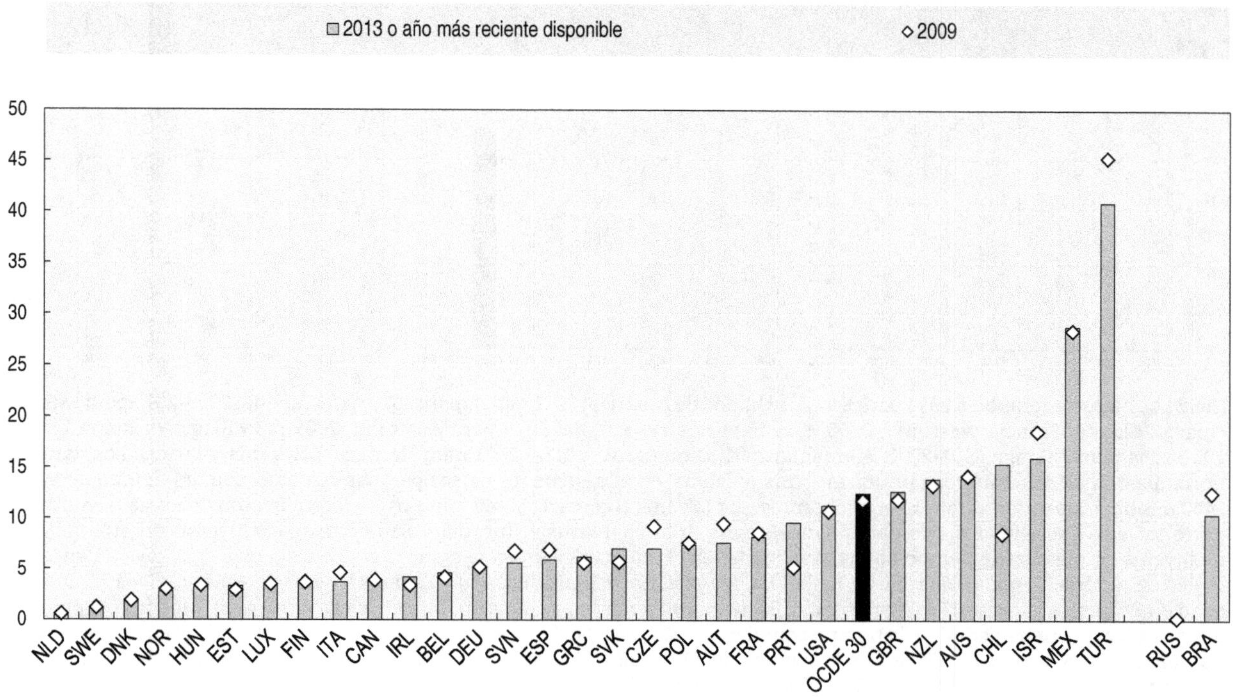

Nota: Los datos se refieren al porcentaje de los empleados que suelen trabajar 50 horas o más a la semana, excepto Federación de Rusia, en cuyo caso los datos se refieren a personas que trabajaron 51 horas o más. Los empleos cubiertos son el empleo principal en Austria, Canadá, República Checa, Finlandia, Hungría, México, Polonia, República Eslovaca, Suecia, Turquía y Estados Unidos de América; y todos los empleos en Australia, Nueva Zelanda y Noruega. A partir de 2002, el número de horas usualmente trabajadas excluye los principales descansos para comer en República Eslovaca. Los datos se refieren a 2012 para Chile y Brasil. El promedio de la OCDE se pondera por la población.

Fuente: "Labour Force Statistics", base de datos Employment and Labour *Market Statistics* de la OCDE, *http://dx.doi.org/10.1787/lfs-lfs-data-en.*

StatLink http://dx.doi.org/10.1787/888933267553

Tener tiempo suficiente para ***el ocio y el cuidado personal*** —lo cual incluye actividades como dormir, comer, asearse, hacer ejercicio y dedicar tiempo a amigos y familiares— es importante para el sentido de balance vida-trabajo y el bienestar general. Entre los 20 países de la OCDE para los cuales se cuenta con información, el trabajador de tiempo completo promedio dedica poco menos de 15 horas al día al ocio y al cuidado personal (Gráfica 2.22). Hay cierta variación en la forma de pasar el tiempo entre cada país: las personas con empleo de tiempo completo que viven en Francia, España, Dinamarca, Bélgica, Noruega y Alemania dedican más de 15 horas y media al día al ocio y al cuidado personal. Esto se reduce a menos de 14 horas y media en Estados Unidos de América, Polonia, Canadá y Australia.

Gráfica 2.22. **Tiempo dedicado al ocio y al cuidado personal**

Horas al día, personas empleadas de tiempo completo, año más reciente disponible

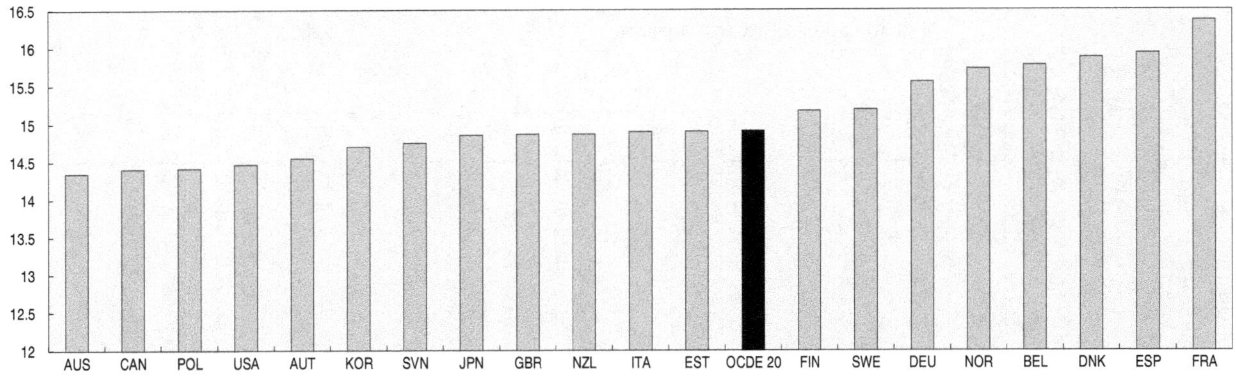

Nota: Los datos se refieren a 2013 para Estados Unidos de América; 2011 para Japón; 2010 para Canadá; 2009-2010 para España, Nueva Zelanda, Francia y Estonia; 2008-2009 para Austria e Italia; 2006 para Australia; 2005 para Bélgica y Reino Unido; 2003-2004 para Polonia; 2001-2002, Alemania; 2001, Dinamarca; y 2000-2001 para Noruega, Eslovenia y Suecia. Los datos se normalizaron a 1440 minutos por día: en otras palabras, en el caso de los países para los cuales el uso del tiempo no sumó 1440 minutos, los minutos faltantes o sobrantes (por lo general cerca de 30-40 minutos) se distribuyeron de manera equitativa entre todas las actividades. Los datos para Hungría, Irlanda, Portugal, Turquía y Sudáfrica se excluyeron porque también incluyen a empleados de tiempo parcial. Las muestras completas incluyen personas de 12 años o más en Nueva Zelanda; 15 o más en Austria, Canadá, Dinamarca, Finlandia, Francia, Italia, Japón, España y Estados Unidos de América; 20 a 74 años de edad en Bélgica, Alemania, Noruega, Polonia, Eslovenia y Suecia; y 20 o más en Corea; sin embargo, en la práctica los datos se limitan a los que tienen empleo de tiempo completo. En Canadá, Japón, Corea y Estados Unidos de América también se fija un número mínimo de horas trabajadas a la semana de 30, 35, 36 y 35, respectivamente. El promedio de la OCDE es el promedio ponderado por la población de los valores incluidos en la gráfica.

Fuente: Cálculos de la OCDE con base en la Harmonised European Time Use Survey (Encuesta Europea Armonizada sobre Uso del Tiempo), aplicación electrónica para los países europeos (*https://www.h2.scb.se/tus/tus/*); base de datos Eurostat (*http://appsso.eurostat.ec.europa.eu/nui/show.do?dataset=tus_00selfstat& lang=en*), y microdatos y tabulaciones de la encuesta de uso de tiempo para uso público de las oficinas nacionales de estadísticas de países no europeos.

StatLink http://dx.doi.org/10.1787/888933267564

Recuadro 2.5. **Medición del balance vida-trabajo**

Los dos indicadores principales de balance vida-trabajo antes presentados se definen de la manera siguiente:

- **Empleados que trabajan 50 horas o más a la semana:** estos datos se muestran como porcentaje del número total de empleados de todas las edades. El indicador excluye a trabajadores autoempleados. El límite se fija en 50 horas porque, después de tomar en cuenta el tiempo de traslado, el trabajo no remunerado y las necesidades básicas (como dormir y comer), es probable que a los trabajadores que de forma rutinaria trabajan más de 50 horas a la semana les queden muy pocas horas (una o dos a la semana) para realizar otras actividades. Además, en los países donde hay leyes que imponen un horario máximo de trabajo, este suele limitarse a 48 horas a la semana. Los datos se tomaron de las encuestas nacionales a la fuerza de trabajo y son comparables en general entre países.
- **Tiempo dedicado al ocio y al cuidado personal:** estos datos se muestran para un día común y se refieren a empleados de tiempo completo, solo con el fin de mejorar la comparabilidad entre los países en los que las tasas de empleo difieren. La información se recopila mediante encuestas nacionales sobre uso del tiempo, lo cual implica que los encuestados lleven un diario de sus actividades durante uno o más días representativos de un periodo determinado. Las actividades consideradas en la definición de "tiempo dedicado al ocio y al cuidado personal" incluyen dormir, comer, asearse, hacer ejercicio, pasar tiempo con amigos y familiares, y tiempo de traslado invertido en actividades de ocio y de cuidado personal. Para algunos países y algunos tipos específicos de actividades, puede ser difícil comparar estas encuestas.

Recuadro 2.5. **Medición del balance vida-trabajo** *(cont.)*

Los datos aquí mostrados fueron armonizados *ex post* por la OCDE. Los datos se tomaron de la Encuesta Europea Armonizada sobre Uso del Tiempo; la base de datos Eurostat sobre uso del tiempo, microdatos y tabulaciones de la encuesta de uso de tiempo para uso público, de las oficinas nacionales de estadística.

Los indicadores principales aquí utilizados aportan una medida indirecta y directa del tiempo disponible para actividades no laborales que contribuyen al bienestar individual y familiar. Sin embargo, medir el balance vida-trabajo es una tarea más difícil. En primer lugar, la manera en que las personas asignan su tiempo es determinada por la necesidad, la preferencia individual, y los contextos cultural, social y familiar. Esto significa que lo que una persona siente que es "equilibrado" puede no serlo para otra. Las personas que dirigen su propio negocio podrían tener un incentivo extra para trabajar muchas horas a la semana; y, por consiguiente, se les excluye para el cálculo de este indicador; no obstante, esto puede influir en los resultados si los autoempleados constituyen un porcentaje importante de la fuerza laboral total. En segundo lugar, como los indicadores aquí utilizados se centran solo en la cantidad de tiempo dedicado a diferentes tareas, no aclaran la calidad del tiempo que se pasa fuera del trabajo y, por tanto, el goce personal de la gente o la tensión percibida en relación con el tiempo. En tercer lugar, en la mayoría de los países de la OCDE, las encuestas sobre uso de tiempo se realizan de forma muy específica o poco frecuente (es decir, cada 5 o 10 años), lo cual genera indicadores que por lo general no resultan muy oportunos.

Lecturas sugeridas:

- OECD (2014c), "Improving well-being", en OECD, *OECD Economic Surveys: United States 2014*, OECD Publishing, París, *http://dx.doi.org/10.1787/eco_surveys-usa-2014-5-en*.
- OECD (2011c), *The Future of Families to 2030*, OECD Publishing, París, *http://dx.doi.org/10.1787/9789264168367-en*.
- OECD (2007), *Babies and Bosses - Reconciling Work and Family Life: A Synthesis of Findings for OECD Countries*, OECD Publishing, París, *http://dx.doi.org/10.1787/9789264032477-en*.

Distribución de los resultados de balance vida-trabajo

El género es un factor clave al considerar las desigualdades en el balance vida-trabajo (OECD, 2013a). En todos los países de la OCDE, los hombres empleados tienen una mayor probabilidad que las mujeres empleadas de realizar un trabajo remunerado durante 50 horas o más a la semana. Sin embargo, en tanto que los hombres dedican más horas al trabajo remunerado, las mujeres tienen un horario semanal de trabajo más largo si además del trabajo remunerado se toma en cuenta el trabajo no remunerado (como el trabajo doméstico) (OECD, 2013a). De hecho, en dos tercios de los países de la OCDE de los cuales se cuenta con información, las mujeres que trabajan tiempo completo dedican menos tiempo al ocio y al cuidado personal que los hombres que trabajan tiempo completo (Gráfica 2.23). Las mayores diferencias se encuentran en Corea y Eslovenia, donde los hombres dedican más de una hora adicional que las mujeres al día al ocio y al cuidado personal, así como en Italia y Estonia, donde la brecha de género es de alrededor de 55 minutos. A la inversa, las mujeres dedican alrededor de seis minutos más al ocio y al cuidado personal que los hombres en Suecia, Nueva Zelanda y Dinamarca, y cerca de 18 minutos más que los hombres en Estados Unidos de América.

Gráfica 2.23. **Tiempo dedicado al ocio y al cuidado personal, hombres y mujeres**

Horas al día, empleados de tiempo completo, año más reciente disponible

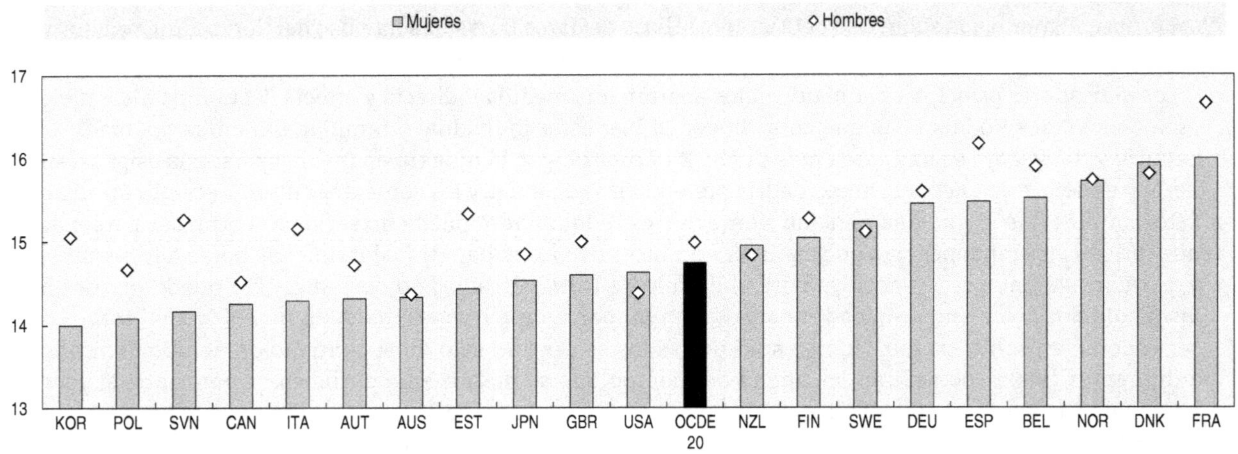

Nota: Los datos se refieren a 2013 para Estados Unidos de América; 2011 para Japón; 2010 para Canadá; 2009-2010 para España, Nueva Zelanda, Francia y Estonia; 2008-2009 para Austria e Italia; 2006 para Australia; 2005 para Bélgica y Reino Unido; 2003-2004 para Polonia; 2001-2002, Alemania; 2001, Dinamarca; y 2000-2001 para Noruega, Eslovenia y Suecia. Los datos se normalizaron a 1440 minutos al día: en otras palabras, en el caso de los países para los cuales el uso del tiempo no sumó 1440 minutos, los minutos faltantes o sobrantes (por lo general cerca de 30-40 minutos) se distribuyeron de manera equitativa entre todas las actividades. Los datos de Hungría, Irlanda, Portugal, Turquía y Sudáfrica se excluyeron porque también incluyen empleados de tiempo parcial. Las muestras completas incluyen personas de 12 años o más en Nueva Zelanda; 15 o más en Austria, Canadá, Dinamarca, Finlandia, Francia, Italia, Japón, España y Estados Unidos de América; 20 a 74 años de edad en Bélgica, Alemania, Noruega, Polonia, Eslovenia y Suecia; y 20 o más en Corea; sin embargo, en la práctica los datos se limitan a los que tienen empleo de tiempo completo. En Canadá, Japón, Corea y Estados Unidos de América también se fija un número mínimo de horas trabajadas a la semana de 30, 35, 36 y 35, respectivamente. El promedio de la OCDE es el promedio ponderado por la población de los valores incluidos en la gráfica.

Fuente: Cálculos de la OCDE con base en la *Harmonised European Time Use Survey* (Encuesta Europea Armonizada sobre Uso del Tiempo), aplicación electrónica para los países europeos (*https://www.h2.scb.se/tus/tus/*); la base de datos Eurostat (*http://appsso.eurostat.ec.europa.eu/nui/show.do?dataset=tus_00selfstat& lang=en*), y los microdatos y tabulaciones de la encuesta de uso de tiempo para uso público de las oficinas nacionales de estadísticas de países no europeos.

StatLink http://dx.doi.org/10.1787/888933267570

Educación y competencias

Si bien tener un buen nivel educativo facilita a las personas la tarea de conseguir un buen empleo, una educación adecuada es más que un pasaporte al empleo. La oportunidad de aprender nuevas competencias tiene una recompensa intrínseca, y por lo general la gente valora la educación como un resultado por sí solo. Los niveles altos de educación también se relacionan con una mejor salud y un mayor compromiso cívico.

En toda la OCDE, poco más de tres cuartos de la población de 25 a 64 años terminaron la ***educación media superior*** (Gráfica 2.24; véanse las definiciones en el Recuadro 2.6). La proporción aumenta a 90% o más en Polonia, Estonia, República Eslovaca, República Checa y Federación de Rusia. Por otro lado, menos de 60% de las personas de 25 a 64 años terminaron la educación media superior en Italia, Chile, España, Portugal, México y Turquía. Entre 2009 y 2013, el logro educativo se incrementó en casi todos los países de la OCDE, este incremento fue de 3.2 puntos porcentuales en promedio.

Gráfica 2.24. **Logro educativo de los adultos en edad productiva**

Porcentaje de la población de 25-64 años con por lo menos educación media superior

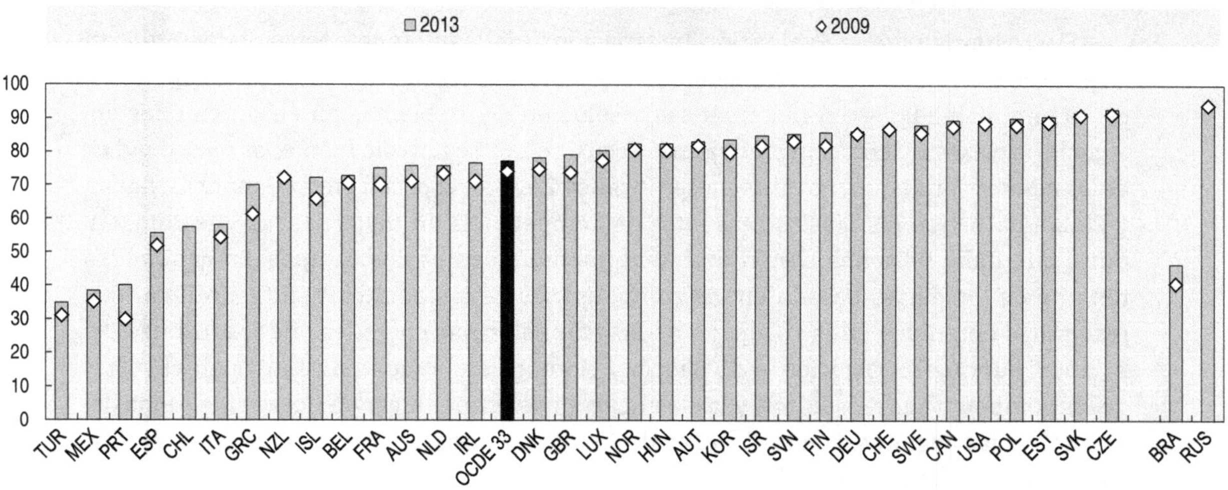

Nota: Los datos de Chile se refieren solo a 2011. Para Federación de Rusia el año más reciente disponible es 2012 y el primer año disponible es 2011. El promedio de la OCDE se pondera por la población.

Fuente: OECD (2015e), *Education at a Glance Interim Report: Update of Employment and Educational Attainment Indicators*, OECD, París, *www.oecd.org/edu/EAG-Interim-report.pdf*.

StatLink http://dx.doi.org/10.1787/888933267583

Gráfica 2.25. **Competencias cognitivas de los estudiantes de 15 años de edad**

Calificaciones medias de PISA en lectura, matemáticas y ciencias, 2012

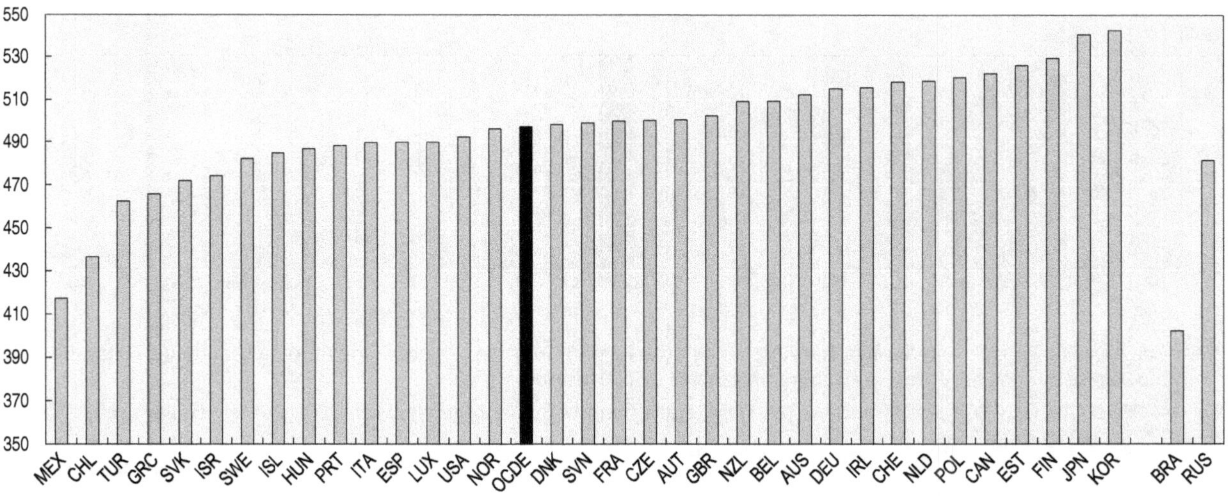

Nota: Las calificaciones de PISA en lectura, matemáticas y ciencias se miden con una escala normalizada donde 500 es el promedio de la OCDE.

Fuente: OECD (2014e), *PISA 2012 Results: What Students Know and Can Do (Volume I, Revised edition): Student Performance in Mathematics, Reading and Science*, PISA, OECD Publishing, París, *http://dx.doi.org/10.1787/9789264208780-en*.

StatLink http://dx.doi.org/10.1787/888933267599

Las ***competencias cognitivas*** en lectura, matemáticas y ciencias a los 15 años de edad (Gráfica 2.25; véase la definición en el Recuadro 2.6) se refieren a lo que los estudiantes saben y son capaces de hacer más que al número de años en la escuela o diplomas obtenidos. En 2012, las competencias cognitivas de los estudiantes en los países de la OCDE alcanzaron su nivel más alto en Corea, Japón, Finlandia y Estonia, y el más bajo en México, Chile, Turquía y Grecia.

El Programa para la Evaluación Internacional de las Competencias de los Adultos (PIAAC) de la OCDE evalúa las competencias de los adultos en los dominios de la capacidad de lectura, habilidades en matemáticas y solución de problemas en entornos ricos en tecnología (véase la definición precisa en el Recuadro 2.6). Según esta fuente, las ***competencias de los adultos*** varían mucho entre países (Gráfica 2.26), en especial en matemáticas. Japón y Finlandia tienen los niveles más altos de competencia en matemáticas y lectura, en tanto que Italia y España tienen mal rendimiento en estos dos campos. En general, el ranking de los países basado en las competencias de los adultos tiende a reflejar los resultados obtenidos en la medición de las competencias cognitivas de los jóvenes de 15 años, aunque las posiciones de Suecia y Noruega son mucho más altas en el rubro de las competencias de adultos, y la clasificación de primer lugar de Corea en el tema de competencias cognitivas de los jóvenes de 15 años contrasta con su clasificación media en las competencias de los adultos.

Gráfica 2.26. **Competencias de la población adulta**

Competencias medias de los adultos de 16-65 años de edad, 2012

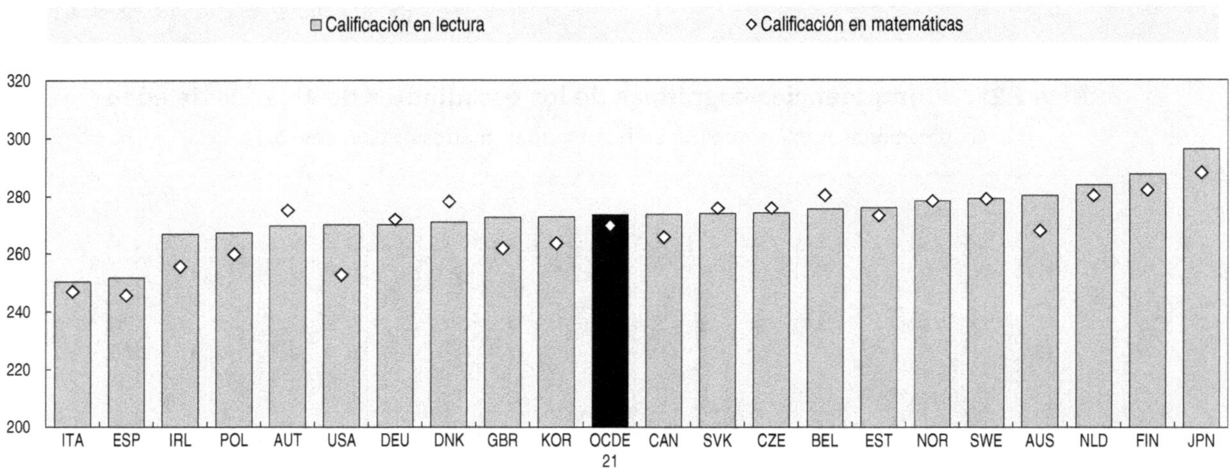

Nota: Los datos de Bélgica se refieren a Flandes; los datos del Reino Unido se refieren a Inglaterra e Irlanda del Norte. En cada dominio, los resultados se representan sobre una escala de 500 puntos.

Fuente: OECD (2013e), *OECD Skills Outlook 2013: First Results from the Survey of Adult Skills, OECD Publishing*, París, *http://dx.doi.org/10.1787/9789264204256-en.*

StatLink http://dx.doi.org/10.1787/888933267600

Recuadro 2.6. **Medición de educación y competencias**

Los tres indicadores principales de educación y competencias antes presentados se definen de la manera siguiente:

- **Logro educativo de la población adulta:** es el número de adultos de 25 a 64 años de edad que concluyeron por lo menos la educación media superior, con respecto a la población total de la misma edad. La definición de "por lo menos la educación media superior" corresponde a los niveles 3 y superiores de la Clasificación Internacional Normalizada de la Educación (ISCED) (excluidos los programas cortos de nivel 3C ISCED)

Recuadro 2.6. **Medición de educación y competencias** *(cont.)*

e incluye *i)* programas definidos como "generales", los cuales a menudo se diseñan para preparar a los estudiantes para proseguir su educación, y *ii)* programas orientados a la educación vocacional y formación profesional (VET). Los datos subyacentes a este indicador se recopilan mediante el cuestionario anual de la OCDE sobre categorías de logro educativo nacionales (NEAC) y se basan en datos de la encuesta a la fuerza de trabajo nacional (LFS).

- **Calificación promedio de los estudiantes en lectura, matemáticas y ciencias:** se basa en datos recopilados mediante el Programa para la Evaluación Internacional de Estudiantes (PISA), coordinado por la OCDE, y se refieren a estudiantes de 15 años de edad. Se evalúan por separado las competencias en lectura, matemáticas y ciencias, y se miden con una escala normalizada donde el valor 500 representa el promedio de la OCDE. Los valores aquí mostrados representan la calificación promedio de las tres evaluaciones antes mencionadas.
- **Competencia media en matemáticas y lectura de la población adulta:** se basa en los datos recopilados mediante la Encuesta sobre Competencias de los Adultos de la OCDE, que forma parte del Programa para la Evaluación Internacional de las Competencias de los Adultos (PIAAC) coordinado por la OCDE. El indicador se refiere a adultos de 16 a 65 años de edad. Un componente importante del PIAAC es la evaluación directa de competencias clave de procesamiento de información: capacidad de lectura, de matemáticas y solución de problemas en entornos ricos en tecnología. En cada uno de los campos evaluados, la competencia se considera como una capacidad que implica el dominio de tareas de procesamiento de información de complejidad creciente. Los resultados se representan en una escala de 500 puntos.

El logro educativo refleja el nivel de escolaridad o diplomas obtenidos de las personas, en tanto que el PIAAC se dirige a capturar el resultado neto de las experiencias formales e informales de aprendizaje de una persona durante toda su vida hasta el momento en que se hace la evaluación. Sin embargo, en la actualidad el PIAAC tiene una cobertura nacional limitada y se realiza cada 10 años.

Un conjunto ideal de medidas de la educación y competencias de las personas incluiría las competencias cognitivas y no cognitivas de toda la población, basado en calificaciones de desempeño normalizadas. Los indicadores aquí presentados son aproximaciones de este ideal. Tienen algunas limitaciones: en primer lugar, miden las competencias adquiridas por las personas sin informar sobre la manera en que se utilizan estas competencias en la vida, y, en segundo lugar, no capturan las competencias no cognitivas (es decir, sociales y emocionales). El Proyecto Educación y Progreso Social (EDUCERI) de la OCDE (véase OECD, 2015f) trabaja en el desarrollo de un conjunto de medidas para capturar este último concepto, el cual será objeto de un estudio longitudinal coordinado por la OCDE que iniciará en 2019.

Lecturas sugeridas:

- OECD (2015f), *Skills for Social Progress: The Power of Social and Emotional Skills*, OECD Skills Studies, OECD Publishing, París, *http://dx.doi.org/10.1787/9789264226159-en*.
- OECD (2014d), *Education at a Glance 2014: OECD Indicators*, OECD Publishing, París, *http://dx.doi.org/10.1787/eag-2014-en*.
- OECD (2013e), *OECD Skills Outlook 2013: First Results from the Survey of Adult Skills*, OECD Publishing, París, *http://dx.doi.org/10.1787/9789264204256-en*.

Distribución de educación y competencias

Si bien en todos los países de la OCDE las mujeres jóvenes por lo general han cerrado la brecha con los hombres jóvenes en términos de escolaridad, esto aún no sucede en el caso de competencias en adultos de 25 a 64 años; de acuerdo con la Encuesta sobre Competencias de los Adultos (PIAAC), las competencias de las mujeres suelen ser menores que las de los hombres, sobre todo en habilidades cuantitativas (OECD, 2013e). Entre los jóvenes de 15 años, las brechas de género en educación varían según el tema de estudio:

en promedio, los niños obtienen resultados más bajos que las niñas en lectura, pero más altos en matemáticas (OECD, 2015g; OECD, 2015h).

Los resultados educativos de los jóvenes de 15 años se relacionan en gran medida con el entorno socioeconómico de los padres. Las brechas en competencias cognitivas entre estudiantes de los entornos socioeconómicos más alto y más bajo (definidos como el quintil superior e inferior del índice PISA de condición económica, social y cultural) varían ampliamente entre los distintos países, y en forma aproximada equivalen a las competencias adquiridas en más de dos años escolares en países con la mayor brecha (OECD, 2013a). Países como Bélgica, Nueva Zelanda, Alemania y Francia tienen calificaciones PISA promedio o por arriba del promedio, pero experimentan grandes brechas entre el desempeño de los estudiantes de condición socioeconómica alta y baja; por el contrario, Corea, Japón, Finlandia, Estonia y Canadá se caracterizan por calificaciones PISA altas en general y por brechas menores entre los estudiantes de diferentes entornos.

La brecha en la escolaridad entre adultos en edad productiva jóvenes y de mayor edad también varía entre países (Gráfica 2.27). La generación más joven de adultos en edad productiva tiene mucha más probabilidad que la generación mayor de haber concluido la educación media superior: en promedio en toda la zona de la OCDE, 16% más de adultos de 25 a 34 años alcanzó la educación media superior en relación con los adultos de 55 a 64 años.

Gráfica 2.27. **Logro educativo entre adultos jóvenes y mayores en edad productiva**

Porcentaje de grupos de edad de 25-34 y 55-64 años con por lo menos educación media superior, 2013

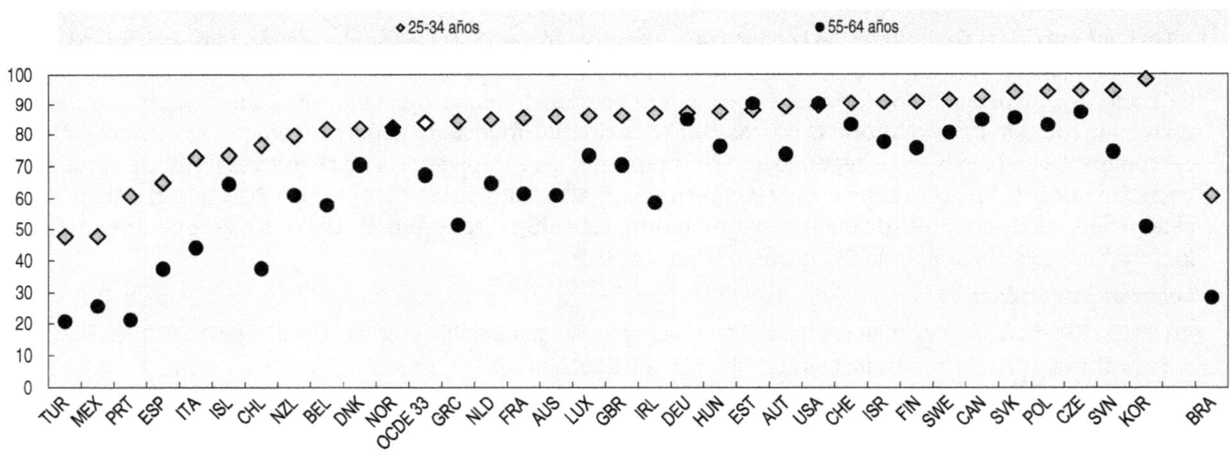

Nota: Los datos de Chile se refieren a 2011. El promedio de la OCDE se pondera por la población.

Fuente: OECD (2015e), *Education at a Glance Interim Report: Update of Employment and Educational Attainment Indicators*, OECD, París, *www.oecd.org/edu/EAG-Interim-report.pdf.*

StatLink http://dx.doi.org/10.1787/888933267611

Relaciones sociales

Las relaciones sociales positivas son una poderosa fuente de bienestar. Las encuestas sobre uso del tiempo sugieren que la socialización es el punto culminante de las actividades diarias de la mayoría de las personas. La soledad y la falta de sentido de ***comunidad o apoyo social*** son factores decisivos para un nivel bajo de bienestar subjetivo. Las personas con fuertes redes de apoyo social tienen más probabilidad de estar empleadas y de gozar de una mejor salud.

En la mayoría de los países de la OCDE, por lo menos 85% de las personas considera que conoce a alguien con quien puede contar en caso de necesidad (Gráfica 2.28). Si bien las diferencias en el tema de comunidad o apoyo social entre los países de la OCDE con mejor desempeño son pequeñas, hay una brecha de 20 puntos porcentuales entre los niveles de apoyo reportados en Suiza, Irlanda e Islandia (donde la proporción es de cerca de 95% a 97%) en relación con lo registrado en México y Corea (alrededor de 72% a 77%). Entre 2009 y 2014, los niveles de apoyo percibido bajaron en México (9 puntos porcentuales) y Corea (7 puntos), pero aumentaron en Turquía (10 puntos) (Gallup, 2015).

Gráfica 2.28. **Red de apoyo social percibida**

Porcentaje de la población que considera que tiene parientes o amigos con quienes puede contar en caso de necesidad, 2014

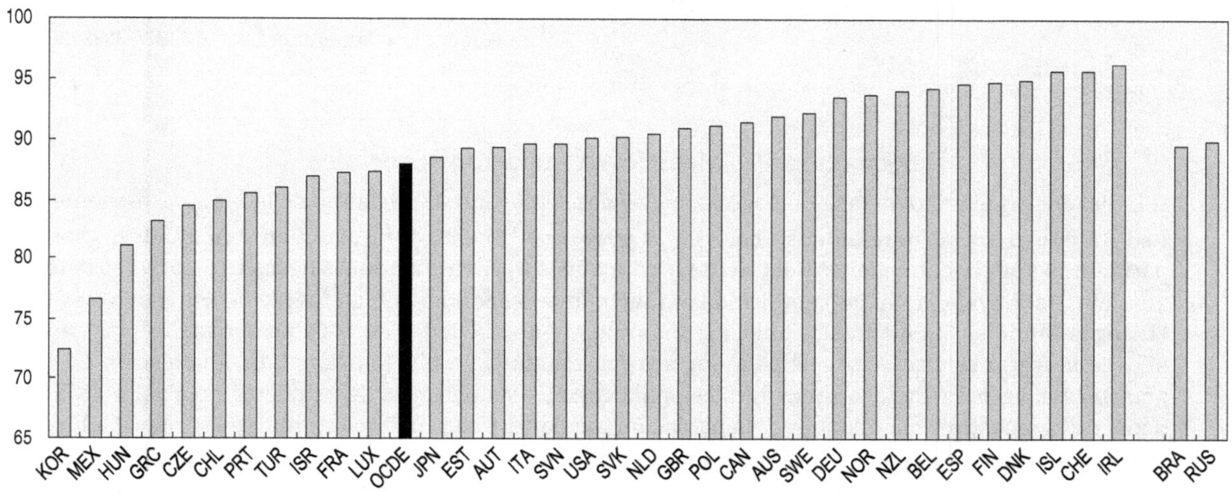

Nota: El año más reciente disponible es 2013 para Islandia. El promedio de la OCDE se pondera por la población.
Fuente: Gallup World Poll, *www.gallup.com/services/170945/world-poll.aspx.*

StatLink http://dx.doi.org/10.1787/888933267623

Distribución de las relaciones sociales

En la mayoría de los países de la OCDE, las personas con niveles altos de educación e ingresos tienen más probabilidad de considerar que tienen alguien con quien pueden contar en caso de necesidad (OECD, 2013a). Los jóvenes (de 15 a 29 años) también suelen tener más probabilidades que los mayores (de 50 años y más) de informar que cuentan con el apoyo de alguien cuando lo necesitan (Gráfica 2.29). Entre los países de la OCDE, las brechas relacionadas con la edad son mayores en Corea, Chile, Grecia, Portugal y Turquía, y menores en países de habla inglesa, México, Dinamarca e Islandia. En dos tercios de los países de la OCDE, el porcentaje de personas mayores *sin* apoyo social es de dos a tres veces mayor que el de los jóvenes, y esto sucede incluso en países donde el nivel general de apoyo es muy alto.

Gráfica 2.29. **Diferencias en apoyo social entre grupos de diferentes edades**

Porcentaje de la población que considera que cuenta con parientes o amigos con quienes puede contar en caso de necesidad, por edad, resultados agrupados 2006-2014

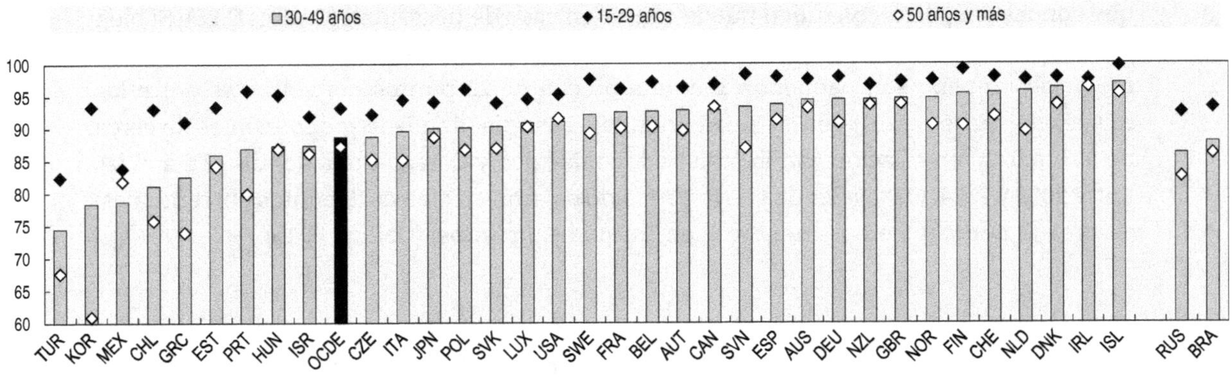

Nota: Los valores son calculados utilizando los datos de todos los años disponibles, 2006-2014. El promedio de la OCDE se pondera por la población.

Fuente: Gallup World Poll, *www.gallup.com/services/170945/world-poll.aspx.*

StatLink http://dx.doi.org/10.1787/888933267632

Recuadro 2.7. **Medición de relaciones sociales**

El indicador principal para las relaciones sociales antes presentado se define de la manera siguiente:

- **Red de apoyo social percibida:** se basa en la pregunta: "Si estuviera usted en dificultades, ¿tiene parientes o amigos con quienes puede contar para que lo ayuden cuando los necesite o no?". Los datos aquí mostrados reflejan el porcentaje de la muestra que respondió "sí". La fuente de estos datos es la Encuesta Mundial Gallup, que se aplica a una muestra de alrededor de 1 000 personas por país cada año. La muestra se diseña *ex ante* para que sea representativa a nivel nacional de la población de 15 años de edad o más (incluso zonas rurales); para corregir los patrones de respuesta no aleatorios, los datos de la muestra se ponderan por la población mediante ponderadores suministrados por Gallup.*

El apoyo social puede provenir de diversas fuentes (por ejemplo, la pareja, un amigo, un miembro de la familia, un colega del trabajo) y asumir diferentes formas: apoyo emocional, apoyo práctico (por ejemplo, cuidar de personas dependientes), apoyo financiero y apoyo relacionado con la profesión o el trabajo, por nombrar solo algunos. La medida aquí presentada se centra en la ayuda en tiempos difíciles, pero no proporciona información sobre la calidad o naturaleza del apoyo brindado.

De manera ideal, un conjunto de indicadores de relaciones sociales describirían diversas relaciones en términos tanto de calidad como de cantidad. Algunos de los enfoques más comunes para medir las relaciones sociales se basan en indicadores indirectos, como estadísticas de registro en asociaciones (por ejemplo, clubes deportivos y organizaciones religiosas o profesionales) o en la densidad de organizaciones voluntarias en una zona específica (véase también el Capítulo 5). Sin embargo, estas medidas han sido objeto de críticas porque se limitan a la participación en redes formales y no describen conexiones informales como las que las personas mantienen con amigos y parientes. Además, la pertenencia formal a asociaciones y su importancia para el bienestar de las personas pueden diferir con el tiempo y entre países, lo cual impide la comparabilidad internacional. Los diarios sobre uso de tiempo podrían resultar una fuente útil de información acerca del tiempo que se pasa con otras personas, en términos de cantidad y también de calidad.

Varias encuestas oficiales recopilan información sobre redes sociales y relaciones personales, por ejemplo, las encuestas sociales generales en Australia, Canadá y Nueva Zelanda. Sin embargo, la mayoría de las estadísticas oficiales sobre relaciones sociales no son comparables a nivel internacional (Scrivens y Smith, 2013).

Recuadro 2.7. **Medición de relaciones sociales** *(cont.)*

Lecturas sugeridas:

- Scrivens, K., y C. Smith (2013), "Four Interpretations of Social Capital: An Agenda for Measurement", *OECD Statistics Working Papers*, núm. 2013/06, OECD Publishing, París, *http://dx.doi.org/10.1787/5jzbcx010wmt-en.*
- Siegler, V. (2015), "Measuring National Well-Being – An Analysis of Social Capital in the UK", Office for National Statistics, *http://www.ons.gov.uk/ons/rel/wellbeing/measuring-national-well-being/analysis-of-social-well-being--social-capital--in-the-uk---2013-14/art-measuring-national-well-being---an-analysis-of-social-capital-in-the-uk.html.*

* El procedimiento de ponderación para la información en la Encuesta Mundial Gallup tiene múltiples etapas: en la primera se realiza un ajuste por desproporcionalidades geográficas (por ejemplo, debido a un sobremuestreo en ciudades importantes); en la segunda se aplica un ajuste a las probabilidades de selección de muestra (número de adultos en la familia; usuarios de líneas fijas y móviles) y en la tercera se ajustan ponderadores para reflejar la distribución de la población por edad, género y logro educativo.

Compromiso cívico y gobernanza

Para que una sociedad funcione bien, es necesario que las personas desempeñen bien su papel de ciudadanos: el compromiso cívico y el derecho a expresar opiniones sobre política son libertades fundamentales y componentes esenciales de las democracias eficaces. Hay grandes variaciones entre los países de la OCDE en lo que se refiere a ***participación electoral*** en comicios nacionales, expresada como proporción de la población registrada para votar (Gráfica 2.30, Panel A). Estas variaciones en parte reflejan las diferencias en los sistemas electorales de cada país, y en particular la práctica de la votación obligatoria en algunos países de la OCDE (por ejemplo, Australia, Luxemburgo, Bélgica y Turquía, IDEA, 2015),[9] los cuales, en consecuencia, tienen niveles muy altos de participación electoral (más de 85% de la población registrada para votar). Suiza tiene la menor proporción de participación electoral en comicios nacionales de la OCDE, pero también practica una forma muy participativa de democracia directa, en la que varias veces al año se pregunta a los votantes su opinión sobre asuntos de nivel comunitario, regional o nacional. Desde 2007, las tasas de participación electoral bajaron en casi dos tercios de los países de la OCDE y las mayores reducciones se registraron en Chile (que abandonó la votación obligatoria en 2012), Estados Unidos de América, Japón, Grecia, Eslovenia e Italia.[10]

Al considerar el porcentaje de votos emitidos entre la población en edad de votar en su conjunto (y no solo la población registrada para votar), el patrón en los niveles de participación electoral entre países es ligeramente distinto (Gráfica 2.30, Panel B), y refleja diferencias nacionales en el padrón de votantes, en la manera en que se mantienen estos padrones, las reglas de votación para los no residentes y el número de residentes sin derecho a votar en elecciones nacionales. No obstante, por lo general, tanto el Panel A como el Panel B retratan de manera congruente una tendencia descendente en los patrones de votación en años recientes en toda la zona de la OCDE.

Las estructuras institucionales también influyen en la ***capacidad de los ciudadanos de participar en la elaboración de políticas públicas.*** Comprometer a los interesados en el desarrollo de leyes y regulaciones mejora la calidad e inclusión de estas, principalmente al reunir aportaciones de las personas afectadas por las propuestas, al permitir el escrutinio público, al proteger contra la corrupción y al fomentar la confianza de los ciudadanos

Gráfica 2.30. **Participación electoral**

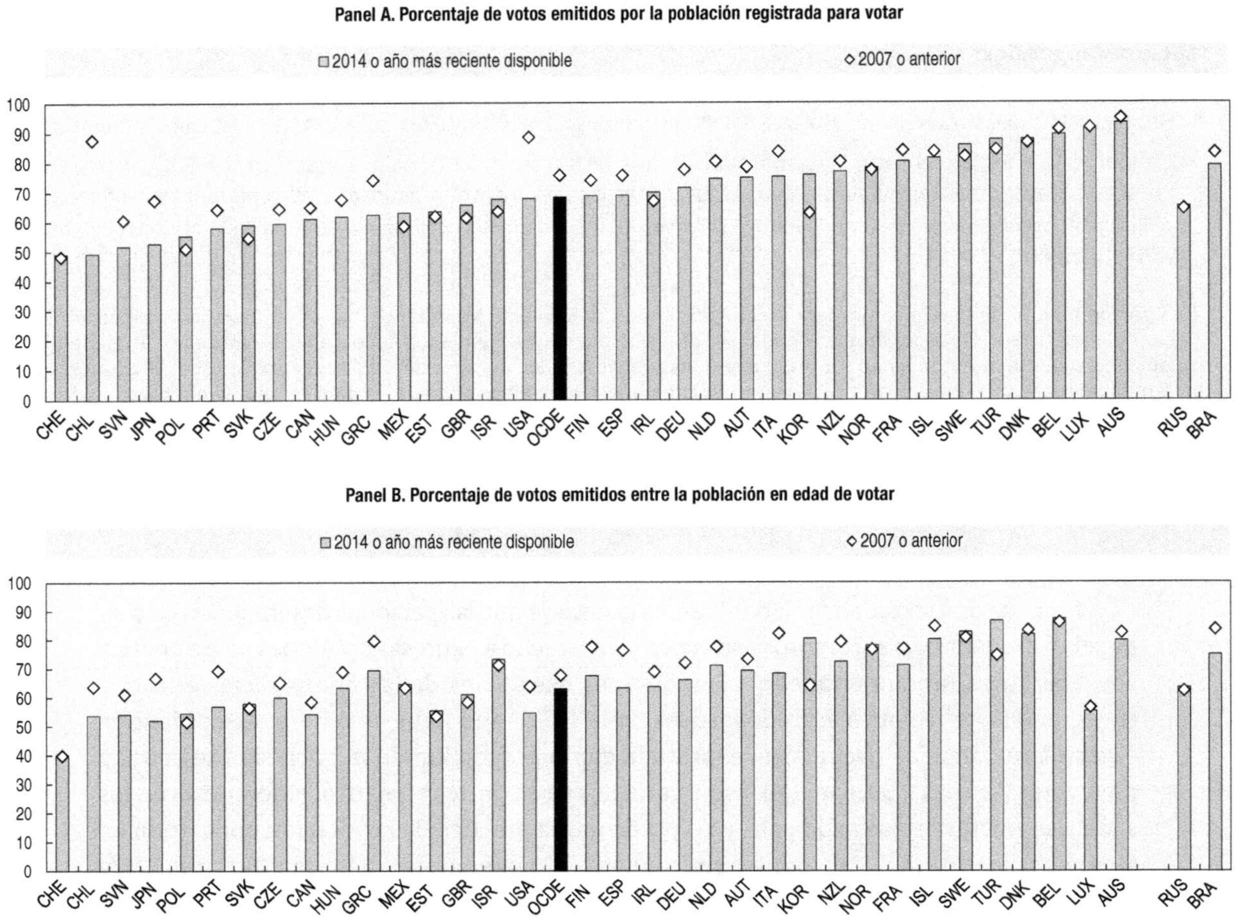

Nota: Las elecciones nacionales se refieren a elecciones parlamentarias, excepto Finlandia, Francia, Corea, México, Polonia, Estados Unidos de América, Brasil y Federación de Rusia, donde se consideran las elecciones presidenciales. El año más reciente disponible es 2014 para Eslovenia, Japón, Nueva Zelanda, Hungría, Suecia, Brasil y Bélgica; 2013 para Luxemburgo, Chile, Alemania, Noruega, Austria, República Checa, Italia, Australia e Islandia; 2012 para Estados Unidos de América, Federación de Rusia, Israel, Países Bajos, República Eslovaca, Finlandia, México, Grecia, Francia y Corea; 2011 para España, Portugal, Canadá, Suiza, Dinamarca, Estonia, Irlanda y Turquía, y 2010 para Reino Unido y Polonia. El primer año se refiere a 2007 para Australia, Bélgica, Suiza, Dinamarca, Estonia, Grecia, Irlanda, Islandia, Turquía, Francia y Corea; 2006 en Austria, Canadá, República Checa, Hungría, Israel, Italia, Países Bajos, República Eslovaca, Suecia, Finlandia, México y Brasil; 2005 para Chile, Alemania, Reino Unido, Japón, Noruega, Nueva Zelanda, Portugal y Polonia; y 2004 para España, Luxemburgo, Eslovenia, Estados Unidos de América y Federación de Rusia. El promedio de la OCDE se pondera por la población en cada panel.

Fuente: International Institute for Democracy and Electoral Assistance (IDEA) (2015), *www.idea.int.*

StatLink http://dx.doi.org/10.1787/888933267648

en el gobierno. Cerca de dos tercios de los países miembros de la OCDE han puesto en marcha un requisito para propiciar la participación de los interesados en el desarrollo de leyes primarias y poco más de la mitad tienen un requisito similar para el desarrollo de regulaciones secundarias (Cuadro 2.1). Sin embargo, gran parte de la participación de los actores en la elaboración de regulaciones tiende a ocurrir en una etapa posterior del proceso, cuando ya se preparó un proyecto de legislación. La mayoría de los países de la OCDE participa en este tipo de consulta en una etapa posterior del desarrollo de todas las leyes primarias, y alrededor de la mitad de los países de la OCDE consulta también en una etapa posterior respecto de todas las regulaciones secundarias. La participación de

Cuadro 2.1. **Participación de los actores interesados en el desarrollo de regulaciones**

	Requisito de participación de actores		Participación de actores en una etapa temprana para informar a funcionarios sobre el problema y posibles soluciones		Etapa posterior: consulta sobre proyectos de regulaciones/reglas propuestas	
	Leyes primarias	Regulaciones secundarias	Leyes primarias	Regulaciones secundarias	Leyes primarias	Regulaciones secundarias
Alemania	■	■	◓	◓	■	■
Australia	▲	◓	▲	▲	■	▲
Austria	◓	◓	◓	◓	◓	◓
Bélgica	■	■	▲	▲	▲	▲
Canadá	■	■	▲	■	■	■
Chile	◓	◓	◓	◓	◓	◓
Corea	▲	▲	◓	●	■	■
Dinamarca	■	◓	◓	◓	■	◓
Eslovenia	■	■	▲	▲	■	■
España	■	■	◓	◓	■	■
Estados Unidos de América	×	■	×	◓	×	■
Estonia	■	▲	◓	◓	■	■
Finlandia	■	■	◓	◓	■	■
Francia	◓	▲	◓	◓	◓	◓
Grecia	■	●	◓	●	■	▲
Hungría	■	■	●	●	■	■
Irlanda	◓	◓	◓	●	■	●
Islandia	◓	●	◓	◓	◓	◓
Israel	●	◓	●	●	■	▲
Italia	■	■	◓	◓	◓	◓
Japón	●	▲	●	●	●	◓
Luxemburgo	■	■	◓	◓	■	■
México	■	■	◓	◓	■	■
Noruega	■	■	◓	◓	■	■
Nueva Zelanda	■	■	■	■	■	■
Países Bajos	◓	●	●	●	◓	◓
Polonia	■	■	◓	◓	■	■
Portugal	▲	▲	●	●	■	■
Reino Unido	■	■	▲	◓	■	■
República Checa	▲	▲	◓	◓	■	■
República Eslovaca	■	■	◓	◓	■	■
Suecia	■	■	◓	◓	■	▲
Suiza	■	▲	◓	◓	■	▲
Turquía	■	■	◓	◓	▲	▲
UE	▲	▲	▲	▲	●	■
Total OCDE						
■ Para todas las regulaciones	21	18	1	2	24	18
▲ Para las regulaciones importantes	4	7	5	3	2	7
◓ Para algunas regulaciones	6	6	22	21	6	8
● Nunca	2	3	5	8	1	1
× No aplica	1	0	1	0	1	0

Nota: Los datos solo cubren leyes primarias y regulaciones secundarias iniciadas por el Ejecutivo. Ninguna de las preguntas sobre leyes primarias aplica en Estados Unidos de América.

Fuente: OECD (2015i), *Regulatory Policy Outlook 2015*, con base en los resultados de la Regulatory Indicators Survey 2014 de la OCDE.

los interesados para informar a los funcionarios sobre los problemas y posibles soluciones en una etapa temprana del proceso de elaboración de políticas públicas es más escasa, y en la mayoría de los países esto se aplica solo a algunas regulaciones.

En la Gráfica 2.31 se muestra el cambio ocurrido en el tiempo en los países de la OCDE que tienen requisitos obligatorios de consultar a los interesados al desarrollar nuevas regulaciones. A partir de 2014, solo dos países no tienen requisitos de consultar en relación con leyes primarias, y solo tres países no tienen requisitos relacionados con regulaciones secundarias, lo cual sugiere una mejora desde la recopilación de datos realizada por la OCDE en 2008-2009.

Gráfica 2.31. **Cambios en el tiempo en la consulta gubernamental sobre elaboración de regulaciones**

Número de países en los que la consulta obligatoria con las partes afectadas por las regulaciones es parte del desarrollo de nuevos proyectos de regulación

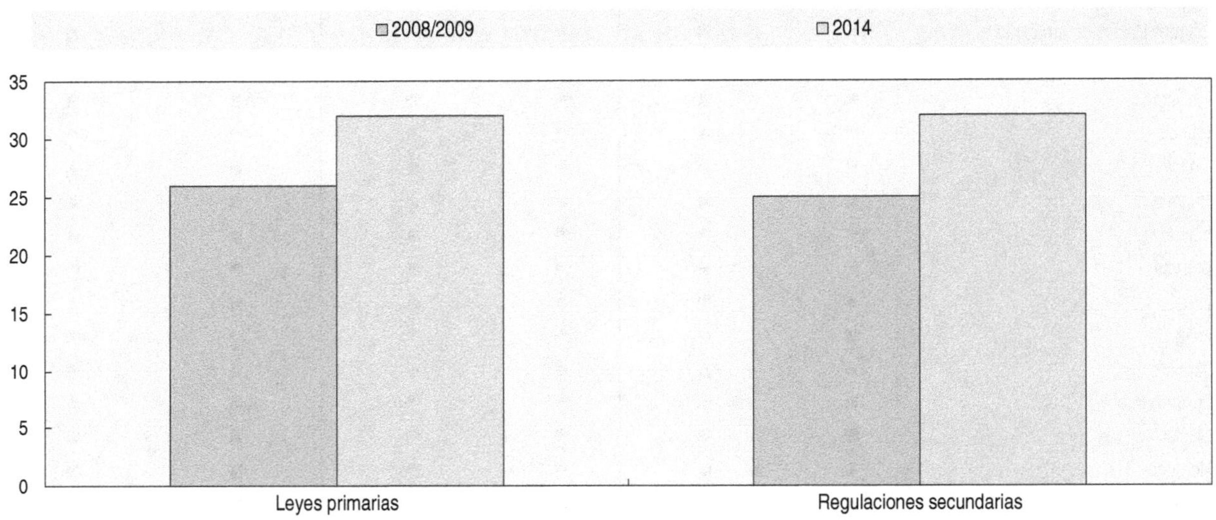

Nota: Los resultados mostrados aquí se basan en la Encuesta de Indicadores de los Sistemas de Gestión Regulatoria de la OCDE 2008-2009, y en la Encuesta de Indicadores Regulatorios 2014 de la OCDE.

Fuente: OECD (2015j) Government at a Glance, OECD Publishing, París, *http://dx.doi.org/10.1787/gov_glance-2015-en.*

StatLink *http://dx.doi.org/10.1787/888933267657*

Recuadro 2.8. **Medición de compromiso cívico y gobernanza**

Los dos indicadores principales de compromiso cívico y gobernanza antes presentados se definen de la manera siguiente:

- **Participación electoral:** Se relaciona con el grado de participación electoral en comicios nacionales. Aquí se muestra con dos medidas: i) número de personas que votan durante una elección nacional como porcentaje de la población registrada para votar y ii) número de personas que votan durante una elección nacional como porcentaje de la población total en edad de votar. Como las características institucionales de los sistemas de votación varían entre los diferentes países de acuerdo al tipo de elección, las medidas aquí mostradas se refieren a elecciones nacionales (parlamentarias o presidenciales), las cuales atraen a los mayores porcentajes de votantes en cada país. La población

Recuadro 2.8. **Medición de compromiso cívico y gobernanza** *(cont.)*

registrada para votar se refiere a la población incluida en el padrón electoral. Los datos sobre participación electoral los recopilan las oficinas nacionales de estadística y los órganos nacionales de gestión electoral, y el International Institute for Democracy and Electoral Assistance (IDEA).

- **Participación de los actores interesados:** Los indicadores presentados se basan en las respuestas de los países a la Encuesta de la OCDE de 2014 de Indicadores Regulatorios para todos los países de la OCDE y la Comisión Europea. Las respuestas fueron proporcionadas por funcionarios del gobierno central al Comité de Política Regulatoria de la OCDE. Los indicadores reflejan los requisitos y prácticas de los países al 31 de diciembre de 2014 y dan seguimiento a encuestas sobre gestión regulatoria llevadas a cabo en 1998, 2005 y 2008/2009. En comparación con indicadores anteriores, los presentados en el Cuadro 2.1 se centran con mayor fuerza en evidencias y ejemplos para apoyar las respuestas de expertos, así como en percepciones sobre la manera en que diferentes países abordan requerimientos de política regulatoria similares. Los datos cubren solo leyes primarias y regulaciones secundarias propuestas por el Ejecutivo. Las leyes primarias deberán ser aprobadas por la legislatura, en tanto que las regulaciones secundarias pueden ser aprobadas por el jefe de gobierno, un ministro individual o el gabinete. Ninguna de las preguntas sobre leyes primarias aplica a Estados Unidos de América, pues el Ejecutivo estadounidense no propone leyes primarias en absoluto. La consulta en una etapa temprana se refiere a la participación de interesados que ocurre en esta etapa para informar a los funcionarios de la naturaleza del problema y sus posibles soluciones. La consulta en una etapa posterior se refiere a la participación de interesados en un momento en el que ya se identificó la solución preferida o se emitió una versión inicial de la regulación.

Con base en la Encuesta de Indicadores Regulatorios de la OCDE, se publicará un nuevo indicador compuesto sobre la participación de interesados para todos los países de la OCDE y la Comisión Europea, como parte del *Regulatory Policy Outlook* (OECD, 2015i; consúltese también *www.oecd.org/gov/regulatory-policy/measuring-regulatory-performance.htm*). Este indicador compuesto estará conformado por cuatro categorías con igual ponderación que abarcan la *adopción sistemática* de requisitos para obtener la participación de interesados, la *metodología* de la consulta, *supervisión y control de calidad,* y *transparencia* (que se relaciona con el concepto de *gobierno abierto*, por ejemplo, si las decisiones gubernamentales se ponen a disposición del público).

Los indicadores de compromiso cívico y gobernanza aquí mostrados cubren solo un conjunto limitado de actividades, en tanto que un conjunto de indicadores ideal mediría también si los ciudadanos participan en una serie de actividades cívicas y políticas que les permitan moldear la sociedad en la que viven. La participación de los interesados en la elaboración de políticas públicas regulatorias es solo una de las tantas formas posibles de participación de los actores interesados que puede generar el gobierno. Además, tener instaurado un sistema para la participación de interesados en la elaboración de regulaciones quizá no genere, en la práctica, una participación real y generalizada de la ciudadanía.

En la actualidad la evidencia comparativa sobre la *calidad* de la gobernanza tiene un alcance limitado. El Grupo de Praia de Estadísticas sobre Gobernanza de la ONU, de reciente creación, atenderá la conceptualización, metodología e instrumentación para generar estadísticas sobre gobernanza, con el fin de ofrecer recomendaciones internacionales en esta área. La OCDE también está emprendiendo, como parte de su Estrategia para la Confianza, nuevo trabajo metodológico para crear más y mejores indicadores de confianza (tanto en las instituciones públicas como en la gente en general) pertinentes para la elaboración de políticas públicas.

Lecturas sugeridas:

- Boarini, R., y M. Díaz (2015), "Cast a Ballot or Protest in the Street – Did our Grandparents Do More of Both?: An Age-Period-Cohort Analysis in Political Participation", *OECD Statistics Working Papers*, 2015/02, OECD Publishing, París, *http://dx.doi.org/10.1787/5js636gn50jb-en*.
- OECD (2015j), *Government at a Glance 2015*, OECD Publishing, París, *http://dx.doi.org/10.1787/gov_glance-2015-en*.
- OECD (2015i), *Regulatory Policy Outlook 2015*, OECD Publishing, París, en prensa.

Distribución del compromiso cívico

La limitada información comparativa disponible sugiere que las personas menores de 35 años tienen menos probabilidades de votar, y la participación entre los menores de 25 es, en promedio, 28 puntos porcentuales menor que la de personas de 65 años y más (OECD, 2011a). Con información de la *European Social Survey,* Boarini y Díaz (2015) encontraron también menos participación política entre las cohortes más jóvenes en Europa, en actividades de participación formal (como la votación) y menos formal (como protestas). Las personas con ingresos más bajos tienen también menos probabilidades de votar, aunque esto varía considerablemente entre países (OECD, 2011a).

Calidad del medio ambiente

El medio ambiente desempeña una función importante en la calidad de vida de las personas. Vivir en un entorno sin contaminantes peligrosos, riesgos y ruido contribuye a la salud individual, física y mental. La salud del medio ambiente tiene también un valor intrínseco, desde la calidad de los espacios verdes hasta la conservación de los entornos naturales para otras especies. En términos más amplios, los seres humanos dependemos de que el ambiente natural nos proporcione una amplia gama de recursos naturales y servicios importantes para mantener el bienestar a lo largo del tiempo. En tanto que estas consideraciones de largo plazo se analizan en mayor profundidad en el Capítulo 3, esta sección se concentra en los aspectos de la calidad del medio ambiente que ejercen una influencia inmediata en la calidad de vida actual.

La exposición a la contaminación atmosférica es un asunto de salud pública. Los mayores riesgos para la salud se relacionan con la exposición de largo plazo a una mala calidad del aire: por ejemplo, la exposición crónica a partículas (PM) contribuye al riesgo de contraer padecimientos cardiovasculares y respiratorios, así como cáncer de pulmón (OECD, 2014f). Las concentraciones de partículas ($PM_{2.5}$) de fuentes como emisiones de vehículos, producción de energía y quema de biomasa agrícola constituyen una amenaza particular para la salud de los seres humanos. Los límites para la calidad del aire establecidos por la Organización Mundial de la Salud (OMS) recomiendan una concentración estándar de $PM_{2.5}$ por debajo de 10 microgramos por metro cúbico de exposición anual promedio (WHO, 2006). Una Directiva de la Unión Europea sobre la Calidad del Aire obliga a los países a limitar la exposición anual de la población a concentraciones de $PM_{2.5}$ a 20 microgramos por metro cúbico, con base en un periodo promedio de tres años (European Commission, 2015).

Las estaciones terrestres de vigilancia ambiental ofrecen la información más precisa sobre la contaminación atmosférica en zonas locales, lo cual permite estudiar una amplia gama de contaminantes durante periodos breves y en ubicaciones específicas. Sin embargo, puede ser difícil comparar los datos obtenidos del monitoreo terrestre entre países debido a una cobertura desequilibrada de las estaciones en las localidades, así como variaciones en las técnicas de medición y métodos de presentación de informes (Brezzi y Sanchez-Serra, 2014). Como complemento de los datos locales recopilados a través de estaciones terrestres, nuevas medidas de contaminación atmosférica mediante observaciones satelitales ofrecen estimados que, si bien son menos precisos (sobre todo en superficies desérticas o nevadas), se basan en métodos comparables entre todos los países y toman en cuenta la exposición promedio de toda la población y no solo de los habitantes de centros urbanos (véanse mayores detalles en el Recuadro 2.9). Estos datos obtenidos por vía satelital indican que la exposición promedio anual a $PM_{2.5}$ se encuentra por encima del límite recomendado por la OMS en 21 de los 34 países de la OCDE (Gráfica 2.32). La exposición anual a $PM_{2.5}$ tiene

Gráfica 2.32. **Exposición anual a contaminación atmosférica por $PM_{2.5}$**

Exposición a concentraciones de $PM_{2.5}$ ponderadas por la población, microgramos por metro cúbico, promedio del periodo 2010-2012

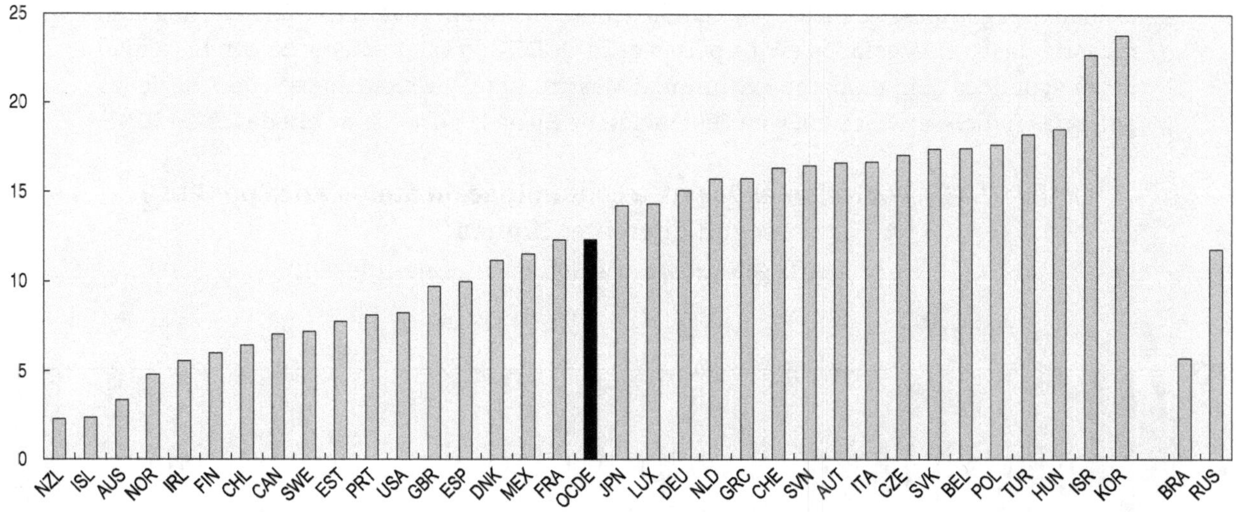

Nota: Los valores son estimaciones de la OCDE, promediados durante tres años (2010-2012), y se basan en datos de imágenes satelitales tomados de van Donkelaar, A., R. V. Martin, M. Brauer y B. L. Boys (2015), "Use of Satellite Observations for Long-Term Exposure Assessment of Global Concentrations of Fine Particulate Matter", Environmental Health Perspectives, vol. 123, núm. 2. Se adoptó una norma de 50% de humedad relativa para la compatibilidad con medidas terrestres. Los valores de cada país representan el promedio ponderado por la población de concentración anual de $PM_{2.5}$. El promedio de la OCDE también está ponderado por la población.

Fuente: Base de datos *Regional Well-being Statistics* de la OCDE, *http://dx.doi.org/10.1787/data-00707-en.*

StatLink http://dx.doi.org/10.1787/888933267660

sus niveles más bajos en Nueva Zelanda, Islandia, Australia y Noruega, y los más altos en Israel y Corea, donde rebasa las recomendaciones para la calidad del aire tanto de la OMS como de la Unión Europea.

Como la contaminación atmosférica se relaciona en particular con la urbanización, la industria y el transporte, hay grandes diferencias en la exposición a ella en el interior de cada país, en los niveles tanto regional como urbano (véase el Capítulo 6; Brezzi y Sanchez-Serra, 2014; y OECD, 2014g). En el periodo 2010-2012, alrededor de 40% de los residentes de la OCDE tuvo una exposición anual promedio por debajo del límite recomendado por la OMS de 10 microgramos por metro cúbico (Gráfica 2.33). Sin embargo, un estimado de 42 millones de personas en todos los países de la OCDE estuvieron expuestas a niveles de $PM_{2.5}$ de 25 microgramos por metro cúbico o más en el periodo 2010-2012, lo cual excedió los límites de calidad del aire establecidos tanto por la OMS como por la Unión Europea. Esto incluye más de 15% de la población de Corea, Israel e Italia.

Otras formas importantes de contaminación atmosférica incluyen ozono en el nivel del suelo o troposférico, dióxido de azufre (SO_2), dióxido de nitrógeno (NO_2) y partículas (PM_{10}). Estimados del Banco Mundial de PM_{10} reportados en *How's Life?* (OECD, 2013a) muestran que, si bien la exposición urbana a PM_{10} se redujo durante las últimas dos décadas, en 2009 cerca de la mitad de los países de la OCDE tuvo concentraciones urbanas anuales de PM_{10} por arriba del nivel recomendado por la OMS de 20 microgramos por metro cúbico (WHO, 2006). Por su parte, los datos europeos de Eurostat indican que entre 2000 y 2011 la exposición a las concentraciones de ozono ambiental aumentó 1.7% al año en promedio, aunque hay una variación considerable en la exposición a la contaminación atmosférica tanto entre ciudades como en el tiempo (OECD, 2014f).

El acceso a ***agua limpia*** es otro aspecto de la calidad del medio ambiente. Si bien se carece de medidas objetivas comparables de la calidad del agua en los países de la OCDE, se cuenta con datos que reflejan la satisfacción subjetiva de las personas respecto de la calidad del agua local (Gráfica 2.34, véase la definición en el Recuadro 2.9). En 2014, una gran mayoría de los encuestados en los países de la OCDE dijo estar satisfecha con la calidad de su agua local. Sin embargo, en Turquía, México, Israel y Grecia, menos de 70% de las personas indicó satisfacción, y en Federación de Rusia la cifra fue de alrededor de 50%.

Gráfica 2.33. **Población expuesta a contaminación atmosférica por $PM_{2.5}$ según diferentes límites**

Porcentaje de la población, exposición anual media, 2010-2012

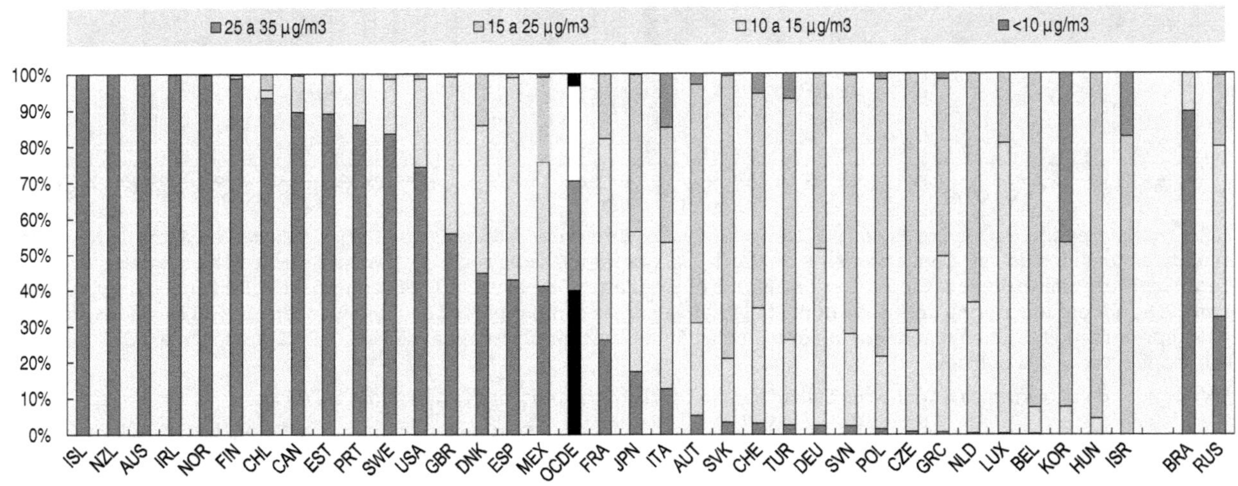

Nota: Los valores son estimaciones de la OCDE, promediados durante tres años. Se adoptó una norma de 50% de humedad relativa para la compatibilidad con medidas terrestres. La gráfica muestra porcentajes de la población expuesta de acuerdo con cuatro niveles de concentración de $PM_{2.5}$, con base en los límites de la OMS. No se muestran las exposiciones anuales promedio mayores de 35 ug/m^3 porque esto aplica a menos del 1% de la población en todos los países reflejados. El promedio de la OCDE se pondera por la población.

Fuente: OECD (en prensa), *Regions at a Glance 2016*, OECD Publishing, París.

StatLink http://dx.doi.org/10.1787/888933267676

Gráfica 2.34. **Satisfacción con la calidad del agua**

Porcentaje de personas satisfechas respecto de la población total, 2014 o año más reciente disponible

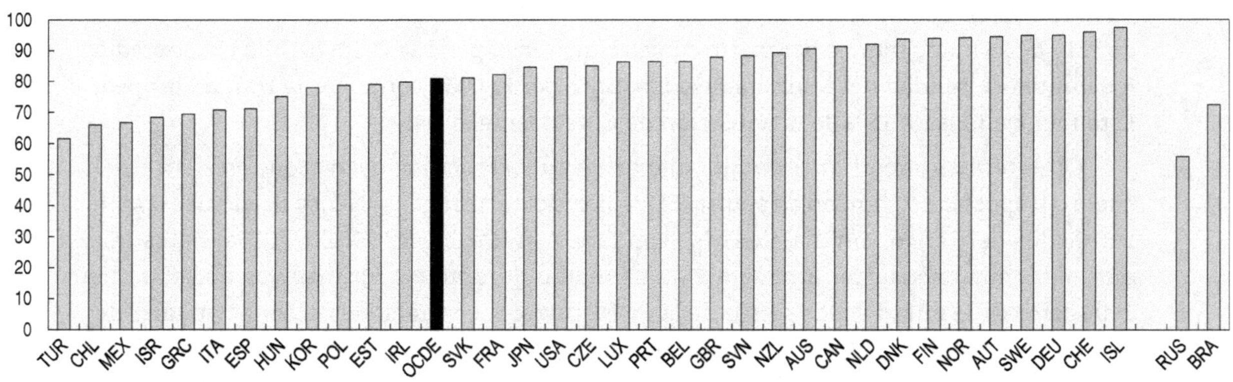

Nota: Los datos se refieren a 2013 para Islandia. El promedio de la OCDE se pondera por la población.

Fuente: Gallup World Poll, *www.gallup.com/services/170945/world-poll.aspx*.

StatLink http://dx.doi.org/10.1787/888933267682

Recuadro 2.9. **Medición de la calidad del medio ambiente**

Los dos indicadores principales de la calidad del medio ambiente antes presentados se definen de la manera siguiente:

- **Exposición anual a contaminación atmosférica:** Se refiere a la exposición promedio de toda la población a partículas finas que sean menores a 2.5 micrones de diámetro ($PM_{2.5}$), así como al porcentaje de la población expuesta a diferentes niveles de $PM_{2.5}$. Los principales componentes de las partículas son sulfato, nitrato, amoniaco, cloruro de sodio, carbono negro, polvo mineral y agua. Los datos aquí mostrados se tomaron de la base de datos *Regional Well-Being* de la OCDE y se calculan a partir de observaciones vía satélite reportadas en van Donkelaar *et al.* (2014). La exposición de la población se calcula al tomar los estimados basados en datos satelitales de la contaminación atmosférica a una resolución de 1 km^2, multiplicados por la población de esa zona. Después, la exposición nacional promedio se determina sumando los valores de $PM_{2.5}$ (ponderados por la población) de cada celda de 1 km^2 que se encuentra dentro de las fronteras del país.
- **Satisfacción con la calidad del agua:** Captura las percepciones de las personas respecto a la calidad del agua en su zona de residencia. Se basa en la pregunta: "¿Se siente usted satisfecho o insatisfecho con la calidad del agua de la ciudad o zona donde vive?", y se contabiliza a las personas que afirmaron estar satisfechas. Los datos se tomaron de la Encuesta Mundial Gallup, la cual se aplica a una muestra de alrededor de 1 000 personas por país cada año. La muestra se diseña *ex ante* de modo que sea nacionalmente representativa de la población de 15 años de edad o más e incluye zonas rurales (véanse detalles en el Recuadro 2.7).

El concepto "calidad del medio ambiente" es muy amplio, y un conjunto ideal de indicadores informaría sobre diversos medios ambientales (suelo, agua, aire), sobre el acceso de las personas a servicios y equipamientos ambientales, así como sobre el impacto de los riesgos ambientales en la salud humana. Desafortunadamente, los datos disponibles están dispersos y no son comparables entre países. La falta de información objetiva sobre la calidad del agua es una brecha importante y la medida basada en la percepción que aquí se muestra puede presentar problemas de comparabilidad (por ejemplo, no está claro si la pregunta se refiere al agua potable o a todas las formas de agua en la localidad). Los datos sobre el acceso a espacios verdes constituyen otra omisión significativa que podría resolverse en el futuro con información obtenida vía satélite.

También resulta difícil elaborar indicadores sintéticos de la contaminación atmosférica, pues la calidad del aire es resultado de una compleja mezcla de contaminantes que varían con el tiempo, espacio y forma. Brezzi y Sanchez-Serra (2014) analizan en detalle las ventajas y desventajas de los indicadores de contaminación atmosférica obtenidos vía satélite en comparación con los de estaciones de vigilancia terrestre. En resumen, estas estaciones ofrecen indicadores más precisos de la exposición local a la contaminación durante periodos más cortos y cubren una mayor diversidad de contaminantes (como el ozono a nivel del suelo); sin embargo, tienen una comparabilidad limitada entre países y regiones debido a la cobertura desequilibrada de las estaciones de vigilancia y las variaciones en las técnicas de medición y métodos de reporte. Asimismo, las concentraciones de $PM_{2.5}$ son muy poco vigiladas a través de estaciones terrestres. En contraste, las estimaciones obtenidas vía satélite aportan compatibilidad metodológica entre diferentes países y, con el tiempo, a nivel global, pueden incluir zonas rurales, lo cual permitiría estimar la exposición para toda la población de un país. Sin embargo, las estimaciones vía satélite se basan en información modelada, son menos precisos en el caso de superficies brillantes (por ejemplo, nevadas o desérticas) y no permiten evaluar periodos cortos, actualmente se utilizan promedios multianuales.

Aun dentro de la misma zona urbana, la exposición personal a la contaminación atmosférica varía en alto grado, según el sitio en el que se viva y trabaje, las ocupaciones, estilos de vida y conducta. Esto significa que la exposición promedio de la población a la contaminación atmosférica puede ocultar grandes variaciones y desigualdades. Los jóvenes, los ancianos y las personas ya enfermas son particularmente vulnerables a los efectos nocivos para la salud de la contaminación atmosférica.

Lecturas sugeridas:

- Brezzi, M., y D. Sanchez-Serra (2014), "Breathing the Same Air? Measuring Air Pollution in Cities and Regions", *OECD Regional Development Working Papers*, núm. 2014/11, OECD Publishing, París, *http://dx.doi.org/10.1787/5jxrb7rkxf21-en*.
- OECD (2014g), *How's Life in Your Region?: Measuring Regional and Local Well-being for Policy Making*, OECD Publishing, París, *http://dx.doi.org/10.1787/9789264217416-en*.
- OECD (2014h), "Environmental quality of life", en OECD, *Green Growth Indicators 2014*, OECD Publishing, París, *http://dx.doi.org/10.1787/9789264202030-9-en*.

Seguridad personal

La seguridad personal se relaciona con la vulnerabilidad de las personas a una gran diversidad de amenazas, así como con cuán seguras se sienten. Las experiencias de violencia y delincuencia causan un fuerte impacto en la salud física y mental de las víctimas en el corto y el largo plazos. Tanto el riesgo que la delincuencia y la violencia implican, como las percepciones de la gente acerca de su propia seguridad, tienen impactos muy importantes en el bienestar, bien sea por el aumento de la ansiedad y las preocupaciones o por la limitación de la conducta de las personas.

En la mayoría de los países de la OCDE, las ***muertes por agresión*** (véase la definición en el Recuadro 2.10) son relativamente raras y en general su tasa se ubica por debajo de 2 por cada 100 000 habitantes al año (Gráfica 2.35). Las tasas más altas de muertes por agresión se registran en Chile, Estonia, Estados Unidos de América y México (país con tasas más de cinco veces mayores que el promedio de la OCDE). Entre 2009 y 2012, las muertes por agresión bajaron en más de dos tercios de los países de la OCDE, pero aumentaron en México.

Gráfica 2.35. **Muertes por agresión**

Tasa normalizada por edad, por cada 100 000 habitantes

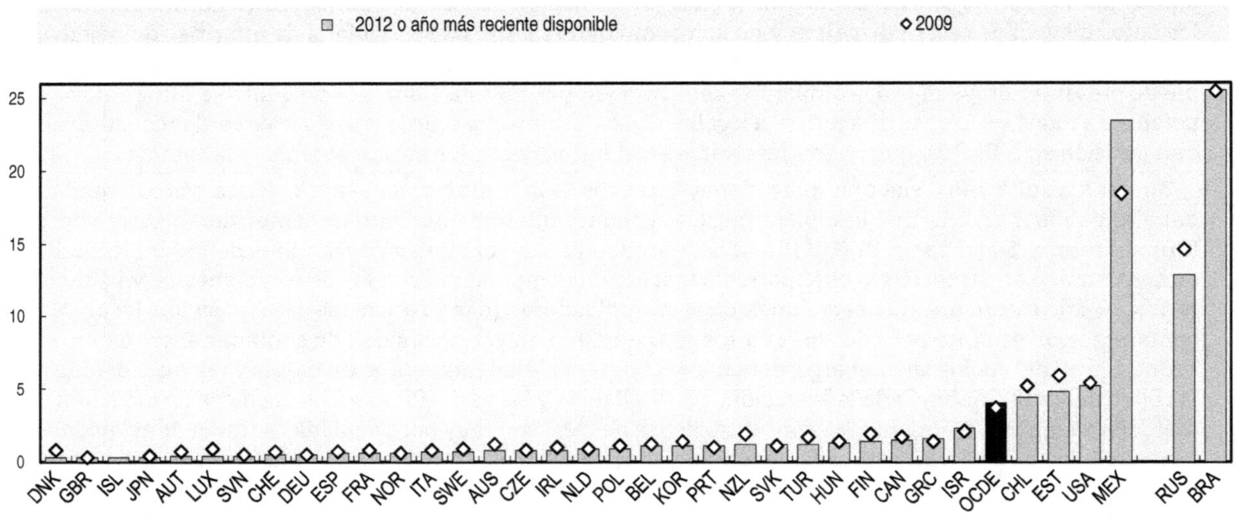

Nota: El año más reciente disponible es 2011 para Australia, Canadá, Chile, Francia, Grecia, Israel, Luxemburgo, Japón y Turquía; 2010 para Bélgica, Irlanda, Italia, Nueva Zelanda, República Eslovaca, Eslovenia, Suiza, Reino Unido y Estados Unidos de América, Federación de Rusia y Brasil; y 2009 para Islandia. El promedio de la OCDE se pondera por la población.

Fuente: "OECD Health Data: Causes of Mortality", base de datos *Health Statistics* de la OCDE, *http://dx.doi.org/10.1787/data-00540-en.*

StatLink http://dx.doi.org/10.1787/888933267691

En 2010, 1 de cada 25 personas en la OCDE ***afirmó haber sufrido una agresión o robo*** durante los últimos 12 meses (Gráfica 2.36). Varios países con tasas altas de muertes por agresión tienen también tasas altas de victimización reportada por el afectado: alrededor de 1 de cada 8 personas en México, y alrededor de 1 de cada 13 personas en Chile y Brasil afirmó haber sufrido una agresión o robo durante los últimos 12 meses.

Gráfica 2.36. **Victimización reportada por el afectado**

Porcentaje de la población que afirmó haber sufrido una agresión o robo durante los últimos 12 meses, 2010

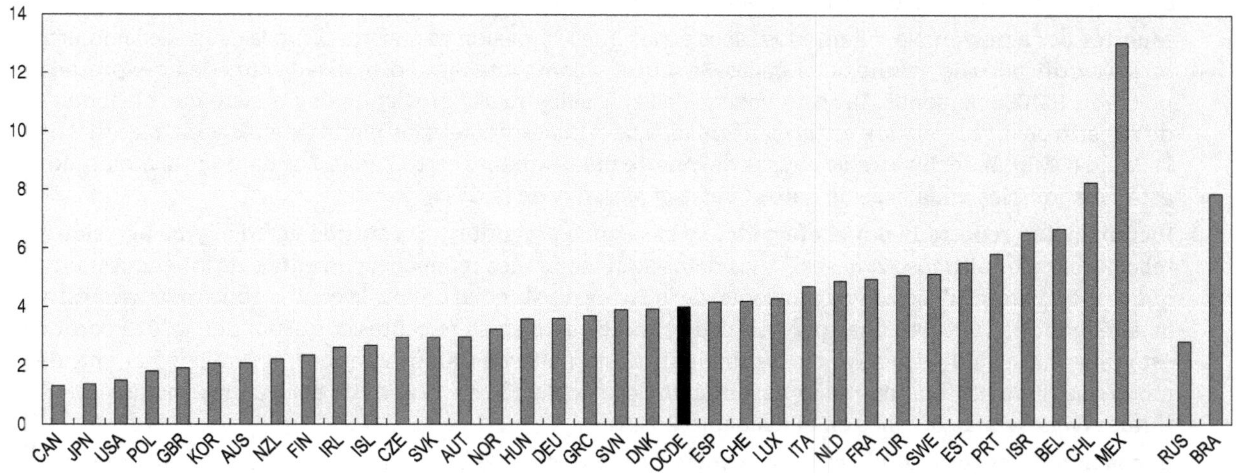

Nota: Los datos se refieren a 2012 para México; 2011 para Chile; 2009 para Estonia y Suiza; y 2008 para Islandia y Noruega. El promedio de la OCDE se pondera por la población.

Fuente: Gallup World Poll, *www.gallup.com/services/170945/world-poll.aspx*.

StatLink http://dx.doi.org/10.1787/888933267705

La ***sensación de seguridad*** (Gráfica 2.37; véase la definición en el Recuadro 2.10) es otro aspecto importante de seguridad personal. En la zona de la OCDE en su conjunto, solo dos tercios de las personas dijeron sentirse seguras al caminar solas por la noche en la zona que habitan.

Gráfica 2.37. **Sensación de seguridad al caminar a solas por la noche**

Porcentaje de la población que afirmó tener sensación de seguridad al caminar a solas por la noche en la ciudad o zona que habita, 2014

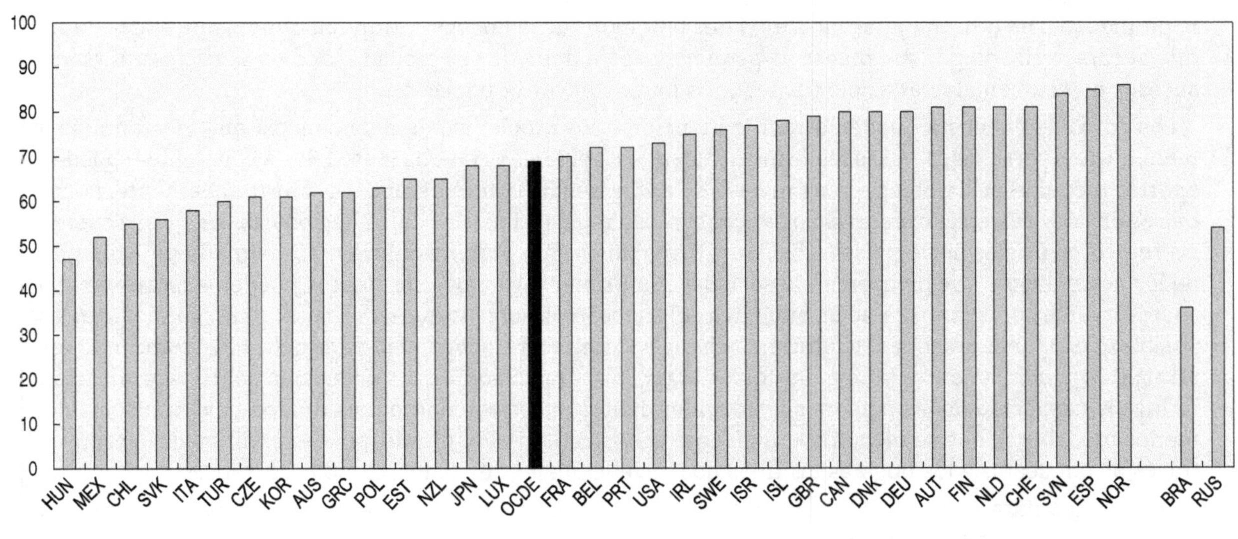

Nota: El año más reciente disponible para Islandia es 2013. El promedio de la OCDE se pondera por la población.

Fuente: Gallup World Poll, *www.gallup.com/services/170945/world-poll.aspx*.

StatLink http://dx.doi.org/10.1787/888933267718

Recuadro 2.10. **Medición de seguridad personal**

Los indicadores para medir la seguridad personal se definen de la manera siguiente:

- **Muertes por agresión:** Se refiere a los casos en los que la agresión se registra como la causa de la muerte en los certificados de defunción oficiales. Se muestra como una tasa normalizada por edad y expresada por cada 100 000 personas. Las estadísticas de causas de muerte provienen de los sistemas nacionales de registro civil, recopilados por las autoridades nacionales y cotejadas por la Organización Mundial de la Salud (OMS). Se incluyen solo causas de muerte médicamente certificadas. Los datos aquí mostrados están disponibles en la base de datos *Causes of Mortality* de la OCDE.
- **Victimización reportada por el afectado:** Se basa en la pregunta: "¿Ha sufrido usted alguna agresión o robo durante los últimos 12 meses?" y los datos aquí mostrados reflejan el porcentaje de los encuestados que respondieron "sí". Los datos provienen de la Encuesta Mundial Gallup, la cual se aplica a una muestra de alrededor de 1 000 personas por país cada año. Los datos más recientes corresponden a 2010 porque esta pregunta ya no se incluye en el principal cuestionario de Gallup. La muestra se diseñó *ex ante* de modo que fuera nacionalmente representativa de la población de 15 años de edad o más, incluso zonas rurales (véanse más detalles en el Recuadro 2.7).
- **Sensación de seguridad al caminar a solas por la noche:** Se basa en la pregunta: "¿Se siente usted seguro al caminar a solas por la noche en la ciudad o zona que habita?" y los datos aquí mostrados reflejan el porcentaje de los encuestados que respondió "sí". La fuente de estos datos es la Encuesta Mundial Gallup (véanse más detalles en el Recuadro 2.7).

Un conjunto ideal de indicadores de seguridad personal informaría sobre los diversos delitos y ataques sufridos por las personas, ponderándolos de acuerdo con su gravedad. Sin embargo, los registros oficiales de delitos no son comparables entre países debido a las diferencias entre lo que se considera delito en cada país y en las prácticas de denuncia y registro. Los datos aquí mostrados se refieren a muertes por agresión tal como se asientan en los sistemas nacionales del registro civil y no a homicidios registrados por la policía. Un informe reciente elaborado en conjunto por el Instituto Nacional de Estadística y Geografía de México (INEGI) y la Oficina de las Naciones Unidas contra la Droga y el Delito presenta una guía para mejorar la disponibilidad y la calidad de las estadísticas de delincuencia a nivel nacional e internacional (UNODC, 2013, véase más adelante).

Las encuestas sobre delincuencia y victimización son una herramienta fundamental para medir las experiencias de las personas a este respecto y, si bien se realizan en algunos países, no se basan en normas y metodologías comunes. El indicador aquí presentado se refiere solo a asaltos (más que a delitos contra la propiedad o de otro tipo) y se basa en datos obtenidos de la Encuesta Mundial Gallup, una encuesta no oficial caracterizada por sus muestras pequeñas, lo cual puede ser problemático en particular al medir sucesos que suelen afectar a solo un pequeño porcentaje de la población.

Los datos de encuesta pueden atraer la atención a los problemas de delincuencia que afectan más a menudo a las personas, y —si se realizan en intervalos regulares y con una metodología coherente— pueden aportar medidas de cambios en los niveles de delincuencia con el tiempo. Desafortunadamente, pocos países de la OCDE realizan este tipo de encuestas con regularidad y los datos nacionales con que se cuenta no son comparables entre países. Los datos disponibles solo proporcionan un aproximado del volumen de los actos ilícitos que ocurren en la sociedad. En primer lugar, algunos delitos pueden subestimarse o sobrestimarse por la interpretación subjetiva del encuestado sobre lo que es un delito. En segundo lugar, es posible que algunas personas se rehúsen a divulgar información sobre incidentes delicados, como ataques sexuales o violencia entre pareja. En tercer lugar, en la precisión de las encuestas sobre victimización influye la capacidad de las personas de recordar delitos pasados (cuanto más tiempo haya transcurrido, menos probable es que se recuerde el incidente con exactitud). Por último, puede ser difícil de capturar a través de encuestas a los hogares los tipos no convencionales de delitos, como la corrupción.

Los riesgos para la seguridad personal de la gente pueden provenir de otras fuentes distintas a la delincuencia. Los accidentes de tránsito y en medios de transporte, los riesgos laborales y el riesgo de desastres naturales son algunos factores que afectan la seguridad personal. Los conflictos violentos y guerras tienen también un profundo impacto en la seguridad, pues ponen en peligro la vida y el estilo de vida de la gente.

Recuadro 2.10. **Medición de seguridad personal** *(cont.)*

Lecturas sugeridas:

- OECD (2011d), "Personal security", en OECD, *How's Life?: Measuring Well-being*, OECD Publishing, París, *http://dx.doi.org/10.1787/9789264121164-13-en*.
- United Nations Office on Drugs and Crime (UNODC) (2013), *Report of the National Institute of Statistics and Geography of México and the United Nations Office on Drugs and Crime, http://unstats.un.org/unsd/statcom/doc13/2013-11-CrimeStats-E.pdf*.

Distribución de la seguridad personal

En promedio en los países de la OCDE, los hombres tienen cinco veces más probabilidades de morir por agresión que las mujeres (Gráfica 2.38). Las mujeres en México, Federación de Rusia y Brasil corren un riesgo mucho mayor que las de los demás países, a pesar de esto su riesgo es menor en relación al de los hombres que viven en estos países. En todos los países de la OCDE, las mujeres informan que se sienten menos seguras que los hombres al caminar a solas por la noche en la zona que habitan (Gráfica 2.39), y en la mayoría de los países, las personas de 50 años y más también se sienten menos seguras que las más jóvenes (Gráfica 2.40).

Gráfica 2.38. **Muertes por agresión entre hombres y mujeres**

Tasa anual normalizada por edad, por cada 100000 habitantes, 2012 o año más reciente disponible

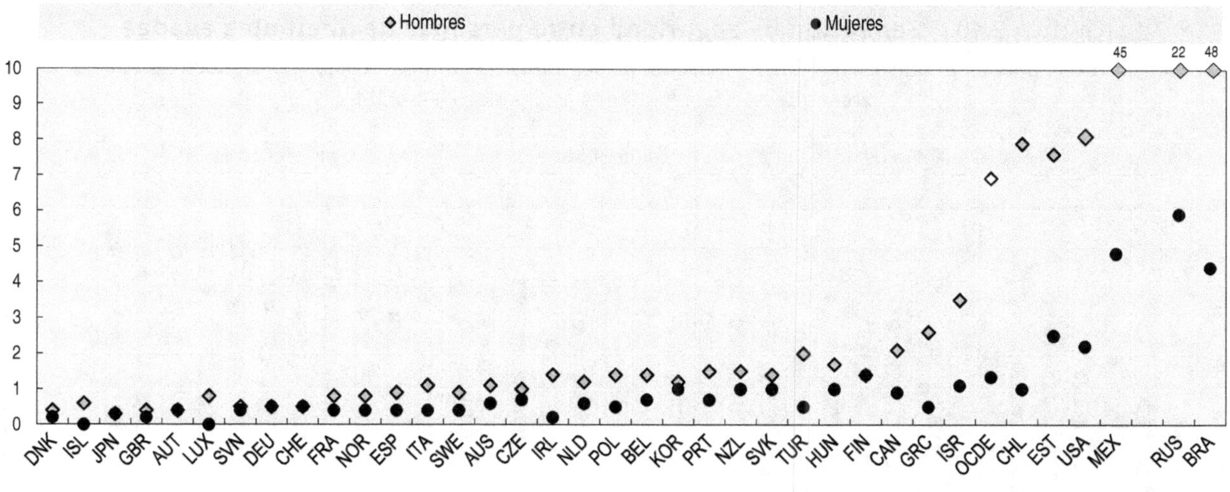

Notas: Las tasas de muertes por agresión para hombres en México (44.5), Federación de Rusia (21.8) y Brasil (48.1) exceden el límite superior del eje y. El año más reciente disponible es 2011 para Australia, Canadá, Chile, Francia, Grecia, Israel, Japón y Turquía; 2010 para Bélgica, Brasil, Irlanda, Italia, Nueva Zelanda, Federación de Rusia, República Eslovaca, Eslovenia, Suiza, Reino Unido y Estados Unidos de América; y 2009 para Islandia. El promedio de la OCDE se pondera por la población.

Fuente: "OECD Health Data: Causes of Mortality", base de datos *Health Statistics* de la OCDE, *http://dx.doi.org/10.1787/data-00540-en*.

StatLink *http://dx.doi.org/10.1787/888933267722*

Gráfica 2.39. **Sensación de seguridad entre hombres y mujeres**

Porcentaje de la población que afirmó tener una sensación de seguridad al caminar a solas por la noche en la ciudad o zona que habita, resultados agrupados 2006-2014

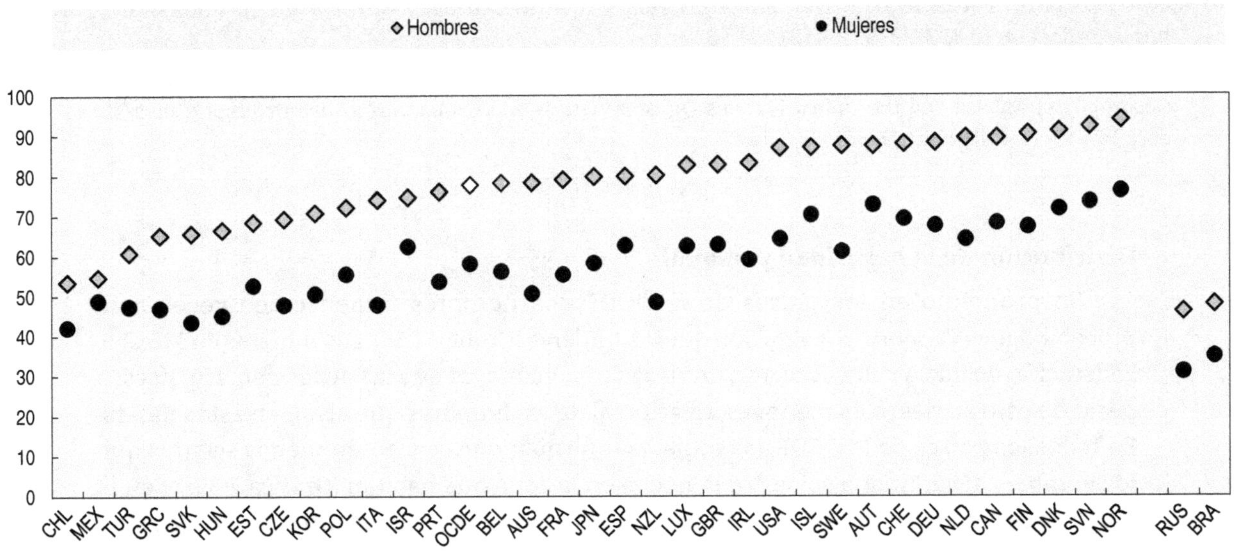

Nota: Los valores son calculados utilizando los datos de todos los años disponibles, 2006-2014. El promedio de la OCDE se pondera por la población.

Fuente: Gallup World Poll, *www.gallup.com/services/170945/world-poll.aspx.*

StatLink http://dx.doi.org/10.1787/888933267734

Gráfica 2.40. **Sensación de seguridad entre personas de diferentes edades**

Porcentaje de la población que afirmó tener sensación de seguridad al caminar a solas por la noche en la ciudad o zona que habita, resultados agrupados 2006-2014

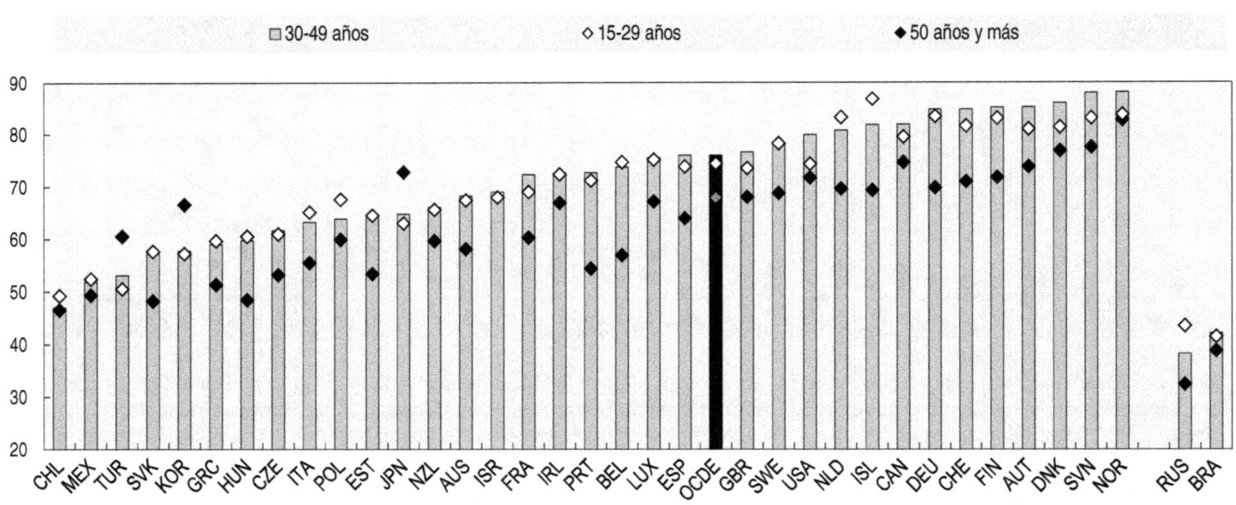

Nota: Los valores son calculados utilizando los datos de todos los años disponibles, 2006-2014. El promedio de la OCDE se pondera por la población.

Fuente: Gallup World Poll, *www.gallup.com/services/170945/world-poll.aspx.*

StatLink http://dx.doi.org/10.1787/888933267742

Bienestar subjetivo

Ninguna respuesta a la pregunta "¿cómo va la vida?" estaría completa sin considerar la propia opinión de las personas sobre su vida. El bienestar subjetivo consiste en las evaluaciones, sensaciones y experiencias de la gente respecto a su vida. Hay tres componentes de bienestar subjetivo, y cada uno ofrece una perspectiva diferente: las *evaluaciones de vida* se centran en la evaluación general de una persona sobre su vida en su conjunto como un todo (como su satisfacción ante la vida); las medidas *eudaimónicas*[11] se relacionan con el sentido de significado, propósito y valía en la vida, y las medidas de *afecto* (también conocidas como bienestar experimentado) se centran en estados de ánimos, sentimientos y emociones, incluso las experiencias de estados de ánimo positivos (gozo, calma) y negativos (tristeza, preocupación) (OECD, 2013f).

En una gran mayoría de los países de la OCDE, ahora se dispone de datos sobre ***satisfacción ante la vida*** en fuentes oficiales, con base en medidas comparables compatibles con las recomendaciones presentadas en *OECD Guidelines on Measuring Subjective Well-Being* (OECD, 2013f; véase el Recuadro 2.11). La satisfacción ante la vida promedio oscila entre poco más de 6 de 10 en Portugal, Hungría y Grecia, y 8 de 10 en Suecia, Canadá, Dinamarca, México, Finlandia y Suiza (Gráfica 2.41).[12] Por lo general, los habitantes del sur de Europa y de Europa del Este dicen estar menos satisfechos con su vida que los habitantes del norte y el oeste de Europa, Australia, Nueva Zelanda, Canadá y México. En la Gráfica 2.41 se muestran también datos sobre la sensación de valía de la vida en los países europeos. Las diferencias nacionales en este indicador suelen ser más pequeñas que las de satisfacción ante la vida.

Gráfica 2.41. **Satisfacción ante la vida y sensación de valía de la vida**

Valores medios en una escala de 0-10, 2013 o año más cercano disponible

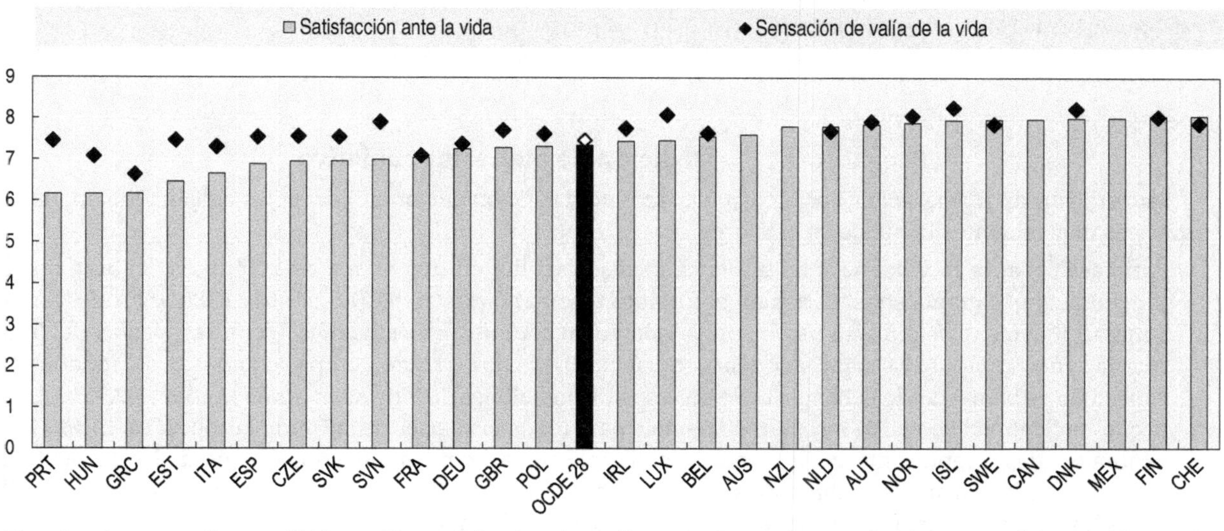

Nota: Los datos se refieren a 2014 para Nueva Zelanda y Australia, y al primer trimestre de 2012 para México. Los datos sobre la sensación de valía de la vida solo incluyen países europeos (OCDE 24). El promedio de la OCDE se pondera por la población.

Fuente: Eurostat (2015), "European Union Statistics on Income and Living Conditions" (EU-SILC), *http://ec.europa.eu/eurostat/web/income-and-living-conditions/overview* para países de la Unión Europea; Australian Bureau of Statistics, 2014 General Social Survey, *http://www.abs.gov.au/ausstats/abs@.nsf/mf/4159.0#Anchor3* para Australia; Statistics Canada, Canadian Community Health Survey 2013, *http://www23.statcan.gc.ca/imdb/p2SV.pl?Function=getSurvey&SDDS=3226* para Canadá; INEGI, Encuesta Nacional de Gastos de los Hogares (BIARE-ENGASTO) 2012, *www.inegi.org.mx/inegi/contenidos/investigacion/Experimentales/Bienestar/default.aspx* para México; y Statistics New Zealand, 2014 General Social Survey, *http://www.stats.govt.nz/browse_for_stats/people_and_communities/Households/nzgss_HOTP2014/Tables.aspx*, para Nueva Zelanda.

StatLink http://dx.doi.org/10.1787/888933267758

En el futuro cercano, se espera que haya información oficial comparable para otros países de la OCDE, incluso Corea e Israel. Mientras tanto, otra medida de evaluación de la vida es utilizada (Gráfica 2.42, véase la definición en el Recuadro 2.11). En 2014, las evaluaciones de vida en Turquía, Corea, Japón y Federación de Rusia se ubicaron debajo del promedio de la OCDE, en tanto que en Chile, Brasil, Estados Unidos de América e Israel se situaban ligeramente por arriba del promedio. Entre 2009 y 2014, las evaluaciones de vida en Grecia cayeron 1.3 puntos en una escala de 0-10 (Gallup, 2015). Varios de los países más afectados por la Gran Recesión también sufrieron bajas en las evaluaciones de vida durante los primeros años de la crisis (OECD, 2013a).

Gráfica 2.42. **Evaluación de las personas de su vida en general**

Medida en una escala de 0-10 de "la mejor posible" a "la peor posible", valores promedio, 2014

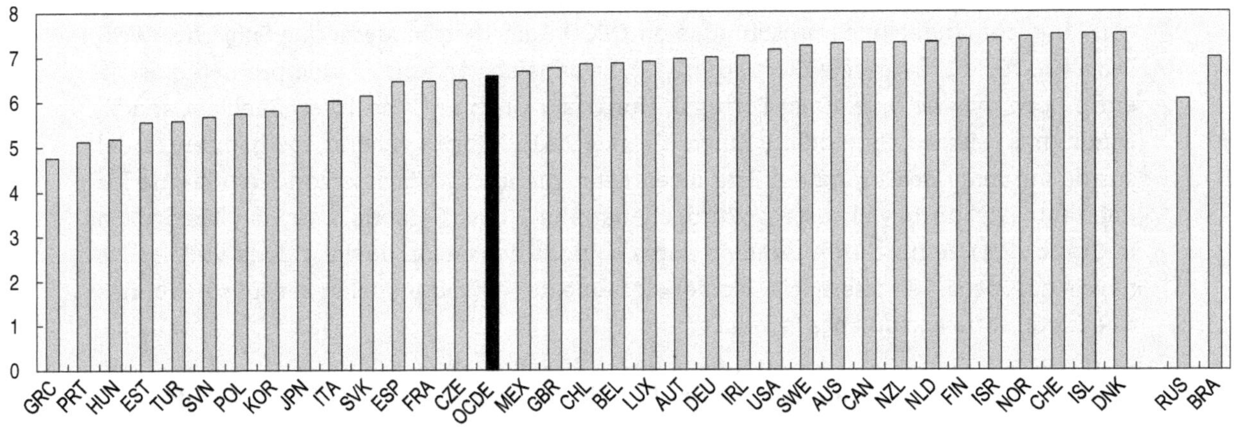

Nota: Los datos más recientes disponibles para Islandia se refieren a 2013. El promedio de la OCDE se pondera por la población.
Fuente: Gallup World Poll, *www.gallup.com/services/170945/world-poll.aspx*.

StatLink http://dx.doi.org/10.1787/888933267763

Recuadro 2.11. **Medición de bienestar subjetivo**

Esta edición de *¿Cómo va la vida?* incluye varias medidas de bienestar subjetivo, las cuales reflejan los avances más recientes logrados en esta área:

- **Satisfacción ante la vida:** se refiere a la calificación media en una escala de 11 puntos. Se basa en preguntas que a grandes rasgos siguen el formato recomendado en *OECD Guidelines* (OECD, 2013f): "En general, ¿cuán satisfecho está usted con la vida en su conjunto en estos días?", con respuestas del 0 ("nada satisfecho") al 10 ("completamente satisfecho"). Los datos sobre Europa se tomaron del módulo específico de bienestar de la Encuesta de Ingresos y Condiciones de Vida de la Unión Europea (EU-SILC), la cual se llevó a cabo en 2013 y están disponible para todos los países de la Unión Europea. La EU-SILC es una encuesta representativa a nivel nacional aplicada a grandes muestras (de alrededor de 4000 personas en los países miembros más pequeños a cerca de 16 000 en los más grandes) que cubre a todos los miembros de hogares privados de 16 años de edad o más. Los datos de Australia se basan en la General Social Survey 2014 del Australian Bureau of Statistics; de Canadá, en la Canadian Community Health Survey 2013 de Statistics Canada; de México, en la Encuesta Nacional de Gastos de los Hogares de INEGI para el primer trimestre de 2012, y de Nueva Zelanda, en la General Social Survey 2014 de Statistics New Zealand. Los datos de Australia, Canadá y Nueva Zelanda se refieren a la población de 15 años de edad o más; los datos de México se refieren a personas de 18 a 70 años de edad.
- **Sensación de valía de la vida:** se refiere a la calificación media en una escala de 11 puntos, de 0 (nada valioso) a 10 (completamente valioso). Se basa en la pregunta: "En general, ¿hasta qué grado siente usted

Recuadro 2.11. **Medición de bienestar subjetivo** *(cont.)*

que lo que hace en la vida es valioso?" Los datos aquí mostrados se tomaron del módulo específico de bienestar de la EU-SILC (véase el punto anterior) y están disponibles todos los de los países de la Unión Europea.

- **Evaluación de la vida con base en la medida escalera de Cantril:** se expresa como la calificación media en una escala de 11 puntos. Se mide con la "escalera de Cantril", pregunta que pide a los encuestados imaginar una escalera con peldaños del 0 al 10, en la que 10 es la mejor vida posible y 0 es la peor vida posible. Después se les pide que indiquen en qué punto de la escala se ubican. Los datos aquí mostrados se tomaron de la Encuesta Mundial Gallup, que se aplica a muestras de cerca de 1 000 personas por país cada año. La muestra se diseña *ex ante* para ser representativa a nivel nacional de la población de 15 años de edad o más (véase el Recuadro 2.7).
- **Equilibrio positivo de afecto:** se define como el porcentaje de la población que afirmó haber sentido más emociones positivas que negativas el día anterior. Se basa en las respuestas a seis preguntas formuladas como: "¿Experimentó usted los siguientes sentimientos durante una buena parte del día de ayer? ...¿y preocupación?" Las respuestas son un sencillo sí o no. El afecto negativo se mide con experiencias de preocupación, enojo y tristeza; en tanto que el positivo, con experiencias de gozo, calma y risas o sonrisas frecuentes. Se considera que una persona tiene un equilibrio positivo de afecto si el número de respuestas afirmativas a las preguntas positivas es mayor que el número de respuestas afirmativas a las preguntas negativas. Los datos aquí mostrados se tomaron de la Encuesta Mundial Gallup (véase el punto anterior y el Recuadro 2.7 para obtener mayores detalles).

La publicación *Guidelines on Measuring Subjective Well-Being* de la OCDE (OECD, 2013f) presenta recomendaciones adecuadas a nivel internacional sobre la recopilación, informe y análisis de datos sobre bienestar subjetivo en los tres principales componentes de bienestar subjetivo (evaluaciones de vida, medidas eudaimónicas y afecto). En ella se analizan en detalle los aspectos metodológicos y el diseño de la encuesta, y se incluyen diversos módulos de preguntas prototipo que las agencias nacionales e internacionales pueden adoptar si desean medir el bienestar subjetivo en sus estudios. Si bien hay mucha evidencia de que las preguntas de bienestar subjetivo generan respuestas válidas y significativas aunque se utilicen en contextos culturales diferentes, es posible que las diferencias presentadas al traducir los enunciados a diferentes idiomas, o las diferencias nacionales sistemáticas en la forma en que las personas utilizan las escalas de respuesta, puedan generar cierto grado de error de medición que afecta la comparabilidad de las estimaciones entre países. Por tanto, se debe tener cuidado con la interpretación que se les da a las pequeñas diferencias en las estimaciones promedio de bienestar subjetivo entre países, ya que es probable que no sean significativas(OECD, 2013f; Exton, Smith y Vandendriessche, *Statistics Working Paper*, OECD, en prensa).

Lecturas sugeridas:

- Eurostat (2015), "Quality of life in Europe — facts and views — overall life satisfaction", *http://ec.europa.eu/eurostat/statistics-explained/index.php/Quality_of_life_in_Europe_-_facts_and_views_-_overall_life_satisfaction.*
- OECD (2013f), *Guidelines on Measuring Subjective Well-Being, www.oecd.org/statistics/guidelines-on-measuring-subjective-well-being.htm.*

Las experiencias y emociones cotidianas de las personas también son importantes para su calidad de vida en general. En 2014, tres cuartos de los habitantes de la OCDE tuvieron un ***equilibrio positivo de afecto*** (es decir, sintieron más emociones positivas que negativas; véase la definición completa en el Recuadro 2.11). En México, Dinamarca, Finlandia, Luxemburgo, Suiza, Países Bajos e Islandia, la tasa fue de más de 80%, en tanto que en Turquía, Grecia, Italia y Portugal fue de menos de 65%. En 2014, el porcentaje de personas con un equilibrio positivo de afecto fue 8 puntos porcentuales menor que en 2009 en Grecia, Italia, Corea y Portugal, pero 9 puntos porcentuales mayor que en 2009 en Francia (cálculos de la OCDE con base en Gallup, 2015).

Gráfica 2.43. **Equilibrio positivo de afecto**

Porcentaje de la población que afirmó haber experimentado más sentimientos positivos que negativos en general el día anterior, 2014

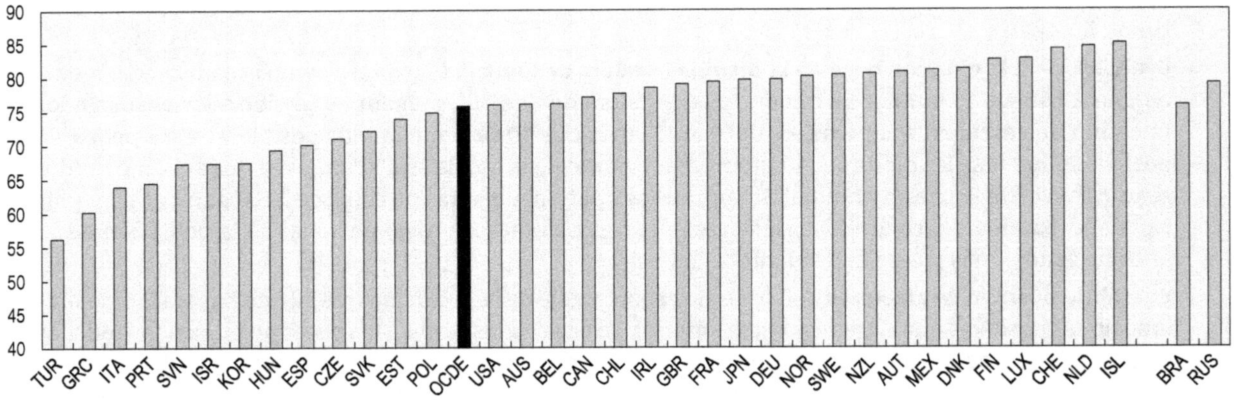

Nota: El año más reciente disponible es 2013 para Islandia. Los sentimientos positivos evaluados se relacionan con el gozo, la calma y la risa o sonrisa frecuentes; los sentimientos negativos fueron preocupación, enojo y tristeza. El promedio de la OCDE se pondera por la población.

Fuente: Cálculos de la OCDE con base en *Gallup World Poll, www.gallup.com/services/170945/world-poll.aspx.*

StatLink http://dx.doi.org/10.1787/888933267775

Distribución de bienestar subjetivo

En promedio, las experiencias de satisfacción ante la vida de hombres y mujeres son muy similares en la zona de la OCDE, pero en la mayoría de los países es más probable que los hombres afirmen tener un equilibrio positivo de afecto (OECD, 2013a). Por lo general, los niveles educativos más altos se relacionan con una mayor satisfacción ante la vida, pero el efecto de la educación es más fuerte en algunos países (sobre todo Portugal, Corea, Grecia y Hungría) que en otros (OECD, 2013a). Los datos sobre satisfacción ante la vida recopilados por los países miembros de la Unión Europea también indican una pauta semejante en relación con el género y la educación (Eurostat, 2015).

Para la mayoría de los países de la OCDE, las evaluaciones de vida más bajas corresponden a las personas de 50 años y más (Gráfica 2.44). Sin embargo, en los países de habla inglesa en particular, las evaluaciones de vida más bajas corresponden a las personas de mediana edad (Gráfica 2.44). También se ha observado un pequeño "efecto de jubilación" (satisfacción ante la vida ligeramente mayor entre el grupo de personas de 65 a 74 años en relación con el grupo de 50 a 64 años) en muchos países europeos (con base en datos europeos oficiales sobre satisfacción ante la vida, Eurostat, 2015).

Gráfica 2.44. **Evaluaciones de la vida entre personas de diferentes edades**

Medida con una escala de 0-10 de "la mejor posible" a "la peor posible", valores medios, resultados agrupados 2006-2014

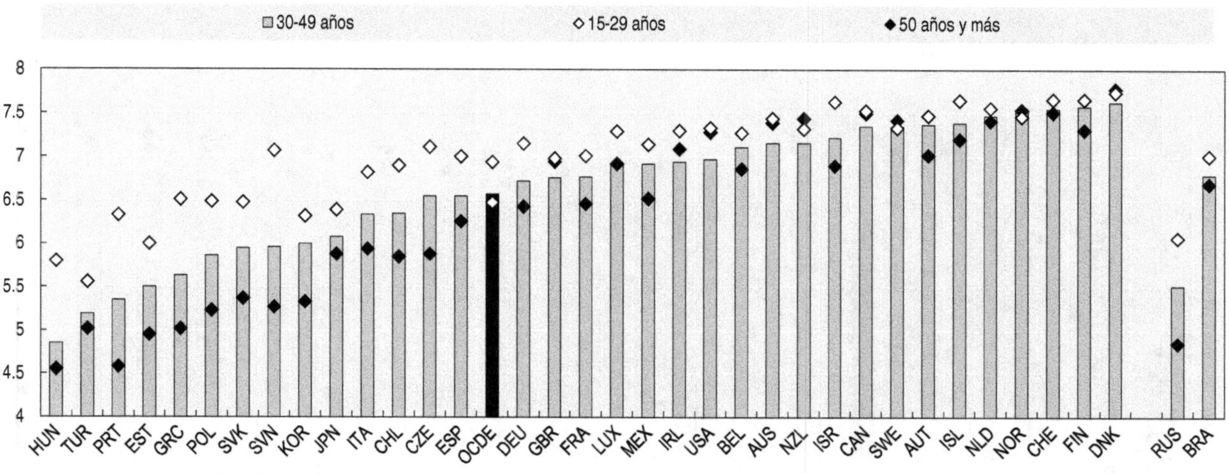

Nota: Los valores son calculados utilizando los datos de todos los años disponibles, 2006-2014. El promedio de la OCDE se pondera por la población.

Fuente: Gallup World Poll, *www.gallup.com/services/170945/world-poll.aspx.*

StatLink http://dx.doi.org/10.1787/888933267789

En algunos países de la OCDE hay también amplias diferencias en el bienestar que se siente en diferentes edades. En más de la mitad de los países de la OCDE los jóvenes (15 a 29 años de edad) tienden a reportar los niveles más altos de equilibrio positivo de afecto (Gráfica 2.45, Paneles A y B), pero en los países de habla inglesa, así como en la mayor parte del norte de Europa, Turquía, Japón y Corea, el punto más bajo corresponde a la edad madura.

Gráfica 2.45. **Equilibrio positivo de afecto entre personas de diferentes edades**

Porcentaje de la población que reportó más afecto positivo que negativo el día anterior, resultados agrupados 2006-2014

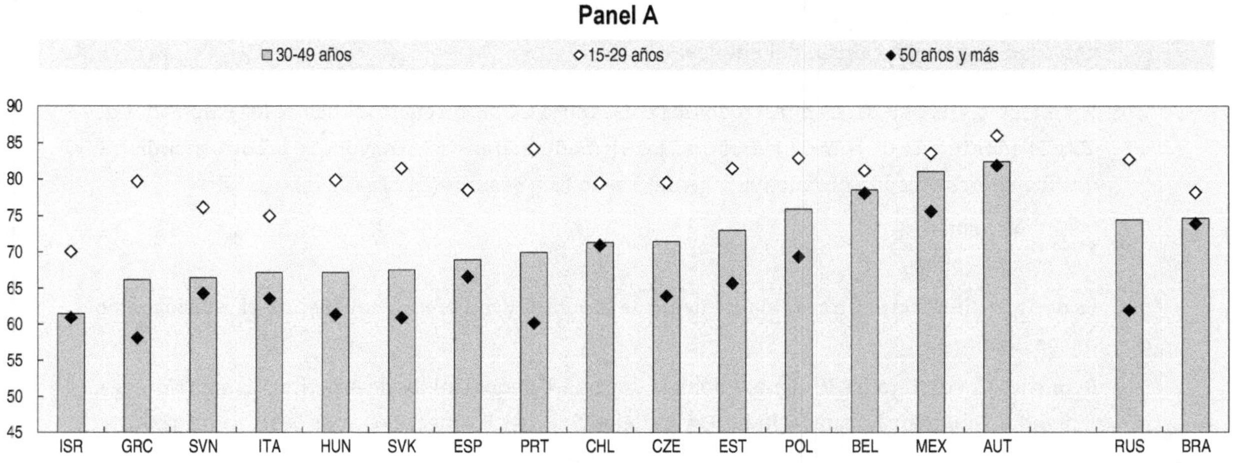

Gráfica 2.45. **Equilibrio positivo de afecto entre personas de diferentes edades** *(cont.)*

Porcentaje de la población que reportó más afecto positivo que negativo el día anterior, resultados agrupados 2006-2014

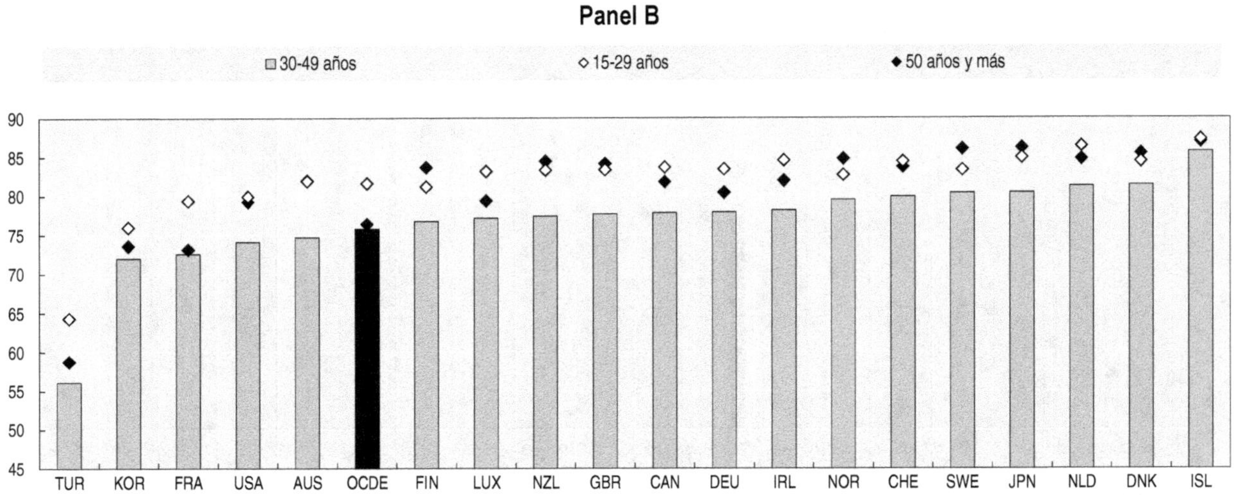

Nota: Los valores son calculados utilizando los datos de todos los años disponibles, 2006-2014. Los sentimientos positivos evaluados se relacionan con gozo, calma y risas o sonrisas frecuentes; los sentimientos negativos fueron preocupación, enojo y tristeza. El promedio de la OCDE se pondera por la población.

Fuente: Cálculos de la OCDE con base en la *Gallup World Poll*, *www.gallup.com/services/170945/world-poll.aspx*.

StatLink http://dx.doi.org/10.1787/888933267792

Notas

1. Para el Índice de Gini y la proporción de participación de ingresos entre deciles, el año de comparación más reciente disponible suele ser 2011 debido a un cambio metodológico reciente en la manera de estimar estos valores. Los cambios en desigualdad de ingresos durante periodos más largos se presentan en In It Together (OECD, 2015a).
2. La evolución de las tasas de desempleo y empleo en el periodo comprendido entre 2007 y 2014 varió mucho en los países de la OCDE. En 2009, Japón y Estados Unidos de América (y en promedio en la OCDE en su conjunto), el crecimiento del empleo alcanzó su nivel más bajo y el desempleo aumentó, antes de recuperarse paulatinamente hacia niveles previos a la crisis en 2014. En contraste, después de 2009, el desempleo siguió en aumento en la zona del euro, llegando a su punto más alto en 2013. En OECD (2015b) se analiza esta situación con mayores detalles.
3. El Marco de Calidad del Empleo de la OCDE considera los salarios por hora para resumir las diferencias en el horario laboral entre trabajadores, diferencias que se relacionan más con la cantidad que con la calidad del empleo.
4. Por ejemplo, en 2011-2012, en casi todos los países de la OCDE, un cuarto o más de los empleados de 15 a 24 años tenían un contrato temporal, tasa a menudo tres veces mayor que la correspondiente a trabajadores en edad productiva intermedia, de 25 a 54 años (OECD, 2014a).
5. $x' = \frac{x - min(x)}{máx(x) - min(x)}$
6. Es decir, la diferencia entre el salario medio de hombres y mujeres dividida entre el salario medio de los hombres.
7. República Checa, Estonia, Hungría, Polonia, Eslovenia, Estados Unidos de América, Irlanda, Noruega, Finlandia, Dinamarca, Canadá, Italia, Países Bajos, Suecia y Portugal. Los años de referencia oscilan entre 2005 y 2010.

8. Al interpretar estos resultados, es necesario considerar las interacciones entre edad, ingreso y salud, pues tanto los jóvenes como los jubilados pueden percibir ingresos más bajos que los trabajadores en edad intermedia, pero diferente vulnerabilidad a las enfermedades.
9. Otros países de la OCDE tienen normas que no se aplican (por ejemplo, Grecia) o algún antecedente de votación obligatoria (por ejemplo, Italia, Francia, Países Bajos y Austria). Chile abandonó este sistema en 2012.
10. Se toman en cuenta los cambios en este indicador sucedidos durante un periodo más extenso que el de otras secciones de este capítulo para garantizar que todos los países hayan realizado por lo menos una elección durante los años transcurridos.
11. Las medidas eudaimónicas son también conocidas como "bienestar psicológico" o "florecimiento"; cubren aspectos del funcionamiento psicológico, como sentimientos de autoestima y competencia.
12. El indicador mostrado en la Gráfica 2.41 se limita a países de la Unión Europea, pues se basa en la Encuesta de Ingresos y Condiciones de Vida de la Unión Europea (EU-SILC).

Bibliografía

Balestra, C. y J. Sultan (2013), "Home Sweet Home: The Determinants of Residential Satisfaction and its Relation with Well-being", *OECD Statistics Working Papers*, núm. 2013/05, OECD Publishing, París, *http://dx.doi.org/10.1787/5jzbcx0czc0x-en*.

Boarini, R. y M. Díaz (2015), "Cast a Ballot or Protest in the Street – Did our Grandparents Do More of Both? An Age-Period-Cohort Analysis in Political Participation", *OECD Statistics Working Papers*, núm. 2015/02, OECD Publishing, París, *http://dx.doi.org/10.1787/5js636gn50jb-en*

Brezzi, M. y D. Sanchez-Serra (2014), "Breathing the Same Air? Measuring Air Pollution in Cities and Regions", *OECD Regional Development Working Papers*, núm. 2014/11, OECD Publishing, París, *http://dx.doi.org/10.1787/5jxrb7rkxf21-en*.

Cazes, S., A. Hijzen y A. Saint-Martin, (2015), "How good is your job? the new OECD framework for measuring and assessing job quality", *OECD Working Paper*, en prensa.

European Commission (2015), Air Quality Standards, *http://ec.europa.eu/environment/air/quality/standards.htm* (consultado el 5 de julio de 2015).

European Union (2013), Health inequalities in the EU — Final report of a consortium, *http://ec.europa.eu/health/social_determinants/docs/healthinequalitiesineu_2013_en.pdf*.

Eurostat (2015), "Quality of life in Europe - facts and views - overall life satisfaction", *http://ec.europa.eu/eurostat/statistics-explained/index.php/Quality_of_life_in_Europe_-_facts_and_views_-_overall_life_satisfaction* (consultado el 3 de julio de 2015).

Exton, C., C. Smith y D. Vandendriessche (en prensa), "Comparing happiness across countries: does culture matter?", *OECD Statistics Working Papers*.

Fesseau, M. y M. L. Mattonetti (2013a), "Distributional Measures Across Household Groups in a National Accounts Framework: Results from an Experimental Cross-country Exercise on Household Income, Consumption and Saving", *OECD Statistics Working Papers*, núm. 2013/04, OECD Publishing, París, *http://dx.doi.org/10.1787/5k3wdjqr775f-en*.

Fesseau, M., F. Wolff y M. L. Mattonetti (2013b), "A Cross-country Comparison of Household Income, Consumption and Wealth between Micro Sources and National Accounts Aggregates", *OECD Statistics Working Papers*, núm. 2013/03, OECD Publishing, París, *http://dx.doi.org/10.1787/5k3wdjrnh7mv-en*.

Gallup (2015), *Gallup World Poll*, *www.gallup.com/services/170945/world-poll.aspx* (consultado el 5 de julio de 2015).

International Institute for Democracy and Electoral Assistance (IDEA), *www.idea.int/* (consultado el 22 de marzo de 2015).

International Labour Office (ILO) (2012), *Decent Work Indicators: Concepts and definitions*, ILO Manual, 1a. ed., Ginebra.

Murtin, F. y M. Mira d'Ercole (2015), "Household wealth inequality across OECD countries: New OECD evidence", *OECD Statistics Brief*, núm. 21, *www.oecd.org/social/household-wealth-inequality-across-OECD-countries-OECDSB21.pdf*.

OECD (en prensa), *Regions at a Glance 2016*, OECD Publishing, París.

OECD (2015a), *In It Together: Why Less Inequality Benefits All*, OECD Publishing, París, *http://dx.doi.org/10.1787/9789264235120-en*.

OECD (2015b), *Employment Outlook 2015*, OECD Publishing, París, *http://dx.doi.org/10.1787/empl_outlook-2015-en*.

OECD (2015c), *OECD Gender Portal*, *http://www.oecd.org/gender/data/* (consultado el 12 de mayo de 2015).

OECD (2015d), *Health at a Glance 2015: OECD Indicators*, OECD Publishing, París, en prensa.

OECD (2015e), *Education at a Glance Interim Report: Update of Employment and Educational Attainment Indicators*, OECD Publishing, París, *www.oecd.org/edu/EAG-Interim-report.pdf*.

OECD (2015f), *Skills for Social Progress: The Power of Social and Emotional Skills*, OECD Skills Studies, OECD Publishing, París, *http://dx.doi.org/10.1787/9789264226159-en*.

OECD (2015g), "What Lies Behind Gender Inequality in Education?", *PISA in Focus*, núm. 49, OECD Publishing, París, *http://dx.doi.org/10.1787/5js4xffhhc30-en*.

OECD (2015h), *The ABC of Gender Equality in Education: Aptitude, Behaviour, Confidence*, PISA, OECD Publishing, París, *http://dx.doi.org/10.1787/9789264229945-en*.

OECD (2015i), *Regulatory Policy Outlook*, OECD Publishing, París, en prensa.

OECD (2015j), *Government at a Glance 2015*, OECD Publishing, París, *http://dx.doi.org/10.1787/gov_glance-2015-en*.

OECD (2014a), *OECD Employment Outlook 2014*, OECD Publishing, París, *http://dx.doi.org/10.1787/empl_outlook-2014-en*.

OECD (2014b), *Making Mental Health Count: The Social and Economic Costs of Neglecting Mental Health Care*, OECD Health Policy Studies, OECD Publishing, París, *http://dx.doi.org/10.1787/9789264208445-en*.

OECD (2014c), "Improving well-being", in OECD, *OECD Economic Surveys: United States 2014*, OECD Publishing, París, *http://dx.doi.org/10.1787/eco_surveys-usa-2014-5-en*.

OECD (2014d), *Education at a Glance 2014: OECD Indicators*, OECD Publishing, París, *http://dx.doi.org/10.1787/eag-2014-en*.

OECD (2014e), *PISA 2012 Results: What Students Know and Can Do (Volume I, Revised edition, February 2014): Student Performance in Mathematics, Reading and Science*, PISA, OECD Publishing, París, *http://dx.doi.org/10.1787/9789264208780-en*.

OECD (2014f), *Green Growth Indicators 2014*, OECD Green Growth Studies, OECD Publishing, París, *http://dx.doi.org/10.1787/9789264202030-en*.

OECD (2014g), *How's Life in Your Region?: Measuring Regional and Local Well-being for Policy Making*, OECD Publishing, París, *http://dx.doi.org/10.1787/9789264217416-en*.

OECD (2014h), "Environmental quality of life", en OECD, *Green Growth Indicators 2014*, OECD Publishing, París, *http://dx.doi.org/10.1787/9789264202030-9-en*.

OECD (2013a), *How's Life? 2013: Measuring Well-being*, OECD Publishing, París, *http://dx.doi.org/10.1787/9789264201392-en*.

OECD (2013b), *OECD Guidelines for Micro Statistics on Household Wealth*, OECD Publishing, París, *http://dx.doi.org/10.1787/9789264194878-en*.

OECD (2013c), *OECD Framework for Statistics on the Distribution of Household Income, Consumption and Wealth*, OECD Publishing, París, *http://dx.doi.org/10.1787/9789264194830-en*.

OECD (2013d), "Well-being in the workplace: Measuring job quality", en OECD, *How's Life? 2013: Measuring Well-being*, OECD Publishing, París, *http://dx.doi.org/10.1787/how_life-2013-9-en*.

OECD (2013e), *OECD Skills Outlook 2013: First Results from the Survey of Adult Skills*, OECD Publishing, París, *http://dx.doi.org/10.1787/9789264204256-en*.

OECD (2013f), *OECD Guidelines on Measuring Subjective Well-being*, OECD Publishing, París, *http://dx.doi.org/10.1787/9789264191655-en*.

OECD (2012), *Education at a glance 2012: OECD Indicators*, OECD Publishing, París, *http://dx.doi.org/10.1787/eag-2012-en*.

OECD (2011a), *How's Life? Measuring Well-Being*, OECD Publishing, París, *http://dx.doi.org/10.1787/9789264121164-en*.

OECD (2011b), "Housing conditions", en OECD, *How's Life? Measuring Well-being*, OECD Publishing, París, *http://dx.doi.org/10.1787/9789264121164-6-en*.

OECD (2011c), *The Future of Families to 2030*, OECD Publishing, París, *http://dx.doi.org/10.1787/9789264168367-en*.

OECD (2011d), "Personal security", en OECD, *How's Life? Measuring Well-Being*, OECD Publishing, París, *http://dx.doi.org/10.1787/9789264121164-13-en*.

OECD (2007), *Babies and Bosses - Reconciling Work and Family Life: A Synthesis of Findings for OECD Countries*, OECD Publishing, París, *http://dx.doi.org/10.1787/9789264032477-en*.

United Nations Economic Commission for Europe (UNECE)(2015), *Handbook on Measuring Quality of Employment: A Statistical Framework*, preparado por el Grupo de Expertos sobre la Medición de la Calidad del Empleo, *http://www.unece.org/fileadmin/DAM/stats/documents/ece/ces/2015/4_Add.2_Rev1_Guidelines_on_QoEmployment.pdf* (consultado el 14 de julio de 2015).

United Nations Office on Drugs and Crime (UNODC) (2013), Report of the National Institute of Statistics and Geography of Mexico and the United Nations Office on Drugs and Crime, *http://unstats.un.org/unsd/statcom/doc13/2013-11-CrimeStats-E.pdf*.

van Donkelaar, A., R. V. Martin, M. Brauer y B. L. Boys (2015), "Use of Satellite Observations for Long-Term Exposure Assessment of Global Concentrations of Fine Particulate Matter", *Environmental Health Perspectives*, vol. 123, no. 2.

World Health Organisation (WHO) (2006), *World Health Organization: Air Quality Guidelines for Particulate Matter, Ozone, Nitrogen Dioxide and Sulfur Dioxide*, Global Update 2005, *www.who.int/phe/health_topics/outdoorair/outdoorair_aqg/en/*.

Bases de datos

Eurostat (2015) "European Union Statistics on Income and Living Conditions (EU-SILC)", *European Commission*, Bruselas, *http://ec.europa.eu/eurostat/web/income-and-living-conditions/overview* (consultado el 28 de junio de 2015).

Eurostat (2015) *Time Use Database*, *http://appsso.eurostat.ec.europa.eu/nui/show.do?dataset=tus_00selfstat&lang=en* (consultado el 5 de julio de 2015).

Gallup World Poll, *www.gallup.com/services/170945/world-poll.aspx* (consultado el 5 de julio de 2015).

Harmonised European Time Use Survey (aplicación web), *https://www.h2.scb.se/tus/tus/* (consultado el 1 de julio de 2015).

International Institute for Democracy and Electoral Assistance (IDEA), *www.idea.int/* (consultado el 22 de marzo de 2015).

OECD *National Accounts Statistics* (base de datos), *http://dx.doi.org/10.1787/data-00652-en* (consultada el 5 de julio de 2015).

OECD *Wealth Distribution* (base de datos), *http://stats.oecd.org/Index.aspx?DataSetCode=WEALTH* (consultada el 5 de julio de 2015).

OECD *Social and Welfare Statistics* (base de datos), *http://dx.doi.org/10.1787/socwel-data-en* (consultada el 5 de julio de 2015).

OECD *Employment and Labour* Market Statistics (base de datos), *http://dx.doi.org/ 10.1787/lfs-data-en* (consultada el 5 de julio de 2015).

OECD *Health Statistics* (base de datos), *http://dx.doi.org/10.1787/health-data-en* (consultada el 5 de julio de 2015).

¿Cómo va la vida? 2015
Medición del bienestar

Capítulo 3

Recursos para el bienestar futuro

Las elecciones y decisiones que se tomen hoy tendrán implicaciones importantes para el bienestar mañana. Con el fin de explorar las posibilidades futuras de bienestar, este capítulo se enfoca en algunos de los recursos clave que muy probablemente determinarán los resultados de bienestar a lo largo del tiempo. Se proporciona un conjunto de medidas que ilustran los componentes de las "reservas de capital" natural, humano, social y económico que hoy existen, y que constituyen una fuente de riqueza para el bienestar futuro. Asimismo, se consideran algunos factores de riesgo que pueden afectar dichas reservas. Los indicadores van desde la superficie forestal hasta la confianza en las instituciones públicas, y desde el logro educativo de los adultos jóvenes hasta el endeudamiento familiar. Si bien queda mucho por hacer para desarrollar un mejor conjunto de indicadores, en este capítulo se expone la gran cantidad de evidencia con que se cuenta hoy en día, y se señalan algunas limitaciones que han de superarse para, en el futuro, contar con un conjunto de indicadores de bienestar más completo y preciso. La meta, en el largo plazo, es poder evaluar los resultados actuales de bienestar en el contexto de los recursos que heredarán las generaciones futuras.

Los datos estadísticos para Israel son suministrados por y bajo la responsabilidad de las autoridades israelíes competentes. El uso de estos datos por la OCDE es sin perjuicio del estatuto de los Altos del Golán, Jerusalén Este y los asentamientos israelíes en Cisjordania bajo los términos del derecho internacional.

¿Qué se puede decir hoy de las perspectivas futuras del bienestar? En todos los ámbitos de la vida, las personas necesitan tomar decisiones hoy que pueden afectar su bienestar en el futuro. El marco de medición de *How's Life?* incluye tanto los resultados actuales de bienestar como los factores que pueden favorecerlo con el paso del tiempo (Recuadro 3.1). El presente capítulo se centra en esta última parte del marco y presta atención a cuatro tipos de recursos (o "de capital") que se observan hoy en día, que están determinados por las decisiones tomadas "aquí y ahora" y que son importantes para el bienestar de las generaciones actuales y futuras.

Esta sección sigue el enfoque utilizado en el capítulo especial "Measuring the sustainability of well-being over time" ("Medición de la sostenibilidad del bienestar en el tiempo"), de *How's Life? 2013* (OECD, 2013a), y asimismo, implementa diversas recomendaciones de la Conferencia de Estadísticos Europeos en relación con la medición del desarrollo sostenible (UNECE, 2014). Finalmente se presenta, por primera vez, un conjunto de medidas para reflejar aspectos de los recursos naturales, humanos, sociales y económicos que son fundamentales para asegurar el bienestar futuro, junto con ciertos factores que provocan que dichos recursos aumenten o disminuyan con el transcurso del tiempo. Aun cuando la evidencia descrita más adelante dista de estar completa, la meta es comenzar a evaluar el bienestar hoy ("aquí y ahora") con base en el contexto de los recursos disponibles para apoyar el bienestar de la generaciones futuras ("después"). Varios de estos recursos son bienes públicos globales, de modo que lo que sucede en "otros lugares" (más allá de las fronteras de cualquier país) también es de considerable relevancia - a pesar de que, con la evidencia disponible, este tema solo puede abordarse parcialmente (Recuadro 3.1).

Recuadro 3.1. **Medición de las reservas de capital que sostiene el bienestar a lo largo del tiempo**

De acuerdo con las recomendaciones de la Conferencia de Estadísticos Europeos sobre la medición del desarrollo sostenible (UNECE, 2014) y del *Stiglitz, Sen and Fitoussi Report* (2009), el marco de *How's Life?* para medir el bienestar adopta un "enfoque basado en el capital" para comprender si es probable que el bienestar actual se mantenga a lo largo del tiempo (OECD, 2013a, Capítulo 6). En particular, se centra en cuatro tipos de recursos (Gráfica 3.1).

Gráfica 3.1. **Reservas de capital incluidas en el marco de *How's Life?* para medir el bienestar**

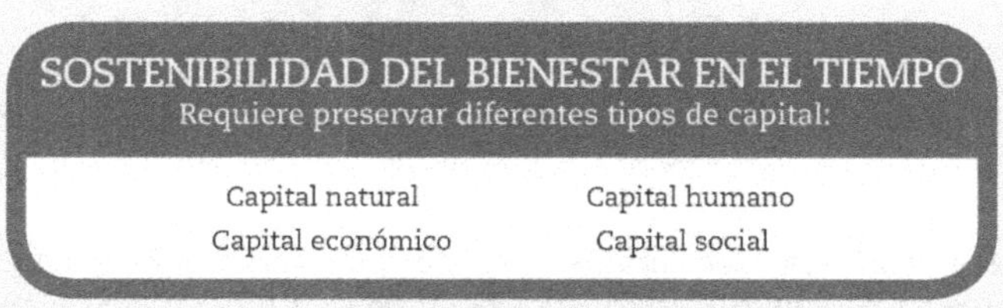

Fuente: OECD (2011), *How's Life? Measuring Well-Being*, OECD Publishing, París, *http://dx.doi.org/10.1787/9789264121164-en*.

Recuadro 3.1. **Medición de las reservas de capital que sostiene el bienestar a lo largo del tiempo** *(cont.)*

Estos recursos se denominan formas de "capital", lo cual refleja la noción de una reserva de valor acumulado para el bienestar futuro. Los diferentes tipos de capital comparten diversas características comunes: cada uno influye en una amplia gama de resultados de bienestar; cada uno tiene ciertos grados de persistencia en el tiempo, y cada uno requiere de una inversión y de una gestión cuidadosa para mantenerse. Este enfoque sugiere que es importante vigilar la evolución del capital en el tiempo para así gestionar de manera adecuada los valores subyacentes. Por consiguiente, cuando es posible, los indicadores incluidos en este capítulo se muestran a lo largo de un periodo de 10 a 15 años, aunque en la práctica los lapsos pertinentes dependen de la naturaleza del capital en cuestión.[1] Asimismo, se presenta información sobre entradas (por ejemplo, inversiones), salidas (por ejemplo, disminución o deterioro de recursos) y otros factores de riesgo que pueden afectar el valor de estas reservas y su capacidad de resistencia a las crisis económicas. Estos indicadores sugieren algunos de los medios a través de los cuales los responsables de la toma de decisiones pueden actuar hoy para mejorar las perspectivas de bienestar en el futuro.

El enfoque utilizado en este capítulo tiene elementos semejantes a los de otras iniciativas de medición vigentes, como el Grupo de Trabajo UNECE-Eurostat-OECD para la Medición del Desarrollo Sostenible (United Nations, 2009; UNECE 2014), el *Inclusive Wealth Report* (Informe de patrimonio incluyente) UNU-IDHP y UNEP (2012), y las iniciativas emprendidas por varias oficinas de estadística nacionales, como la Oficina Federal de Estadísticas de Suiza (2013) y Statistics New Zealand (2011). Un elemento clave de muchos de estos marcos es la distinción entre el bienestar "aquí y ahora" y las reservas de recursos que pueden afectar el bienestar de las nuevas generaciones en el "futuro". Varios de estos enfoques van más allá de la simple medición de los niveles de reservas, y buscan entender cómo gestionarlos, mantenerlos o qué es lo que les amenaza.

Dados los retos globales que implica el mantener el bienestar a lo largo del tiempo, el enfoque UNECE (2014) destaca la importancia de comprender de qué manera las acciones emprendidas en un país pueden también afectar el bienestar de los habitantes de otros países, es decir, la dimensión de "otros lugares". Estos impactos transfronterizos pueden ser positivos (por ejemplo, programas bien diseñados de reducción de la pobreza en estados en situación crítica financiados por medio de la Ayuda Oficial al Desarrollo) o negativos (por ejemplo, la fuga de trabajadores calificados, lo cual agota el capital humano de los países que invirtieron en su educación y formación). Asimismo, pueden afectar elementos de las reservas de capital que son en efecto "globales" (por ejemplo, adiciones a la reserva de gases de efecto invernadero en la atmósfera) o recursos que pueden ubicarse en países específicos, pero cuyo agotamiento podría representar una inquietud y una responsabilidad globales (por ejemplo, el agotamiento de bosques tropicales por los modelos globales de consumo). Si bien un análisis detallado de estos efectos transfronterizos trasciende el alcance de este capítulo, sigue siendo una importante prioridad para la investigación y la medición futuras.

Fuentes: OECD (2013), *How's Life? 2013: Measuring Well-being*, OECD Publishing, París, *http://dx.doi.org/10.1787/9789264201392-en*; y United Nations Economic Commission for Europe (UNECE) (2014), *Conference of European Statisticians Recommendations on Measuring Sustainable Development*, Naciones Unidas, Nueva York y Ginebra, *www.unece.org/fileadmin/DAM/stats/publications/2013/CES_SD_web.pdf.*

La medición del bienestar actual se centra en gran medida en las experiencias de personas, hogares y comunidades. No obstante, a menudo las amenazas al bienestar futuro están vinculadas a alteraciones en los grandes sistemas que albergan el bienestar individual; por ejemplo, los cambios en el sistema climático o la aparición paulatina de riesgos en el sistema financiero que pueden generar crisis económicas. Por consiguiente, es necesario que un sistema de indicadores enfocado en estudiar el mantenimiento del bienestar en el tiempo contemple no solo medidas centradas en las personas, sino también características de la sociedad en su conjunto y basadas en el sistema. Dicho lo anterior, muchas de las medidas que esta sección presenta se expresan en una base per cápita, pues ello puede contribuir a relacionar los aspectos sistémicos con las experiencias de los individuos, así como a percibir el impacto que los cambios demográficos pueden tener en la disponibilidad de recursos.

En la práctica, los cuatro tipos de "capital" (natural, humano, social y económico) que se analizan en esta sección son muy heterogéneos, por lo que su medición constituye un gran reto. En el Cuadro 3.1 se presenta el conjunto de indicadores a los que se hace referencia en este capítulo. En ciertas áreas, los mismos factores que se consideran resultados de bienestar "aquí y ahora" también brindan información importante acerca de las posibilidades de bienestar en el futuro. Esto significa que muchas de las medidas utilizadas para capturar el bienestar actual, presentadas en el Capítulo 2, son también muy relevantes para el estudio de la sostenibilidad del bienestar. Este es el caso para factores como el patrimonio familiar (reserva de capital económico); las habilidades y competencias de la población adulta (que dan información sobre la reserva de capital humano); el desempleo de largo plazo (como factor de riesgo que puede afectar el capital humano);

Cuadro 3.1. **Indicadores ilustrativos para dar seguimiento a los recursos del bienestar futuro, como se muestran en los capítulos 2 y 3**

Reserva de capital	Capítulo 2 Indicadores pertinentes para el bienestar presente y futuro	Capítulo 3 Indicadores de "reserva" de capital	Capítulo 3 Indicadores de "flujo" (inversión en reservas de capital y su agotamiento)	Capítulo 3 Otros factores de riesgo
Capital natural	Exposición anual a contaminación atmosférica ($PM_{2.5}$)	Concentración de gases de efecto invernadero en la atmósfera	Emisiones de gases de efecto invernadero per cápita	Especies en peligro de extinción
		Activos de la tierra: Cubierta forestal per cápita	Extracción de agua dulce per cápita	
		Recursos de agua dulce per cápita		
Capital humano	Logro educativo	Logro educativo de personas de 25 a 34 años de edad	Esperanza de escolaridad (5 a 39 años de edad)	Prevalencia de tabaquismo
	Competencias cognitivas de estudiantes de 15 años			Prevalencia de obesidad
	Competencias de la población adulta			
	Desempleo de largo plazo			
	Esperanza de vida al nacer			
Capital social	Participación electoral	Confianza en los demás		
	Compromiso de los actores interesados	Confianza en las instituciones públicas		
Capital económico	Patrimonio familiar neto	Activos fijos netos per cápita	Formación de capital bruto fijo	Endeudamiento del sector privado (familiar)
	Patrimonio financiero familiar neto	Capital de conocimiento per cápita	Inversión en IyD	Capital financiero neto del gobierno
		Capital financiero neto de la economía total per cápita		Apalancamiento del sector bancario

la participación electoral y el compromiso de los actores interesados (que pueden verse como inversiones en capital social), así como la exposición a la contaminación atmosférica (aspecto de la calidad del medio ambiente que puede tener implicaciones de corto y largo plazos para el bienestar). Cuando los beneficios (o costos) derivados de estos resultados se extienden al futuro, los mismos indicadores empleados para dar seguimiento al bienestar actual también brindarán información sobre el bienestar con el paso del tiempo. Para no repetir el material del Capítulo 2, las tendencias en estos aspectos del bienestar no se revisan a continuación, pero sí se destacan en la primera columna del Cuadro 3.1, y deben considerarse parte del "tablero" amplio de indicadores para evaluar los recursos para bienestar en el futuro.

Aunque las medidas aquí mostradas buscan contribuir a la comprensión de las reservas de capital natural, humano, social y económico disponibles para las generaciones presentes y futuras, de ninguna manera suponen una evaluación completa. Hay elementos importantes de las reservas de capital que no se incluyen en el tablero mostrado en el Cuadro 3.1. Entre los cuales se encuentran indicadores en las áreas de capital social (donde muchas medidas siguen todavía en desarrollo) y diversos aspectos del capital natural (por ejemplo, los recursos minerales, energéticos y de la tierra son omisiones notables). También podría tomarse en cuenta una variedad mucho mayor de indicadores de "flujo" y factores de riesgo.[2] Además, el bienestar de la generación más joven hoy será un insumo esencial para las reservas de capital humano, social y económico mañana; y tendrá consecuencias importantes para su bienestar como adultos. De ahí que sean igualmente oportunas las mediciones del bienestar en los niños descritas en el Capítulo 4 en relación con el debate del bienestar a lo largo del tiempo.

Incluso entre los indicadores del Cuadro 3.1, la cobertura por país, la comparabilidad en el tiempo y la calidad de los datos están limitadas en muchos de los casos. En otras palabras, los datos que se proporcionan en este capítulo son una primera recopilación de mediciones más que un conjunto "ideal" de indicadores. Para hacer una evaluación más completa de las perspectivas futuras del bienestar se requiere un tablero más amplio de indicadores, así como una comprensión más profunda de las interacciones entre los mismos. Un tema importante de investigación que también mejorará considerablemente la interpretación de estos datos es una evaluación de las relaciones no lineales, como los puntos críticos o los puntos de inflexión —aquellos donde las amenazas al bienestar futuro pueden incrementarse significativamente (y quizá de manera irreversible). No obstante, pese a que aún son necesarios muchos avances en este tema, este capítulo muestra que es posible comenzar a vigilar una amplia gama de recursos para el bienestar futuro a partir de los datos actualmente disponibles.

Capital natural

El *capital natural* se refiere a los aspectos críticos del medio ambiente natural. Puede incluir activos individuales tales como minerales, recursos energéticos, tierra, suelo, agua, árboles, plantas y vida silvestre; así como ecosistemas más amplios, es decir, el funcionamiento conjunto o interacciones entre diferentes activos medioambientales, como se aprecia en los bosques, el suelo, los ambientes acuáticos y la atmósfera. Algunos beneficios para el bienestar derivados de los activos naturales pueden percibirse "aquí y ahora": por ejemplo, disfrutar de aire limpio para respirar, agua potable para beber o áreas verdes para recreo, ocio y eventos comunitarios. En el Capítulo 2 se incluyen medidas de contaminación atmosférica y calidad del agua como indicadores de bienestar actual; no obstante, los efectos acumulativos de la exposición a la contaminación, en particular, tienen secuelas importantes para la salud con el paso del tiempo.

Muchos de los beneficios de los activos naturales provienen de su función en la producción de otros capitales, los cuales a su vez contribuyen al bienestar material y la calidad de vida de las personas hoy y en el futuro. Por ejemplo, los activos naturales a menudo desempeñan un papel central en la producción económica al proporcionar el espacio físico, la energía y las materias primas para actividades económicas que van desde la manufactura hasta la agricultura y el turismo. Los activos naturales son igualmente esenciales para el capital humano, por su función, entre otras cosas, de proveer de agua y alimentos, combustibles para calentar hogares y lugares de trabajo, y un ambiente de vida saludable para la gente. Los ecosistemas también llevan a cabo importantes tareas de eliminación de desechos (por ejemplo, al encapsular la contaminación, los residuos y el carbono) y de protección contra peligros naturales (como rayos ultravioletas o inundaciones). De manera similar, la competencia por los recursos naturales escasos o la incertidumbre sobre el abastecimiento futuro de alimentos, agua, minerales o energía pueden amenazar el capital social y generar conflictos dentro de los países y entre ellos. Aunque a menudo muchos de estos factores pasen inadvertidos en la vida cotidiana de las personas, tienen grandes implicaciones para el bienestar de largo plazo.

Existe una amplia variedad de indicadores para medir las reservas y flujos de capital natural, pero relativamente pocos de estos se recopilan de manera regular y consistente entre los países de la OCDE. Muchos de estos indicadores pertenecen a ciertos tipos de recursos (por ejemplo, agua dulce, bosques) que podrían ser naturalmente escasos en algunos países pero más o menos abundantes en otros. Las mejoras continuas de las metodologías de medición implican también que las comparaciones en el tiempo son un reto para la mayoría de los indicadores en cuestión. Para ilustrar el concepto de capital natural, se ha seleccionado un pequeño conjunto de medidas (véase el Recuadro 3.2) a partir de indicadores provenientes de la "base de activos naturales" que se presenta en la publicación de la OCDE *Green Growth Indicators* (OECD, 2014a), la cual, junto con *Environment at a Glance* (OECD, 2013b), contiene una serie de indicadores mucho más extensa.

Recuadro 3.2. **Indicadores ilustrativos para medir el capital natural**

Se eligieron los siguientes indicadores para ejemplificar el concepto de capital natural:

- **Superficie forestal por cada 1 000 habitantes:** se refiere a la reserva de tierra forestal y arbolada, expresada en kilómetros cuadrados. Incluye zonas forestales que abarquen más de 0.5 hectáreas y con una cubierta forestal de más de 10%, o árboles que alcancen estos umbrales *in situ*. Excluye bosques o zonas arboladas de uso predominantemente agrícola o urbano, o exclusivo para fines recreativos. Los datos aquí mostrados provienen de la base de datos *Environment Statistics* de la OCDE, la cual presenta información de la UNECE y la *Global Forest Resources Assessment* de la Organización de las Naciones Unidas para la Alimentación y la Agricultura (FAO). La metodología de evaluación de la FAO se basa en informes de los países, preparados por corresponsales nacionales, y teleobservación.
- **Emisiones de gases de efecto invernadero:** se refiere a las emisiones de seis tipos de gases de efecto invernadero generadas por el hombre —dióxido de carbono (CO_2, incluidas emisiones de uso de energía y procesos industriales, por ejemplo producción de cemento); metano (CH_4, incluidas emisiones de metano de desechos sólidos, ganado, extracción de hulla y lignito, arrozales, agricultura y filtraciones de conductos de gas natural); óxido nitroso (N_2O); hidrofluorocarburo (HFCs); perfluorocarburo (PFC) y hexafluoruro de azufre (SF_6)— ponderados por su "potencial de calentamiento". Los datos, que forman

Recuadro 3.2. **Indicadores ilustrativos para medir el capital natural** *(cont.)*

parte de la base de datos *Environment Statistics* de la OCDE, se compilan a partir de las presentaciones de inventarios nacionales 2014 a la Convención Marco sobre el Cambio Climático de las Naciones Unidas (UNFCCC), y de respuestas al Cuestionario sobre el Estado del Medio Ambiente de la OCDE. Los datos se refieren a emisiones brutas directas y excluyen emisiones o absorciones por el uso de suelo, cambio de uso de suelo y silvicultura.

- **Recursos renovables de agua dulce:** se expresan como la disponibilidad promedio anual de largo plazo, en metros cúbicos per cápita. Se refieren al flujo interno (el volumen total de aguas de escorrentía y aguas subterráneas generadas, en condiciones naturales, exclusivamente por precipitación en un territorio) más el flujo externo (volumen total del flujo de ríos y aguas subterráneas provenientes de territorios vecinos). Los datos aquí mostrados forman parte del conjunto de Indicadores de Crecimiento Verde de la OCDE y se tomaron de la base de datos *Environment Statistics* de la OCDE.
- **Extracciones de agua dulce:** se expresan como la extracción bruta de aguas subterráneas o de cuerpos de agua superficiales, en metros cúbicos per cápita. Incluyen extracciones para uso agrícola (por ejemplo, riego) e industrial (por ejemplo, refrigeración y procesos industriales), así como para suministro público. Para algunos países, estos datos se refieren a permisos más que a extracciones reales. Los datos aquí mostrados forman parte del conjunto de Indicadores de Crecimiento Verde de la OCDE y se tomaron de la base de datos *Environment Statistics* de la OCDE.
- **Especies amenazadas:** se refiere al porcentaje de mamíferos, aves y plantas vasculares "en peligro", "en peligro crítico" y "vulnerables", es decir, plantas y animales en peligro de extinción o que probablemente se encontrarán pronto en peligro de extinción, con base en las categorías y criterios de la Lista Roja de la IUCN (Unión Internacional para la Conservación de la Naturaleza). Los datos aquí mostrados no incluyen peces, reptiles, anfibios, invertebrados u hongos; se refieren al año más reciente disponible, que corresponde a finales de la década de 2000 para la mayoría de los países. La fuente de datos es el conjunto de Indicadores de Crecimiento Verde de la OCDE, parte de la base de datos *Environment Statistics* de la OCDE. Los datos de Israel fueron aportados por la Autoridad de Naturaleza y Parques de Israel. Los datos sobre el estado de especies amenazadas provienen de respuestas de los países al Aseguramiento Anual de la Calidad (AQA) de la serie de la OCDE sobre referencias medioambientales. Los datos fueron armonizados por el grupo de trabajo sobre información ambiental de la OCDE (WPEI).

La superficie forestal por cada 1 000 habitantes, junto con las medidas de la cubierta forestal, informan de la *cantidad* de bosques que se encuentran en una zona determinada, pero una imagen más completa de la reserva forestal incluiría también su *calidad*, es decir, aspectos como diversidad de las especies (tanto de árboles como de otras especies) y la degradación de los bosques, y si la cubierta forestal se encuentra muy fragmentada. Además, como en algunos países los bosques escasean de manera natural, es necesario considerar otras formas de vegetación natural. En este contexto, la fragmentación de zonas naturales contiguas sería otro posible indicador a considerar.

El estrés hídrico puede variar mucho dentro de los países y a lo largo del tiempo, pues diferentes regiones de un país pueden tener niveles distintos de recursos de agua dulce, y las variaciones estacionales pueden afectar el nivel de presión sobre esos recursos. Asimismo, las definiciones y métodos de estimación de los recursos de agua dulce pueden variar entre países y con el tiempo (OECD, 2014a).

Los datos sobre especies amenazadas sufren de diversas limitaciones: los estándares y definiciones de la IUCN se aplican con diferentes grados de rigor en los países y el número de especies conocidas o evaluadas no siempre refleja con precisión el número de especies existentes. Asimismo, no hay datos históricos disponibles o estos no son comparables (OECD, 2014a).

Un registro completo sobre la reserva de capital natural incluiría una gama mucho mayor de activos que la aquí mostrada (OECD 2013a; UNECE 2014). En los Indicadores de Crecimiento Verde de la OCDE se suministran mayores detalles sobre otros activos naturales fundamentales, como una descripción completa de los cambios de uso de suelo, extracción de agua y abundancia de especies (OECD, 2014a).

Con el tiempo, estos indicadores incluirán medidas de una gama más amplia de activos naturales, entre ellas: i) la disponibilidad y calidad de reservas de recursos naturales renovables, como agua dulce,

Recuadro 3.2. **Indicadores ilustrativos para medir el capital natural** *(cont.)*

bosques y peces; ii) la disponibilidad y accesibilidad de reservas de recursos naturales no renovables, como metales, minerales industriales y portadores de energías fósiles, y iii) diversidad biológica y ecosistemas, incluida la diversidad de especies y hábitats, así como la productividad de la tierra y los recursos del suelo.

La OCDE trabaja en la puesta en marcha de aspectos clave de la nueva norma internacional del Sistema de Contabilidad Ambiental y Económica (SEEA). Su objetivo es brindar medidas de capital natural que complementen las medidas de capital económico en el sistema de cuentas nacionales.

Lecturas sugeridas:

- FAO (UN Food and Agriculture Organisation) (2010), *Global Forest Resources Assessment 2010 Main Report*, FAO Forestry Paper 163, *http://www.fao.org/docrep/013/i1757e/i1757e.pdf.*
- IEA (2014), *Energy, Climate Change and Environment: 2014 Insights*, IEA, París, *http://dx.doi.org/10.1787/9789264220744-en.*
- OECD (2014a), *Green Growth Indicators 2014*, OECD Green Growth Studies, OECD Publishing, París, *http://dx.doi.org/10.1787/9789264202030-en.*
- OECD (2012), *OECD Environmental Outlook to 2050: The Consequences of Inaction*, OECD Publishing, París, *http://dx.doi.org/10.1787/9789264122246-en.*

Los ***bosques*** desempeñan muchas y diversas funciones medioambientales, socioeconómicas y culturales. Por ejemplo, proveen de insumos en la producción económica, como madera para construcción, combustibles, productos derivados de la madera y relacionados con el papel; protegen la tierra y el suelo de la erosión e inundaciones; constituyen un hábitat para la flora y la fauna silvestres; y son un espacio para la recreación y el ocio. Los bosques también desempeñan una función decisiva en el ciclo global del carbono, pues actúan como un sistema de absorción.

En general, los países de la OCDE albergan 25% de la superficie forestal mundial, y en promedio, cerca de un tercio del territorio de estos países está cubierto por bosques. En Finlandia, Suecia y Japón los bosques cubren más del 65% del territorio total, pero la cifra cae por debajo del 10% en el caso de Islandia e Israel (OECD, 2014a). En relación con el tamaño de sus poblaciones (Gráfica 3.2), Noruega, Suecia, Finlandia, Australia y Canadá contaban con reservas forestales de más de 20 km^2 por cada 1 000 habitantes en 2011, mientras que la mayoría de los países de la OCDE tenían menos de 5 km^2; en Israel, Países Bajos y Reino Unido, el valor está por debajo de 1 km^2 por cada 1 000 habitantes.

Entre 2000 y 2012, el área forestal promedio por cada 1 000 habitantes en la zona de la OCDE bajó 7%, de 9.1 km^2 en 2000 a 8.4 km^2 en 2012. En Australia, Canadá y Brasil tuvieron lugar grandes disminuciones. En los casos de Australia y Brasil, estas disminuciones son consecuencia tanto de reducciones en la cubierta forestal como porcentaje del territorio total (de 20% a 19% en el caso de Australia, y de 65% a 62% en el de Brasil), así como de incrementos en la población. En el caso de Canadá, la cubierta forestal como porcentaje del territorio total se ha mantenido estable, pero la población se ha incrementado sustancialmente, por lo que el área forestal per cápita ha disminuido.

Al tiempo que los bosques suponen muchos beneficios locales, la reserva total de recursos forestales también es importante a escala global. La reducción desde 2000 de la superficie forestal per cápita en los países de la OCDE ocurrió en el contexto de una mayor tendencia global a la deforestación, con pérdidas mundiales netas calculadas en cerca de 5.2 millones de hectáreas por año —un área cercana al tamaño de Costa Rica— entre 2000 y 2010 (FAO, 2010).

Gráfica 3.2. **Superficie forestal**

Superficie forestal en kilómetros cuadrados, por cada 1 000 personas

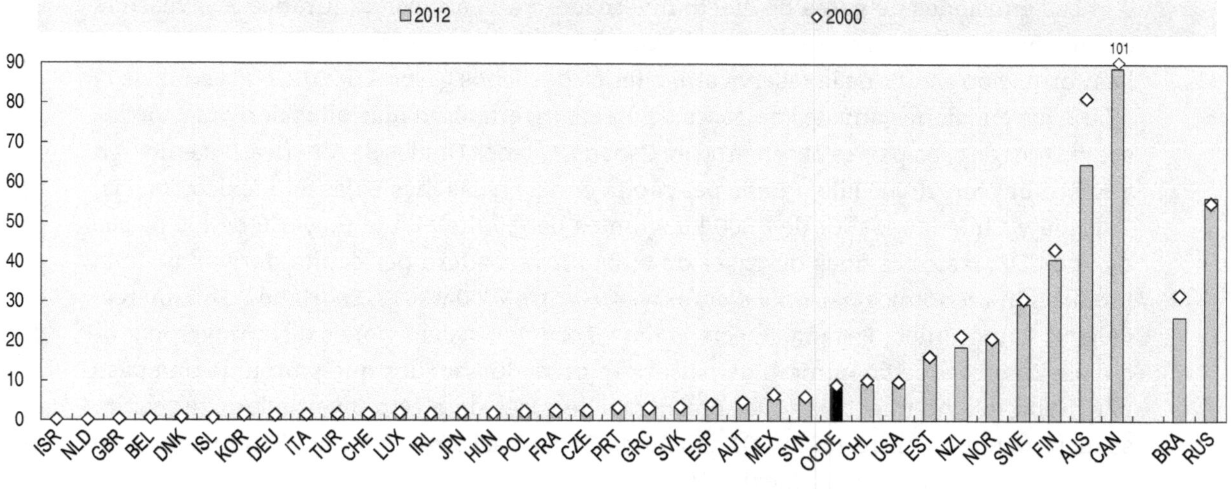

Nota: El primer año disponible es 2009 para Estados Unidos de América. El promedio de la OCDE se pondera por la población.

Fuente: Cálculos de la OCDE con base en "Land Resources", base de datos *OECD Environment Statistics*, *http://stats.oecd.org/Index.aspx?DataSetCode=LAND_USE.*

StatLink *http://dx.doi.org/10.1787/888933267800*

En algunos países los bosques son escasos por naturaleza, por lo que es necesario considerar la cubierta forestal junto con otras medidas de vegetación y hábitats naturales, así como información sobre el cambio de uso de suelo (por ejemplo, la cantidad de territorio cubierto por las áreas urbanas). La fragmentación hecha por el hombre de la vegetación natural y las áreas ricas en biodiversidad (por ejemplo, a consecuencia de construcciones e infraestructura para el transporte) puede tener consecuencias importantes para los hábitats de especies, de ahí que la fragmentación de áreas naturales contiguas también sería un indicador valioso para considerarse en el futuro.

La ***atmósfera*** es un activo natural compartido globalmente que desempeña un papel central en la regulación del clima. En particular, la concentración de gases de efecto invernadero en la atmósfera es un factor de riesgo crítico para el cambio climático que, si no se vigila, tendrá profundas consecuencias para el bienestar humano en el futuro (OECD, 2012; OECD, 2015a). En sus niveles actuales, las concentraciones de los seis gases de efecto invernadero contemplados en el Protocolo de Kyoto[3] implican 50% de probabilidades de que el aumento de la temperatura global no exceda 2 grados Celsius los niveles preindustriales (Agencia Europea de Medio Ambiente, 2015). Por tanto, estabilizar las concentraciones de gases de efecto invernadero en la atmósfera es un reto clave de política internacional.

Las concentraciones atmosféricas de CO_2 y de otros gases de efecto invernadero son reportadas por la Organización Meteorológica Mundial (OMM), agencia especializada de las Naciones Unidas. En su *Greenhouse Gas Bulletin* de 2014 (OMM, 2014) informó que los cálculos globales promedio de las concentraciones en la atmósfera de dióxido de carbono (CO_2), gas metano (CH_4) y óxido nitroso (N_2O) alcanzaron nuevos máximos en 2013, con valores globales promedio de CO_2 de 396.0 +/-0.1 partes por millón (ppm); CH_4 de 1824 +/-2 partes por trillón (ppt); y N_2O de 325.9 +/-0.1 ppt. Esto significa que las concentraciones actuales de CO_2 son 42% más altas que en los tiempos preindustriales (es decir, antes de 1750); las de CH_4, 153% más altas, y las de N_2O, 21% más altas. Entre 2012 y 2013 se registró el mayor cambio anual de CO_2 atmosférico desde 1984, a 2.9 ppm (OMM, 2014). Juntos, los seis gases de efecto invernadero contemplados en el Protocolo de Kyoto alcanzaron

449 ppm de CO_2 equivalente en 2012, un incremento de 171 ppm (cerca de +62%) en comparación con los niveles preindustriales (Agencia Europea de Medio Ambiente, 2015).[4]

Las emisiones de gases de efecto invernadero a la atmósfera (Gráfica 3.3, véase la definición en el Recuadro 3.2) constituyen un indicador de "flujo" que complementa la información acerca de la reserva atmosférica de dichos gases. En 2012, en la zona de la OCDE, las emisiones anuales de gases de efecto invernadero más altas derivadas de las actividades de cada país se observaron en Canadá, Estados Unidos de América, Luxemburgo y Australia (con 20000 kilogramos per cápita o más), y las más bajas en México, Suecia, Turquía y Chile (alrededor de 6000 kilogramos per cápita). En la mayoría de los países de la OCDE, las emisiones de gases de efecto invernadero per cápita derivadas de la producción económica nacional disminuyeron entre 2000 y 2012. En Irlanda, Dinamarca, Bélgica, Reino Unido, España, Suecia, Italia y Portugal, las emisiones disminuyeron 20% o más. En un reducido número de países —a menudo aquellos que parten de una base per cápita mucho más baja—, las emisiones de gases de efecto invernadero per cápita se incrementaron entre 2000 y 2012, incluida Corea (casi 30%), Estonia y Turquía (más de 15%), Federación de Rusia y México (10% o más).

Gráfica 3.3. **Emisiones de gases de efecto invernadero derivadas de la producción nacional**

Kilogramos per cápita de CO_2 equivalente, en miles

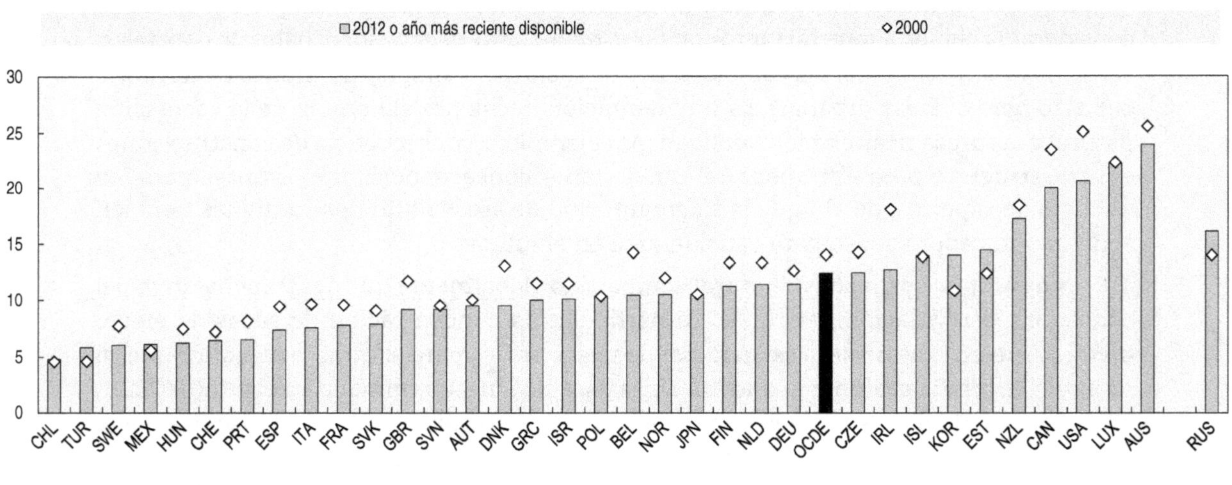

Nota: El año más reciente disponible es 2011 para Israel y Corea; 2010 para México; y 2006 para Chile. El promedio de la OCDE se pondera por la población.

Fuente: "Greenhouse gas emissions by source", base de datos *OECD Environment Statistics, http://dx.doi.org/10.1787/data-00594-en.*

StatLink *http://dx.doi.org/10.1787/888933267817*

Expresar las emisiones de carbono sobre una base per cápita significa que si la población de un país aumenta, sus emisiones totales pueden incrementarse aunque se reduzcan los niveles per cápita. Independientemente del lugar de origen de las emisiones, sus efectos son por naturaleza transfronterizos: contribuyen a mayores concentraciones de gases de efecto invernadero en la atmósfera sin importar dónde se emitan, y se espera que los efectos del cambio climático se resientan con mayor dureza en algunos de los países que han contribuido menos a las emisiones globales. Además, las emisiones vinculadas a la producción económica de un país no necesariamente reflejan las emisiones causadas por los hábitos de consumo de ese país. Las mediciones experimentales de emisiones de CO_2 derivadas del consumo, como se aprecia en el comercio internacional (y a partir de los cuadros globales de insumos-productos), indican que los países de la OCDE son importadores netos de carbono integrado; es decir, para la OCDE en su conjunto, las emisiones derivadas del consumo son mayores que las de aquellas provenientes de la producción (OECD, 2015b, *www.oecd.org/sti/inputoutput/co2*).

Los ***recursos de agua dulce*** son insumos esenciales tanto para la agricultura como para la producción industrial, así como para el abastecimiento de agua de un país. La disponibilidad promedio de recursos de agua dulce renovables varía notablemente entre los países de la OCDE (Gráfica 3.4). Los niveles más altos corresponden a Islandia, Nueva Zelanda, Canadá, Noruega y Chile, cada uno con más de 50 000 m³ de recursos de agua dulce renovables per cápita disponibles al año. Ello contrasta con la mayoría de los países de la OCDE, donde suele haber disponibles menos de 20 000 m³ (el promedio de la OCDE es de 9 080 m³ per cápita). Las tasas menores de reservas de recursos de agua dulce renovables corresponden a Israel, Corea, República Checa, Polonia, Bélgica e Italia, cada uno con menos de 2 000 m³ per cápita disponibles al año.

Gráfica 3.4. **Total de recursos renovables de agua dulce**

1 000 m³ per cápita, disponibilidad promedio anual de largo plazo

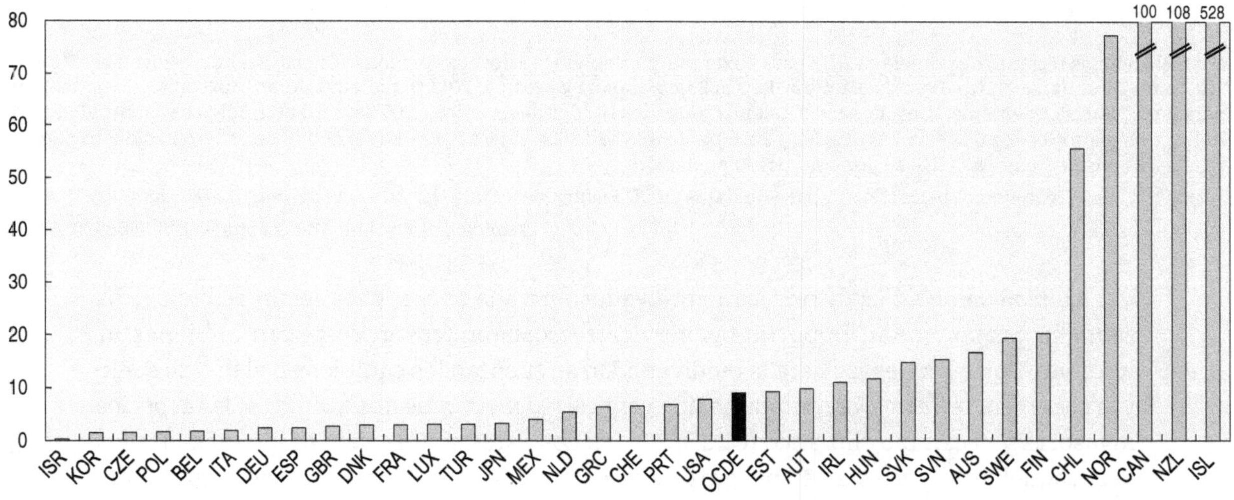

Nota: Los valores para Reino Unido se refieren solo a Inglaterra y Gales. Los valores para Canadá (100), Nueva Zelanda (108) e Islandia (528) exceden los límites de la gráfica. El promedio de la OCDE se pondera por la población.

Fuente: "Water: Freshwater resources", base de datos *OECD Environment Statistics, http://dx.doi.org/10.1787/env-data-en.*

StatLink http://dx.doi.org/10.1787/888933267825

Las extracciones de agua dulce brindan alguna información sobre la intensidad de uso de agua. Entre los países de la OCDE para los cuales se dispone de datos, las mayores extracciones brutas de agua dulce se registran en Estados Unidos de América, Finlandia, Estonia, Nueva Zelanda y Canadá (más de 1 000 m³ per cápita), y las menores en Luxemburgo, Dinamarca, Reino Unido, República Checa, Irlanda e Israel (menos de 200 m³ per cápita) (Gráfica 3.5). Mientras que ciertos países con altas tasas de extracción poseen recursos de agua dulce relativamente abundantes (por ejemplo, Nueva Zelanda, Finlandia, Canadá), varios países de la OCDE (por ejemplo, Países Bajos, Bélgica, Hungría e Israel) experimentan "estrés hídrico" en relación con sus recursos hidrológicos internos (con extracciones de más de 40% de los recursos disponibles). Luego de incrementarse durante la década de 1970, la extracción total de agua dulce en la zona de la OCDE en su conjunto se mantuvo estable entre 1990 y 2011 (OECD, 2014a). Sin embargo, a nivel mundial se estima que el crecimiento de la demanda de agua en el último siglo fue de más del doble de la tasa del crecimiento demográfico (OECD, 2014a; 2015c). Asimismo, se espera que el estrés hídrico global aumente en el futuro: se proyecta que hacia 2050 más de 40% de la población del mundo viva con grados severos de estrés hídrico (OECD, 2012; 2013c).

Gráfica 3.5. **Extracciones de agua dulce**

Metros cúbicos per cápita, año más reciente disponible después de 2006

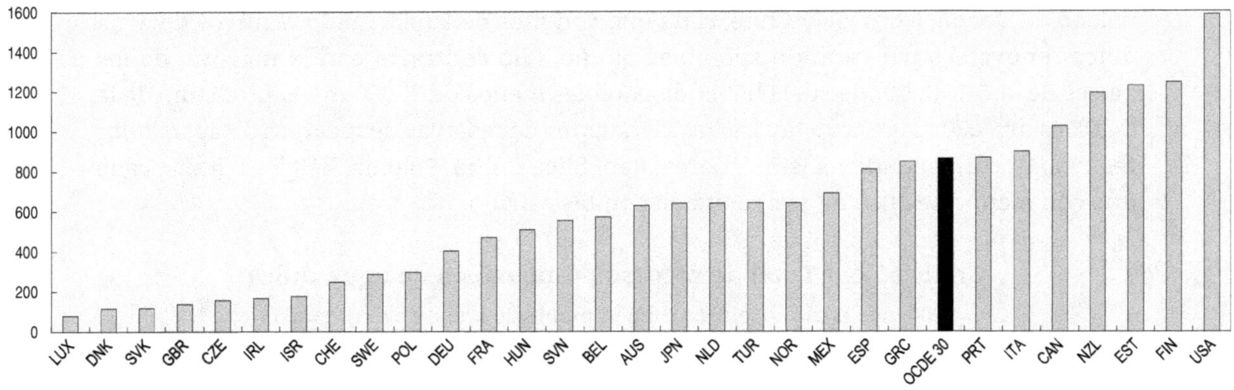

Nota: El año más reciente disponible es 2013 para Luxemburgo, República Eslovaca, República Checa, Polonia, Eslovenia y México; 2012 para Dinamarca, Suiza, Francia, Hungría, Países Bajos, España y Estonia; 2011 para Reino Unido, Australia y Canadá; 2010 para Israel, Suecia, Alemania, Turquía, Nueva Zelanda y Estados Unidos de América; 2009 para Irlanda, Bélgica y Japón; 2008 para Italia; 2007 para Noruega, Grecia y Portugal; y 2006 para Finlandia. Los valores para Reino Unido se refieren solo a Inglaterra y Gales. El promedio de la OCDE se pondera por la población.

Fuente: "Water: Freshwater abstractions", base de datos *OECD Environment Statistics*, *http://dx.doi.org/10.1787/data-00602-en.*

StatLink *http://dx.doi.org/10.1787/888933267835*

La ***biodiversidad*** es intrínsecamente valiosa para la gente, y los recursos biológicos también proporcionan importantes servicios ecosistémicos que apoyan el bienestar humano. Entre los riesgos para la biodiversidad se cuentan los cambios en el uso de suelo y la cobertura terrestre, la contaminación general y por compuestos químicos, las especies invasoras y el cambio climático (OECD, 2014a). Los datos sobre especies amenazadas (es decir, aquellas que ya están en peligro de extinción o que probablemente lo estarán pronto; véase la definición en el Recuadro 3.2) son indicativos de la presión sobre la biodiversidad.

Como se muestra en la Gráfica 3.6, los riesgos para la biodiversidad difieren mucho entre los países de la OCDE, según se consideren mamíferos, aves o plantas vasculares. Más del 30% de las especies de mamíferos conocidas están amenazadas en Israel, Eslovenia, Hungría, Alemania y Suiza; más de 30% de las especies de aves conocidas están amenazadas en República Checa, Luxemburgo, Islandia, Alemania y Suiza; y 30% o más de las especies de plantas vasculares conocidas están amenazadas en Austria, República Checa y República Eslovaca (Gráfica 3.6, Panel A). Por otro lado, menos del 20% de cada tipo de especie está amenazado en Canadá, Dinamarca, Estonia, Corea y Turquía. Cuando se considera el porcentaje de especies autóctonas (en vez del porcentaje de especies conocidas), la proporción de especies amenazadas suele ser mayor (Gráfica 3.6, Panel B). En la mayoría de los países de la OCDE el número identificado de especies animales y vegetales amenazadas ha aumentado con el tiempo; en todo el mundo, una de cada ocho especies de aves está en peligro de extinción (OCDE, 2014a).

Gráfica 3.6. Especies amenazadas, año más reciente disponible

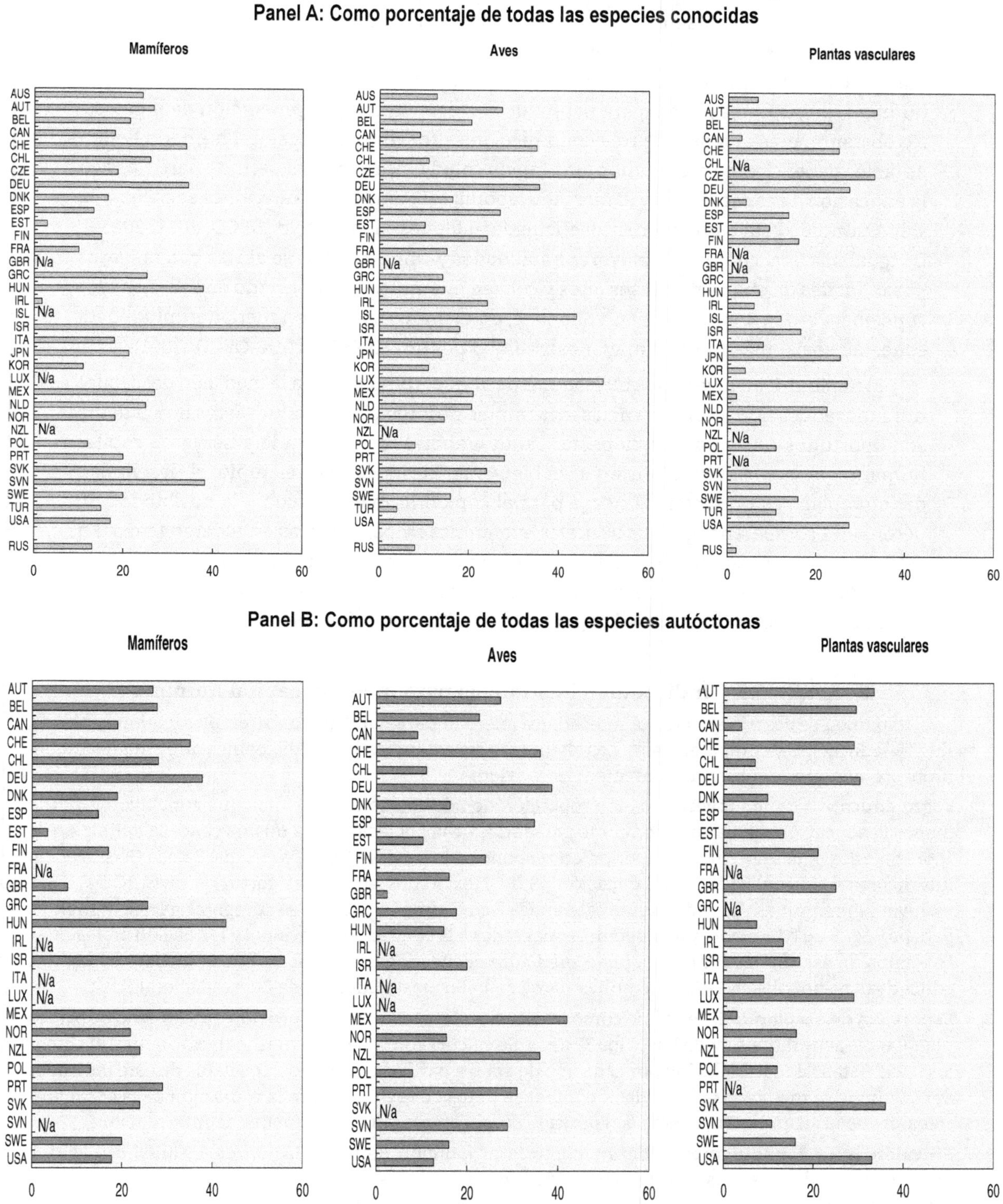

Nota: El término "amenazadas" se refiere a especies "en peligro", "en peligro crítico" y "vulnerables", es decir, especies en peligro de extinción y especies que probablemente se encontrarán pronto en peligro de extinción. Estos datos se refieren al año más reciente disponible, el cual corresponde a finales de la década de 2000 en la mayoría de los países.

Fuente: "Threatened species", base de datos *OECD Environment Statistics, http://dx.doi.org/10.1787/data-00605-en*; los datos de Israel fueron aportados por la Autoridad de Naturaleza y Parques de Israel.

StatLink http://dx.doi.org/10.1787/888933267841

Capital humano

El capital humano se refiere en general a las habilidades, competencias y estado de salud de las personas. El concepto de capital humano tuvo sus orígenes en estudios realizados sobre la importancia de la "calidad" del trabajo, que consideraba al capital humano un insumo esencial para la producción económica y la generación de ingresos. No obstante, más allá de este rol económico, los altos niveles de capital humano tienen notables beneficios no monetarios: una buena salud física y mental permite participar en la educación, la capacitación y el mercado laboral, así como en las relaciones sociales, y la salud también está estrechamente vinculada al bienestar subjetivo (OECD, 2011; 2013a). De igual manera, contar con mayores habilidades y competencias se asocia con mayores posibilidades de obtener ingresos altos y conseguir empleo, mejor estado de salud, mayor conciencia cívica y participación política; y, en el marco social, con menor criminalidad, cohesión social más fuerte y mayor estabilidad política (UNECE, 2014; OECD, 2011).

El Capítulo 2 incluye varios indicadores de gran pertinencia para la medición del capital humano: educación y competencias, desempleo de largo plazo y salud. Estos indicadores son oportunos tanto para el bienestar "aquí y ahora", como para la reserva de capital humano que contribuirá a preservar el bienestar "después". Por ejemplo, el desempleo de largo plazo es un factor de riesgo para el capital humano debido a la posibilidad de pérdida de competencias y sus secuelas económicas y psicológicas en el largo plazo. En este capítulo se presentan indicadores adicionales que brindan información acerca de la *reserva futura* de competencias, junto con indicadores seleccionados de factores de riesgo que podrían afectar la salud de las personas en el futuro (véase el Recuadro 3.3).

Recuadro 3.3. **Indicadores ilustrativos para medir el capital humano**

En el Capítulo 2 se describieron varios indicadores referentes al capital humano ("empleo y remuneración", "salud" y "educación y competencias"). Los siguientes cuatro indicadores adicionales ofrecen ideas sobre el probable suministro futuro de competencias y salud:

- **Logro educativo de los jóvenes:** es la proporción de adultos de 25 a 34 años que concluyeron por lo menos la educación media superior, como porcentaje de la población de la misma edad. La definición de "por lo menos educación media superior" corresponde a los niveles 3 o mayores que 3 de la Clasificación Internacional Normalizada de la Educación (ISCED) (excluidos programas cortos de nivel 3C ISCED), e incluyen *i)* programas definidos como "generales", cuyo propósito suele ser preparar a los estudiantes para proseguir su educación, y *ii)* programas orientados a la educación vocacional y formación profesional. Los datos de este indicador se recopilan mediante el cuestionario anual de la OCDE sobre categorías educativas nacionales (NEAC), que utiliza datos de la Encuesta Europea de Fuerza Laboral (LFS).
- **Esperanza de escolaridad:** se define como la duración promedio de la educación que un niño de 5 años puede esperar durante su vida hasta los 39 años. Se calcula con base en la matriculación actual al sumar las tasas netas de matriculación por cada año de edad a partir de los 5 años. Los datos de este indicador se obtienen por medio de la recopilación anual de datos de la OCDE sobre la transición de la escuela al trabajo, que utilizan las Encuestas de Fuerza Laboral como su principal fuente de información.[5]
- **Prevalencia de tabaquismo:** se define como la proporción de la población de 15 años o más que dicen fumar todos los días. La comparabilidad internacional se ve limitada debido a la falta de una estandarización en la medición de hábitos de tabaquismo en estudios sobre salud realizados mediante entrevistas en los países de la OCDE. Por ejemplo, hay variaciones en la redacción de la pregunta, en las categorías de respuestas ofrecidas a los entrevistados y en los métodos para recopilar los datos. Asimismo, los procesos de recopilación de datos en los países de la OCDE son periódicos más que anuales.

Recuadro 3.3. **Indicadores ilustrativos para medir el capital humano** *(cont.)*

Los datos provienen de entrevistas nacionales sobre salud, encuestas sobre el tema y otras fuentes de encuestas familiares, y se recaban como parte de la *OECD Health Statistics Database.*

- **Obesidad** (autorreportada por el afectado o medida): se refiere al porcentaje de personas de 15 años de edad o más que cumplen los criterios para considerarse obesos, definido como un Índice de Masa Corporal (IMC) de 30 o más. Este índice evalúa el peso de una persona en relación con su estatura (peso/altura^2, donde el peso se mide en kilogramos y la estatura en metros). La clasificación de obesidad que aquí se utiliza podría no ser la adecuada para todos los grupos étnicos, los cuales podrían tener niveles equivalentes de riesgo con un IMC menor o mayor. Los datos aquí mostrados se refieren a diversas fuentes en diferentes países (véase la nota de la Gráfica 3.11): en algunos países se basan en información reportada por la persona en encuestas sobre salud realizadas por medio de entrevistas (que utilizan diversos formatos de preguntas y escalas de respuesta), en tanto que en otros se mide directamente en exámenes médicos (con métodos de administración variados). Por lo general, las estimaciones de los exámenes médicos son más altos y confiables que los de las entrevistas sobre el tema (OECD, 2013d). Los datos se toman de la *OECD Health Statistics Database.*

Las medidas de logro educativo y esperanza de escolaridad reflejan el nivel de escolaridad o certificaciones obtenidas por las personas, pero no reflejan la calidad de la educación ni de las competencias que hayan desarrollado o retenido. Diferentes facetas de los conocimientos, competencias y salud de las personas pueden combinarse para influir en la reserva total de capital humano; no obstante, cada una de estas características de forma aislada brinda tan solo una condición necesaria, más no suficiente, del capital humano.

Por consiguiente, y de manera ideal, las medidas de capital humano deberían considerar la distribución conjunta de estos factores para capturar el concepto de *reserva* de capital humano. Este ha sido el objetivo de las técnicas desarrolladas para estimar el valor monetario de dicha reserva, como el enfoque sobre el ingreso obtenido a lo largo de la vida (véase un análisis al respecto en Boarini *et al.*, 2012, y un ejemplo en Liu, 2011). Sin embargo, los enfoques actuales tienden a centrarse solo en el valor *económico* de la reserva total de capital humano y excluyen la amplia gama de beneficios de bienestar no comerciales que pueden emanar de factores como mejores competencias y mejor salud.

Lecturas sugeridas:

- Boarini, R., M. Mira d'Ercole y G. Liu (2012), "Approaches to Measuring the Stock of Human Capital: A Review of Country Practices", *OECD Statistics Working Papers*, 2012/04, OECD Publishing, París, *http://dx.doi.org/10.1787/5k8zlm5bc3ns-en.*
- Liu, G. (2011), "Measuring the Stock of Human Capital for Comparative Analysis: An Application of the Lifetime Income Approach to Selected Countries", *OECD Statistics Working Paper No. 41, 2011/06*, OECD Publishing, París, *http://dx.doi.org/10.1787/5kg3h0jnn9r5-en.*
- OECD (2015d), *Education at a Glance Interim Report: Update of Employment and Educational Attainment Indicators*, OECD, París, *www.oecd.org/edu/EAG-Interim-report.pdf.*
- OECD (2013d), *Health at a Glance 2013: OECD Indicators*, OECD Publishing, París, *http://dx.doi.org/10.1787/health_glance-2013-en.*

Desde la perspectiva del capital humano, el ***logro educativo*** de la generación más joven es particularmente importante, pues refleja la reserva de competencias que será necesaria en los años por venir. La Gráfica 3.7 muestra la proporción de personas de 25 a 34 años de edad que han completado por lo menos la educación media superior en 2000, 2007 y 2013. Las tasas de terminación difieren de país a país: en Corea y Japón, las tasas de educación media superior entre los adultos jóvenes duplican las de Turquía y México. Portugal, España, Italia e Islandia también presentan bajas tasas de logro entre los adultos jóvenes en comparación con el promedio de la OCDE.

La mayoría de los países de la OCDE registró incrementos sostenidos en el logro educativo de los adultos jóvenes (24 a 34 años) desde 2000, lo que en especial aplica para los países que partieron de una base más baja. El crecimiento acumulativo promedio de la OCDE en la obtención de educación media superior de 2000 a 2007 fue de 5 puntos porcentuales; posteriormente el crecimiento bajó a 3 puntos porcentuales entre 2007 y 2013. Entre 2000 y 2013, los mayores aumentos acumulativos de escolaridad tuvieron lugar en Portugal (29 puntos porcentuales), Turquía (20 puntos), Reino Unido (19 puntos), Luxemburgo (18 puntos) y Australia (17 puntos). En el mismo periodo, el crecimiento en la enseñanza media superior entre los adultos jóvenes fue mucho más débil (menos de 2 puntos porcentuales) en República Eslovaca, Suiza, Estados Unidos de América, República Checa y Alemania —aunque cada uno de estos países partió de una posición mucho más fuerte en 2000. En abrupto contraste con la mayoría de los países, la escolaridad de los adultos jóvenes en 2013 fue inferior a los niveles de 2000 en Estonia (–3 puntos porcentuales) y Dinamarca (–5 puntos).

Gráfica 3.7. **Logro educativo entre personas de 25 a 34 años de edad**

Porcentaje de personas que terminó por lo menos la educación media superior

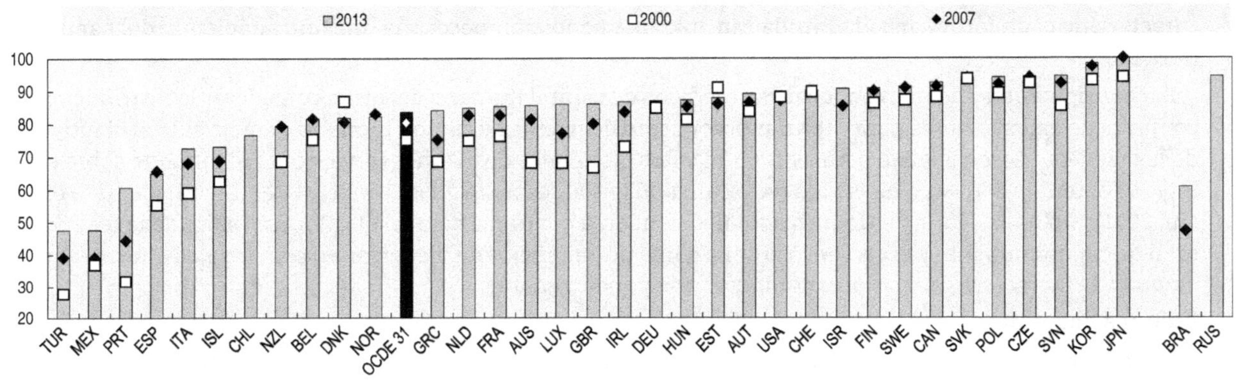

Nota: El año más reciente disponible es 2012 para la Federación de Rusia y 2011 para Chile. El primer año mostrado es 2007 para Noruega, debido a una interrupción en la serie. El promedio de la OCDE se pondera por la población.

Fuente: OECD (2015d), *Education at a Glance Interim Report: Update of Employment and Educational Attainment Indicators*, OECD Publishing, París, *www.oecd.org/edu/EAG-Interim-report.pdf.*

StatLink http://dx.doi.org/10.1787/888933267856

La ***esperanza de escolaridad*** también aporta información sobre la oferta probable de competencias en el futuro. En la mayoría de los países de la OCDE, la esperanza de escolaridad para los niños que hoy tienen 5 años es que cursen estudios durante casi 18 años adicionales, en promedio. En Islandia, Finlandia, Dinamarca, Australia y Suecia, este número sube a 19 años adicionales o más (Gráfica 3.8), mientras que en México, Luxemburgo e Israel se limita a 16 años o menos. Al comparar con las mediciones de los años promedio de escolaridad de la población en edad laboral actual, este indicador sugiere que el proceso de reemplazo generacional puede aumentar hacia 2050 en casi 6 años de escolaridad el promedio de la OCDE, desde 3 años en Japón y Reino Unido hasta 9 años o más en Portugal, Eslovenia y Turquía.

Gráfica 3.8. **Esperanza de escolaridad**

Número promedio de años de educación que un niño de 5 años de edad puede esperar concluir (antes de cumplir 39 años), 2012

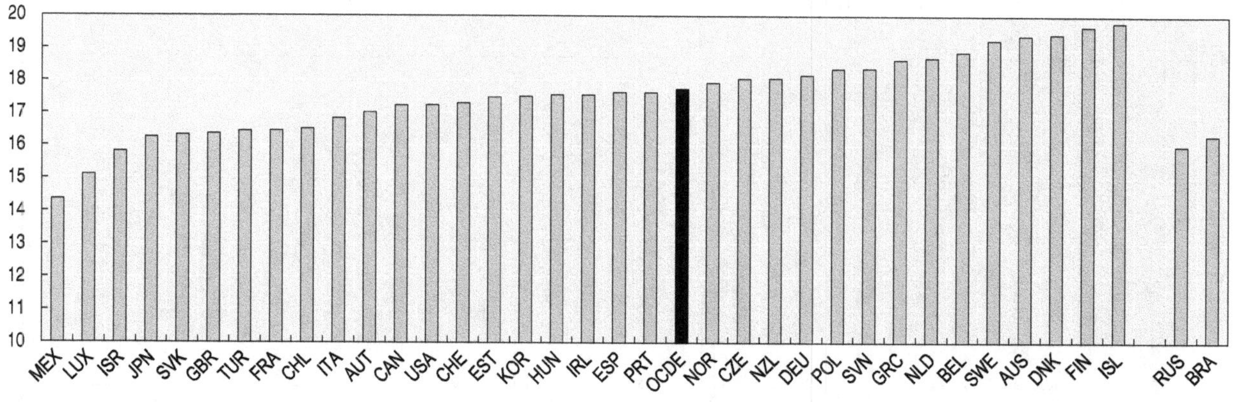

Nota: El año más reciente disponible es 2011 para Canadá. La información de Alemania excluye programas avanzados de investigación.

Fuente: OECD (2014b), *Education at a Glance 2014: OECD Indicators*, OECD Publishing, París, *http://dx.doi.org/10.1787/eag-2014-en.*

StatLink *http://dx.doi.org/10.1787/888933267865*

Como se describe en el Capítulo 2 de esta publicación, la esperanza de vida al nacer aumentó en todos los países de la OCDE en los últimos años, incluso entre aquellos que muestran la mayor longevidad (véase también Oeppen y Vaupel, 2002; Wilmoth, 2011). Al mismo tiempo, diversos factores de riesgo (que van desde la hipertensión hasta el consumo excesivo de azúcar y sal) podrían afectar la salud de las personas en el futuro, sobre todo el tabaquismo y la obesidad. Aunque estos factores no necesariamente inciden en la salud de la gente "aquí y ahora", pueden constituir un gran riesgo para la salud a lo largo de la vida.

El ***tabaquismo*** es el mayor factor de riesgo para la salud que se puede evitar en los países de la OCDE (OECD, 2013d). La Gráfica 3.9 muestra que la mayor prevalencia del tabaquismo diario entre los adultos se observa en Grecia (cerca del 40%), Chile (30%) y Hungría y Estonia (más del 25%). Las menores tasas de tabaquismo corresponden a Islandia y México, donde menos de un adulto de cada ocho fuma diariamente. Durante la última década, la prevalencia de tabaquismo disminuyó radicalmente en muchos países. En Islandia, Noruega, Nueva Zelanda, Luxemburgo y Países Bajos la proporción de adultos que afirman fumar todos los días se redujo más de 10 puntos porcentuales desde 2000. Las menores disminuciones (alrededor de 1 punto porcentual) en la incidencia del tabaquismo se registran en México, Grecia y Federación de Rusia, mientras que en Eslovenia el número de adultos que indican ser fumadores diarios se incrementó ligeramente desde 2000.

Más hombres que mujeres reportan fumar diariamente en la mayoría de los países de la OCDE (Gráfica 3.10, mitad superior), con dos excepciones: Islandia y Suecia, los dos países donde el tabaquismo es menos prevaleciente en general. Las diferencias entre hombres y mujeres también son relativamente pequeñas en Noruega, Nueva Zelanda, Australia, Reino Unido e Irlanda. Las mayores brechas de género en la OCDE se localizan en Corea, Turquía, Japón, Portugal, República Eslovaca, Israel y México, donde es por lo menos dos veces más probable que los hombres fumen en comparación con las mujeres. En la Federación de Rusia, es por lo menos tres veces más probable que los hombres fumen diariamente en comparación a las mujeres.

Gráfica 3.9. **Prevalencia de tabaquismo**

Porcentaje de personas de 15 años de edad o más que reportó fumar todos los días

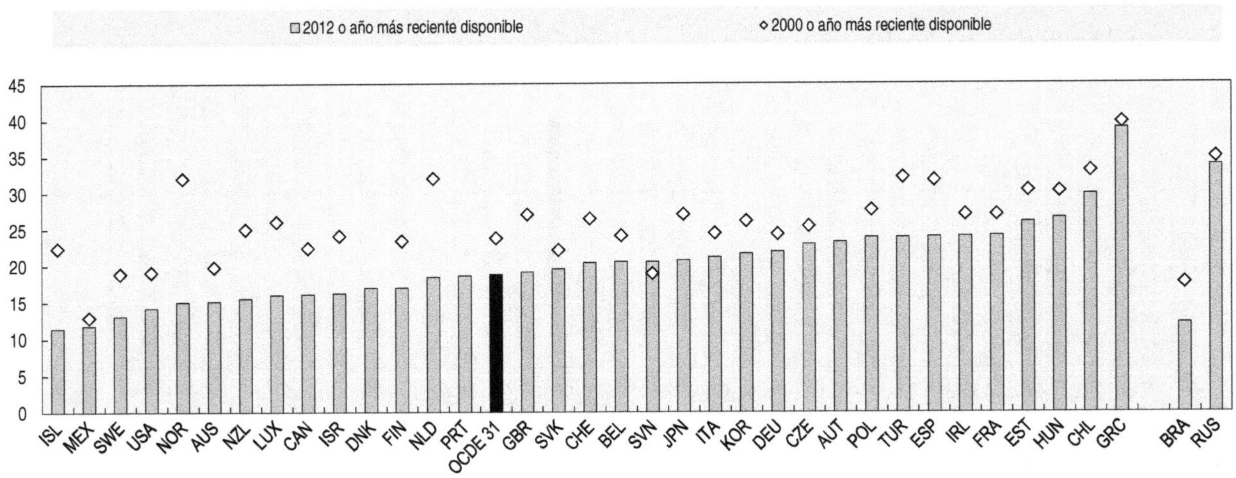

Nota: El año más reciente disponible es 2013 para Dinamarca, Islandia, Israel, Italia, Luxemburgo, Nueva Zelanda y Noruega; 2011 para España y Reino Unido; 2010 para Australia y Grecia; 2009 para Chile, Alemania, Hungría, Polonia, República Eslovaca y Federación de Rusia; 2008 para Bélgica; 2007 para Irlanda; y 2006 para Austria y Portugal. El primer año mostrado es 2001 para Australia, Bélgica, Canadá, Corea, Luxemburgo, Polonia y España; 2002 para Irlanda y Suiza; 2003 para Chile, Alemania, República Eslovaca, Turquía y Brasil; 2004 para República Checa; 2007 para Eslovenia; y 2008 para Grecia. El promedio de la OCDE se pondera por la población.

Fuente: "Non-medical determinants of health", base de datos *OECD Health Statistics*, *http://dx.doi.org/10.1787/data-00546-en.*

StatLink http://dx.doi.org/10.1787/888933267873

Gráfica 3.10. **Prevalencia de tabaquismo entre hombres y mujeres**

Porcentaje de personas de 15 años de edad o más que reportó fumar todos los días, en 2012, y su cambio desde 2000

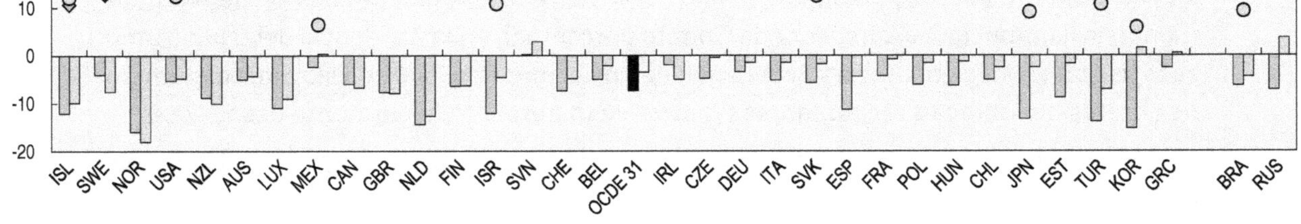

Nota: El año más reciente disponible es 2013 para Dinamarca, Islandia, Israel, Italia, Luxemburgo, Nueva Zelanda y Noruega; 2011 para España y Reino Unido; 2010 para Australia y Grecia; 2009 para Chile, Alemania, Hungría, Polonia, República Eslovaca y Federación de Rusia; 2008 para Bélgica; 2007 para Irlanda; y 2006 para Austria y Portugal. El año mostrado es 2001 para Australia, Bélgica, Canadá, Corea, Luxemburgo, Polonia y España; 2002 para Irlanda y Suiza; 2003 para Chile, Alemania, República Eslovaca, Turquía y Brasil; 2004 para República Checa; 2007 para Eslovenia; y 2008 para Grecia. El promedio de la OCDE se pondera por la población.

Fuente: "Non-medical determinants of health", base de datos *OECD Health Statistics*, *http://dx.doi.org/10.1787/data-00546-en.*

StatLink http://dx.doi.org/10.1787/888933267880

Entre 2000 y 2013, las tasas de tabaquismo en general bajaron tanto para los hombres como para las mujeres (Gráfica 3.10, mitad inferior), excepto en Corea y Federación de Rusia —donde aumentó para las mujeres y disminuyó para los hombres— y Eslovenia. En cerca de la mitad de los países de la OCDE hubo una reducción mucho más alta (en términos absolutos) del tabaquismo en los hombres en comparación con las mujeres. Sin embargo, en la gran mayoría de los países, se partió del hecho de que una proporción mayor de hombres eran fumadores. Hay también diferencias socioeconómicas en relación con los hábitos de fumar: los bajos ingresos tienden a asociarse con una mayor prevalencia e intensidad del tabaquismo (OECD, 2013d).

En contraste con las tendencias a la baja en las tasas de tabaquismo, el porcentaje de los adultos clasificados como ***obesos*** aumentó en la OCDE desde 2000 (Gráfica 3.11). La prevalencia de obesidad observada en 2012 varía de 4% o 5% en Japón y Corea, a más de 30% en México y Estados Unidos de América —aunque la comparabilidad se ve limitada debido a las diferentes metodologías de recopilación de datos (véase el Recuadro 3.3 para mayor información). La obesidad incrementó desde 2000 en la mayoría de los países de la OCDE, sobre todo en aquellos cuyas tasas de obesidad ya eran altas (por ejemplo, más de 8 puntos porcentuales en México y 4 puntos en Estados Unidos de América). También se registraron incrementos considerables en la tasa de obesidad en Islandia (9 puntos), República Checa y Luxemburgo (7 puntos), así como en Francia y Estonia (5 puntos). Los menores aumentos en estas tasas se observaron en República Eslovaca, Chile y Japón (menos de 1 punto porcentual).

Gráfica 3.11. **Obesidad**

Porcentaje de la población de 15 años de edad o más, según se informa o se mide

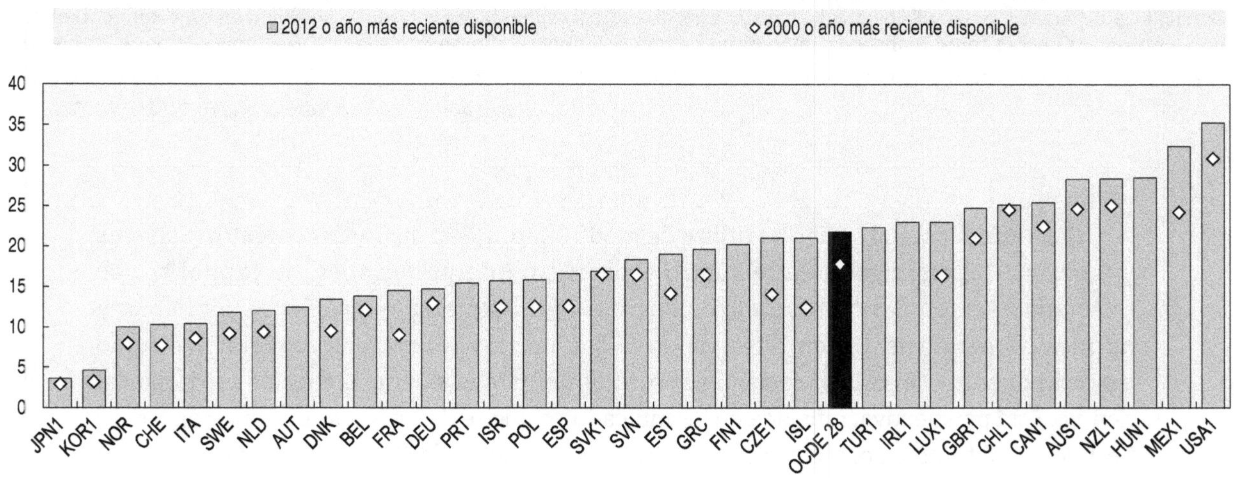

Nota: El año más reciente disponible es 2011 para Australia, España y Turquía; 2010 para Canadá, República Checa, Dinamarca, Grecia, Islandia e Israel; 2009 para Chile, Alemania, Hungría y Polonia; 2008 para Bélgica y República Eslovaca; 2007 para Finlandia e Irlanda; y 2006 para Austria y Portugal. El primer año mostrado es 2001 para Bélgica, Corea y España; 2002 para Islandia, Israel, Noruega y Suiza; 2003 para Chile, Alemania y Nueva Zelanda; 2004 para Canadá, Polonia y República Eslovaca; 2006 para Grecia; y 2007 para Australia y Eslovenia. Los resultados de los países marcados con un "1" se basan en un examen médico y no en entrevistas sobre salud realizadas como parte de una encuesta. El promedio de la OCDE se pondera por la población.

Fuente: "Non-medical determinants of health", base de datos *OECD Health Statistics*, *http://dx.doi.org/10.1787/data-00546-en*.

StatLink http://dx.doi.org/10.1787/888933267898

En la mayoría de los países de la OCDE, las diferencias en las tasas de obesidad entre hombres y mujeres fueron relativamente pequeñas. Más hombres que mujeres son obesos en Eslovenia, en tanto que en Turquía, Chile y México ocurre lo contrario (Gráfica 3.12). En varios países de la OCDE, incluidos Eslovenia, Islandia, Luxemburgo, Estados Unidos de América, Estonia, Grecia, España, Noruega y Suiza, el incremento en los casos de obesidad desde 2000 afectó a un mayor porcentaje de hombres que de mujeres.

Gráfica 3.12. **Obesidad entre hombres y mujeres**

Porcentaje de la población de 15 años de edad o más, en 2012, y cambio desde 2000

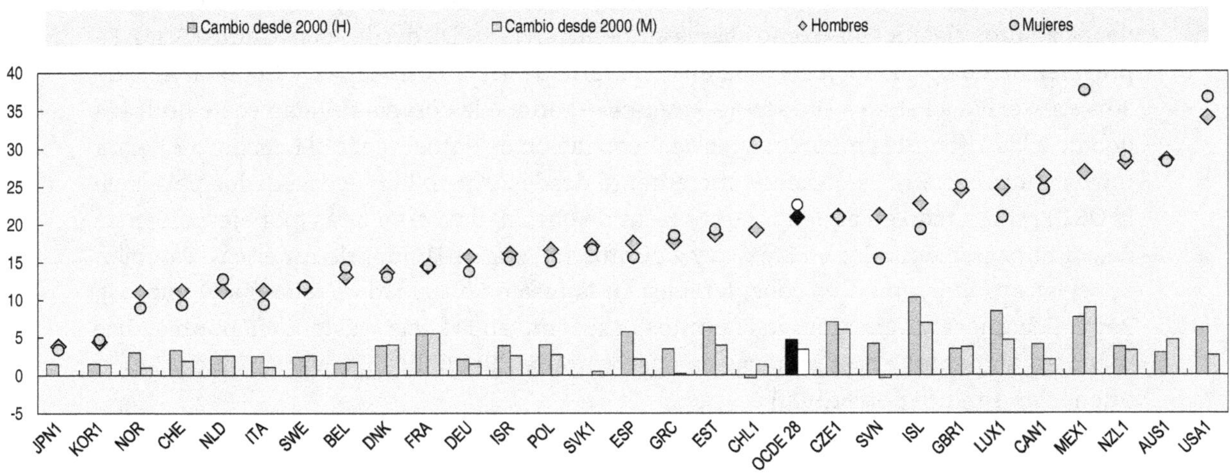

Nota: El año más reciente disponible es 2011 para Australia, España y Turquía; 2010 para Canadá, República Checa, Dinamarca, Grecia, Islandia e Israel; 2009 para Chile, Alemania, Hungría y Polonia; 2008 para Bélgica y República Eslovaca; 2007 para Finlandia e Irlanda; y 2006 para Austria y Portugal. El primer año mostrado es 2001 para Bélgica, Corea y España; 2002 para Islandia, Israel, Noruega y Suiza; 2003 para Chile, Alemania y Nueva Zelanda; 2004 para Canadá, Polonia y República Eslovaca; 2006 para Grecia; y 2007 para Australia y Eslovenia. Los resultados de los países marcados con un "1" se basan en un examen médico y no en entrevistas sobre salud realizadas como parte de una encuesta. El promedio de la OCDE se pondera por la población.

Fuente: "Non-medical determinants of health", base de datos *OECD Health Statistics, http://dx.doi.org/10.1787/data-00546-en.*

StatLink *http://dx.doi.org/10.1787/888933267900*

Capital social

El término "capital social" se utiliza de modo diferente en distintos contextos. Scrivens y Smith (2013) distinguen entre cuatro aspectos, o interpretaciones, de capital social: relaciones personales, compromiso cívico, comunidad o apoyo social, y confianza y normas cooperativas. Hacen hincapié en la confianza y las normas cooperativas como los componentes del capital social más pertinentes para evaluar el bienestar a lo largo del tiempo. Esta perspectiva, reflejada en los indicadores que se describen a continuación (véase Recuadro 3.4) también coincide con las recomendaciones de la Conferencia de Estadísticos Europeos (UNECE, 2014) sobre cómo medir el desarrollo sostenible, el cual —además de la confianza— también destaca la función de las instituciones en el capital social.

El capital social contribuye a sostener los resultados de bienestar a lo largo del tiempo al permitir que se realicen acciones colectivas para fomentar la asignación eficiente de recursos, producir bienes públicos (como seguridad o estabilidad financiera) y preservar activos compartidos (como los ecosistemas). A través de estas funciones el capital social ayuda a la formación y mantenimiento del capital humano, natural y económico (OECD, 2013a; Scrivens y Smith, 2013; UNECE, 2014).

Recuadro 3.4. **Indicadores ilustrativos para medir el capital social**

Las siguientes medidas se utilizan para ilustrar el concepto de capital social:

- **Confianza en los demás:** se basa en la pregunta: "¿Diría usted que es posible confiar en la mayoría de las personas?". Los encuestados responden usando una escala de 11 puntos, de 0 ("No confía en ninguna otra persona") y 10 ("Se puede confiar en la mayoría de las personas"). Estos datos se recopilaron como parte del módulo específico de bienestar de la Encuesta de Ingresos y Condiciones de Vida de la Unión Europea (EU-SILC) 2013 (Eurostat, 2015), y son nacionalmente representativos de la población de 16 años o más. Sin embargo, cubren solo países europeos.
- **Confianza en instituciones públicas:** se basa en tres diferentes preguntas sobre confianza en el sistema político, el sistema judicial y la policía. La pregunta base se lee de la siguiente manera: "¿Cuánto confía usted en lo personal en cada una de las siguientes instituciones nacionales...?" Los encuestados responden usando una escala de 11 puntos, de 0 ("No confianza en absoluto") a 10 ("Completa confianza"). Los datos también se recopilaron como parte del módulo específico de bienestar de la EU-SILC 2013 (Eurostat, 2015).
- **Confianza en el gobierno nacional:** se basa en la pregunta: "En este país, ¿confía usted en cada uno de los siguientes, o no?... ¿Y en el gobierno nacional?" Los datos aquí mostrados reflejan el porcentaje de la muestra que respondió "sí" (las otras categorías de respuestas fueron "no" y "no sé"). La fuente de estos datos es la Encuesta Mundial Gallup, que se aplica a muestras de cerca de 1 000 personas por país cada año. La muestra se diseña *ex ante* para ser representativa a nivel nacional de la población de 15 años de edad o más (incluidas zonas rurales), y, para corregir por patrones de falta de respuesta, los datos de la muestra se ponderaron por la población mediante ponderadores suministrados por Gallup.[a]

Evaluar la confianza en instituciones públicas es particularmente difícil; las medidas ideales reflejarían los aspectos perdurables de la confianza que fomentan la capacidad para actuar de forma colectiva, pero se corre el riesgo de que los encuestados interpreten las preguntas en términos políticos más estrechos. Por ejemplo, para responder a preguntas sobre su confianza en el gobierno nacional, podrían referirse a la que sienten en la administración actual y no en el gobierno como institución pública más amplia.

Si bien las oficinas nacionales de estadística participan cada vez más en la obtención de medidas relacionadas con el capital social (véase Siegler, 2015, y Scrivens y Smith, 2013), el grado de armonización entre estos conjuntos de datos es bajo, excepto en el caso de la EU-SILC. Como resultado, muchos de los indicadores disponibles de capital social para países no europeos provienen de fuentes no oficiales y se consideran más bien sustitutos.

En la actualidad, la OCDE está llevando a cabo trabajo metodológico para crear más y mejores indicadores pertinentes de confianza, centrados en la confianza en las instituciones, y esto incluye herramientas para observar la manera en que las personas se comportan en entornos casi experimentales para grandes números de participantes. Este trabajo estadístico forma parte de la Estrategia de Confianza de la OCDE, con el objetivo de promover una formulación de políticas abierta, informada y justa. Esta corriente del trabajo de la OCDE contribuirá a las actividades del recién establecido Grupo de Praia de Estadísticas sobre Gobernanza de la ONU.

Lecturas sugeridas:

- Eurostat (2015), "Quality of life in Europe – facts and views – governance", en *Quality of Life*, publicación en internet: *http://ec.europa.eu/eurostat/statistics-explained/index.php/Quality_of_life_indicators*.
- La Estrategia de Confianza de la OCDE: *www.oecd.org/gov/trust-in-government.htm*.
- Scrivens, K., y C. Smith (2013), "Four Interpretations of Social Capital: An Agenda for Measurement", *OECD Statistics Working Papers*, núm. 2013/06, OECD Publishing, París, *http://dx.doi.org/10.1787/5jzbcx010wmt-en*.
- Siegler, V. (2015), "Measuring National Well-Being – An Analysis of Social Capital in the UK", Office for National Statistics, *www.ons.gov.uk/ons/rel/wellbeing/measuring-national-well-being*.

[a] El procedimiento de ponderación utilizado para la información de la Encuesta Mundial Gallup tiene múltiples etapas: en la primera se realiza un ajuste por desproporcionalidades geográficas (por ejemplo, debido a un sobremuestreo en ciudades importantes); en la segunda se aplica un ajuste a las probabilidades de selección de muestra (número de adultos en la familia; usuarios de líneas fijas y móviles), y en la tercera se ajustan ponderadores para reflejar la distribución de la población por edad, género y logro educativo.

El concepto de ***confianza*** refleja algunos factores persistentes que regulan el funcionamiento de una comunidad (es decir, su capacidad para lograr objetivos comunes y superar fallas de coordinación) y, en términos más generales, la manera en que las personas viven en comunidad. Las preguntas de encuestas sobre "confianza generalizada" se dirigen a recabar las percepciones de las personas sobre la confiabilidad de los demás. En 2013, la recopilación de datos para la Encuesta de Ingresos y Condiciones de Vida de la Unión Europea (EU-SILC) incluyó una pregunta general sobre confianza en los demás (Gráfica 3.13, véase la definición en el Recuadro 3.4). En todo el continente europeo, las calificaciones más altas de confianza en los demás se dieron en los países nórdicos (Dinamarca, Finlandia, Noruega, Islandia y Suecia) y las más bajas en Francia, República Checa, Grecia, Hungría y Portugal.

La confianza en los demás también se evaluó en un grupo mayor de países mediante la Encuesta Mundial Gallup 2009-2010, la cual incluyó una pregunta cerrada (sí o no) respecto a la posibilidad de confiar en la mayoría de las personas. Los datos se mostraron en *How's Life?* 2011 (OECD, 2011) y sugirieron que en la OCDE, alrededor de 1 de cada 3 personas siente que la mayoría de las demás personas son confiables. En común con varios países del norte de Europa, los habitantes de Canadá, Estados Unidos de América y Japón reportaron niveles de confianza en los demás por arriba del promedio, en tanto que los de México, Corea y Chile mostraron niveles de confianza por debajo del promedio de la OCDE.

Gráfica 3.13. **Confianza en los demás, países europeos**

Respuesta promedio, escala de 0 a 10, 2013

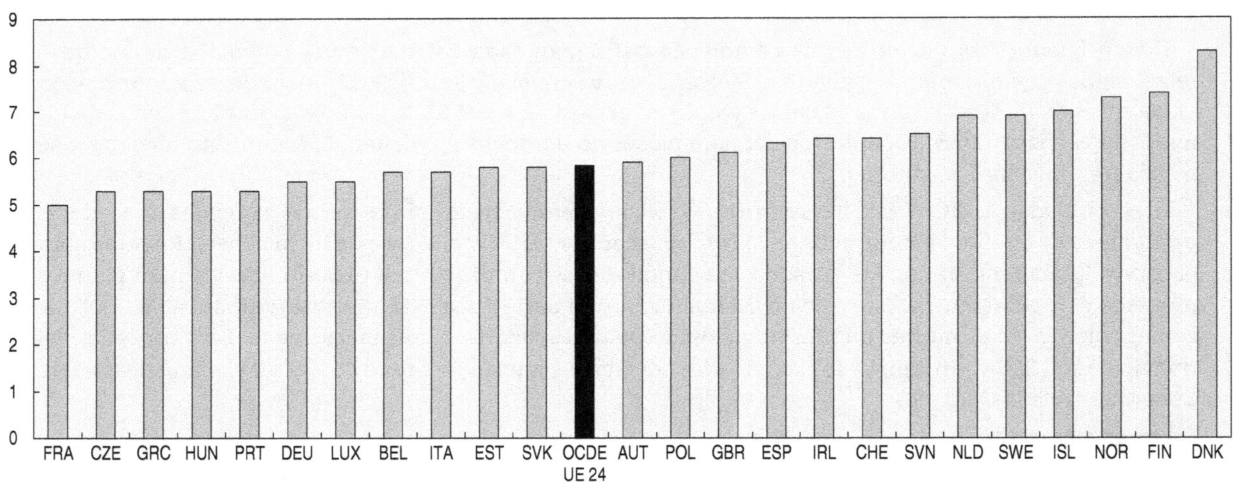

Nota: Las opciones de respuesta oscilaron entre 0 ("No confía en ninguna otra persona") y 10 ("Se puede confiar en la mayoría de las personas"). El promedio de los países de la Unión Europea miembros de la OCDE es el promedio ponderado por la población de los valores incluidos en la gráfica.

Fuente: Eurostat (2015), Encuesta de Ingresos y Condiciones de Vida de la Unión Europea (EU-SILC) *http://appsso.eurostat.ec.europa.eu/nui/show.do?dataset=ilc_pw03&lang=en.*

StatLink http://dx.doi.org/10.1787/888933267910

Los datos recabados en Europa sobre el concepto de confianza en instituciones públicas sugieren que, en términos comparativos, la confianza en la policía tiende a ser la más alta, seguida por la confianza en el sistema judicial y, por último, la confianza en el sistema político (Gráfica 3.14). Hasta cierto punto, las diferencias entre países en el indicador de confianza en instituciones son similares a las de confianza en los demás: los habitantes de los países nórdicos, el norte de Europa y Suiza en general dijeron tener altos niveles de confianza en instituciones públicas, en tanto que los habitantes del sur y del este de Europa y Francia en general reportaron niveles más bajos. Sin embargo, las posiciones relativas de los países cambian, según se trate de confianza en la policía, el sistema judicial o el sistema político.

Gráfica 3.14. **Confianza en instituciones públicas, países europeos**

Respuesta promedio, escala de 0 a 10, 2013

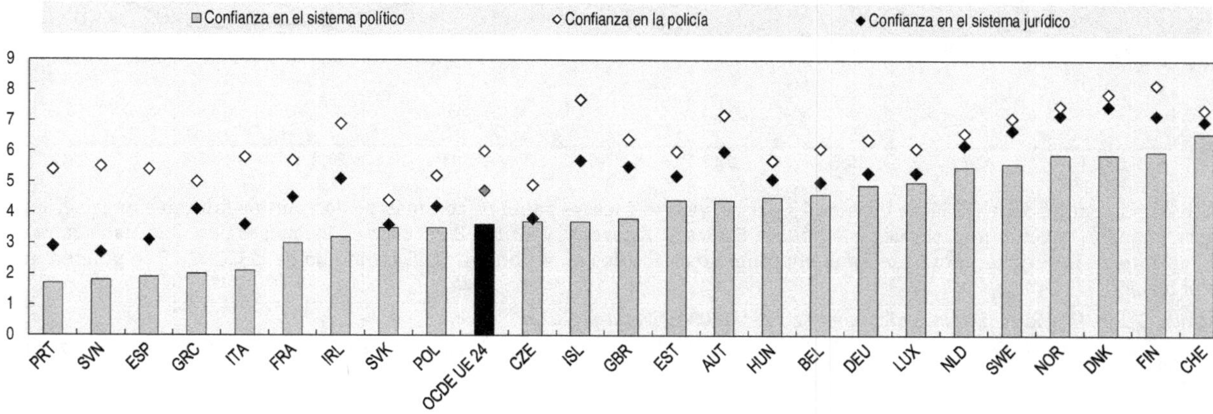

Nota: Las opciones de respuesta oscilan entre 0 ("No confianza en absoluto") y 10 ("Completa confianza"). El promedio de los países de la Unión Europea miembros de la OCDE es el promedio ponderado por la población de los valores incluidos en la gráfica.

Fuente: Eurostat (2015), *Encuesta de Ingresos y Condiciones de Vida de la Unión Europea (EU-SILC), http://appsso.eurostat.ec.europa.eu/nui/show.do?dataset=ilc_pw03&lang=en.*

StatLink *http://dx.doi.org/10.1787/888933267925*

Los datos recogidos en Europa también aportan información sobre los sentimientos de confianza entre diferentes grupos de la población. En 2013, en todos los países de la Unión Europea, los sentimientos de confianza fueron muy similares en ambos géneros y hubo relativamente pocas diferencias entre los distintos grupos de edad. Ahora bien, en relación con confianza en temas como ingreso, educación, empleo y vivienda, se observaron mayores diferencias (Eurostat, 2015). Más concretamente, tanto la confianza en los demás como la confianza en instituciones pública calificaron mejor entre grupos de mayores ingresos (en comparación con los de menores ingresos) y entre los habitantes con más escolaridad (en comparación con los de menor escolaridad). Los desempleados reportaron niveles mucho más bajos de confianza que los empleados, las personas en la escuela o formación y los jubilados. Los hogares compuestos de un solo padre y por lo menos un niño dependiente reflejaron el nivel más bajo de confianza en los demás con respecto a los otros tipos de hogares (Eurostat, 2015).

En toda la OCDE, los datos de la Encuesta Mundial Gallup sugieren que durante el periodo 2006-2014 la confianza de las personas en el gobierno nacional fue muy volátil (Gráfica 3.15). En 2014, cerca de 38% de los encuestados en países de la OCDE reportó tener confianza en su gobierno nacional, lo que señala una baja respecto a 2009, donde la cifra fue de 44%. Las personas que viven en países donde prevalece una mayor confianza en el gobierno nacional tienden a indicar también una mayor confianza en el sistema judicial.

Gráfica 3.15. **Confianza en los gobiernos a lo largo del tiempo, promedio de la OCDE**

Porcentaje de la población que reportó sentir confianza en el gobierno nacional, 2006-2014

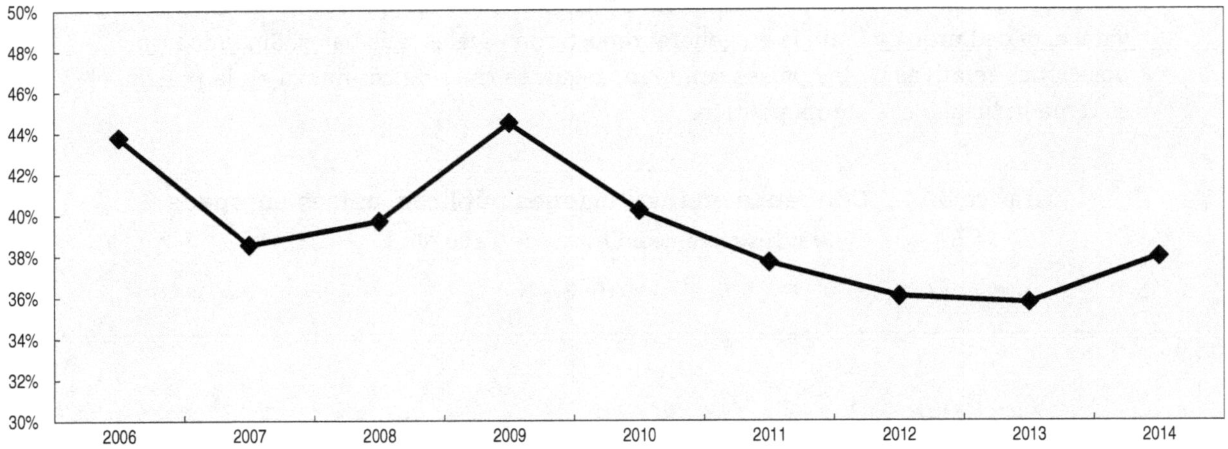

Nota: El porcentaje de la OCDE se basa en 28 países, ya que excluye aquellos con más de dos puntos faltantes en la serie (es decir, Islandia, Luxemburgo, Noruega, República Eslovaca, Eslovenia y Suiza). En el caso de los países para los cuales falta un solo punto en la serie temporal, se toma el promedio de los dos años contiguos. El promedio de la OCDE 28 se pondera por la población.

Fuente: Gallup World Poll, *www.gallup.com/services/170945/world-poll.aspx.*

StatLink http://dx.doi.org/10.1787/888933267934

Si bien el concepto de confianza corresponde a un tipo de capital social, la medición de las inversiones en él, así como de su agotamiento, distan de ser sencillas. A nivel individual, las inversiones en capital podrían incluir actividades prosociales, como trabajo voluntario (véase el Capítulo 5), tiempo dedicado a actividades que fortalecen las redes sociales y la cohesión comunitaria, y formas de compromiso cívico, como participación electoral (véase el capítulo 2). A la inversa, el conflicto entre grupos y conductas oportunistas (como fraude y corrupción) lesiona el capital social. Aunque la información sobre estas actividades y sus cambios en el tiempo podrían ser fuentes de datos relevantes para la elaboración de políticas públicas, rara vez se cuenta con medidas de este tipo comparables a nivel internacional.

Capital económico

El capital económico interviene directamente para apoyar las condiciones materiales de vida de las personas (por ejemplo, vivienda, empleo e ingreso) y desempeña un papel mucho más amplio en la determinación de cuáles bienes y servicios pueden costear las personas para consumir en pro de su bienestar actual y futuro. De manera decisiva, el capital económico suministra también una reserva de valor que amortigua las caídas en el ingreso y permite a las personas, las empresas y los gobiernos planificar para el futuro.

El capital económico se refiere tanto a ***capital producido*** (activos tangibles, como inmuebles, maquinaria, infraestructura de transporte, inventarios; activos de conocimiento, como software, productos capitalizados de la investigación y desarrollo (IyD), y entretenimiento y obras originales literarias y artísticas) como a ***capital financiero*** (que incluye varios activos financieros como divisas y depósitos, además de obligaciones en forma de préstamos y valores de deuda, que pueden representar demandas de capital producido). Esta sección se basa en gran parte en medidas de capital económico del System of National Accounts (véase Recuadro 3.5), con la base de datos *OECD National Accounts* y algunos indicadores contenidos en la publicación *National Accounts at a Glance* (OECD, 2014c).

Recuadro 3.5. **Indicadores ilustrativos para medir el capital económico**

En el Capítulo 2 (en la sección "Ingresos y riqueza") se analizan datos sobre el patrimonio financiero familiar neto per cápita (provenientes de cuentas nacionales) y el patrimonio familiar total (calculado haciendo uso de microdatos). Las medidas adicionales con las que aquí se ejemplifican elementos de capital económico se tomaron de la *OECD National Accounts Database*, e incluyen:

- **Endeudamiento familiar:** se refiere a la deuda total de las familias como porcentaje de su ingreso disponible. La deuda se calcula al sumar categorías de obligaciones como préstamos, valores de deuda excepto derivados financieros y otras cuentas por pagar. Para la mayoría de las familias, la deuda consiste sobre todo en préstamos hipotecarios de vivienda y otras obligaciones, como líneas y tarjetas de crédito, y otros créditos al consumidor (incluidos préstamos para compra de automóvil o para estudiantes).
- **Activos fijos netos** (como viviendas, inmuebles no residenciales, infraestructura, maquinaria y equipo): se muestran en dólares estadounidenses per cápita, a precios corrientes de 2012, utilizando la PPA del PIB. Los datos se refieren a activos fijos netos para la economía total, según la definición del System of National Accounts (SNA) 2008. También se describen el crecimiento anual en **formación de capital bruto fijo** (es decir, inversión en viviendas, edificios y otras estructuras, equipo de transporte, otra maquinaria y equipo, cultivos y activos fijos intangibles).
- **Reserva de productos de propiedad intelectual:** representa el capital de conocimiento; se presenta en dólares estadounidenses per cápita, a precios corrientes de 2012, utilizando la PPA del PIB. Los datos se refieren a productos de propiedad intelectual (por ejemplo, investigación y desarrollo, software y bases de datos, exploración y evaluación, y entretenimiento, obras originales artísticas y literarias) para la economía total, según la definición del System of National Accounts (SNA) 2008.
- **Inversión en IyD:** se expresa como porcentaje del PIB. Consiste en el valor del gasto, de los productores residentes, en el trabajo creativo emprendido de manera sistemática para aumentar la reserva de conocimiento, incluido el conocimiento del ser humano, la cultura y la sociedad, así como el uso de esta reserva para encontrar nuevas aplicaciones. La investigación se trata como formación de capital, excepto en situaciones donde es claro que la actividad no implica beneficio económico alguno para su propietario, en cuyo caso se trata como consumo intermedio.
- **Capital financiero neto de la economía total:** se refiere a los activos financieros totales menos las obligaciones totales, expresadas aquí en términos per cápita. Esto incluye oro monetario, divisas y otras formas de depósitos bancarios, valores de deuda, créditos, capital y acciones o unidades de fondos de inversión, pensiones de seguros y garantías estandarizadas, así como otras cuentas por cobrar o por pagar. Los instrumentos negociables se registran en valores actuales de mercado, en tanto que otros instrumentos se estiman por valor nominal o por su valor contable. Los datos originales (en monedas nacionales) se convirtieron a dólares estadounidenses utilizando la PPA corriente del PIB.
- **Apalancamiento del sector bancario:** se refiere a la relación entre algunos activos financieros del sector bancario (es decir, divisas y depósitos, valores sin incluir acciones, excepto derivados financieros y préstamos, como se registra en el lado de activos de los balances financieros) y su capital total (es decir, acciones y otras participaciones, excepto acciones de fondos mutuos, como se reporta en la columna de obligaciones del balance financiero). El sector bancario se define como el banco central (S121) y otras corporaciones de depósito (S122), así como otros intermediarios financieros, excepto aseguradoras y fondos de pensiones (S123). Sin embargo, en esta definición puede haber algunas variaciones por país: en particular, "otros intermediarios financieros" pueden incluir auxiliares financieros (S124) en Australia, Canadá, Islandia, Suiza, República Eslovaca y Reino Unido. Excepto Australia e Israel, los datos de todos los países de la OCDE no se consolidan.
- **Capital financiero neto del gobierno general:** es el valor total de los activos financieros menos el valor total de las obligaciones pendientes en poder del sector gubernamental, el cual consiste en los gobiernos

Recuadro 3.5. **Indicadores ilustrativos para medir el capital económico** *(cont.)*

central, estatal y local, así como los fondos de seguridad social. Compatible con la práctica estándar, aquí se expresa como porcentaje del PIB. El SNA define los activos financieros del sector gubernamental como: divisas y depósitos; créditos; acciones y otras participaciones; valores sin incluir acciones; reservas técnicas de seguros y otras cuentas por cobrar. El oro monetario y los derechos especiales de giro (SDR) son parte de los activos financieros gubernamentales en unos cuantos países, como Reino Unido y Estados Unidos de América. Las obligaciones pendientes se refieren a las obligaciones totales según se registran en el balance financiero del gobierno.

Pese a que se cuenta con estándares internacionales bien establecidos para la recopilación de datos, aún es algo limitada la disponibilidad de datos comparables sobre capital económico en los diferentes países. Por ejemplo, no es posible verificar directamente la comparabilidad entre países de los datos de capital generados, y en algunos casos esta puede resultar afectada por las diferencias en la cobertura de activos fijos, y para aquellos países que utilizan el modelo PIM (Platform Independent Model), por la extensión de la serie temporal disponible para la formación de capital bruto fijo por categoría de activos.

La comparabilidad internacional del endeudamiento familiar por lo general es buena, pero las relaciones de deuda pueden resultar afectadas por diferentes mecanismos institucionales, como la exención de impuestos a los pagos de interés. Al calcular el apalancamiento del sector bancario, sería preferible utilizar fondos propios (capital neto total más acciones y otros valores) como denominador y no solo el capital, para así evitar la influencia indebida de las fluctuaciones del mercado de valores. Sin embargo, desafortunadamente, en muchos países de la OCDE no se cuenta con datos sobre los activos no financieros del sector bancario, por lo que no es posible calcular el capital neto total.

Los indicadores aquí mostrados representan un primer paso para entender la reserva de capital económico, y no aportan una base completa para entender la estabilidad financiera o económica. Hay vacíos importantes de datos para las medidas de los activos no financieros, sobre todo activos no producidos, como la tierra y los recursos naturales, tanto a nivel de la familia como del gobierno; asimismo, activos como bienes culturales y monumentos históricos tampoco se toman en cuenta debidamente. Pueden ocurrir cambios en el capital financiero neto de un año a otro no solo debido a las transacciones financieras realizadas durante el periodo, sino también a cambios de precios de activos financieros y obligaciones. Por consiguiente, el crecimiento del capital financiero puede dar una impresión engañosa sobre la seguridad futura si burbujas insostenibles en los precios de los activos generan ganancias rápidas con el tiempo. De ahí que una evaluación más completa de la sostenibilidad y estabilidad económicas requiera un conjunto de indicadores mucho más amplio, que tome en cuenta diversas medidas de flujo y factores de riesgo.

Lecturas sugeridas:

- OECD (2014c), *National Accounts at a Glance 2014*, OECD Publishing, París, *http://dx.doi.org/10.1787/na_glance-2014-en*.
- OECD (2009), *Measuring Capital - OECD Manual: Second Edition*, OECD Publishing, París, *http://dx.doi.org/10.1787/9789264068476-en*.
- French Conseil d'Analyse Économique and German Council of Economic Experts (2010), *Monitoring Economic Performance, Quality of Life and Sustainability: Joint Report as requested by the Franco-German Ministerial Council, the German Council of Economic Experts Occasional Reports series, www.sachverstaendigenrat-wirtschaft.de/expertisen.html*

Desde una perspectiva de bienestar individual, el capital económico de las familias resulta de particular relevancia, tanto para el bienestar "aquí y ahora" como para el bienestar "futuro". En el Capítulo 2 se analizan los datos sobre el patrimonio financiero familiar neto (proveniente de Cuentas Nacionales) y el patrimonio financiero total (medido a partir de microdatos). Estos indicadores sugieren grandes diferencias en los países de la OCDE tanto en el nivel como en la distribución del patrimonio familiar. En este capítulo se considera también el endeudamiento familiar, ya que este fue un factor fundamental en la crisis de las hipotecas *subprime* y es de gran importancia para mantener el bienestar a lo largo del tiempo.

En la Gráfica 3.16 se muestra el endeudamiento familiar como porcentaje de ingreso neto disponible (véase la definición completa en el Recuadro 3.5), que en 2013 varió de 60% en México, Hungría, República Eslovaca, Chile y Eslovenia, a cerca de 200% o más en Suiza, Australia, Irlanda, Países Bajos y Dinamarca. En más de la mitad de los países de la OCDE para los cuales se cuenta con datos, el endeudamiento familiar en 2013 fue más alto que en 2007 o 2000. Excepciones a este patrón se observan en Estados Unidos de América, España y Reino Unido, donde este endeudamiento se elevó desde 2000, hasta alcanzar su punto máximo en 2007, y después descendió; Irlanda, Estonia y Dinamarca, donde el punto máximo ocurrió en 2009 (que no se muestra), y Portugal, con su nivel máximo en 2012 (que tampoco se muestra). En un fuerte contraste con otros países, el endeudamiento familiar alcanzó su nivel más alto en Alemania y Japón en 2000 y 2001, respectivamente, para descender en los años posteriores.

Gráfica 3.16. **Endeudamiento familiar**

Porcentaje del ingreso neto disponible

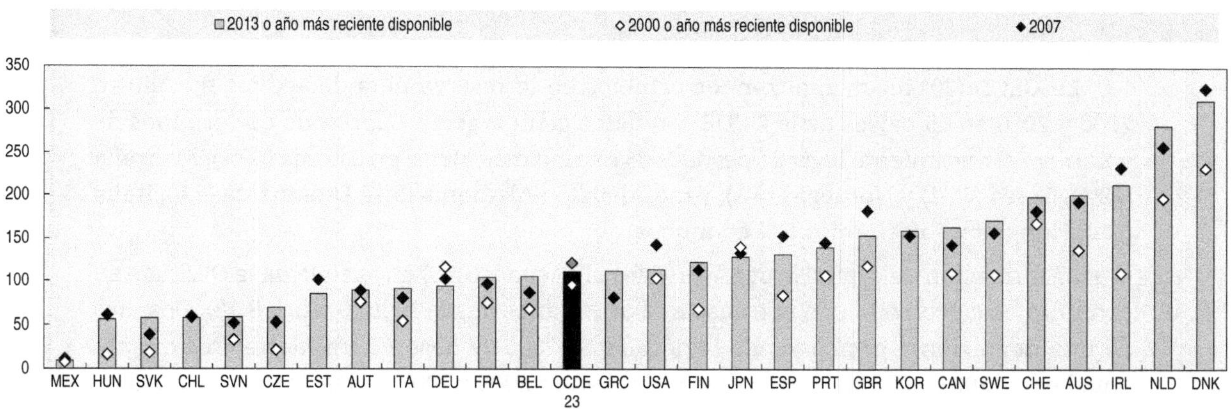

Nota: El año más reciente disponible es 2014 para Portugal y Suecia; 2012 para Corea y Suiza; y 2009 para México. El primer año mostrado es 2001 para Irlanda y Eslovenia; 2003 para México; 2008 para Chile y Estonia; y 2010 para Corea. El promedio de la OCDE se pondera por la población.

Fuente: "National Accounts at a Glance", base de datos *OECD National Accounts Statistics, http://dx.doi.org/10.1787/data-00369-en.*

StatLink *http://dx.doi.org/10.1787/888933267941*

De vuelta a las medidas de capital económico para la economía en general, el tipo principal de ***capital producido*** en la mayoría de los países de la OCDE son la vivienda, inmuebles no residenciales e infraestructura, maquinaria y equipo (véase la definición en el Recuadro 3.5). En 2012, el valor total de los activos fijos per cápita varió mucho entre los países de la OCDE para los cuales se tiene información comparable (Gráfica 3.17). El nivel más alto se alcanzó en Austria, Estados Unidos de América, Dinamarca, Alemania, Australia y Suecia (alrededor de USD 140 000 o más); y el más bajo en Chile, México, Israel, Estonia y Grecia (menos de USD 90 000 per cápita).

Gráfica 3.17. **Activos fijos netos per cápita**

Dólares estadounidenses a PPA corriente, 2012

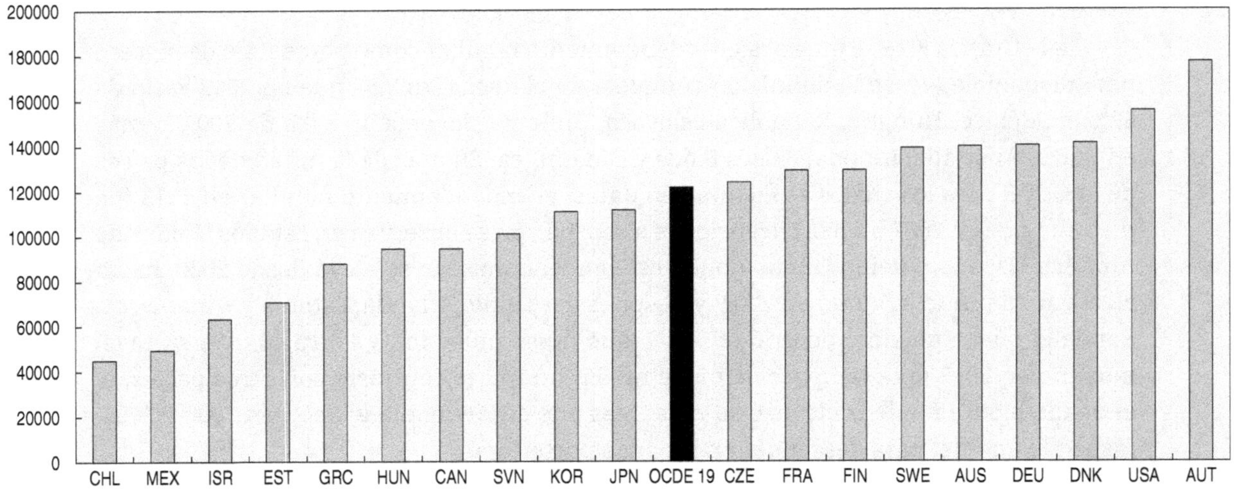

Nota: El promedio de la OCDE es el promedio ponderado por la población de los valores incluidos en la gráfica.

Fuente: Cálculos de la OCDE tomados de la base de datos *OECD National Accounts Statistics*, *http://dx.doi.org/10.1787/na-data-en*.

StatLink http://dx.doi.org/10.1787/888933267952

En OECD (2014c) se analizan los cambios en la reserva neta de activos fijos entre 2000 y 2010 en 15 países de la OCDE con datos comparables. Expresado en términos de volumen, el crecimiento logrado desde 2005 ha sido más fuerte en Estonia (40%), Australia (22%), Corea (21%) y Noruega (16%); y más débil en Alemania (5%), Dinamarca (6%), Italia (6%), Hungría y Países Bajos (7% en ambos).

La formación de capital bruto fijo (véase el Recuadro 3.5) en la zona de la OCDE en su conjunto ha sido volátil con el transcurso de los años desde 2000 (Gráfica 3.18). Después de una depresión a principios de la década de 2000 se observó un fuerte crecimiento anual entre 2003 y 2004, el cual se desaceleró entre 2005 y 2007, antes de llegar a un nivel negativo en 2008 (-2.5%) y 2009 (-11.8%), en plena crisis económica y financiera. En 2010 el crecimiento anual volvió a ser positivo, pero continuó débil en los años siguientes, lo que contribuyó a la desaceleración de la recuperación en curso.[6]

Hay razones para destacar el "capital de conocimiento" en particular, dada su aportación esperada en el crecimiento de la productividad y las mejoras en la calidad de vida en el futuro, a través de un uso más eficiente de los recursos que en el presente (UNECE, 2014). Sin embargo, es difícil definir y medir este tipo de capital, por lo que aquí se usa como aproximación el valor promedio de productos de propiedad intelectual (IPP, véase la definición en el Recuadro 3.5). En 2012, los niveles más altos de IPP se alcanzaron en Dinamarca, Estados Unidos de América y Suecia, con un valor estimado de más de USD 10000 per cápita (Gráfica 3.19). En contraste, en México, Estonia y Grecia, el valor total de IPP fue de menos de USD 2000 per cápita. En la mayoría de los países de la OCDE, el capital de conocimiento representa un porcentaje creciente de capital económico y está sujeto a una depreciación más rápida que el capital producido.

Gráfica 3.18. **Formación de capital bruto fijo, volumen promedio de la OCDE**

Tasas de crecimiento anual en porcentaje, 2000-2013

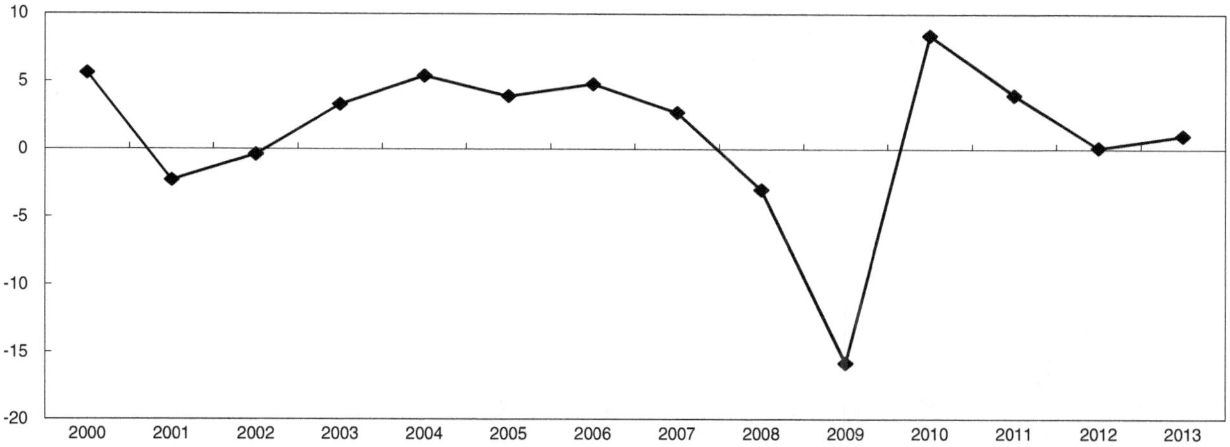

Nota: Los valores promedio de la OCDE para 2000-2002 y 2013 son estimaciones. El promedio de la OCDE se pondera por la población.

Fuente: Base de datos *OECD National Accounts Statistics*, *http://dx.doi.org/10.1787/na-data-en.*

StatLink http://dx.doi.org/10.1787/888933267961

Gráfica 3.19. **Productos de propiedad intelectual**

Dólares estadounidenses a PPA corriente, per cápita, 2012

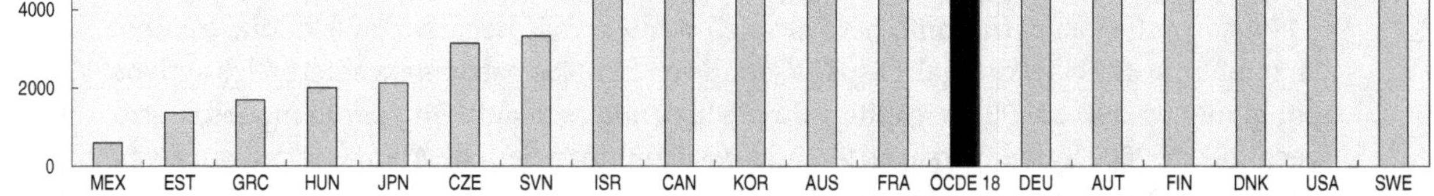

Nota: El promedio de la OCDE es el promedio ponderado por la población de los valores incluidos en la gráfica.

Fuente: Cálculos de la OCDE con información de la base de datos *OECD National Accounts Statistics*, *http://dx.doi.org/10.1787/na-data-en.*

StatLink http://dx.doi.org/10.1787/888933267976

La inversión en investigación y desarrollo (IyD) es clave para conformar la reserva general de capital de conocimiento. En los 11 países incluidos en la Gráfica 3.20, la inversión más alta en IyD como porcentaje del PIB en 2012 se presentó en Finlandia (3.3%) y el más bajo en Grecia (0.7%). La inversión en IyD como porcentaje del PIB fue más alta en general en 2012 que en 2000, aunque en Países Bajos y Finlandia permaneció relativamente estable.

Gráfica 3.20. **Inversión en IyD**

Como porcentaje del PIB

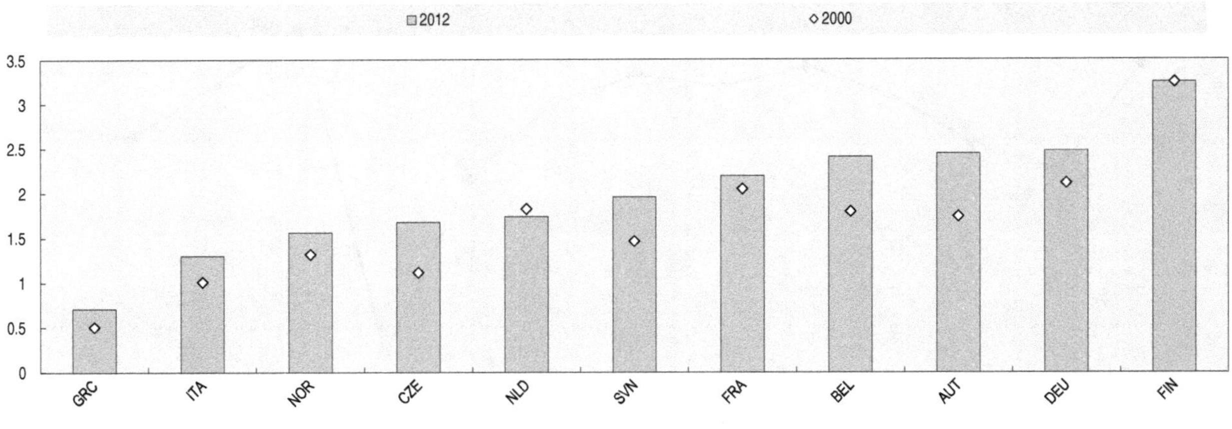

Fuente: Cálculos de la OCDE con información de la base de datos *National Accounts Statistics*, *http://dx.doi.org/10.1787/na-data-en*.

StatLink http://dx.doi.org/10.1787/888933267986

El ***capital financiero*** también puede funcionar como una reserva de patrimonio para sostener el bienestar en el futuro. Si bien, dentro de una economía cerrada, el capital financiero es una reserva de suma cero (es decir, por cada activo hay una obligación de igual valor), en las economías abiertas los activos financieros de un país pueden exceder sus obligaciones financieras. Como, a fin de cuentas, los activos financieros son demandas de activos reales, la posición financiera externa (neta) de un país tiene consecuencias para la sostenibilidad económica del bienestar, lo cual amortigua posibles impactos económicos negativos y brinda una fuente de ingresos en el futuro.

La posición financiera per cápita de la economía de los países varía mucho en la OCDE (Gráfica 3.21). Entre los 33 países miembros para los cuales se cuenta con datos comparables, 12 tuvieron un patrimonio neto positivo en 2013, lo cual significa que los activos financieros en el resto del mundo excedieron sus pasivos. Noruega y Suiza ocuparon el primer lugar con un capital financiero neto de más de USD 80000 per cápita a PPA corrientes. El patrimonio neto alcanzó su nivel más negativo en Islandia, Irlanda, Luxemburgo, Grecia, Portugal y España, donde en 2013 los pasivos excedieron los activos por al menos USD 30000 per cápita y donde la deuda neta aumentó por lo menos cuatro veces desde 2000. A la inversa, en 2013, la posición financiera de Alemania mejoró cerca de USD -250 per cápita en 2000 a USD 14885. En Noruega, el capital financiero neto se incrementó trece veces durante el mismo lapso.

Además de analizar el capital económico de un país en su conjunto, también es valioso examinar la ubicación de los balances de los diferentes sectores de la economía. Desafortunadamente, solo en algunos países de la OCDE se cuenta con balances sectoriales completos, incluidos activos no financieros; esto implica que la mayoría de las evaluaciones se limita a su posición financiera (es decir, por lo general no se dispone de información sobre estos activos no financieros). Si bien esta es una omisión importante desde la perspectiva de aplicación del "enfoque de capital" para medir la sostenibilidad (omisión que tiene implicaciones reales por la forma en que se evalúan las políticas públicas), aún pueden obtenerse conclusiones útiles a partir de los datos disponibles en la actualidad.

Gráfica 3.21. **Capital financiero neto de la economía total**

Dólares estadounidenses per cápita a PPA corriente

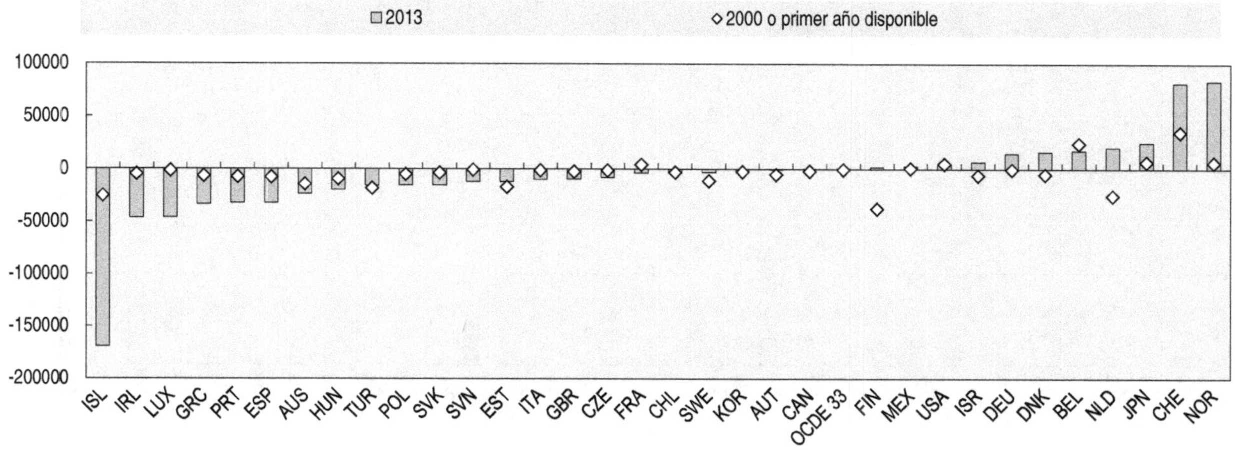

Nota: El año más reciente disponible es 2012 para Corea; 2011 para Suiza; y 2009 para México. El primer año mostrado es 2001 para Irlanda, Israel y Eslovenia; 2002 para Corea; 2003 para Islandia; 2005 para Chile; 2008 para Estonia y Luxemburgo; y 2010 para Turquía. El promedio de la OCDE es el promedio ponderado por la población de los valores incluidos en la gráfica.

Fuente: Cálculos de la OCDE con información de la base de datos *National Accounts Statistics*, *http://dx.doi.org/10.1787/na-data-en.*

StatLink *http://dx.doi.org/10.1787/888933267992*

Por ejemplo, la estabilidad del sector bancario y financiero es particularmente importante para la estabilidad económica de un país en su conjunto. Para evaluar los puntos fuertes y vulnerables de los sistemas financieros en diferentes países, el Fondo Monetario Internacional (FMI) elaboró un conjunto de Indicadores de Solidez Financiera o ISF (IMF, 2015) que cubre diversas medidas. La "Iniciativa Global del G20 sobre Brechas de Datos" sigue ahora varias recomendaciones para mejorar la disponibilidad de estadísticas útiles generadas después de la crisis financiera (IMF-FSB 2009; 2010; 2012), de modo que los diseñadores de políticas públicas puedan vigilar mejor los avances económicos y financieros. El Grupo Inter-Agencial sobre Estadísticas Económicas y Financieras, creado en 2008 y que incluye al Banco de Pagos Internacionales, al Banco Central Europeo, Eurostat, al FMI, a la OCDE, a las Naciones Unidas y al Banco Mundial, tiene un papel central en la iniciativa.

El apalancamiento del sector bancario se refiere a la relación entre los activos financieros del sector (por ejemplo, divisas y depósitos registrados en la columna de activos del balance financiero) y su capital (por ejemplo, acciones y otros valores registrados en la columna de pasivos del balance financiero). Si bien esta medida es un poco burda y constituye solo un indicador de muchos que se necesitarían para evaluar plenamente la sostenibilidad del sector financiero, una alta relación (o apalancamiento) representa un factor de riesgo, pues aumenta la exposición al riesgo y las crisis cíclicas.

En 2012, el apalancamiento del sector bancario llegó a su nivel más alto en Chile, Italia, República Eslovaca y Alemania, con una relación activo-capital de alrededor de 25 o más (Gráfica 3.22). Canadá, Países Bajos y Luxemburgo mostraron las menores relaciones, por debajo de 3 cada uno. En República Eslovaca, Japón, México, Corea, República Checa, Austria y Polonia, el apalancamiento del sector bancario en 2012 fue por lo menos 5 puntos menor que en 2000. Sin embargo, en el mismo 2012, en Italia, España, Alemania, Grecia, Francia, Bélgica, Eslovenia y Reino Unido, dicho apalancamiento fue por lo menos 5 puntos más alto que en 2000.

Gráfica 3.22. **Apalancamiento del sector bancario**

Relación entre algunos activos y el capital

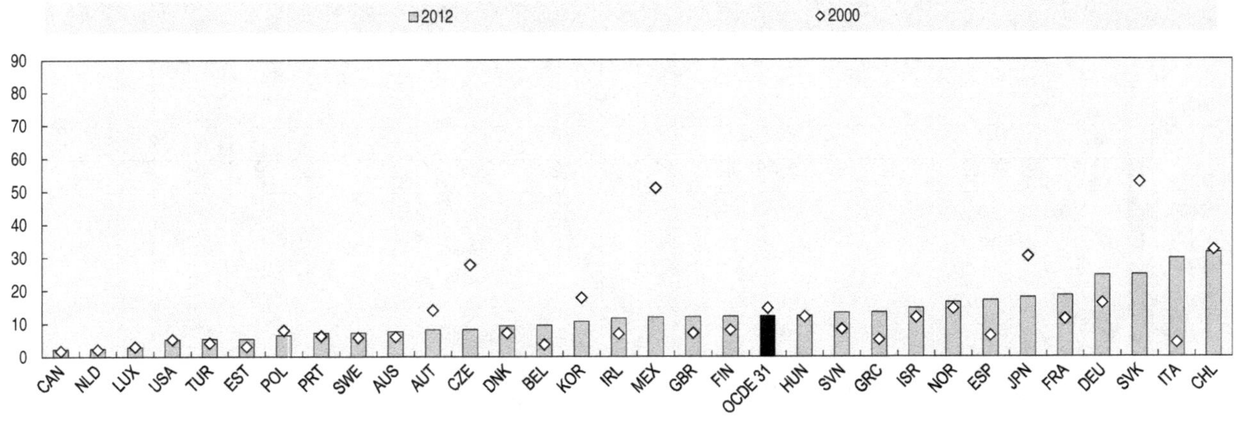

Nota: El año más reciente disponible es 2011 para Japón e Israel; y 2009 para México. El primer año mostrado es 2001 para Irlanda, Israel y Eslovenia; 2002 para Corea; 2003 para Dinamarca; 2005 para Chile; 2006 para Luxemburgo; y 2010 para Turquía. El promedio de la OCDE es el promedio ponderado por la población de los valores incluidos en la gráfica.

Fuente: "National Accounts at a Glance", base de datos *OECD National Accounts Statistics, http://dx.doi.org/10.1787/data-00369-en.*

StatLink *http://dx.doi.org/10.1787/888933268003*

La posición financiera del gobierno es otra consideración útil para mantener el bienestar a lo largo del tiempo, y, debido a las garantías gubernamentales implícitas, la deuda privada puede rápidamente convertirse en deuda pública. Los gobiernos pueden incurrir en déficit para apoyar la actividad económica y la acumulación de capital económico, humano y social (por ejemplo, mediante la financiación de inversión en activos fijos como infraestructura pública, o inversión en educación y competencias), o bien para impedir el deterioro del capital natural. Por otra parte, una gran deuda gubernamental puede también representar un factor de riesgo para el bienestar futuro si, por ejemplo, una súbita presión para reducir esa deuda generara recortes considerables y rápidos del gasto público.

La posición financiera del gobierno (Gráfica 3.23; véase la definición en el Recuadro 3.5) se evalúa aquí al medir el capital financiero neto (es decir, la diferencia entre obligaciones y activos financieros) y no con medidas de la deuda bruta que suelen considerarse en el debate sobre políticas económicas, en el que la atención se centra en la liquidez más que en la sostenibilidad *per se*. En 2013 (o el año más reciente disponible), el capital financiero neto del gobierno varió de un valor positivo de 242% del PIB en Noruega, 54% en Finlandia y 49% en Luxemburgo, a una posición negativa de –118% del PIB en Italia, –122% en Grecia y –123% en Japón. Sin embargo, los datos del balance financiero del sector gubernamental excluyen activos no financieros (infraestructura, legado cultural, regiones protegidas y obras de arte) y, por consiguiente, el capital financiero neto gubernamental no refleja la reserva total del patrimonio de los gobiernos.

Entre 2000 y 2013, en la mayoría de los países de la OCDE se observó una reducción en el capital financiero neto del gobierno como porcentaje del PIB, de 31.3 puntos porcentuales en promedio. Las excepciones fueron Noruega, Suecia, Finlandia, Dinamarca y Canadá, donde dicho capital aumentó 10 puntos porcentuales o más desde 2000. Entre 2000 y

2013, los mayores deterioros de la posición financiera gubernamental neta se apreciaron en Portugal, Irlanda, Japón y Estados Unidos de América, con un saldo negativo de 50 puntos porcentuales.

Gráfica 3.23. **Capital financiero neto del gobierno**

Como porcentaje del PIB

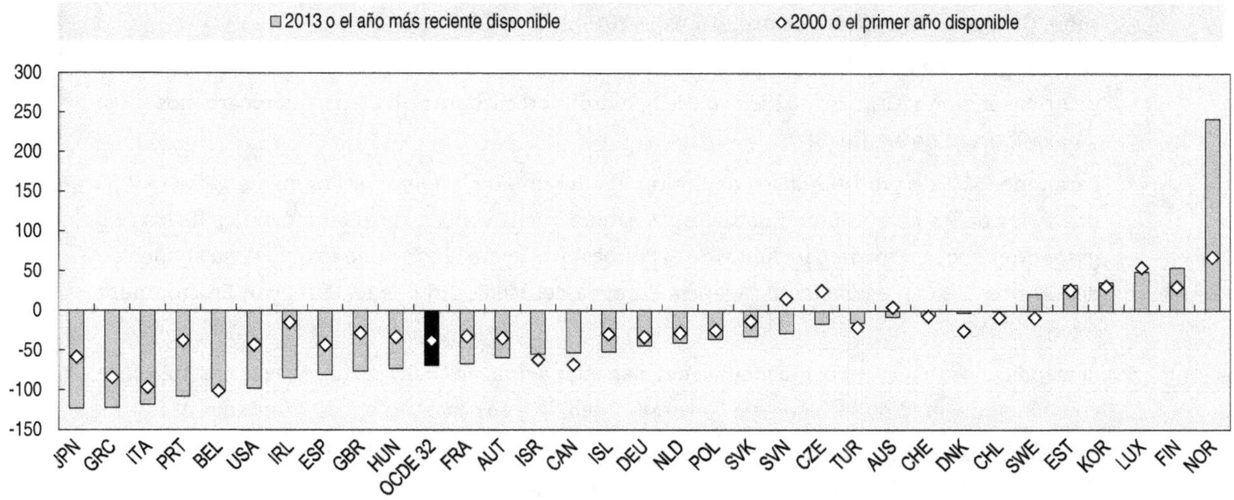

Nota: El año más reciente disponible es 2014 para Australia, Austria, Bélgica, Chile, Hungría, Noruega, Portugal, Eslovenia, España, Suecia, Reino Unido y Estados Unidos de América; y 2012 para Corea y Suiza. El primer año disponible es 2001 para Israel y Eslovenia; 2002 para Corea; 2003 para Islandia y Polonia; 2005 para Chile; 2008 para Estonia y Luxemburgo; y 2009 para Turquía. El promedio de la OCDE es el promedio ponderado por la población de los valores incluidos en la gráfica.

Fuente: Base de datos *OECD National Accounts Statistics*, *http://dx.doi.org/10.1787/na-data-en*.

StatLink *http://dx.doi.org/10.1787/888933268013*

Notas

1. La elección del periodo más adecuado para la evaluación del bienestar a lo largo del tiempo depende del tipo de capital en consideración. En este capítulo la atención se centra en los recursos que existen y pueden medirse hoy pero que también son valiosos para mantener el bienestar en el futuro. De manera implícita, las medidas de capital humano y social propuestas en esta sección implican que el término "posterior" (es decir, el bienestar futuro) suele referirse a la vida futura de las personas vivas hoy (es decir, los niños o jóvenes actuales). Por el contrario, en el caso del capital natural no renovable, la gestión de los recursos el día de hoy puede afectar el bienestar de todas las generaciones que vivirán en un futuro lejano. El periodo temporal adecuado para el capital económico se sitúa en un punto intermedio entre estos dos: el capital económico incluye la infraestructura física (edificios, puentes, etc.) que pueden perdurar durante muchas generaciones, y el capital financiero, que puede estar sujeto a rápidas fluctuaciones en tiempos de crisis. Por consiguiente, no hay un marco de tiempo "universal" que pueda aplicarse a todas las formas diferentes de reservas de capital.
2. Si bien este capítulo se centra en las reservas de aquellos recursos que pueden determinar el bienestar en el tiempo, existen sinergias evidentes con los conjuntos de Indicadores de Desarrollo Sostenible (SDI, por sus siglas en inglés), que emplean muchos gobiernos de la OCDE y oficinas de estadística. Estos conjuntos de indicadores suelen presentar mediciones adicionales que no

se incluyen en el Cuadro 3.1; por ejemplo: datos sobre consumo de energía derivada de recursos renovables; desechos y reciclaje; gasto internacional para ayuda; abandono escolar a temprana edad y jóvenes que no trabajan, estudian o tienen alguna actividad de formación; pobreza; cohesión social; y mediciones de las desigualdades de género. Otros trabajos de la OCDE dedican mayor atención a algunos de estos temas, como la iniciativa *Green Growth Indicators* (OECD, 2014a); *OECD Employment Outlook* (OECD, 2015e); el trabajo sobre desigualdad del ingreso y la pobreza (por ejemplo, *In It Together*, OCDE 2015f); el *OECD Gender Portal* (OECD, 2015g); y el trabajo de la OCDE sobre Cooperación para el Desarrollo (OECD, 2015h).

3. Los seis gases de efecto invernadero incluidos en el protocolo de Kyoto son dióxido de carbono (CO_2), gas metano (CH_4), óxido nitroso (N_2O), hidrofluorocarburos (HFC), perfluorocarbonos (PFC) y hexafluoruro de azufre (SF_6).
4. Para tener 50% de probabilidades de limitar el aumento de la temperatura media global a 2 °C por arriba de los niveles preindustriales, se estima que la concentración atmosférica de los seis gases de efecto invernadero incluidos en el Protocolo de Kyoto tendría que estabilizarse por debajo de 491 ppm de CO_2 equivalente (Agencia Europea del Medio Ambiente, European Environment Agency, 2015).
5. Este indicador se incluyó como medida del bienestar actual en OECD (2013); en este capítulo se le considera una medida de bienestar "posterior" debido a sus características orientadas al futuro.
6. Después de la Gran Recesión, todos los países de la OCDE experimentaron fuertes bajas en la tasa de crecimiento del "producto potencial", el cual se generaba por una menor reserva de capital por trabajador más que por una disminución en el avance tecnológico (OECD, 2015e). Esta baja en la reserva de capital económico reabrió el debate sobre la posibilidad de que los países de la OCDE afronten un periodo de "estancamiento secular" en el futuro, en el que (con las tasas de interés cerca del nivel cero) la inversión continuamente quede muy por debajo del ahorro disponible. Para mayores detalles, véase el capítulo especial sobre inversión en *OECD Economic Outlook, Volume 2015* (OECD, 2015i) y el análisis en OECD (2015j).

Bibliografía

Boarini, R., M. Mira d'Ercole y G. Liu (2012), "Approaches to Measuring the Stock of Human Capital: A Review of Country Practices", *OECD Statistics Working Papers*, núm. 2012/04, OECD Publishing, París, *http://dx.doi.org/10.1787/5k8zlm5bc3ns-en*.

European Environment Agency (2015), Atmospheric greenhouse gas concentrations (CSI 013/CLIM 052), evaluación publicada en febrero de 2015, *www.eea.europa.eu/data-and-maps/indicators/atmospheric-greenhouse-gas-concentrations-4/assessment* (consultado el 26 de mayo de 2015).

Eurostat (2015), "Quality of life in Europe – facts and views – governance", en *Quality of Life*, publicación en línea, *http://ec.europa.eu/eurostat/statistics-explained/index.php?title=Quality_of_life_in_Europe_-_facts_and_views_-_governance&oldid=237687* (consultado el 4 de julio de 2015).

FAO (The UN Food and Agriculture Organisation) (2010), *Global Forest Resources Assessment 2010 Main Report*, FAO Forestry Paper 163, *www.fao.org/docrep/013/i1757e/i1757e.pdf*.

French Conseil d'Analyse Économique y German Council of Economic Experts (2010), *Monitoring Economic Performance, Quality of Life and Sustainability: Joint Report as requested by the Franco-German Ministerial Council*, German Council of Economic Experts Occasional Reports Series, www.sachverstaendigenrat-wirtschaft.de/expertisen.html.

IEA (2014), *Energy, Climate Change and Environment: 2014 Insights*, IEA, París, *http://dx.doi.org/10.1787/9789264220744-en*.

IMF (2015), "Financial Soundness Indicators", http://fsi.imf.org/Default.aspx (consultado el 8 de julio de 2015).

IMF-FSB (Financial Stability Board) (2009), *The Financial Crisis and Information Gaps: Report to the G-20 Finance Ministers and Central Bank Governors*, *www.imf.org/external/np/g20/pdf/102909.pdf*.

IMF-FSB (2010), *The Financial Crisis and Information Gaps - Action Plans and Timetables*, *www.financialstabilityboard.org/2010/05/r_100510/?page_moved=1*.

IMF-FSB (2012), *The Financial Crisis and Information Gaps – Progress Report on the G-20 Data Gaps Initiative: Status, Action Plans, Timetables*, *www.imf.org/external/np/G20/pdf/093012.pdf*.

IUCN (2013), The IUCN Red List of Threatened Species, *www.iucnredlist.org/about* (consultado el 12 de abril de 2015).

Liu, G. (2011), "Measuring the Stock of Human Capital for Comparative Analysis: An Application of the Lifetime Income Approach to Selected Countries", *OECD Statistics Working Paper No. 41, 2011/06*, OECD Publishing, París, *http://dx.doi.org/10.1787/5kg3h0jnn9r5-en*.

OECD (2015a), *Aligning Policies for a Low-carbon Economy*, OECD Publishing, París, *http://dx.doi.org/10.1787/9789264233294-en*.

OECD (2015b), "Carbon dioxide emissions embodied in international trade", *www.oecd.org/sti/inputoutput/co2* (consultado el 15 de julio de 2015).

OECD (2015c), *Water Resources Allocation: Sharing Risks and Opportunities*, OECD Studies on Water, OECD Publishing, París, *http://dx.doi.org/10.1787/9789264229631-en*.

OECD (2015d), *Education at a Glance Interim Report: Update of Employment and Educational Attainment Indicators*, OECD Publishing, París, *www.oecd.org/edu/EAG-Interim-report.pdf*.

OECD (2015e), *Employment Outlook 2015*, OECD Publishing, París, *http://dx.doi.org/10.1787/empl_outlook-2015-en*.

OECD (2015f), *In It Together: Why Less Inequality Benefits All*, OECD Publishing, París, *http://dx.doi.org/10.1787/9789264235120-en*.

OECD (2015g), OECD Gender Portal, *http://www.oecd.org/gender/data/* (consultado el 12 de mayo de 2015).

OECD (2015h), *OECD International Development Statistics* (base de datos), *http://dx.doi.org/10.1787/dev-data-en* (consultado el 10 de julio de 2015).

OECD (2015i), "Lifting Investment for Higher Sustainable Growth", en OECD, *OECD Economic Outlook, Volume 2015 Issue 1*, OECD Publishing, París, *http://dx.doi.org/10.1787/eco_outlook-v2015-1-46-en*.

OECD (2015j), *OECD Business and Finance Outlook 2015*, OECD Publishing, París, *http://dx.doi.org/10.1787/9789264234291-en*.

OECD (2014a), *Green Growth Indicators 2014*, OECD Green Growth Studies, OECD Publishing, París, *http://dx.doi.org/10.1787/9789264202030-en*.

OECD (2014b), *Education at a Glance 2014: OECD Indicators*, OECD Publishing, París, *http://dx.doi.org/10.1787/eag-2014-en*.

OECD (2014c), *National Accounts at a Glance 2014*, OECD Publishing, París, *http://dx.doi.org/10.1787/na_glance-2014-en*.

OECD (2013a), *How's Life? 2013: Measuring Well-being*, OECD Publishing, París, *http://dx.doi.org/10.1787/9789264201392-en*.

OECD (2013b), *Environment at a Glance 2013: OECD Indicators*, OECD Publishing, París, *http://dx.doi.org/10.1787/9789264185715-en*.

OECD (2013c), *Water Security for Better Lives*, OECD Studies on Water, OECD Publishing, París, *http://dx.doi.org/10.1787/9789264202405-en*.

OECD (2013d), *Health at a Glance 2013: OECD Indicators*, OECD Publishing, París, *http://dx.doi.org/10.1787/health_glance-2013-en*.

OECD (2012), *OECD Environmental Outlook to 2050: The Consequences of Inaction*, OECD Publishing, París, *http://dx.doi.org/10.1787/9789264122246-en*.

OECD (2011), *How's Life? Measuring Well-Being*, OECD Publishing, París, *http://dx.doi.org/10.1787/9789264121164-en*.

OECD (2009), *Measuring Capital - OECD Manual: Second Edition*, OECD Publishing, París, *http://dx.doi.org/10.1787/9789264068476-en*.

Oeppen, J. y J. W. Vaupel (2002), "Broken Limits of Life Expectancy", *Science*, Vol. 296, núm. 5570.

Scrivens, K. y C. Smith (2013), "Four Interpretations of Social Capital: An Agenda for Measurement", *OECD Statistics Working Papers*, núm. 2013/06, OECD Publishing, París, *http://dx.doi.org/10.1787/5jzbcx010wmt-en*.

Siegler, V. (2015), "Measuring National Well-Being – An Analysis of Social Capital in the UK", Office for National Statistics, *www.ons.gov.uk/ons/rel/wellbeing/measuring-national-well-being*.

Statistics New Zealand (2011), *Key findings on New Zealand's progress using a sustainable development approach: 2010*, Statistics New Zealand, Wellington, *http://www.stats.govt.nz/browse_for_stats/snapshots-of-nz/Measuring-NZ-progress-sustainable-dev-%20approach/key-findings-2010.aspx* (consultado el 29 de mayo de 2015).

Swiss Federal Statistical Office (2013), *Sustainable Development – A Brief Guide 2013: 17 key indicators to measure progress*, *http://www.bfs.admin.ch/bfs/portal/en/index/themen/21/01/new.html?gnpID=2013-267* (consultado el 10 de julio de 2015).

United Nations (2009a), *Measuring Sustainable Development*, Comisión Económica para Europa, preparado en cooperación con la OCDE y la Oficina Estadística de las Comunidades Europeas (Eurostat), Nueva York y Ginebra, *https://sustainabledevelopment.un.org/index.php?page=view&type=400&nr=801&menu=35*.

United Nations Economic Commission for Europe (UNECE) (2014), *Conference of European Statisticians Recommendations on Measuring Sustainable Development*, Naciones Unidas, Nueva York y Ginebra, *www.unece.org/fileadmin/DAM/stats/publications/2013/CES_SD_web.pdf*.

UNU-IHDP y UNEP (2014), *Inclusive Wealth Report 2014. Measuring progress towards sustainability*, Cambridge University Press, Cambridge, *http://inclusivewealthindex.org*.

UNU-IHDP y UNEP (2012), *Inclusive Wealth Report 2012. Measuring progress towards sustainability*, Cambridge University Press, Cambridge, *http://inclusivewealthindex.org*.

Wilmoth, J. R. (2011), "Increase in Human Longevity: Past, Present and Future", *The Japanese Journal of Population*, Vol. 9, núm. 1.

World Meteorological Organisation (WMO) (2014), *World Meteorological Organisation Greenhouse Gas Bulletin*, núm. 10, 6 de noviembre de 2014, *www.wmo.int/pages/prog/arep/gaw/ghg/GHGbulletin.html* (consultado el 10 de julio de 2015).

Bases de datos

Eurostat (2015), European Union Statistics on Income and Living Conditions (EU-SILC), *http://appsso.eurostat.ec.europa.eu/nui/show.do?dataset=ilc_pw03&lang=en* (consultado el 03 de julio de 2015).

Gallup World Poll, *www.gallup.com/services/170945/world-poll.aspx* (consultado el 03 de julio de 2015).

OECD *Environment Statistics* (base de datos), *http://dx.doi.org/10.1787/env-data-en* (consultado el 04 de julio de 2015).

OECD *Health Statistics* (base de datos), *http://dx.doi.org/10.1787/data-00546-en* (consultado el 10 de julio de 2015).

OECD *National Accounts Statistics* (base de datos), *http://dx.doi.org/10.1787/data-00652-en* (consultado el 10 de julio de 2015).

Capítulo 4

¿Cómo va la vida para los niños?

La niñez es un periodo único de desarrollo humano y una etapa fundamental en la preparación de las sociedades futuras para la prosperidad y la sostenibilidad. En este capítulo se analizan los principales aspectos de la medición del bienestar de los niños y se presenta evidencia de cómo califican en 10 aspectos de sus vidas. El análisis muestra que en muchos países de la OCDE una cantidad importante de niños vive en condiciones de pobreza y con familias desempleadas, y que el riesgo de la pobreza aumentó durante la Gran Recesión. Si bien los riesgos para la salud en la infancia temprana son bajos en la mayoría de los países de la OCDE, son considerablemente más altos para los adolescentes. La mayoría de los niños crece en un entorno social amigable y muchos de ellos son socialmente participativos. Sin embargo, un porcentaje considerable de ellos corre el riesgo de convertirse en víctima de la delincuencia. Asimismo, las experiencias de los niños son extremadamente diversas en las diferentes edades, entre géneros y según el entorno socioeconómico de cada familia. A medida que crecen, sus relaciones con los compañeros de escuela y los padres se complican y tanto el bienestar subjetivo como la salud que dicen tener se reducen de manera significativa. Los niños de familias pobres tienen un bienestar inferior a los de familias ricas en casi todas las dimensiones consideradas en este capítulo.

Los datos estadísticos para Israel son suministrados por y bajo la responsabilidad de las autoridades israelíes competentes. El uso de estos datos por la OCDE es sin perjuicio del estatuto de los Altos del Golán, Jerusalén Este y los asentamientos israelíes en Cisjordania bajo los términos del derecho internacional.

Introducción: Por qué el bienestar de los niños es importante

Los niños y jóvenes conforman una gran parte de la población en todos los países de la OCDE: más de 1 de cada 4 personas tiene menos de 20 años de edad y alrededor de 6% tiene menos de cinco; 12%, menos de 10, y 13%, entre 11 y 19 (OECD, 2015a). Si bien las desigualdades en los resultados de bienestar en los grupos de edad se han analizado con detalle en ediciones previas de *How's Life?* (*¿Cómo va la vida?*), hasta ahora el informe no ha incluido medidas de bienestar específicas de la niñez ni comparaciones entre familias con y sin hijos, o entre niños con diferentes características.

Un buen acervo de publicaciones ha destacado el vínculo entre el bienestar en la niñez y en la edad adulta, particularmente en lo que se refiere a los resultados educativos.[1] Por consiguiente, entender la condición de la niñez puede informar sobre el bienestar en una etapa posterior de la vida y ayudar a identificar oportunidades o necesidades de una intervención temprana a través de políticas públicas. Además, el bienestar de los niños como *miembros dependientes* de la sociedad, dependerá en parte del bienestar de sus familias y de la sociedad en general. Este vínculo se manifestó con claridad durante la Gran Recesión, como lo indican las tasas más altas de pobreza infantil (UNICEF, 2014), la inactividad de los jóvenes (Scarpetta, Sonnet y Manfredi, 2010; Carcillo *et al.*, 2015) y la falta de hogar (OECD, 2015c).

Los resultados de los niños, según mediciones con indicadores tradicionales de pobreza en ingresos, salud infantil, educación y actividad de los jóvenes, fueron muy heterogéneos en los últimos años (OECD, 2009, 2011 y 2015d). Esto planteó cuestionamientos sobre la manera en que los diseñadores de políticas públicas pueden mejorar los resultados de la vida de todos los niños y así contribuir a mejorar el bienestar general en el futuro. La falta de avances en áreas claves como la pobreza infantil y la actividad juvenil ha estimulado a muchos países de la OCDE y organismos internacionales para emprender iniciativas para medir mejor el bienestar de los niños (Recuadro 4.1).

En 2009 la OCDE comenzó a trabajar sobre el bienestar de los niños y elaboró un marco de medición para presentar un análisis detallado del bienestar de los niños en el informe *Doing Better for Children* (OECD, 2009). Algunos indicadores incluidos en el informe se incorporaron desde entonces a la *OECD Family Database*, con la cual, de forma rutinaria, se vigilan los avances en los resultados seleccionados de familias con hijos. En fecha más reciente, un estudio minucioso de la OCDE de los datos disponibles obtenidos mediante encuestas sobre la niñez destacó los principales vacíos de medición en este campo (Richardson y Ali, 2014). Este capítulo se basa en estos diversos programas para evaluar el bienestar de los niños de manera compatible con el enfoque de *¿Cómo va la vida?*

El capítulo se organiza de la forma siguiente: en primer lugar, se analizan los aspectos de medición del bienestar de los niños, entre ellos, cómo encaja la medición del bienestar de los niños en el marco de *¿Cómo va la vida?* Después se abordan los indicadores utilizados en este capítulo junto con los criterios que guiaron la selección. En la siguiente sección se estudia la evidencia sobre el bienestar de los niños en los diferentes países de la OCDE,

Recuadro 4.1. Iniciativas internacionales y nacionales para medir el bienestar de los niños

En la década pasada se pusieron en marcha diversas iniciativas para medir el bienestar de los niños, emprendidas por organismos —UNICEF (2007, 2009 y 2013), la OCDE (2009 y 2011), la Comisión Europea (2008)— académicos, organizaciones no gubernamentales e instituciones de investigación internacionales (Bradshaw, Hoelscher y Richardson, 2007; Richardson, Hoelscher y Bradshaw, 2008; Save the Children, 2008 y 2011, y TARKI, 2010). La medición del bienestar de los niños ha sido también un tema de actualidad en muchos países de la OCDE, por ejemplo:

- En Australia, los estudios *Child Health, Development and Well-being* (Salud, desarrollo y bienestar de los niños), realizados por el Instituto Australiano de Salud y Bienestar (*http://www.aihw.gov.au/child-health-development-and-wellbeing/*), miden resultados claves de bienestar de niños menores de 14 años de edad (con 56 indicadores) y menores de 12 años (19 indicadores). Estos resultados se agrupan en siete dimensiones: salud, desarrollo saludable, aprendizaje y desarrollo, factores de riesgo, familia y comunidad, seguridad y protección, y desempeño de los sistemas.
- En Reino Unido, la Oficina de Estadísticas Nacionales (ONS) se enfoca en niños menores de 15 años como parte del programa *Measuring National Well-being* del RU (ONS, 2012, 2014). Basándose en el marco de bienestar diseñado para la población en general, la ONS elaboró un conjunto provisional de 31 medidas principales del bienestar de los niños (que cubren aspectos objetivos y subjetivos) en siete campos (bienestar personal, relaciones, salud, nuestras actividades, nuestro lugar de residencia, finanzas personales, educación y competencias). En 2014 se inició una medición de referencia de 22 de estos 31 indicadores, con miras a actualizarlos en 2015 después de una consulta pública (ONS, 2014).

En años pasados, muchos otros países realizaron estudios oficiales para evaluar o dar seguimiento al estado del bienestar de los niños a nivel nacional. El estudio de Ben-Arieh *et al.* (2001) destacó informes generados con regularidad sobre este tema que datan de mediados de la década de 1990 en Bélgica (comunidades de Flandes y de Valonia), Canadá, Finlandia, Alemania, Italia y Japón (estadísticas de salud materna e infantil), con una frecuencia que oscila entre una vez al año y cada cinco años. Los autores resaltan también diversos informes nacionales únicos sobre el bienestar de los niños en Dinamarca y Portugal (sobre trabajo de menores, niños en instituciones y abuso infantil). En algunos casos, las iniciativas para vigilar el bienestar de los niños corren a cargo de organismos no gubernamentales pero con apoyo financiero del gobierno (por ejemplo, *Child Trends* en Estados Unidos de América, realizada con el apoyo del Departamento de Salud y Servicios Humanos) o se presentan con regularidad al gobierno al terminarse (por ejemplo, el Estado de los Niños en Israel).

analizando tanto las diferencias entre países en el bienestar medio de los niños como las desigualdades entre niños con distintas características. La sección final concluye con el estudio de la futura agenda estadística.

Midiendo el bienestar de los niños

¿Cómo se define el bienestar de los niños?

El bienestar de los niños puede definirse y ponerse en práctica de múltiples maneras. El enfoque de este capítulo, y de análisis previos de la OCDE sobre este asunto (OECD, 2009), define el bienestar de los niños en términos de varias dimensiones de la vida importantes para ellos, ahora y en el futuro. El enfoque hace hincapié en la relevancia de analizar la vida de los niños de manera multidimensional, al igual que *¿Cómo va la vida?* para la población en general.

Analizar el bienestar de los niños como concepto multidimensional es común en gran parte de la investigación reciente sobre este tema (véase Bradshaw *et al.*, 2007 y 2009). Pollard y Lee (2003), por ejemplo, definen el bienestar de los niños como "un concepto multidimensional que incorpora las dimensiones mentales/psicológicas, físicas y sociales", en tanto que Ben-Arieh y Frones (2007) se refieren a las "condiciones económicas, relaciones de pares, derechos políticos y oportunidades de desarrollo" disponibles para los niños. El énfasis en la multidimensionalidad fue en parte respuesta al enfoque más limitado de seguir los resultados de vida de los niños que prevalecieron hasta alrededor de mediados de la década de 2000, cuando los conjuntos de indicadores internacionales se centraban sobre todo en medidas de pobreza de ingresos de familias con hijos. La creciente insatisfacción con este planteamiento, la mayor disponibilidad de datos relacionados con la infancia obtenidos de encuestas que abarcaban muchos aspectos de su vida y la mayor demanda de políticas públicas para niños a partir de datos contribuyeron al desarrollo de un enfoque multidimensional. En la práctica, todos los enfoques de este tipo empiezan por escoger la gama de campos pertinentes que sean importantes para la vida de los menores y después seleccionar los indicadores que mejor midan estos campos.[2]

De la misma forma que la metodología de *¿Cómo va la vida?*, en este capítulo también se adopta un enfoque multidimensional. De manera más específica, se supone que las dimensiones pertinentes de bienestar de los niños deben relacionarse con aspectos de sus vidas que sean *intrínsecamente valiosos para los niños de hoy* y que *podrían impactar sus futuros*. Esta distinción se basa en las dos principales perspectivas sobre el desarrollo infantil (es decir, la de desarrollo y la de derechos de los niños) que se analizan en la literatura correspondiente (Recuadro 4.2).

Dimensiones del bienestar de los niños y selección de indicadores

En la práctica, la mayoría de las iniciativas internacionales y nacionales en este campo definen el bienestar de los niños en términos de un conjunto similar de dimensiones (Anexo 4.A.1, Cuadro 4.A.1) que cubren elementos que los niños poseen o a los cuales tienen acceso, sus experiencias y condiciones de vida cotidianas, así como sus sentimientos subjetivos acerca de la vida.

El marco de medición utilizado en este capítulo se basa en la metodología descrita en el primer informe de la OCDE sobre el bienestar de los niños, *Doing Better for Children* (OECD, 2009). En este informe se instrumentó el concepto del bienestar de los niños en términos de seis dimensiones principales que cubren tanto las condiciones materiales como la calidad de vida (es decir, bienestar material, vivienda y medio ambiente, salud y seguridad, conductas de riesgo, calidad de la vida escolar y bienestar educativo). Estas dimensiones se identificaron por medio de un estudio de investigación en los distintos países sobre el bienestar de los niños, la cual se originó en las normas internacionales acordadas en la Convención Internacional sobre los Derechos del Niño de las Naciones Unidas (UNCRC, United Nations, 1990).[3] Estas seis dimensiones que se aplican a las especificaciones de los niños coinciden bastante con las que son utilizadas en *¿Cómo va la vida?* para la población en su conjunto.

Teniendo esto en cuenta, en el capítulo se consideran 10 de las 11 dimensiones de *¿Cómo va la vida?* (véanse el Capítulo 1 y el Cuadro 4.1, columna izquierda) para medir el bienestar de los niños. Se excluye la dimensión "balance vida-trabajo", ya que se trata de un tema que incumbe solo a los adultos. Además, se extiende el alcance de la dimensión "relaciones sociales" para incluir tanto las relaciones con la familia (centrales para el desarrollo del niño) como las interacciones dentro de la escuela (donde los niños pasan

Recuadro 4.2. **Definición del bienestar de los niños. Aportaciones de la literatura académica**

La literatura sobre el bienestar de los niños ha hecho hincapié en dos perspectivas importantes:

- La *perspectiva de desarrollo* destaca que un resultado positivo en un aspecto del bienestar de los niños hoy implica un resultado positivo en el mismo aspecto el día de mañana. Por consiguiente, este enfoque subraya la importancia de desarrollar el capital humano y las competencias sociales para el futuro (Brofenbrenner, 1979).
- La *perspectiva de los derechos de los niños* se centra en los menores como seres humanos que experimentan el bienestar "aquí y ahora". Una característica que se debe destacar de esta perspectiva es que depende de la participación directa de los niños en el proceso de decidir qué aspectos son importantes para ellos y cómo pueden medirse (Casas, 1997; Ben-Arieh *et al.*, 2001).

Estas dos perspectivas pueden complementarse en algunas ocasiones: por ejemplo, los buenos resultados académicos de los niños hoy son generalmente una precondición significativa para obtener buenos resultados en el mercado laboral mañana. Sin embargo, los buenos resultados educativos hoy pueden también implicar estrés y presión escolar para los menores, los cuales podrían perjudicar su bienestar de manera puntual. Siempre que haya concesiones entre el bienestar actual y el futuro, la perspectiva de derechos de los niños aportará una imagen distinta que la perspectiva de desarrollo.

Sin embargo, desde un punto de vista conceptual, las dos perspectivas coinciden con el marco conceptual del informe *¿Cómo va la vida?*, el cual establece dos distinciones relevantes: la primera es entre lo que importa intrínsecamente (como supone la perspectiva de derechos de los niños) y lo que importa instrumentalmente (como plantea la perspectiva de desarrollo); y segunda, entre los resultados relativos al bienestar obtenidos en un momento especifico del presente y los resultados de bienestar "posteriores". En sí, en este capítulo se aborda la evidencia sobre los resultados de bienestar que son relevantes hoy *pero que también podrían tener un impacto en el futuro* que afectarán su condición mañana.

Una distinción adicional en la literatura sobre el tema es entre los enfoques centrados en los resultados negativos de bienestar de los niños (enfoques "deficitarios") y los que consideran el bienestar de los niños como un concepto positivo (enfoques "basados en fuerzas"). El análisis del bienestar de los niños presentado en este capítulo concilia estas dos perspectivas, dado que analiza tanto las condiciones de vida promedias como las desigualdades en el bienestar de los niños y el bienestar de los niños más desfavorecidos.

una parte importante del día y que moldea una gran parte de la identidad, así como los resultados de bienestar futuros en diversas áreas). Por consiguiente, a esta dimensión se le llama "entorno social y familiar". Por último, se debe destacar que, al igual que en *Doing Better for Children,* algunas dimensiones no se refieren directamente a los resultados de los niños, sino a los de las familias con quienes viven. Por ejemplo, esto es relevante para todos los aspectos de las condiciones materiales (como el ingreso familiar), como de calidad del medio ambiente, donde el foco de atención es la familia de la cual los niños son miembros dependientes.

De tal forma, las 10 dimensiones de bienestar de los niños se organizan en dos grupos: por un lado, las condiciones de bienestar de las familias a las que pertenecen los niños, las cuales capturan aspectos materiales y las condiciones del entorno hogareño en el cual crecen los niños; por otro lado, las condiciones de bienestar específicas que se enfocan en los factores de bienestar individual, centrado en su mayor parte en los niños (es decir, salud, educación, compromiso cívico, entorno social y familiar, seguridad personal y bienestar subjetivo).

Cuadro 4.1. **Dimensiones e indicadores de bienestar de los niños**

Condiciones de bienestar de las familias con quienes los niños viven	
Ingresos y riqueza	Ingreso disponible de familias con niños*
	Pobreza de ingresos de los niños*
Empleo y salario	Niños con familias desempleadas
	Niños con un padre o madre desempleado de largo plazo
Vivienda	Habitaciones promedio por niño
	Niños en hogares sin servicios básicos
Calidad del medio ambiente	Niños en hogares con malas condiciones ambientales
Condiciones de bienestar específicas para los niños	
Salud	Mortalidad de infantes*
	Bajo peso al nacer*
	Salud reportada por el afectado
	Sobrepeso y obesidad*
	Tasas de suicidio en adolescentes
	Tasas de nacimiento en madres adolescentes
Educación y competencias	Calificación media en lectura PISA**
	Calificación en solución creativa de problemas PISA**
	Jóvenes que no trabajan ni estudian ni están en formación*
	Privación de la educación*
Compromiso cívico	Intención de votar
	Participación cívica
Entorno social y familiar	Adolescentes a quienes se les facilita hablar con sus padres
	Estudiantes que dicen tener compañeros de clase amables y serviciales
	Estudiantes que se sienten muy presionados por las tareas escolares
	Estudiantes a quienes les agrada la escuela*
	Índice PISA de sensación de pertenencia
	Tiempo dedicado por los padres a sus hijos
Seguridad personal	Tasas de homicidio infantil*
	Acoso escolar*
Bienestar subjetivo	Satisfacción ante la vida

Notas: Los indicadores marcados con * se incluyeron también en *Doing Better for Children*. Los indicadores marcados con ** se incluyeron en *Doing Better for Children* con una definición ligeramente diferente.

Los criterios para seleccionar los indicadores de bienestar de los niños listados en el Cuadro 4.1 son los mismos que para los indicadores de *¿Cómo va la vida?* (es decir, los indicadores deben tener validez aparente; centrarse en resultados resumidos; ser susceptibles de ser cambiados y sensibles a intervenciones de políticas públicas; ser de uso común y aceptado en la literatura pertinente; asegurar la comparabilidad entre países y una máxima cobertura nacional, y recopilarse mediante un instrumento recurrente). Dos criterios adicionales, basados en la metodología de *Doing Better for Children* (OECD, 2009),[4] guiaron la selección de los indicadores utilizados en este capítulo, a saber:

- Idealmente, los indicadores tendrían que cubrir a *todos los niños* desde su nacimiento hasta los 17 años de edad incluidos, como mínimo.[5]
- Cuando sea posible, en el caso de las condiciones de bienestar específicas para los niños, la unidad de análisis deberá ser el *niño*, más que la familia: este enfoque centrado en el menor es común a todos los estudios recientes de bienestar de los niños.

Estos diversos criterios de selección definen las normas mínimas de inclusión y justifican la selección de un indicador respecto a otro en el que son factibles múltiples opciones. Estas consideraciones resultaron en la selección de 28 indicadores, que en su mayoría coinciden con los que fueron empleados para *Doing Better for Children*. Estos indicadores se toman de distintas fuentes. En algunos casos, provienen de registros administrativos (como certificados de defunción o datos de registros hospitalarios), estadísticas de la fuerza laboral y encuestas a familias que abarcan a toda la población; esto permite identificar a los encuestados con base en su edad o sus características familiares (si tienen niños, por ejemplo). En otros casos provienen de encuestas especializadas que evalúan aspectos específicos de la calidad de vida de los niños, como el Programa para la Evaluación Internacional de los Estudiantes (PISA) de la OCDE, el Estudio sobre Conductas Relacionadas con la Salud de los Niños en Edad Escolar (HBSC) y el Estudio Internacional sobre Educación Cívica y Ciudadana (ICCS) (véase el Recuadro 4.3).

Si bien cada una de estas fuentes se centra en un aspecto diferente de las experiencias infantiles, consideradas en conjunto proporcionan una panorámica completa del bienestar de los niños en los países de la OCDE. Sin embargo, estos estudios tienen una cobertura nacional y temporal desequilibrada; por lo tanto, el análisis del bienestar de los niños presentado en el capítulo tiene sus límites. De manera similar, la evidencia disponible a menudo es insuficiente para evaluar cómo evoluciona el bienestar con el transcurso del tiempo. Por tal razón, las tendencias en el bienestar de los niños descritas en el capítulo se limitan a un subconjunto de dimensiones e indicadores. En los casos en que se utilizaron datos sobre familias, los ponderadores de la encuesta se ajustaron para calcular las medidas para los niños que experimentan cada resultado de bienestar. También se analizaron los datos de las encuestas a los niños en busca de posibles sesgos debidos a la falta de respuesta diferenciada a distintas preguntas (Recuadro 4.4).

Retos de medición

Pese al aumento en el número de programas y el interés en medir el bienestar de los niños, los desafíos significativos permanecen. Un aspecto fundamental es la participación limitada de los niños en el desarrollo de las medidas respectivas (OECD, 2009). Si bien la teoría y el trabajo de medición de indicadores infantiles han avanzado en reconocer a los menores como participantes con su propia perspectiva, es difícil involucrar a los niños pequeños en el diseño de instrumentos de estudios e incluso algunas veces lograr que los respondan.[6] También es imposible ignorar la perspectiva de los padres, pues ellos son los principales responsables del bienestar de sus hijos. Por esta razón, por ejemplo, la unidad de medición de la mayoría de los indicadores del bienestar *material* de los niños es la familia (o el hogar), con base en el supuesto implícito (y sólido) de que los recursos del hogar se distribuyen por igual entre adultos y niños, y sin tomar en cuenta la edad de estos últimos.

Otros importantes retos de la medición del bienestar de los niños incluyen la disponibilidad limitada de datos y, algunas veces, la calidad mediocre de los datos que

Recuadro 4.3. **Estudios internacionales sobre calidad de vida de los niños**

Los indicadores sobre la calidad de vida de los niños presentados en este capítulo provienen de tres fuentes principales:

- **Programa para la Evaluación Internacional de los Estudiantes (PISA) de la OCDE:** este programa cubre a todos los países de la OCDE y a 23 países no afiliados a la Organización. Es un estudio que se realiza cada tres años, que empezó en el 2000 y comprende cuatro aplicaciones adicionales (2003, 2006, 2009 y 2012). PISA mide competencias cognitivas en los campos de la lectura, las matemáticas y las ciencias. Evalúa también el desempeño de los estudiantes en competencias transversales como competencias TIC, comunicaciones y resolución de problemas. Los datos se obtienen mediante la administración de cuestionarios de antecedentes y evaluación que incluyen pruebas escritas. Las evaluaciones duran dos horas en total. La unidad de análisis abarca a estudiantes de 15 años de edad y tres meses a 16 y dos meses al principio del periodo de evaluación. PISA se aplica a una muestra estratificada en dos etapas: en la primera etapa se aplica a una muestra de escuelas individuales con estudiantes de 15 años de edad, y en la segunda etapa, a una muestra de estudiantes dentro de las escuelas. Las pruebas se administran a entre 5 000 y 10 000 estudiantes de por lo menos 150 escuelas en cada país.
- **Estudio sobre Conductas Relacionadas con la Salud de los Niños en Edad Escolar (HBSC):** llevado a cabo por la red HBSC en colaboración con la Oficina Regional para Europa de la OMS, este estudio cubre países pertenecientes a esta Oficina, Estados Unidos de América y Canadá. Se ha llevado a cabo en 1983-1984, 1985-1986, 1989-1990, 1993-1994, 1997-1998, 2001-2002, 2005-2006 y 2009-2010. El HBSC mide conductas relacionadas con la salud, resultados de salud, recursos individuales y sociales, así como factores de antecedentes de estudiantes de 11, 13 y 15 años de edad. Los datos se recopilan mediante la administración de un cuestionario estándar para los estudiantes. La encuesta realizada en escuelas recopila datos con un cuestionario aplicado en los salones de clases y llenado por los propios estudiantes. La muestra consiste en cerca de 1 500 estudiantes de cada grupo de edad (es decir, un total de 4 500 por cada país). En las diferentes aplicaciones se utilizan diversos métodos de muestreo.
- **Estudio Internacional sobre Educación Cívica y Ciudadana (ICCS):** realizado por la Asociación Internacional para la Evaluación del Logro Educativo, el estudio cubre a Austria, Bélgica (región de Flandes), Chile, República Checa, Dinamarca, Inglaterra, Finlandia, Grecia, Irlanda, Italia, Corea, Luxemburgo, México, Países Bajos, Nueva Zelanda, Noruega, Polonia, República Eslovaca, Eslovenia, España, Estonia, Suecia, Suiza y 15 países no afiliados a la OCDE. Se llevó a cabo una vez en 2008-2009. El ICCS se centra en cuatro temas: sociedad cívica y sistemas, principios cívicos, participación cívica e identidad cívica. Los datos se recopilan mediante la administración de pruebas y cuestionarios a estudiantes, así como de cuestionarios a sus profesores y directores escolares. Además, un cuestionario en línea para centros nacionales de investigación recaba información sobre el contexto nacional de la educación cívica y ciudadana. La población objetiva consiste en niños en su octavo año en la escuela, en tanto tengan una edad promedio de más de 13.5 años. El tamaño común de la muestra de cada país es de cerca de 150 escuelas y entre 3 500 y 5 000 estudiantes. Para elegir a las escuelas se utiliza el Muestro Probabilístico Proporcional al Tamaño; dentro de las escuelas se selecciona al azar un salón de clases para aplicar las pruebas.

Fuente: Richardson, D., y N. Ali (2014), "An Evaluation of International Surveys of Children", *OECD Social, Employment and Migration Working Papers*, núm. 146, OECD Publishing, París, *http://dx.doi.org/10.1787/5jxzmjrqvntf-en*.

sí están disponibles. Si bien estos problemas pueden ser más o menos graves —según la fuente de datos utilizada (datos obtenidos de encuestas y administrativos) y el país considerado—, implican que todas las iniciativas para informar afrontan retos para generar una imagen *completa* de la vida de los niños y en la cobertura de *todos los niños*. En particular, según destacan Richardson y Ali (2014), la investigación en esta área tiene que lidiar con lo siguiente:

Recuadro 4.4. **Corrigiendo por sesgos de falta de respuesta de datos obtenidos de encuestas**

Los sesgos por falta de respuesta en encuestas, por ejemplo, cuando faltan ciertos niños en particular en el marco de la muestra o cuando los participantes se niegan a contestar ciertas preguntas, pueden generar estimados fallidos de la forma en que los resultados de bienestar de los niños de un país evolucionan con el tiempo o se comparan con los de otros países (Richardson y Ali, 2014).

Por ejemplo, muchos adolescentes con sobrepeso no contestan preguntas sobre peso corporal, lo cual genera una subestimación de la obesidad. El análisis de regresión logística de preguntas sobre el peso corporal en la aplicación de 2010 del HBSC muestra que la probabilidad de falta de respuesta se ve muy afectada por las características de los estudiantes. Por ejemplo, en la mayoría de los países, los estudiantes que tienen menos edad, provienen de familias más pobres y no viven con ambos padres tienen menos probabilidad de responder a preguntas sobre el peso corporal (Richardson y Ali, 2014). Puesto que estos grupos tienden a tener más peso corporal, esta falta de respuesta diferenciada puede provocar estimados sesgados de la prevalencia del sobrepeso tal como se mide en esta encuesta.

Para solucionar este problema se verificaron todos los indicadores basados en encuestas en busca de sesgos por falta de respuesta por características socioeconómicas, siguiendo el procedimiento propuesto por Richardson y Ali (2014), para ajustar los indicadores de sobrepeso y obesidad mediante género, composición familiar y condición económica familiar como variables de agrupamiento.

Un enfoque alternativo para evaluar la validez de los estimados es aplicar variables que puedan representar "covariables" (por ejemplo, en el caso de la obesidad, al plantear la pregunta de cómo se sienten los niños acerca del tamaño de su cuerpo).

Los resultados muestran que, con ambos enfoques, los estimados ajustados no fueron estadísticamente diferentes de los estimados no ajustados en la mayoría de los países, lo cual indica que no hay sesgos por falta de respuesta o que dichos sesgos son pequeños (véanse en la Gráfica 4.1 los resultados del segundo enfoque aplicado a datos sobre obesidad). Por consiguiente, los indicadores mostrados en este capítulo no están ajustados.

Gráfica 4.1. **Niños con sobrepeso**

Porcentaje de niños de 11, 13 y 15 años de edad, 2010

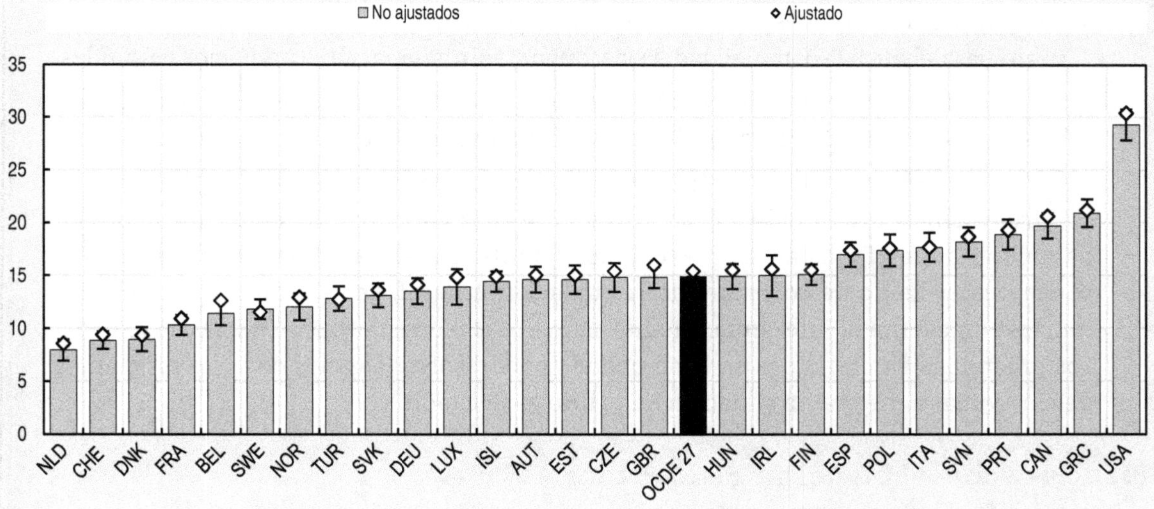

Nota: La barra para el error indica el intervalo de confianza de 95% de los estimados no ajustados. Los indicadores ajustados se estiman con el enfoque covariable antes descrito.

Fuente: Cálculos de la OCDE en el Estudio sobre Conductas Relacionadas con la Salud de los Niños en Edad Escolar (HBSC): *http://www.hbsc.org/*.

StatLink http://dx.doi.org/10.1787/888933268028

- La falta de encuestas desarrolladas ex profeso centrándose en el bienestar de los niños. Esto significa que los datos actuales cubren solo algunos resultados relativos a este tema. Las encuestas vigentes tienden a enfocarse en el ingreso y la privación, y algunas también se interesan en la salud, el comportamiento riesgoso y el uso del tiempo. En general, se sabe menos de la vivienda y las relaciones de los niños, factores que aportan información de contexto necesaria para comprender el entorno (emocional y físico) en el que crecen. También se carece de más información comparativa sobre dimensiones claves para ellos, como la protección, el abandono, el juego, la salud mental, el compromiso cívico, el medio ambiente y el acceso a espacios seguros, entre otras.
- La atención mayoritariamente centrada en los adolescentes de casi toda la información disponible. Casi todos los indicadores sobre logro escolar, relaciones sociales, compromiso cívico y conductas relacionadas con la salud se refieren a niños mayores de 11 años de edad, en tanto que ninguno de los indicadores basados en encuestas mostrados en este capítulo están disponibles para menores de 9 años.
- La posibilidad limitada de desglosar indicadores por toda la gama de características socioeconómicas y demográficas pertinentes. Además, los datos no distinguen con eficacia a los niños con discapacidad, los niños que no viven en su hogar y, en algunos casos, los niños migrantes.
- La falta de información sobre la duración y persistencia (o desarrollo) de experiencias en cada una de las dimensiones de bienestar. De hecho, la mayoría de las encuestas para los niños son transversales, no longitudinales.
- La exclusión de todas las encuestas para los niños en escuelas de educación especial o de otra manera "difíciles de localizar" (por ejemplo, niños que no están en la escuela, los ubicados en instituciones o con familias que de manera temporal o regular se encuentran sin hogar).
- Los cambios a las encuestas con el tiempo; véanse más detalles y ejemplos de pruebas de confianza sobre indicadores clave en Richardson y Ali (2014).
- Los sesgos por falta de respuesta a puntos o módulos específicos en las encuestas a niños y familias debido a la complejidad de las preguntas, marginación o prejuicios culturales.
- La insuficiente participación de niños desfavorecidos en las medidas generadas. Lograr una participación representativa de niños con diferentes características socioeconómicas y demográficas representa un reto que aún deben superar todos estos estudios.

La evidencia presentada en este capítulo se basa en datos existentes que adolecen de alguna de las fallas antes mencionadas, tanto en términos de apuntalamientos conceptuales como de cobertura de la población infantil. Estas limitaciones deberán tomarse en cuenta al interpretar el análisis sobre el bienestar de los niños presentado. Los programas emprendidos en la actualidad para resolver algunos de estos programas deben ayudar a mejorar la situación en el futuro (Recuadro 4.5).

Evidencias sobre el bienestar de los niños

En esta sección se presentan evidencias sobre el bienestar de los niños con base en la información con que se cuenta hasta la fecha. En primer lugar, contiene un análisis comparativo de los indicadores de bienestar de los niños descritos en el Cuadro 4.1, comenzando con evidencias del bienestar de las familias con las que los niños viven y luego, de las condiciones de bienestar específicas para los menores. Para cada dimensión

Recuadro 4.5. **Nuevos estudios internacionales sobre bienestar de los niños**

Se planean nuevos estudios internacionales que mejorarán la disponibilidad de datos y la cobertura en el futuro:

- **Medición del Bienestar de la Juventud (MYWEB):** en la actualidad este proyecto examina la viabilidad de un estudio longitudinal entre niños y jóvenes de Europa. Puesto en marcha por un consorcio formado por 13 instituciones de investigación en todo el continente europeo, y financiado por el Séptimo Programa Marco de Investigación y Desarrollo Tecnológico de la Comisión Europea, este proyecto está diseñado para evaluar la manera más eficaz de desarrollar datos longitudinales de una serie de medidas y dimensiones de bienestar de los niños. El resultado del análisis de viabilidad incluye un estudio de las necesidades y usos de los datos longitudinales sobre el bienestar de los niños, un debate sobre la manera en que pueden sustentarse las políticas con estos datos y una encuesta piloto de un diseño longitudinal preferido (es decir, un diseño de cohorte de nacimiento acelerado, con participantes que lleguen a los 25 años o un poco más). Para más información, consulte *http://fp7-myweb.eu/about*.
- **El Mundo de los Niños, la Encuesta Internacional de Bienestar Infantil (ISCWeB):** llevada a cabo por la Sociedad Internacional sobre los Indicadores de Infancia (ISCI), se trata de una encuesta sobre el bienestar subjetivo que abarca a los niños de 8, 10 y 12 años de edad. Informó sobre su segunda ronda de resultados a mediados de 2015. El *Mundo de los Niños* es la primera encuesta internacional que recaba información sobre las evaluaciones de los niños de su propio bienestar de manera detallada. Esta encuesta transversal también recopila información sobre las actividades diarias de los niños y su uso del tiempo. En la actualidad, el *Mundo de los Niños* se aplica en 15 países (Argelia, Colombia, Inglaterra, Estonia, Etiopía, Alemania, Israel, Nepal, Noruega, Polonia, Rumania, Sudáfrica, Corea, España y Turquía), con muestras de por lo menos 1 000 niños escolarizados por grupo de edad. Para más información, consulte *http://www.isciweb.org/*.
- En la edición de 2015, el estudio **PISA de la OCDE** incluyó una pregunta para evaluar la vida, tras las recomendaciones en *OECD Guidelines on Measuring Subjective Well-being* (OECD, 2013), que también fue adoptada por muchos organismos nacionales de estadísticas de la OCDE. Además, una consideración es de incluir en la publicación de PISA 2018 un módulo opcional para medir el bienestar subjetivo de los estudiantes sobre una base más amplia.
- Por último, se planea poner en marcha dos nuevos procesos de recopilación de datos como parte del trabajo continuo de la OCDE para obtener información en el área de la educación y el bienestar de los niños. El primero es el ***International Longitudinal Study of Skills Development in Cities*** (Estudio Internacional Longitudinal de Desarrollo de Competencias en las Ciudades), encuesta longitudinal sobre competencias y resultados de vida de niños urbanos de primer grado (es decir, de alrededor de 6 años de edad) hasta los primeros años de la edad adulta (OECD, 2015b). Esta encuesta ampliará el conocimiento sobre lo que impulsa el logro educativo en la niñez, fijándose en la definición de las competencias sociales y emocionales en el desarrollo de varios resultados de bienestar (por ejemplo, la satisfacción ante la vida, los resultados de salud y educativos y el compromiso cívico). La segunda recopilación de datos propuesta por la OCDE es un estudio para medir la calidad del entorno de aprendizaje y bienestar para la educación y el cuidado del desarrollo en la niñez temprana.

incluida en estos dos grupos, se describen los indicadores utilizados y la forma en que se relacionan con el bienestar de los niños. Cuando se dispone de datos, se comparan los resultados basados en cada indicador con los que fueron observados antes de la Gran Recesión y con los que se refieren a la población en general. Las evidencias analizadas en la primera subsección consideran a los niños de hasta 17 años de edad como un grupo "homogéneo" dentro de un país, sin atender características como el género, la etnia o el entorno socioeconómico. Sin embargo, como los niños son un grupo muy heterogéneo, en la segunda subsección se analiza en qué forma sus niveles de bienestar y experiencias de vida dependen de diversos factores individuales y familiares. En particular, se estudian las diferencias en edad, género, entorno y composición socioeconómicos familiares, así como la situación migratoria, pero no se atienden diferencias étnicas. Si bien estas últimas son muy importantes en algunos países de la OCDE (por ejemplo, Canadá y Nueva Zelanda), no pueden capturarse fácilmente con las estadísticas utilizadas en este capítulo, pues no están disponibles en forma desglosada.

Análisis comparativo de varios aspectos de bienestar de los niños

Bienestar de las familias con las que los niños viven

Ingreso y pobreza

De modo compatible con *Doing Better for Children*, el ingreso de las familias con las que los niños viven se mide por el ingreso disponible promedio de las familias con hijos menores de 18 años; se muestra también la tasa relativa de pobreza de ingreso para menores hasta los 18 años, con el fin de capturar la cantidad de niños que viven en hogares pobres.

Un ingreso más alto permite a las familias satisfacer las necesidades materiales de sus hijos, desde artículos requeridos para la escuela hasta una vivienda adecuada y una dieta más nutritiva. La pobreza durante la niñez se ha vinculado a peores condiciones de salud y desempeño escolar, así como a menores ingresos en la edad adulta (véase Case, Fertig y Paxson, 2005; y Currie *et al.*, 2012). La UNCRC compromete al gobierno a asegurar que los niños tengan un estándar de vida adecuado y define el derecho de todos los niños a tener acceso a artículos educativos importantes para el desarrollo personal de cada uno, como los libros. Con el fin de comparar el ingreso disponible por niño y calcular la pobreza de ingresos relativa, se atribuye a cada miembro individual de la familia, los niños incluidos, el mismo ingreso familiar (equiparado).

El ingreso disponible promedio por niño varía mucho entre los países de la OCDE. Los niños de Luxemburgo, Noruega y Suiza tienen el ingreso disponible promedio más alto, seis veces mayor que el ingreso disponible promedio de los niños mexicanos (Gráfica 4.2). El ingreso disponible promedio para la población total, incluidos los niños, es mayor que el ingreso disponible promedio de los menores de hasta 17 años de edad en casi todos los países, excepto en Dinamarca y Estonia. En Luxemburgo, Estados Unidos de América y Suiza se observan las mayores diferencias entre el ingreso general y el ingreso de los niños.

La comparación del ingreso disponible promedio de los niños con sus niveles anteriores a la crisis destaca el aumento de la brecha entre países con el ingreso más alto y el más bajo, así como un ligero aumento en el promedio de la OCDE. En comparación con 2007, los países más afectados por la crisis financiera, es decir, Islandia, Grecia, Irlanda, España y Portugal, sufrieron bajas en el ingreso disponible promedio para los niños, mientras que Suiza y República Eslovaca gozaron del mayor aumento.

Si el ingreso no se distribuye de forma equitativa, el ingreso promedio no representa adecuadamente el bienestar material de todos los grupos de la población. La pobreza infantil, medida como la proporción de niños que viven con familias con un ingreso disponible equiparado de menos de la mitad del ingreso medio de toda la población, refleja la situación de los niños que pertenecen a las familias más desfavorecidas. En tanto que la mayoría de los países nórdicos tienen tasas muy bajas de pobreza infantil, más de un cuarto de los niños de México, Turquía e Israel pertenecen a familias pobres (Gráfica 4.3). La pobreza de ingresos para los niños es más de siete veces mayor en Turquía e Israel que

Gráfica 4.2. **Ingreso disponible por niño**

Ingreso disponible equiparado promedio, por niño de hasta 17 años de edad, miles de USD en PPA

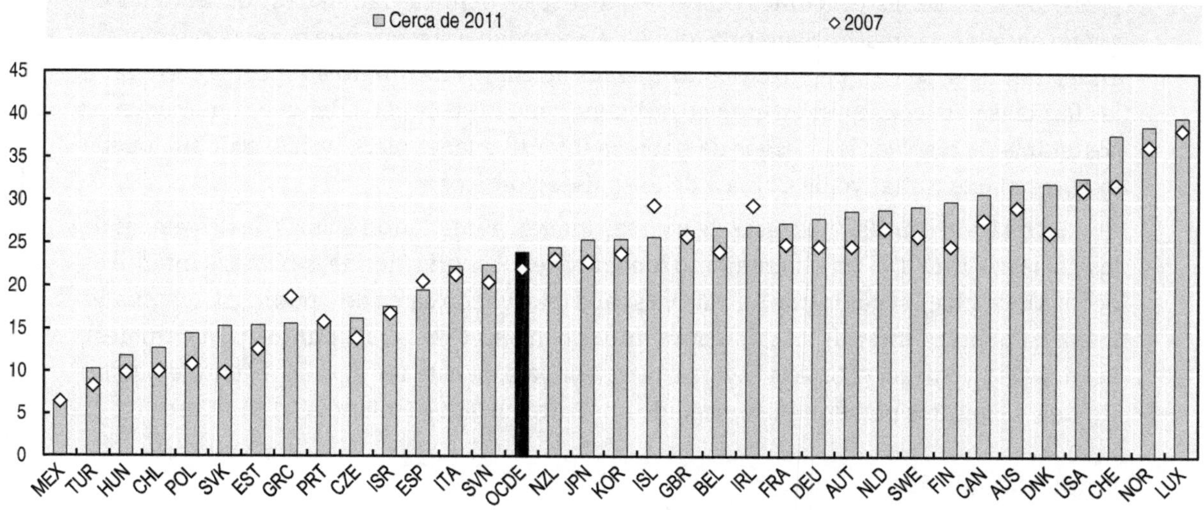

Nota: El año más reciente disponible es 2012 para Australia, Hungría, México y Países Bajos, 2010 para Bélgica, y 2009 para Japón. Los PPA corresponden al consumo privado.

Fuente: Base de datos *Income Distribution* de la OCDE, *http://dx.doi.org/10.1787/459aa7f1-en.*

StatLink *http://dx.doi.org/10.1787/888933268038*

Gráfica 4.3. **Tasa de pobreza infantil**

Porcentaje de niños de hasta 17 años de edad que viven con un ingreso disponible por debajo de 50% de la media

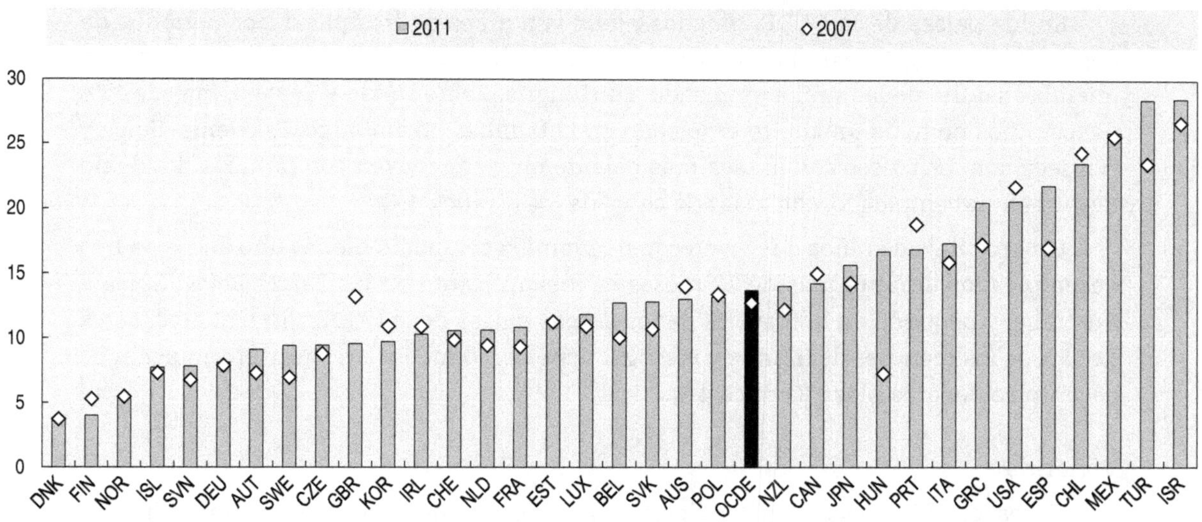

Nota: El año más reciente disponible es 2012 para Australia, Hungría, México y Países Bajos, 2010 para Bélgica, y 2009 para Japón.

Fuente: Base de datos *Income Distribution* de la OCDE, *http://dx.doi.org/10.1787/459aa7f1-en.*

StatLink *http://dx.doi.org/10.1787/888933268043*

en Dinamarca, el país que tiene el nivel más bajo en este renglón. Las tasas de pobreza infantil son más altas que las tasas generales de pobreza en la mayoría de los países de la OCDE. Sin embargo, en Corea, Finlandia, Noruega y Dinamarca, los niños están expuestos a un menor riesgo de pobreza en comparación con la población en general. Si bien no se trata de un grupo exclusivo (otros países han invertido más en la atención a la infancia), todos los países nórdicos, y Corea en fechas más recientes, han invertido relativamente más de su gasto familiar en servicios que brindan esta atención en comparación con otros países de la OCDE. Esto significa que en el balance de políticas familiares, los servicios de apoyo para los padres, que son una forma de apoyo laboral y promueven el doble ingreso en las familias, se han priorizado más que los subsidios de dinero en efectivo. Ayudar a las familias para conseguir un empleo de buena calidad suele considerarse la manera más sostenible de resolver los riesgos de pobreza infantil a largo plazo, y este enfoque puede explicar el éxito relativo de Corea y de los países nórdicos.

En relación con 2007, las tasas de pobreza infantil aumentaron en más de dos tercios de los países de la OCDE. Este incremento fue mayor en Hungría (donde la pobreza infantil es de más del doble), seguido por Turquía y España (países con cerca de 5 puntos porcentuales más). La pobreza infantil también aumentó mucho en Grecia (3.2 puntos porcentuales), Bélgica (2.7) y Suecia (2.5). A la inversa, la mayor baja en este renglón se registró en Reino Unido (-3.6 puntos porcentuales), seguido por Portugal (-1.9), Finlandia (-1.3) y Corea (-1.2).

Empleo y salarios

Los resultados de empleo en los adultos pueden afectar a los niños no solo por la situación financiera de la familia, sino también por el efecto que los padres empleados pueden reflejar una imagen positiva como modelos para sus hijos. Además, la estigmatización debida al desempleo puede afectar a los niños dentro y fuera de la familia. A continuación se presentan dos indicadores relacionados con el empleo: el porcentaje de niños (hasta los 17 años) que viven con familias sin un adulto empleado y el porcentaje de niños con por lo menos uno de sus padres en situación de desempleo de largo plazo.

En los países de la OCDE, muchos niños ven a sus padres pasar por periodos de desempleo. En 2012, casi uno de cada cinco niños irlandeses vivía en un hogar sin un miembro adulto de la familia empleado. En Hungría, Reino Unido y España, más de 15% de los niños no tenía un adulto empleado en la familia. Luxemburgo, Eslovenia, Suiza y Noruega son los países con la tasa más baja de niños que viven con familias donde no hay un adulto empleado, con tasas de cerca de 5% (Gráfica 4.4).

El porcentaje de niños que viven con una familia con por lo menos uno de los padres desempleados durante más de 12 meses es insignificante en los Países Bajos, Suiza y Australia, y pequeño en la mayoría de los demás países de la OCDE. Sin embargo, cerca de 15% de los menores de Irlanda y Portugal tiene por lo menos un padre en situación de desempleo de largo plazo (Gráfica 4.5).

Vivienda

Todos los niños necesitan condiciones de vivienda adecuadas para su salud física y mental, así como para su desarrollo social. Esto se recomienda de forma específica en el Artículo 27.3 de la Convención Internacional sobre los Derechos del Niño de las Naciones Unidas (UNCRC). A continuación se describe la dimensión de vivienda del bienestar de los niños mediante dos indicadores de la calidad de la vivienda de estos, a saber, promedio de habitaciones por niño y porcentaje de niños que habitan viviendas sin servicios básicos.

El número de habitaciones de una vivienda se calcula como el número de habitaciones (o recámaras) dividido entre el tamaño de la vivienda de las familias con hijos.[7] Esta medida indica si las familias viven en condiciones de hacinamiento. En promedio, los niños de los

Gráfica 4.4. **Niños que viven con familias desempleadas**

Porcentaje de niños que viven con familias sin un adulto empleado, 2012

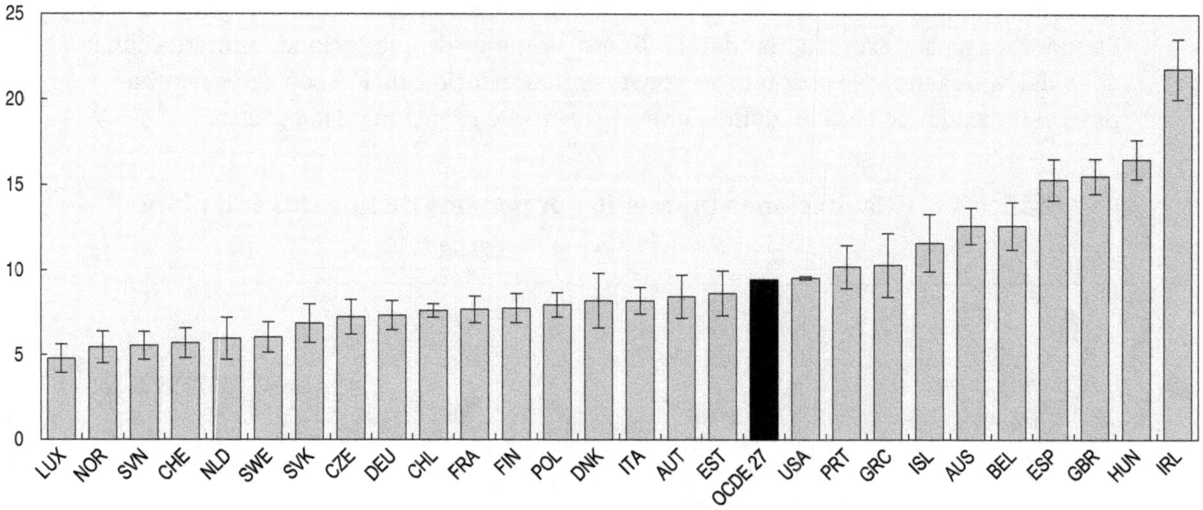

Nota: Calculado como porcentaje de todos los niños de hasta 17 años de edad de los que se cuenta con datos sobre el estatus de empleo de por lo menos un adulto (18-65 años) en la familia. Las barras para error representan el intervalo de confianza de 95% del estimado nacional.

Fuente: EU-SILC 2012, HILDA 2012 (Australia), CASEN 2011 (Chile), ACS 2012 (Estados Unidos de América). EU-SILC es la Encuesta de Ingresos y Condiciones de Vida de la Unión Europea. HILDA es la encuesta longitudinal sobre Familias, Ingresos y Dinámica Laboral de Australia, efectuada por la Universidad de Melbourne. CASEN es la Encuesta de Caracterización Socioeconómica Nacional, puesta en marcha por el Ministerio de Desarrollo Social. ACS es la Encuesta sobre la Comunidad Estadounidense llevada a cabo por la Oficina del Censo de Estados Unidos de América.

StatLink http://dx.doi.org/10.1787/888933268054

Gráfica 4.5. **Niños con padre o madre desempleados de largo plazo**

Porcentaje de niños que viven con una familia con por lo menos uno de sus padres desempleados de largo plazo (12 meses o más) 2012

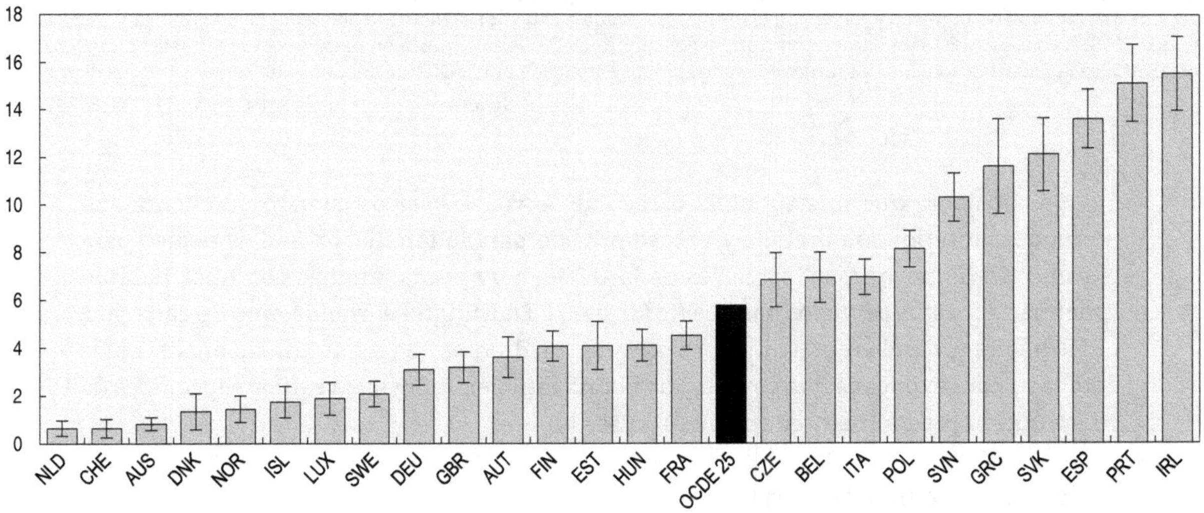

Nota: Calculado como porcentaje de todos los niños de hasta 17 años de edad de los que se dispone de información de la condición de empleo de por lo menos uno de los padres que viva en el mismo hogar. Las barras para error representan el intervalo de confianza de 95% del estimado nacional.

Fuente: Para los países europeos, EU-SILC 2012; para Australia, la encuesta sobre Familias, Ingresos y Dinámica Laboral (HILDA), 2012.

StatLink http://dx.doi.org/10.1787/888933268068

países de la OCDE habitan viviendas con una habitación por persona (Gráfica 4.6). Irlanda y Bélgica tienen el mayor número de habitaciones por niño en la OCDE en general, en tanto que los niños de México viven en promedio en las condiciones más superpobladas. En todos los países excepto Irlanda, el número promedio de habitaciones aumenta con la edad del hijo menor. No obstante, es conveniente tener precaución con estos resultados, pues el indicador se basa en definiciones diferentes en función de los países.[8]

Gráfica 4.6. **Habitaciones promedio por persona de hogares con niños**

Habitaciones por niño, alrededor de 2012

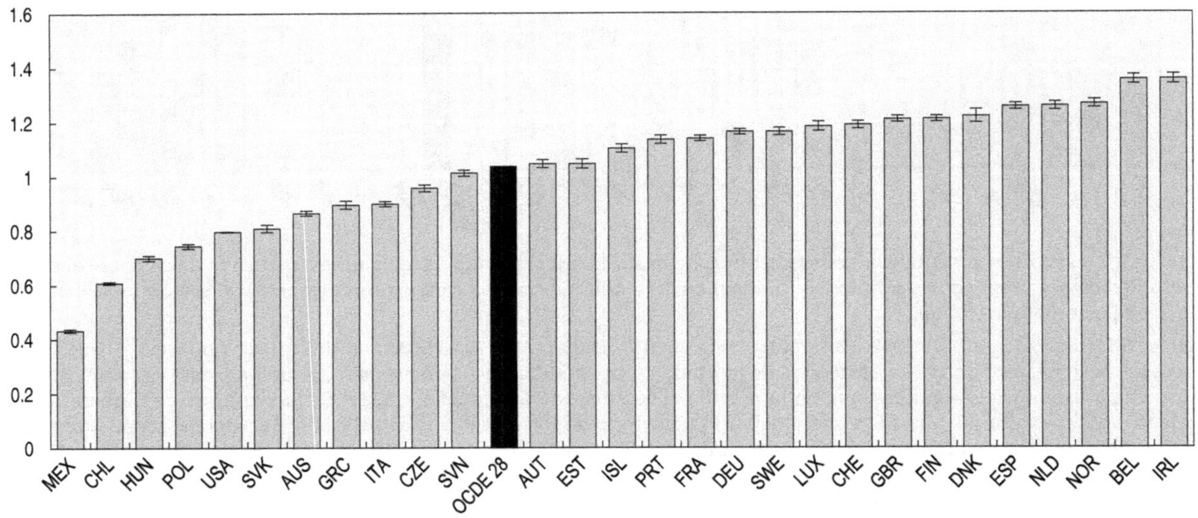

Nota: El número de habitaciones se evalúa mediante la pregunta sobre "número de habitaciones disponibles para la familia" en la EU-SILC y el número de recámaras en otras encuestas. Las barras para error representan el intervalo de confianza de 95% del estimado nacional.

Fuente: EU-SILC 2012, HILDA 2012 (Australia), ENIGH 2012 (México), CASEN 2011 (Chile), ACS 2012 (Estados Unidos de América). HILDA es la Encuesta sobre Familias, Ingresos y Dinámica Laboral (HILDA) realizada por la Universidad de Melbourne. ENIGH es la Encuesta Nacional de Ingresos y Gastos de los Hogares llevada a cabo por el Instituto Nacional de Estadística y Geografía de México. CASEN es la Encuesta de Caracterización Socioeconómica Nacional, puesta en marcha por el Ministerio de Desarrollo Social. ACS es la Encuesta sobre la Comunidad Estadounidense, aplicada por la Oficina del Censo de Estados Unidos de América.

StatLink http://dx.doi.org/10.1787/888933268070

Se considera que una vivienda carece de servicios básicos cuando no cuenta con un inodoro interior con drenaje y acceso privado para la familia, lo cual es nocivo para la salud. En la mayoría de los países de la OCDE, muy pocas familias con hijos habitan viviendas sin estos servicios básicos (Gráfica 4.7). En Hungría e Irlanda, uno de cada diez niños habita viviendas sin un inodoro privado con drenaje.[9] Se requeriría un análisis más detallado para explicar estas pautas, que podría también reflejar los estilos específicos de construcción predominantes en varios países.

Calidad del medio ambiente

Los niños son particularmente vulnerables a la contaminación atmosférica y otros peligros ambientales. Se estima que las infecciones respiratorias explican 20% de las muertes de niños menores de cinco años. Esto también demuestra que la creciente prevalencia de asma entre los niños se ha agravado con la contaminación atmosférica (WHO, 2005). Sin embargo, se cuenta con una cantidad limitada de datos comparativos

Gráfica 4.7. **Niños que habitan viviendas sin servicios básicos**

Número de niños por cada 1 000 que habitan viviendas sin un inodoro con drenaje privado, 2012

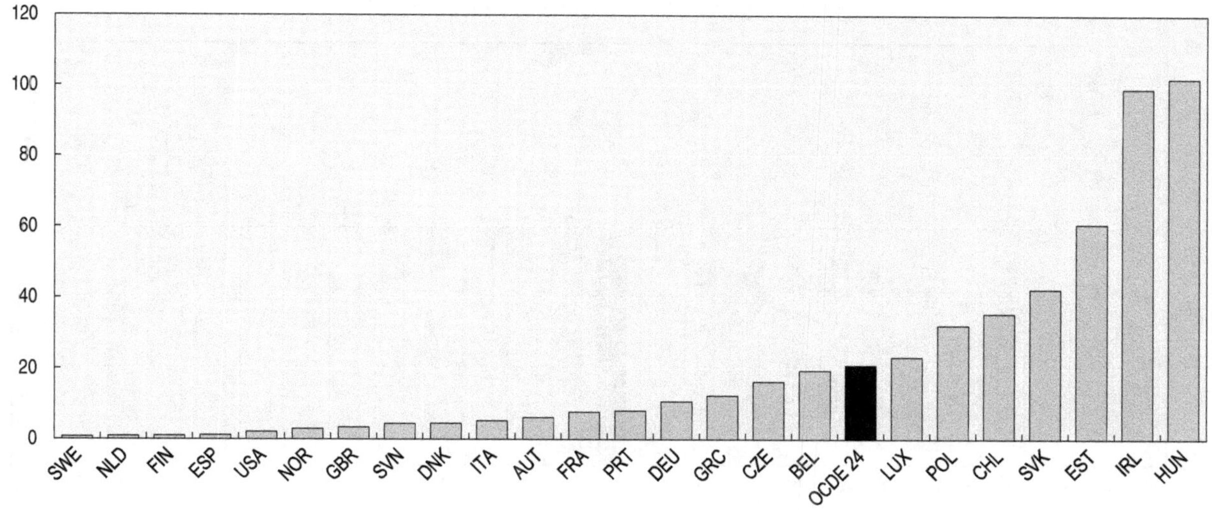

Nota: Las viviendas se clasifican como viviendas con servicios básicos si cuentan con un inodoro interior con drenaje y acceso privado para la familia.

Fuente: EU-SILC 2012. HILDA 2012 (Australia), CASEN 2011 (Chile), ACS 2012 (Estados Unidos de América). HILDA es la Encuesta sobre Familias, Ingresos y Dinámica Laboral (HILDA), realizada por la Universidad de Melbourne. CASEN es la Encuesta de Caracterización Socioeconómica Nacional, llevada a cabo por el Ministerio de Desarrollo Social. ACS es la Encuesta sobre la Comunidad Estadounidense, puesta en marcha por la Oficina del Censo de Estados Unidos de América.

StatLink http://dx.doi.org/10.1787/888933268082

sobre la exposición de los menores a dicha contaminación atmosférica y a otras amenazas del medio ambiente. Por tal razón, el medio ambiente se describe por un indicador del porcentaje de familias con hijos que informan estar expuestas a la contaminación y al ruido en la zona que habitan, el cual solo está disponible en los países europeos y Australia.

Este indicador se define como el porcentaje de niños de hasta 17 años de edad que habitan viviendas con malas condiciones ambientales. Las condiciones ambientales se evalúan con preguntas respecto a si la familia ha padecido ruido, contaminación y otros problemas ambientales (véase en la nota de la Gráfica 4.8 la definición exacta de las diversas encuestas).

Australia e Irlanda tuvieron la tasa más baja de niños que habitan hogares en malas condiciones ambientales, seguido por los países nórdicos, Polonia y Hungría (Gráfica 4.8). En el otro extremo, Grecia, Alemania, Países Bajos y Bélgica registraron el porcentaje mayor de familias con hijos que habitan hogares en malas condiciones ambientales.

Condiciones de bienestar específicas para los niños

Salud

Profesionales y sistemas de salud han recopilado desde hace muchos años datos sobre la salud de los niños. Gracias a estudios como el Estudio sobre Conductas Relacionadas con la Salud de los Niños en Edad Escolar (véase el Recuadro 4.3), se dispone de datos administrativos obtenidos por medio de encuestas sobre una gran variedad de aspectos

Gráfica 4.8. **Niños que viven en malas condiciones ambientales**

Porcentaje de niños de hasta 17 años de edad que habitan hogares con malas condiciones ambientales, según informes de los afectados, alrededor de 2012

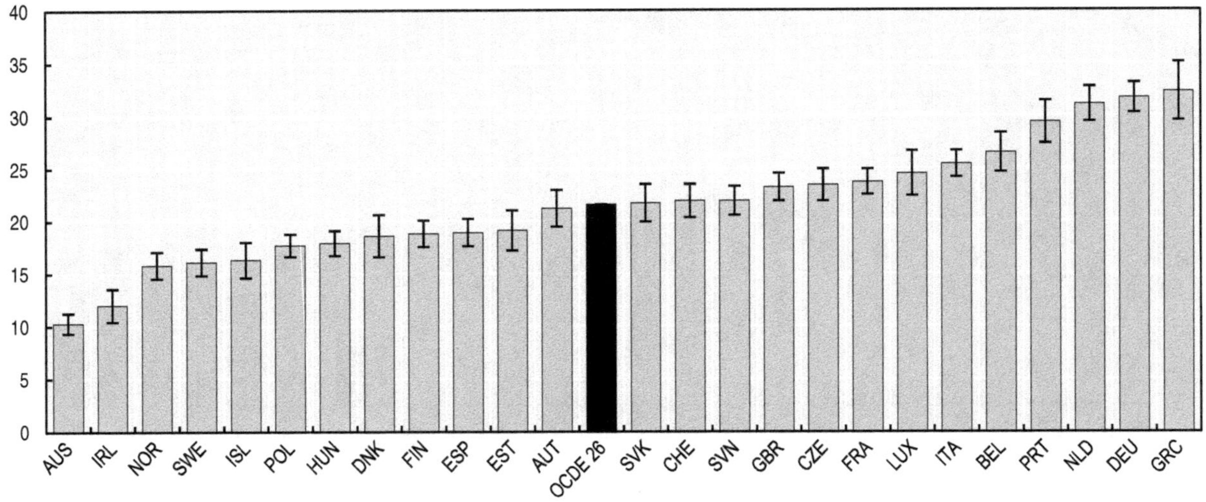

Nota: Para los países europeos, las condiciones ambientales se evalúan con la pregunta de si la vivienda ha sufrido alguno de los problemas siguientes: (i) demasiado ruido en su vivienda causado por vecinos o por elementos de afuera (tránsito, comercios, fábricas, entre otros); o (ii), contaminación, suciedad u otros problemas ambientales en la zona local, como humo, polvo, olores desagradables o agua contaminada. En Australia se preguntó a las familias si habían padecido (i) ruido por tránsito, (ii) desorden de desperdicios o (iii) vandalismo y daño deliberado a la propiedad en la zona que habitan. Las barras para error representan el intervalo de confianza de 95% del estimado nacional.

Fuente: EU-SILC 2012, HILDA 2012 (Australia). HILDA es la Encuesta sobre Familias, Ingresos y Dinámica Laboral (HILDA), realizada por la Universidad de Melbourne.

StatLink http://dx.doi.org/10.1787/888933268099

sanitarios. Aquí se utilizan dos indicadores —mortalidad infantil y bajo peso al nacer— para medir el estado de salud de los infantes. Se cuenta con otros dos indicadores —salud reportada por el afectado y prevalencia de sobrepeso y obesidad— para niños de 11, 13 y 15 años. Ambas se complementan con otros dos indicadores —tasas de suicidio de adolescentes de 10 a 19 años y tasas de nacimiento en madres adolescentes— que capturan el desarrollo en la infancia posterior.

La mortalidad infantil, definida como la tasa de muerte de infantes menores de un año, captura diversos factores observados y no observados de la salud materna y del infante. Refleja también las características y la eficacia de los diferentes sistemas de salud (OECD, 2009). La mayoría de los países de la OCDE tienen tasas bajas o muy bajas de mortalidad infantil, y las menores se registran en Islandia, Eslovenia y Japón (Gráfica 4.9). México tiene una tasa de mortalidad infantil por arriba de 1%, mucho más alta que en otros países de la OCDE. La mortalidad infantil general bajó ligeramente en la OCDE desde 2007. Durante este periodo, esta tasa bajó más en Turquía, y después en México, que en cualquier otro país. Sin embargo, es necesario considerar estos resultados con cierta precaución, sobre todo cuando se logran niveles bajos, debido a las diferentes prácticas nacionales para registrar a los infantes prematuros.[10]

El bajo peso al nacer, definido por la OMS como un peso menor de 2 500 gramos, es un indicador importante de la salud infantil debido a su relación con la morbilidad y mortalidad infantil y posteriores resultados en niños (Hack, Klein y Taylor, 1995). Varios países nórdicos tienen las menores tasas de bajo peso al nacer de la OCDE (Gráfica 4.10).

Gráfica 4.9. **Mortalidad infantil**

Número de muertes de niños de menos de un año de edad por cada 1000 nacidos vivos

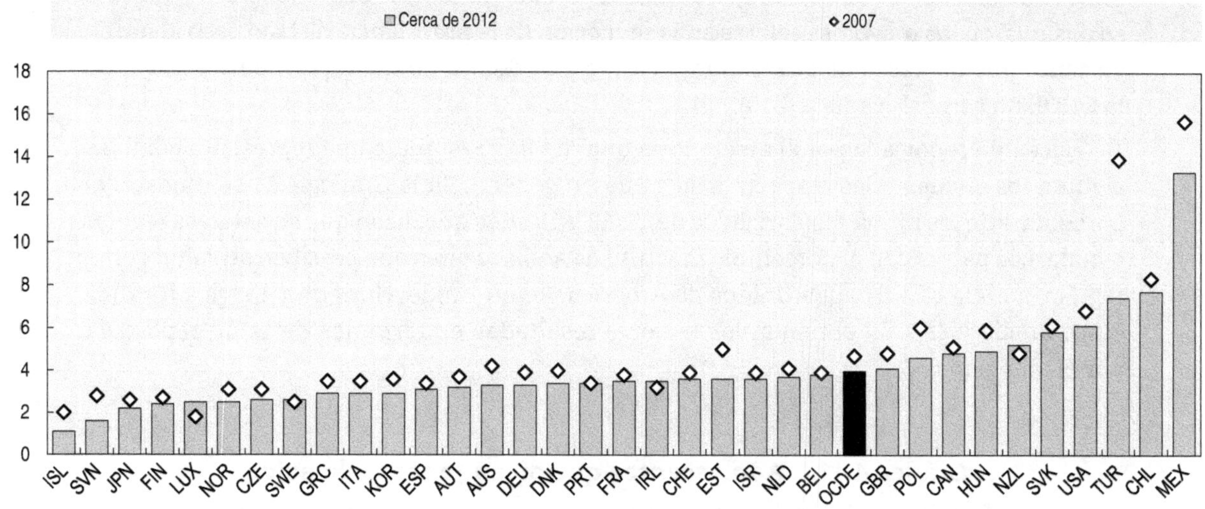

Nota: Para Estados Unidos de América, Nueva Zelanda, Canadá y Chile, el año más reciente disponible es 2011.

Fuente: Base de datos *OECD Health Statistics*, *http://dx.doi.org/10.1787/health-data-en.*

StatLink *http://dx.doi.org/10.1787/888933268109*

Gráfica 4.10. **Niños nacidos con bajo peso**

Número de niños nacidos vivos con un peso menor de 2500 gramos como porcentaje del número total de nacidos vivos

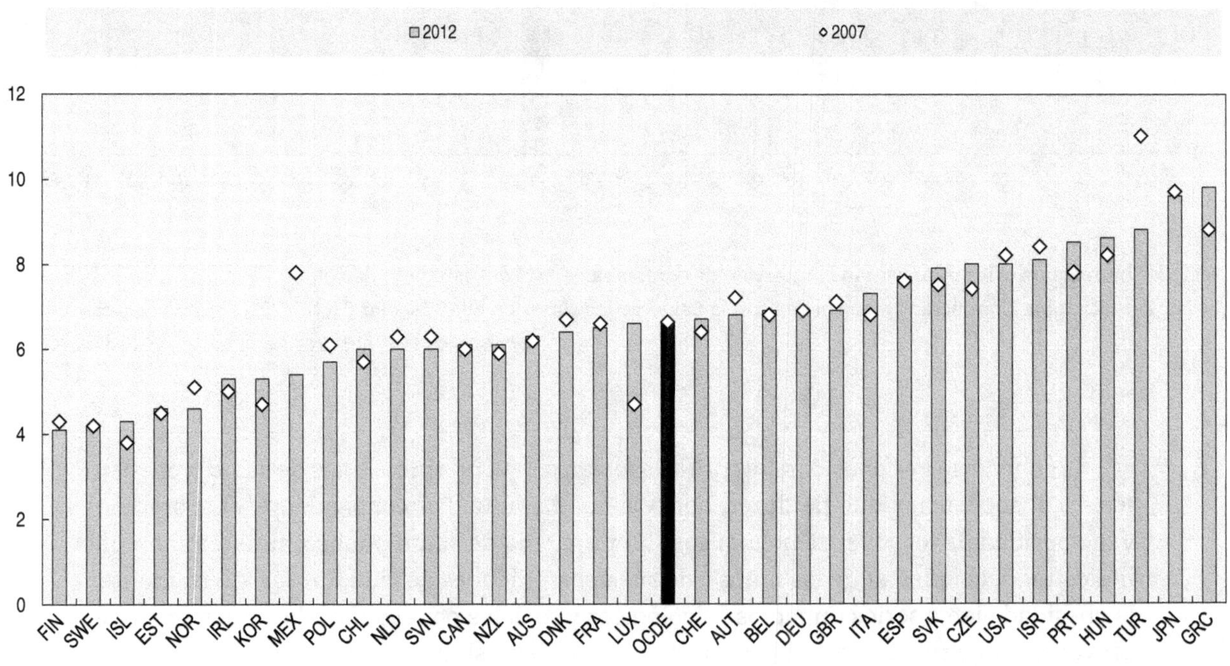

Nota: El año más reciente disponible es 2010 para Bélgica y 2011 para Australia, Canadá, Chile y Francia.

Fuente: Base de datos *OECD Health Statistics*, *http://dx.doi.org/10.1787/health-data-en.*

StatLink *http://dx.doi.org/10.1787/888933268118*

Los niños nacidos en Grecia y Japón tienen más probabilidad de ser de bajo peso, resultado que, en el caso de Japón, contrasta con el muy bajo nivel de mortalidad de infantes alcanzado en el país (OECD, 2011). Durante el periodo de 2007 a 2012, en México y Turquía se observaron las mayores mejoras en la reducción de la prevalencia de bajo peso al nacer, en tanto que las tasas de Luxemburgo y Grecia se deterioraron. El promedio general de la OCDE no cambió (Gráfica 4.10).

La salud reportada por el afectado es una medida resumida que representa cómo se sienten los encuestados respecto a su salud en general. En la Gráfica 4.11 se muestra el porcentaje de los niños escolarizados de 11, 13 y 15 años que dicen que su salud es regular o mala. Los países con el porcentaje más alto de adolescentes que perciben su salud como regular o mala son Estados Unidos de América, Reino Unido, Hungría y Bélgica (Gráfica 4.11). Grecia y España obtienen los mejores resultados en términos de salud reportada por el afectado.

Gráfica 4.11. **Adolescentes que dicen tener mala salud**

Porcentaje de niños de 11, 13 y 15 años de edad que perciben su salud como regular o mala, 2010

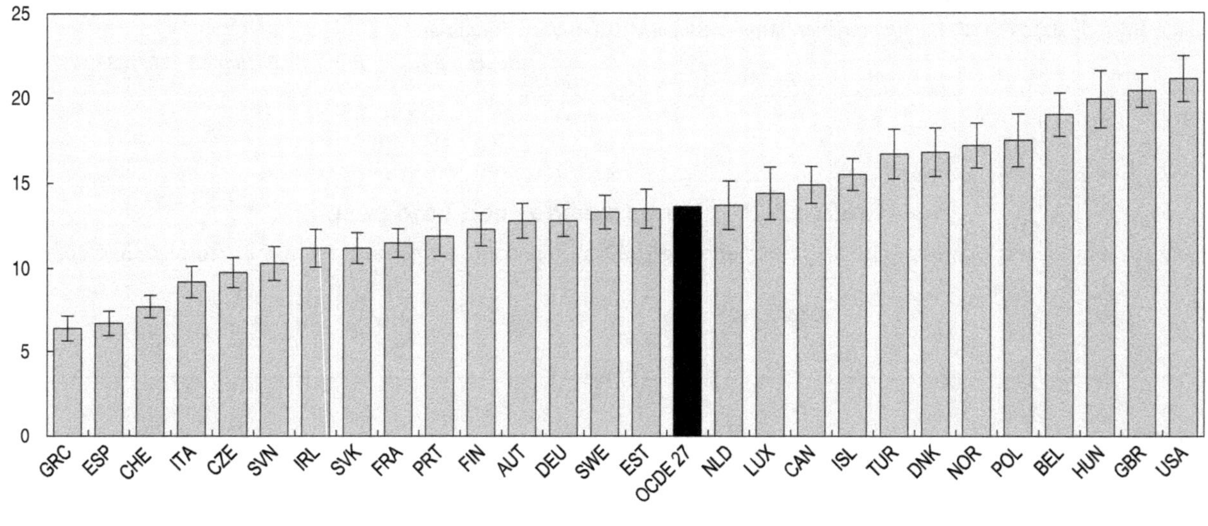

Nota: Las barras para error representan el intervalo de confianza de 95% del estimado nacional.

Fuente: Estudio sobre Conductas Relacionadas con la Salud de los Niños en Edad Escolar (HBSC) 2010, *http://www.hbsc.org/*.

StatLink http://dx.doi.org/10.1787/888933268122

El sobrepeso y la obesidad infantil se asocian con varios problemas de salud y pueden tener consecuencias que perduren hasta la edad adulta. Por consiguiente, el sobrepeso y la obesidad de los jóvenes no son solo un problema de salud pública, sino también un indicador del bienestar de los niños y de sus oportunidades de vida futuras. Ciertamente, la obesidad ejerce serios impactos psicológicos y sociales por el daño a la autoestima que provoca, así como el aumento en los riesgos de depresión y estigmatización (Griffiths, Parsons y Hill, 2010). Las consecuencias de tener sobrepeso o ser obeso a una edad temprana pueden llegar hasta la edad adulta (Singh *et al.*, 2008) e incluir un mayor riesgo de padecimientos cardiovasculares y diabetes. Los niños de Estados Unidos de América tienen más probabilidad de informar que padecen de sobrepeso u obesidad (Gráfica 4.12), pero en general, y si se analiza por separado a los niños de 11, 13 y 15 años, Países Bajos, Suiza y Dinamarca son algunos de los países con la tasa más baja de niños con sobrepeso.

Gráfica 4.12. **Niños con sobrepeso u obesidad**

Porcentaje, 2010

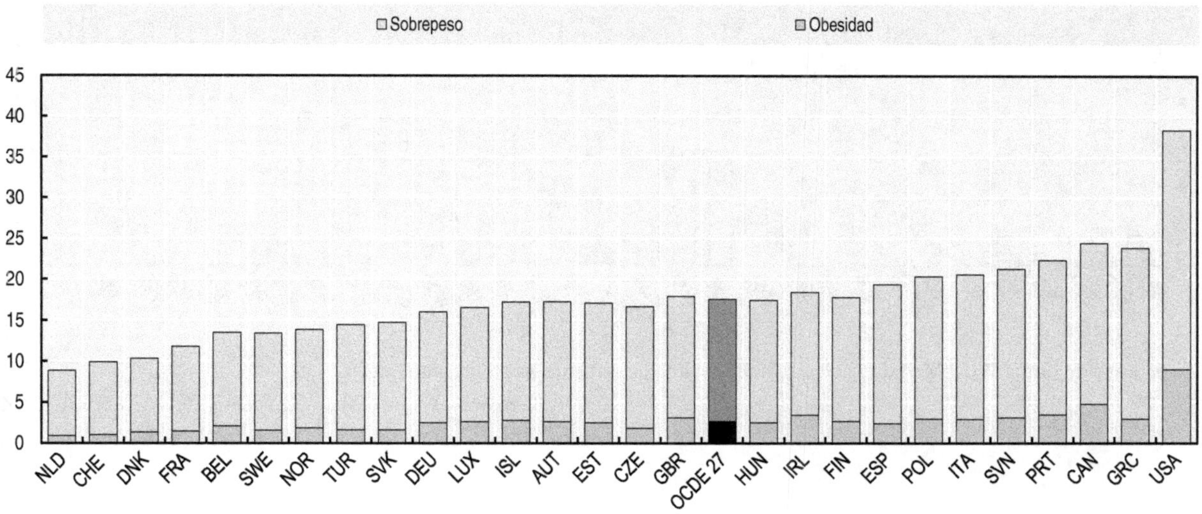

Nota: Porcentaje de niñas y niños con sobrepeso y obesidad de 11, 13 o 15 años de edad. El orden de las barras corresponde a las tasas de obesidad.

Fuente: Estudio sobre Conductas Relacionadas con la Salud de los Niños en Edad Escolar (HBSC) 2010, *http://www.hbsc.org/.*

StatLink http://dx.doi.org/10.1787/888933268138

La salud mental es otro aspecto importante del bienestar. No obstante, no se cuenta con datos medidos con objetividad para los niños. Las tasas de suicidio indican la prevalencia de varios problemas de salud mental. Las tasas de suicidio infantil, medidas por el número anual de muertes causadas por lesiones autoinfligidas (es decir, muertes clasificadas como ICD10 por la OMS) por cada 100 000 niños de 10 a 19 años son muy bajas en toda la OCDE. Las tasas más bajas corresponden a Grecia y España. Nueva Zelanda tiene la incidencia más alta de suicidios de niños, seguido por Finlandia, Chile e Irlanda (Gráfica 4.13).

Las tasas de nacimiento para las madres adolescentes son un aspecto que releva la salud sexual en adolescentes y del riesgo de salud que los infantes afrontan. Varían considerablemente entre los países de la OCDE, desde casi ningún caso en Eslovenia, Suiza y Corea, y más de 55 nacimientos por cada 1 000 mujeres adolescentes en Chile y México (Gráfica 4.14). Estados Unidos de América, Reino Unido y Nueva Zelanda también registran algunas de las tasas más altas de fertilidad en las adolescentes. En comparación con 2007, la mayoría de los países de la OCDE tuvieron bajas en las tasas de nacimiento para las madres adolescentes, y las mejores correspondieron a Irlanda e Israel. En el Recuadro 4.6 se describen otros tipos de conductas riesgosas para los niños.

Gráfica 4.13. **Tasas de suicidio de niños**

Tasas de muertes por lesión autoinfligida por cada 100000 niños, promedio de 3 años cerca de 2011

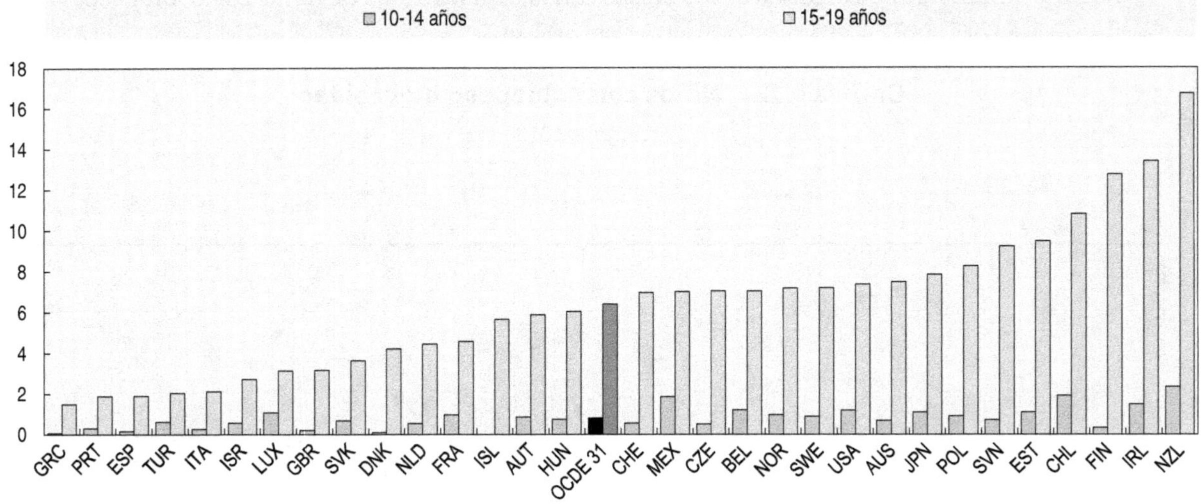

Fuente: Base de datos WHO Mortality, *www.whi.int/healthinfo/statistics/mortality_data/en/.*

StatLink http://dx.doi.org/10.1787/888933268142

Gráfica 4.14. **Tasas de nacimiento para las madres adolescentes**

Nacimientos en madres adolescentes por cada 1000 mujeres de 15-19 años de edad

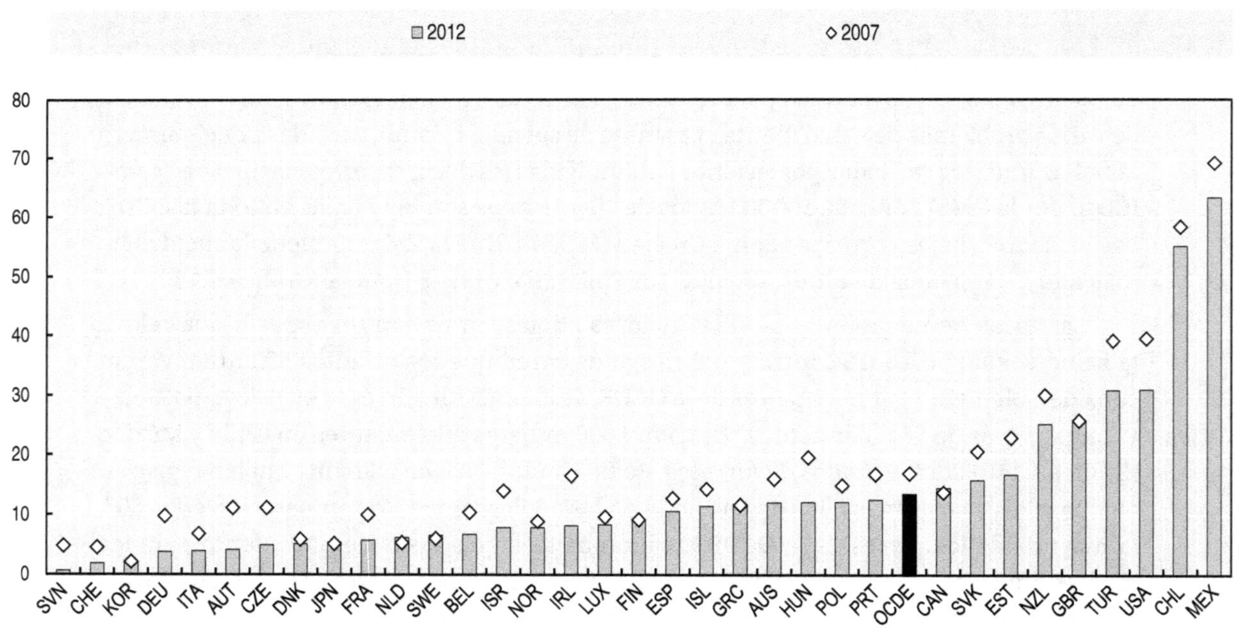

Fuente: World Development Indicators, World Bank, *http://data.worldbank.org/data-catalog/world-development-indicators.*

StatLink http://dx.doi.org/10.1787/888933268154

Recuadro 4.6. **Conductas riesgosas entre los niños**

A diferencia de otros indicadores de resultados de salud, el tabaquismo, el consumo de alcohol y la actividad física no son resultados de bienestar *per se*, sino más bien indicadores de conductas relacionadas con la salud y riesgos de salud futuros. El tabaquismo y el consumo de alcohol en los adolescentes, así como la falta de actividad física, son factores de riesgo debido a que suelen tener consecuencias negativas para la salud física y mental. El tabaco es la causa principal de muertes evitables, y su consumo genera grandes costos sociales y sanitarios para todos los países de la OCDE (Currie *et al.*, 2012). Los adolescentes desarrollan adicciones con más rapidez que los adultos y la mayoría de los fumadores adultos consumieron su primer cigarrillo o eran ya adictos a la nicotina hacia los 18 años de edad (*Ibíd.*). El consumo de alcohol es otro factor fundamental para determinar la mala salud y la muerte evitable en el mundo entero (OMS, 2002). El consumo regular de alcohol y la embriaguez se relacionan con una baja en los resultados de salud psicológica, social y física, así como con un deterioro en los resultados educativos, la violencia, las lesiones, el tabaquismo, el consumo de drogas y la conducta sexual riesgosa (Currie *et al.*, 2012; OECD, 2015e). Por último, la actividad física promueve la salud física y mental (salud musculoesquelética, salud cardiovascular y reducción de la ansiedad y la depresión) en el corto y el largo plazo, contribuyendo a mejorar la cognición y el rendimiento académico entre los jóvenes (Currie *et al.*, 2012). Al mismo tiempo, debe reconocerse que asumir ciertos riesgos no necesariamente es malo y que en algunos aspectos forma parte del proceso de crecimiento (OECD, 2009).

Los indicadores de conductas riesgosas incluyen a los niños de 15 años que fuman con regularidad; de 13 y 15 años que dicen haber bebido en exceso en más de dos ocasiones, y el porcentaje de niños de 11, 13 y 15 años que practicaron una actividad física de moderada a vigorosa todos los días durante la semana anterior.

Tabaquismo y consumo de alcohol. Las tasas generales de tabaquismo (para niños y niñas) varía entre 7.8% en Islandia y más de 27.3% en Austria (Gráfica 4.15). En promedio, las tasas de tabaquismo son más altas para las niñas que para los niños, pero en Irlanda, Reino Unido, Suecia, Alemania, Países Bajos, Bélgica, España, Italia, República Checa y Austria se observa la pauta opuesta. Una condición económica familiar baja suele relacionarse con una mayor prevalencia de tabaquismo en los menores en todos los países, excepto Portugal, Polonia, Estonia y República Eslovaca.

Gráfica 4.15. **Tasas de tabaquismo en niños**

Porcentaje de niños y niñas de 15 años de edad que fuman por lo menos una vez a la semana, 2010

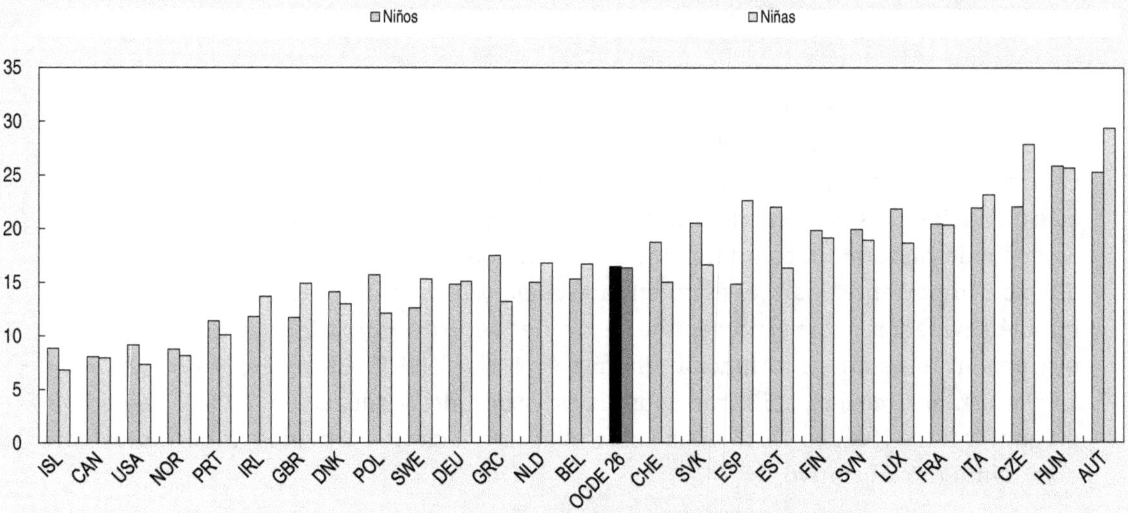

Nota: Los datos se ubican según el porcentaje combinado (niños y niñas) en orden ascendente.

Fuente: Estudio sobre Conductas Relacionadas con la Salud de los Niños en Edad Escolar (HBSC) 2010, *http://www.hbsc.org/*.

StatLink http://dx.doi.org/10.1787/888933268167

Recuadro 4.6. **Conductas riesgosas entre los niños** *(cont.)*

La incidencia de la embriaguez aumenta con fuerza entre los niños adolescentes de 13 y 15 años en todos los países (Gráfica 4.16). Si bien las tasas de consumo de alcohol son más altas en promedio en las niñas de 15 años que en los niños de la misma edad, en Reino Unido, Suecia, Noruega, Dinamarca, España, Finlandia y Canadá opera la pauta opuesta (Currie *et al.*, 2012). Las medidas son limitadas en términos de cobertura de los niños, pues las encuestas sobre tabaquismo y consumo de alcohol se llevan a cabo en escuelas. Es probable que quienes corren un riesgo extremo no asistan a la escuela con regularidad y, por consiguiente, no se les administre la encuesta.

Gráfica 4.16. **Niños que consumen alcohol en exceso**

Porcentaje de niños de 13 y 15 años de edad que han bebido en exceso por lo menos dos veces en su vida, 2010

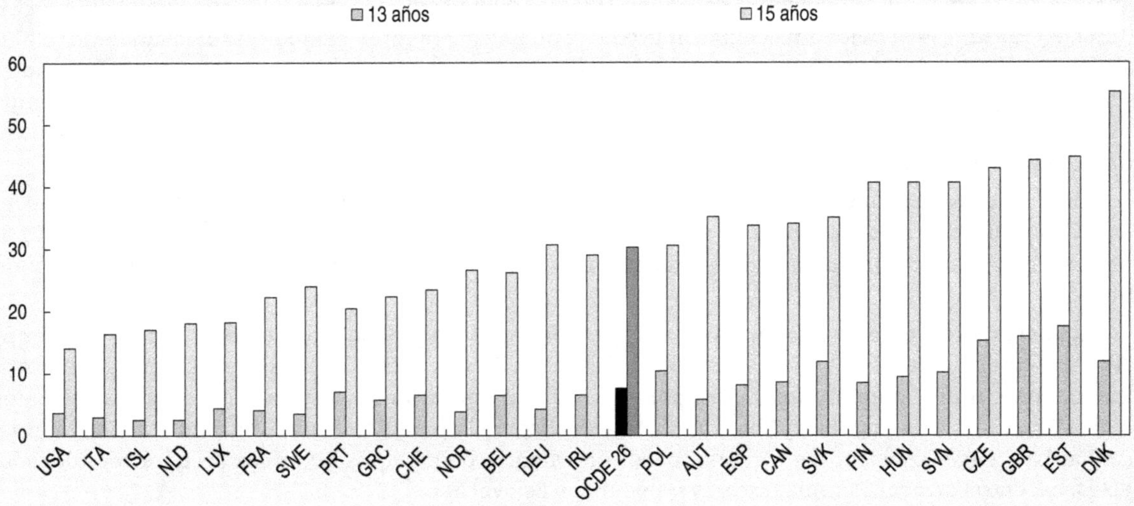

Nota: Los datos se ubican por el porcentaje combinado (13 y 15 años) en orden ascendente.

Fuente: Estudio sobre Conductas Relacionadas con la Salud de los Niños en Edad Escolar (HBSC) 2010, *http://www.hbsc.org/*.

StatLink http://dx.doi.org/10.1787/888933268178

Educación y competencias

El primer indicador de educación y competencias para niños utilizado aquí es la calificación promedia en lectura de los estudiantes de 15 años tomada de PISA 2012. La calificación de solución creativa de problemas de PISA, descrita a continuación, tiene como fin de capturar un conjunto más amplio de competencias cognitivas y no cognitivas que son importantes para el éxito en la escuela y la vida. En esta sección se presenta también evidencia sobre el porcentaje de jóvenes de 15 a 19 años de edad que no estudian ni trabajan ni están en formación (llamados NiNis: "NEET" en inglés, *Not in Education, Employment or Training*), así como sobre la privación de la educación, la cual se mide al preguntar a los jóvenes de 15 años sobre el acceso a ciertos artículos importantes para el rendimiento educativo.

En las calificaciones PISA de lectura, Japón y Corea obtienen mejores promedios entre todos los países de la OCDE (Gráfica 4.18), en tanto que Chile y México tienen las más bajas.[11] Chile, Estonia, Alemania, Hungría, Israel, Japón, Corea, Luxemburgo, México, Polonia, Portugal, Suiza y Turquía mejoraron su rendimiento en lectura en las ediciones

Recuadro 4.6. **Conductas riesgosas entre los niños** *(cont.)*

Actividad física. Con base en su amplio estudio de la literatura pertinente, Strong *et al.* (2005) recomiendan que los niños ejerzan por lo menos 60 minutos diarios de actividad física moderada a vigorosa (MVPA); hoy en día, esta norma mínima se incluye en las directrices de algunos gobiernos y organizaciones profesionales. La evidencia muestra que las personas más jóvenes no la cumplen (Gráfica 4.17). El porcentaje de niños que participa en por lo menos 60 minutos de MVPA al día oscila entre 7.5% en Suecia y 30.8% en Irlanda. Este tipo de actividad diaria es más común para los niños que para las niñas, y para los niños de 11 años más que para los de 15.

Gráfica 4.17. **Niños que practican una actividad física todos los días**

Porcentaje de niños de 11, 13 y 15 años de edad que practicaron una actividad física vigorosa todos los días de la semana anterior, 2010

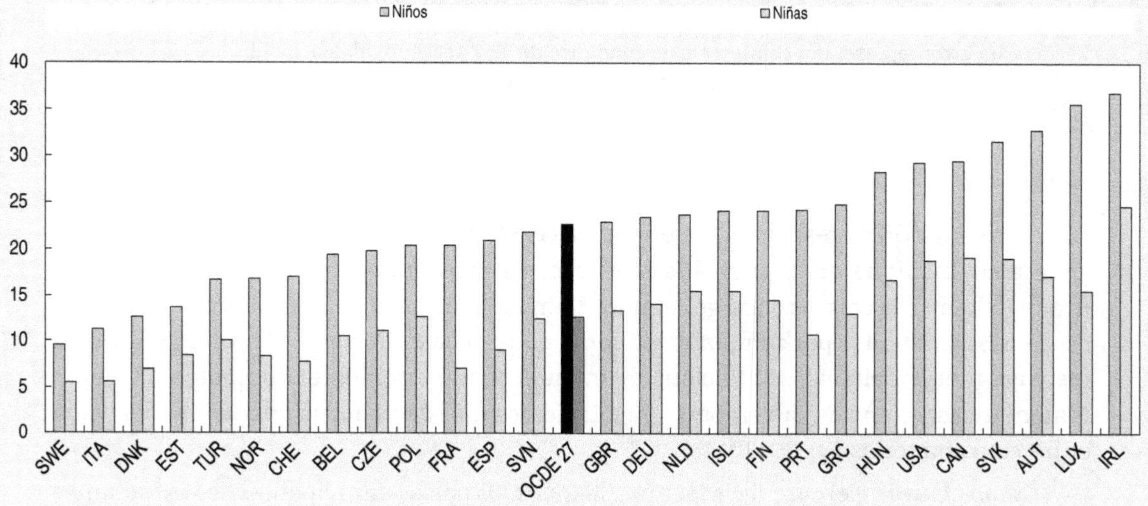

Nota: La actividad física moderada a vigorosa, según se define en el *Estudio sobre Conductas Relacionadas con la Salud de los Niños en Edad Escolar* (HBSC), se refiere al ejercicio realizado por lo menos durante una hora que aumente tanto el ritmo cardiaco como la respiración (y algunas veces deja a los niños sin aliento). Para calcular los porcentajes nacionales, cada estimado nacional utiliza tasas reportadas de actividad física y números de muestra para niños y niñas de 11, 13 y 15 años. Los datos provienen de muestras de escuelas.

Fuente: Estudio sobre Conductas Relacionadas con la Salud de los Niños en Edad Escolar (HBSC) 2010, *http://www.hbsc.org/*.

StatLink http://dx.doi.org/10.1787/888933268184

sucesivas de PISA (OECD, 2014a). México y Chile obtienen las calificaciones en lectura promedias más bajas y los más altos porcentajes de niños que no alcanzan el nivel de referencia en la competencia de lectura. Entre 2000 y 2012, Israel y Polonia aumentaron el porcentaje de estudiantes de más alto rendimiento en lectura y al mismo tiempo redujeron el porcentaje de aquéllos con bajo rendimiento (OECD, 2014a).

Las competencias cognitivas como la lectura, las matemáticas y las ciencias no son los únicos determinantes del éxito en la escuela y en la vida, el cual depende de una gama mucho más amplia de competencias (Rychen y Salganik, 2003).[12] PISA define la competencia de resolución de problemas como: "...la capacidad de participar en un proceso cognitivo para entender y resolver problemas donde no hay un método de solución inmediatamente obvio. Esto incluye la voluntad para participar en dichas situaciones con el fin de lograr el potencial como ciudadano constructivo y reflexivo" (OECD, 2014b).[13]

Gráfica 4.18. **Calificaciones PISA de los niños en lectura**

Calificaciones promedio en lectura de niños de 15 años de edad, 2012

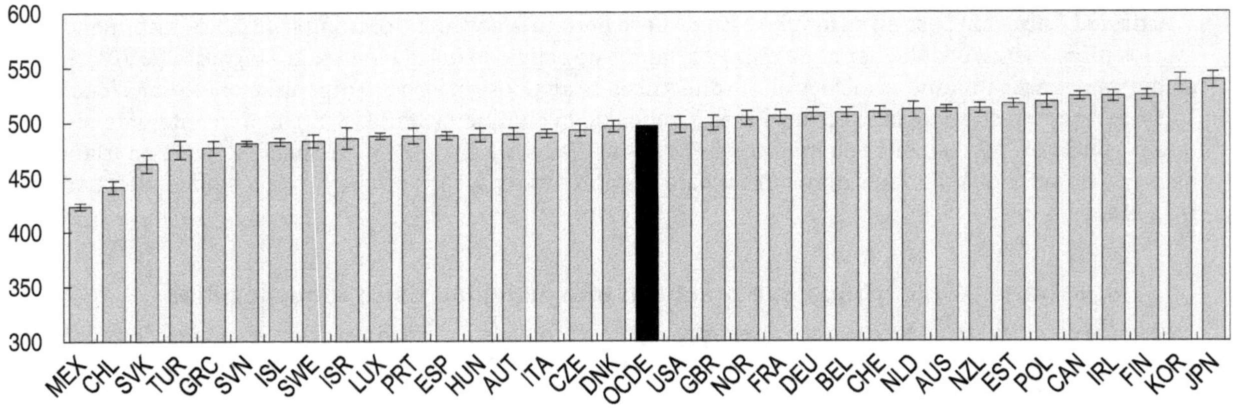

Nota: Las barras para error representan el intervalo de confianza de 95% del estimado nacional.

Fuente: PISA 2012, OECD (2014a), *PISA 2012 Results: What Students Know and Can Do* (volume I), edición revisada, febrero, OECD Publishing, París, *http://dx.doi.org/10.1787/19963785*.

StatLink *http://dx.doi.org/10.1787/888933268195*

La evaluación de resolución de problemas PISA 2012 se centra en procesos cognitivos generales, más que en la capacidad de resolver problemas, en particular cuando se tratan de temas escolares. Para generar los llamados "problemas interactivos" se utilizan escenarios simulados por computadora como parte de la evaluación. El rendimiento en la resolución de problemas se relaciona de manera positiva con el rendimiento en lectura, matemáticas y ciencias; sin embargo, la relación es más débil que la puede ser observada entre estas materias (OECD, 2014b).

Como ocurre en el caso de la lectura, de todos los países participantes, los estudiantes de Corea y Japón logran el mejor rendimiento en la evaluación de resolución de problemas complejos (Gráfica 4.19).[14] En promedio, 20% de los estudiantes de la OCDE no alcanza el nivel mínimo de competencia en resolución de problemas que se considera requerido para participar con eficacia y productividad en las sociedades del siglo XXI.

Los indicadores mostrados en la Gráfica 4.20 miden el porcentaje de jóvenes de 15 a 19 años de edad que no trabajan ni estudian ni están en formación (NiNis). Este indicador captura la incidencia de abandonos escolares, la duración de las transiciones de la escuela al trabajo, y la importancia del empleo para los jóvenes, todo lo cual causa serios impactos en el bienestar individual y en los resultados económicos. Turquía, México, Italia, España e Irlanda tienen una tasa de NiNis de más de 10% (Gráfica 4.20). En Turquía, el porcentaje de NiNis es casi ocho veces mayor que en Alemania, con solo 2.8% en los jóvenes de 15 a 19 años. República Checa, Polonia, Luxemburgo, Eslovenia y Noruega también tienen tasas muy bajas de NiNis.

Entre 2007 y 2013, el número de NiNis aumentó considerablemente en Irlanda (más de 5 puntos porcentuales), en tanto que bajó de manera significativa en Israel (menos 19 puntos porcentuales) y Turquía (-12 puntos).

La privación de la educación se define como el porcentaje de estudiantes de 15 años de edad que dicen tener menos de cuatro artículos educativos, según la edición 2012 de PISA. En esta medida, la mayoría de los países de la OCDE tiene tasas muy bajas de jóvenes de

Gráfica 4.19. **Rendimiento de los estudiantes en la solución de problemas por computadora, PISA**

Calificaciones promedio de niños de 15 años de edad en solución de problemas por computadora, 2012

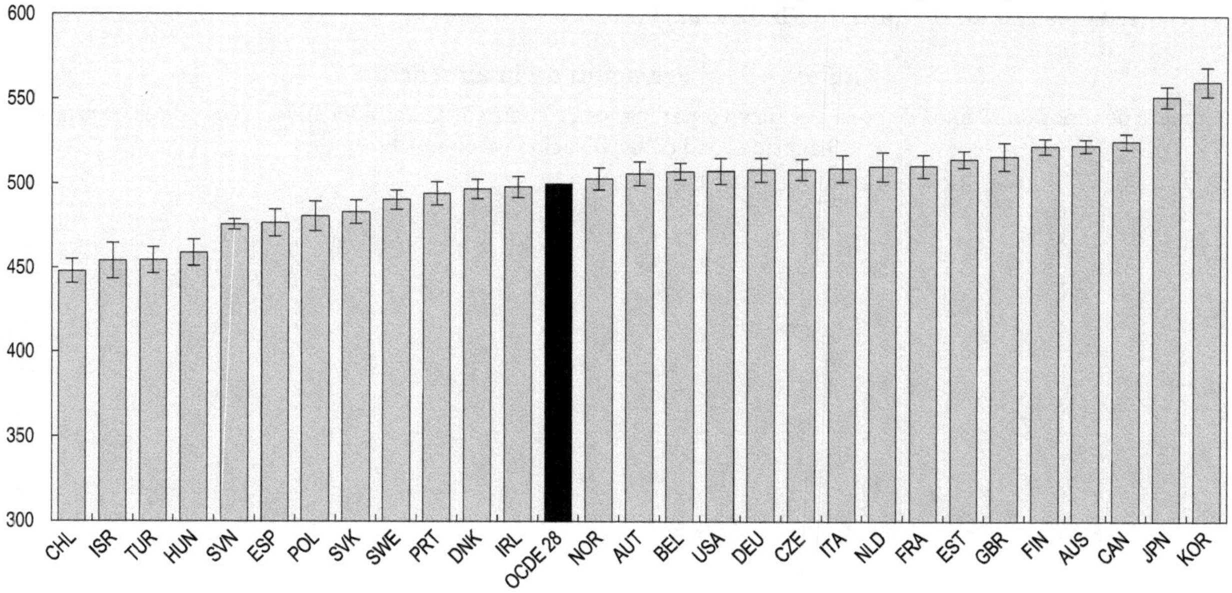

Nota: Las barras para error representan el intervalo de confianza de 95% del estimado nacional.

Fuente: PISA 2012, OECD (2014b), *PISA 2012 Results: Creative Problem Solving* (volumen V), *Students' Skills in Tackling Real-Life Problems*, OECD Publishing, París, *http://dx.doi.org/10.1787/19963785*.

StatLink http://dx.doi.org/10.1787/888933268201

Gráfica 4.20. **Jóvenes que no trabajan ni estudian ni están en formación**

Porcentaje de jóvenes de 15-19 años de edad

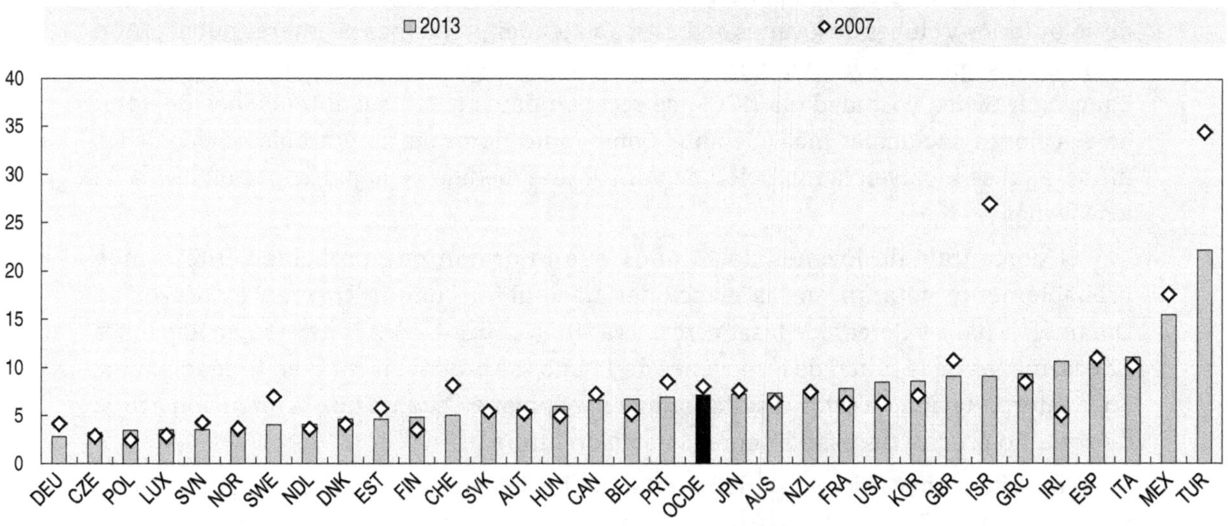

Nota: Los datos más recientes disponibles de Chile son de 2011.

Fuente: Base de datos *OECD Education at a Glance*, *http://dx.doi.org/10.1787/19991487*.

StatLink http://dx.doi.org/10.1787/888933268215

15 años que sufren privación de la educación (menos de 5 por cada 1 000). Sin embargo, de acuerdo con esta definición, en México casi 30 de cada 1 000 niños padecen este tipo de privación. Otros países de bajo rendimiento incluyen a Turquía y Chile, seguidos por Estados Unidos de América (Gráfica 4.21).

Gráfica 4.21. **Privación de la educación**

Número de niños de 15 años de edad que dicen tener menos de cuatro artículos educativos, por cada 1 000 niños de 15 años de edad de la población escolar, 2012

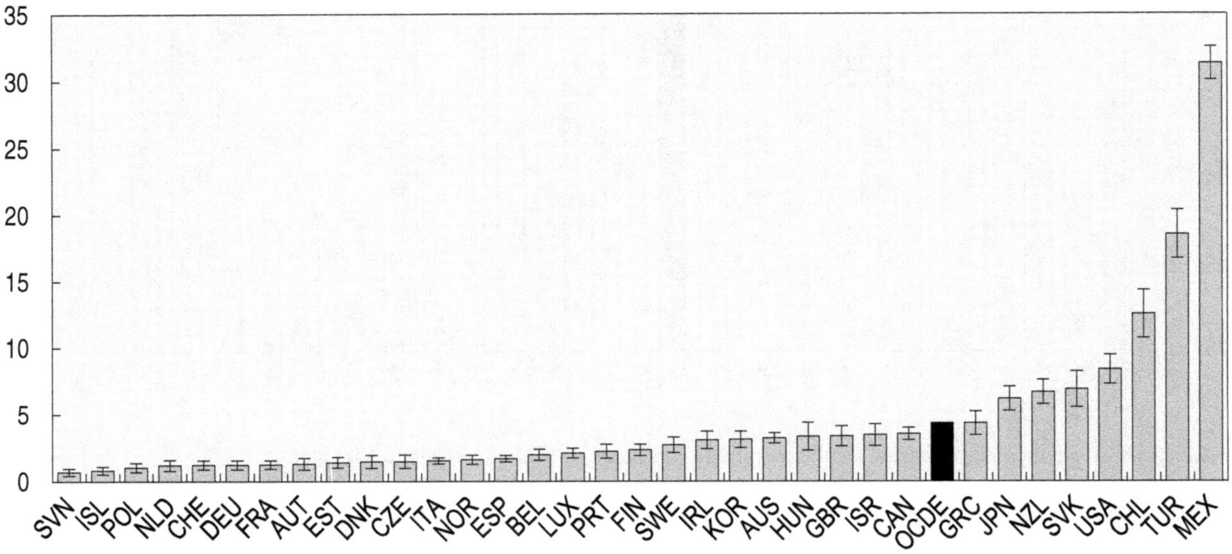

Nota: Los artículos educativos incluyen un escritorio para estudiar, un sitio tranquilo para estudiar, una computadora para las tareas escolares, software educativo, Internet, libros para la escuela y un diccionario.

Fuente: Cálculos de la OCDE de PISA 2012, OECD, *http://dx.doi.org/10.1787/19963785*

StatLink http://dx.doi.org/10.1787/888933268220

Compromiso cívico y participación

Los niños pueden participar cívicamente al formar parte de organizaciones, grupos de voluntarios y clubes de jóvenes dedicados a atender problemas de interés público. Aun cuando no se permite votar a la mayoría de los niños, en el Estudio Internacional sobre Educación Cívica y Ciudadana (ICCS) se recaban datos sobre sus intenciones de votar en elecciones nacionales más adelante. Como indicadores del compromiso cívico de los niños, aquí se incluyen la intención de votar y una medida de la participación cívica de los jóvenes.

El porcentaje de jóvenes de 14 años que informan que probablemente o muy probablemente votarán en las elecciones nacionales cuando crezcan es mayor en Dinamarca, Italia y Corea, con tasas cercanas a 90% (Gráfica 4.22). A la inversa, en República Checa, menos de la mitad de los jóvenes de 14 años se proponen votar en la edad adulta. En la interpretación de estos resultados hay que tomar en cuenta que la intención actual de votar no predice necesariamente la votación futura.

En Chile y en México, más de la mitad de los jóvenes de 14 años que participaron en el estudio ICCS dijo haber participado en organizaciones, grupos o clubes durante los últimos 12 meses (Gráfica 4.23). En Finlandia, Dinamarca y Corea, menos de 1 de cada 4 encuestados que respondieron indicó haber participado en uno de los diferentes tipos de organizaciones cubiertas por el ICCS.

Gráfica 4.22. **Intención de votar de los niños**

Porcentaje de estudiantes de 14 años de edad que tiene la intención de votar en elecciones nacionales a la edad adulta, 2009

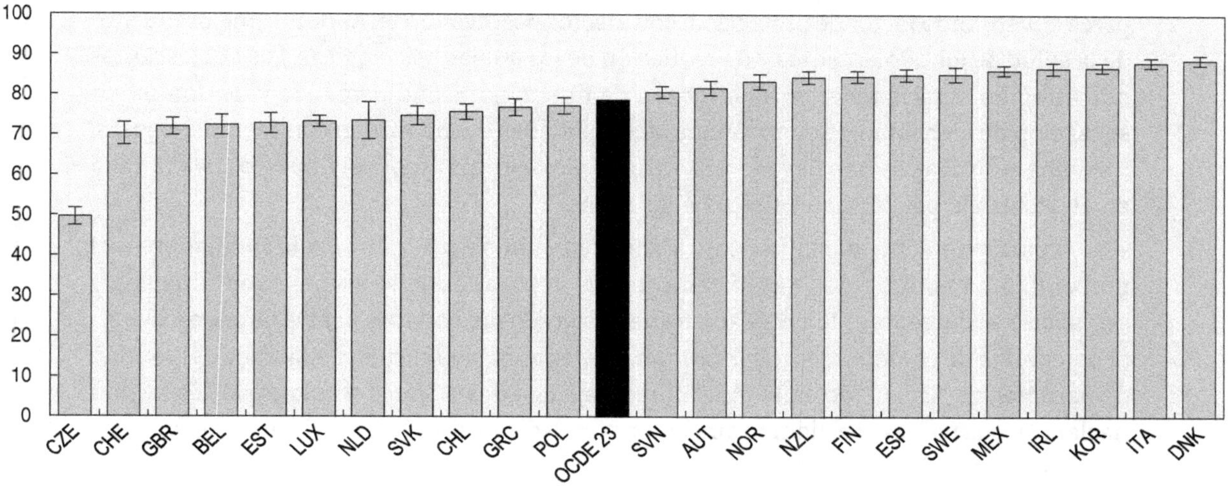

Nota: BEL = Bélgica (solo adolescentes de Flandes). Las barras para error representan el intervalo de confianza de 95% del estimado nacional.

Fuente: Estudio Internacional sobre Educación Cívica y Ciudadana (ICCS), 2009, *http://iccs.acer.edu.au*

StatLink http://dx.doi.org/10.1787/888933268232

Gráfica 4.23. **Adolescentes socialmente comprometidos**

Porcentaje de estudiantes de 14 años de edad que participaron en organizaciones, grupos o clubes durante los últimos 12 meses, 2009

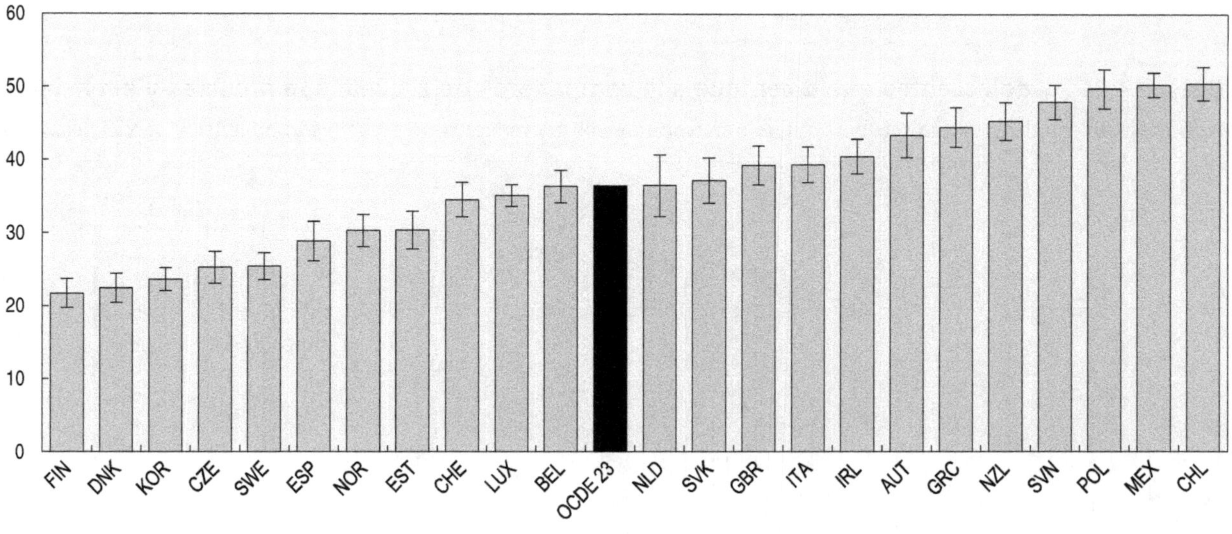

Nota: Participación en una organización juvenil afiliada a un partido político o un sindicato, una organización ambientalista, una organización de derechos humanos, un grupo voluntario que trabaja para ayudar a la comunidad, una organización que recauda fondos para una causa social, una organización cultural basada en origen étnico, un grupo u organización religiosos, o un grupo de jóvenes que defiende un tema útil para la comunidad. Las barras para error representan el intervalo de confianza de 95% del estimado nacional.

Fuente: Estudio Internacional sobre Educación Cívica y Ciudadana (ICCS) 2009, *http://iccs.acer.edu.au.*

StatLink http://dx.doi.org/10.1787/888933268240

Entorno social y familiar

Los pares y la familia son determinantes decisivos del bienestar de los niños. Con base en datos del estudio HBSC, Currie *et al.* (2012) señalaron que las relaciones positivas entre pares sirven como factor de protección, con efectos positivos en términos de mejoramiento de la salud de los adolescentes y de reducción de las quejas psicológicas. Los adolescentes que integran densas redes sociales gozan de una mejor salud percibida y de una mejor sensación de bienestar, y tienen menos probabilidades de incurrir en conductas riesgosas. De manera similar, se han llevado a cabo múltiples estudios sobre el impacto de la familia en el desarrollo psicológico y físico de los niños.

A partir de estas conclusiones, a continuación se presentan seis indicadores: el porcentaje de estudiantes que dicen que sus compañeros de escuela son amables y serviciales; el porcentaje de estudiantes que se sienten presionados por las tareas escolares; el porcentaje de estudiantes que informan que les agrada la escuela; el "índice del sentido de pertenencia" calculado en PISA; el porcentaje de adolescentes a quienes se les facilita hablar con sus padres, y el tiempo que los padres dedican a sus hijos realizando actividades básicas de cuidado, así como actividades educativas y recreativas.

Las experiencias escolares son fundamentales para el desarrollo de autoestima, autopercepción y conductas saludables de los niños. El apoyo de los compañeros de clase aumenta los sentimientos de pertenencia a un grupo o entorno social (Currie *et al.*, 2012). Por consiguiente, los grupos de pares en la escuela son muy importantes para el bienestar. Es más probable que los niños suecos señalen que tienen compañeros de escuela amables y serviciales, en tanto que solo 44% de los niños griegos piensa lo mismo de sus compañeros (Gráfica 4.24).

El hecho de sentirse presionados o estresados por las tareas escolares puede afectar negativamente el aprendizaje de los estudiantes y sus resultados no académicos, como la

Gráfica 4.24. **Adolescentes que dicen que sus compañeros de escuela son amables y serviciales**

Porcentaje de estudiantes que reconocen que la mayoría de sus compañeros de escuela son amables y serviciales, 2010

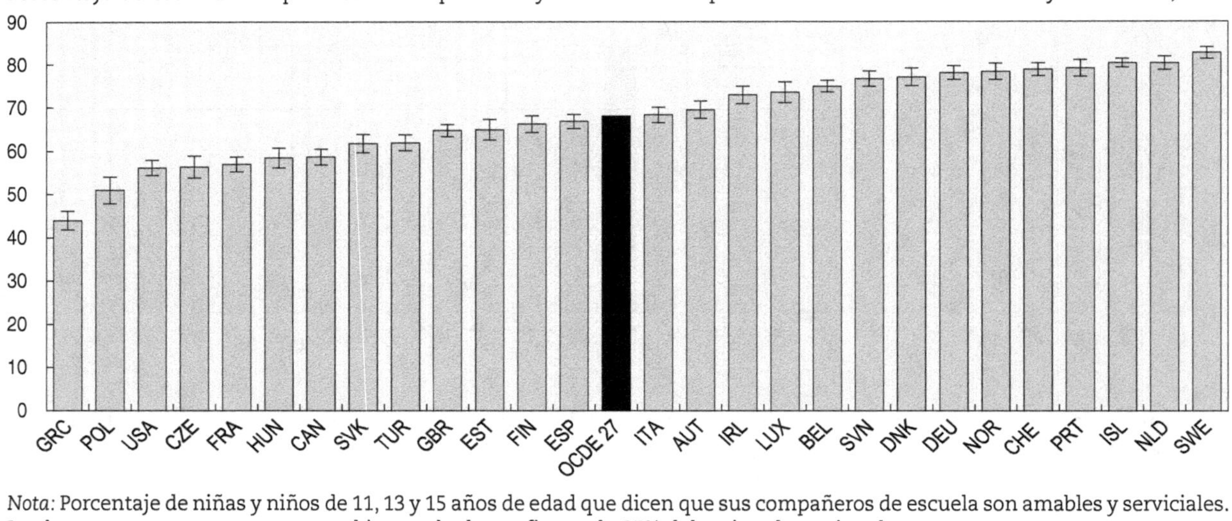

Nota: Porcentaje de niñas y niños de 11, 13 y 15 años de edad que dicen que sus compañeros de escuela son amables y serviciales. Las barras para error representan el intervalo de confianza de 95% del estimado nacional.

Fuente: Estudio sobre Conductas Relacionadas con la Salud de los Niños en Edad Escolar (HBSC) 2010, *http://www.hbsc.org/*.

StatLink http://dx.doi.org/10.1787/888933268256

salud, la adopción de una conducta riesgosa y el bienestar general (Currie *et al.*, 2012). Si bien cierta presión puede influir positivamente en los resultados educativos, demasiada no es recomendable. En el estudio HBSC se preguntó a estudiantes de 11, 13 y 15 años cuánta presión sentían por las tareas escolares que tienen que hacer y se les dieron opciones de respuesta desde "mucha" hasta "ninguna". El indicador aquí presentado es el porcentaje de estudiantes que dijeron sentir mucha presión por las tareas escolares. En promedio, 1 de cada 10 niños de la OCDE dice sentir mucha presión (Gráfica 4.25). La variación entre los países de la OCDE es alta: casi 30% de los niños de Turquía se siente presionados en comparación con solo 4% de Alemania y Austria. Sin embargo, es importante observar que este indicador no está disponible en los casos de Japón y Corea, dos países donde se sabe que la presión escolar es alta.[15]

Gráfica 4.25. **Niños que se sienten presionados por las tareas escolares**

Porcentaje de niñas y niños de 11, 13 y 15 años de edad que dicen sentir mucha presión por las tareas escolares, 2010

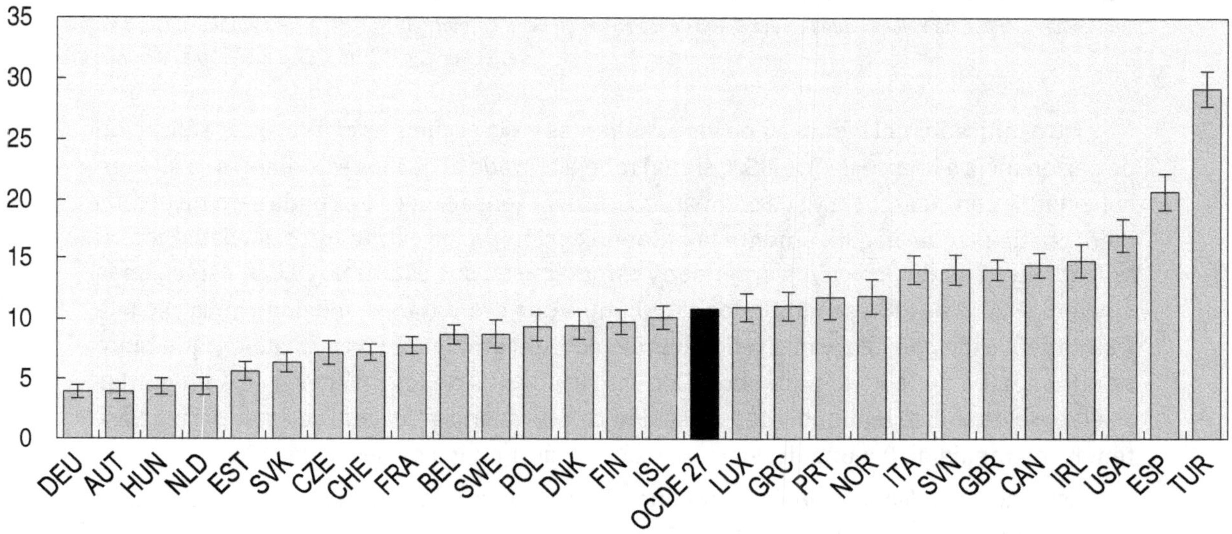

Nota: Las barras para error representan el intervalo de confianza de 95% del estimado nacional.

Fuente: Estudio sobre Conductas Relacionadas con la Salud de los Niños en Edad Escolar (HBSC) 2010, *http://www.hbsc.org/*.

StatLink http://dx.doi.org/10.1787/888933268264

Las experiencias que los jóvenes viven en la escuela pueden apoyar el desarrollo de su autoestima, autopercepción y conductas relacionadas con la salud, o al contrario, también pueden representar un factor de riesgo y afectar negativamente la salud mental y física. Los estudiantes a quienes les desagrada la escuela o que no se sienten conectados con ella tienen más probabilidad de fallar en el aspecto académico, abandonarla y desarrollar problemas de salud mental (Currie *et al.*, 2012). En general, en la edición 2010 del HBSC, 3 de cada 4 estudiantes de 11, 13 y 15 años de los países de la OCDE dijeron que les agradaba la escuela (Gráfica 4.26). Los estudiantes de Islandia son los que más dijeron que les agrada la escuela, en tanto que los de Estonia son los que tienen menos probabilidades de afirmar lo mismo.

Gráfica 4.26. **Niños a quienes les agrada la escuela**

Porcentaje de niños de 11, 13 y 15 años de edad que informan que les agrada la escuela, 2010

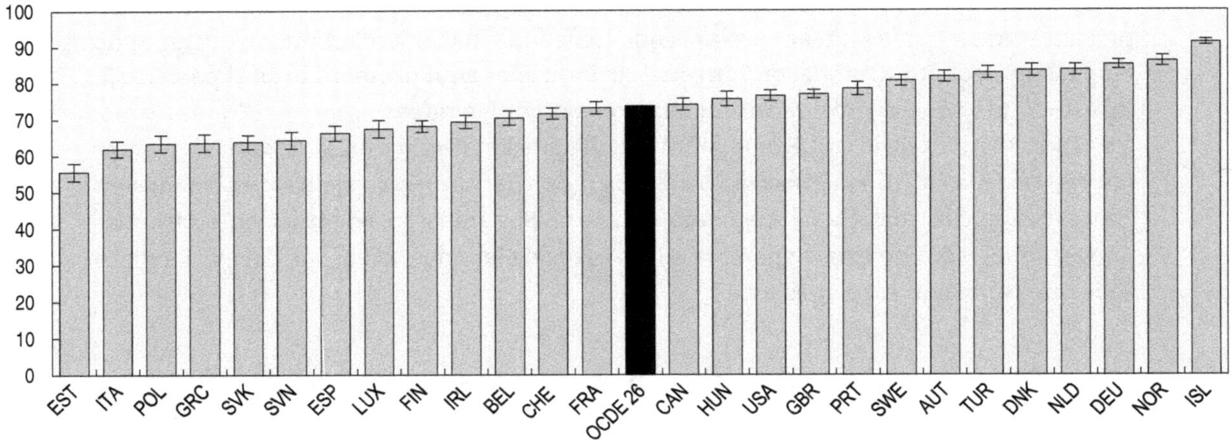

Nota: Las barras para error representan el intervalo de confianza de 95% del estimado nacional.

Fuente: Estudio sobre Conductas Relacionadas con la Salud de los Niños en Edad Escolar (HBSC) 2010, *http://www.hbsc.org/*

StatLink http://dx.doi.org/10.1787/888933268272

Otro indicador del bienestar de los estudiantes en la escuela es el índice de "sensación de pertenencia a la escuela" de PISA, el cual refleja el grado al que los estudiantes se sienten conectados con su escuela y sus compañeros. Si esta sensación es evaluada a un nivel muy bajo, puede afectar negativamente la autopercepción de los estudiantes, su satisfacción ante la vida y su disposición a aprender y esforzarse en sus estudios (OECD, 2014c). En la edición de 2012 de PISA se pidió a los estudiantes que evaluaran su felicidad en la escuela y su satisfacción con ella, y que reflexionaran sobre el ambiente en su escuela y qué tanto se aproximaba de lo ideal para ellos. Con las respuestas de los jóvenes a seis preguntas se elaboró un índice resumido de "sensación de pertenencia", el cual se estandarizó para tener una media de 0 y una desviación estándar de 1 en los países de la OCDE.

Este índice de "sensación de pertenencia" oscila entre un nivel alto de 0.55 en Austria y –0.36 en República Checa (Gráfica 4.27). En términos generales, la sensación de pertenencia es baja en los países de Europa del Este, así como en Japón y Corea, y alta en Austria, Suiza, Israel y España. Asimismo, el índice de sensación de pertenencia a la escuela se correlaciona de manera inversa con las calificaciones de lectura y resolución de problemas de PISA, y de manera positiva con el número de estudiantes a quienes les agrada la escuela.

El tiempo que los padres dedican a los hijos y, aún más importante, la calidad de este tiempo son factores determinantes que moldean el desarrollo psicológico y emocional de los niños (Monna y Gauthier, 2009). La investigación demuestra también la importancia de la participación de ambos padres. Hay una gran variación en el tiempo que los padres dedican a sus hijos: los niños australianos pasan más de 4 horas al día con sus padres y los niños coreanos pasan menos de una hora con ellos (Gráfica 4.28). En la zona de la OCDE, las mujeres dedican más del doble del tiempo a sus hijos que los padres. Las madres asumen una gran parte del cuidado físico y de la supervisión, en tanto que los padres dedican la mayor parte del tiempo con sus hijos a actividades recreativas y de enseñanza. El porcentaje del tiempo de los padres dedicado al cuidado básico de los niños, a la enseñanza y a actividades recreativas es mucho más similar entre madres y padres en los países nórdicos, en Canadá y en Estados Unidos de América.

Gráfica 4.27. **Niños que sienten que pertenecen a su escuela**

El Índice PISA de sensación de pertenencia se basa en la escala de Rasch de seis puntos, 2012

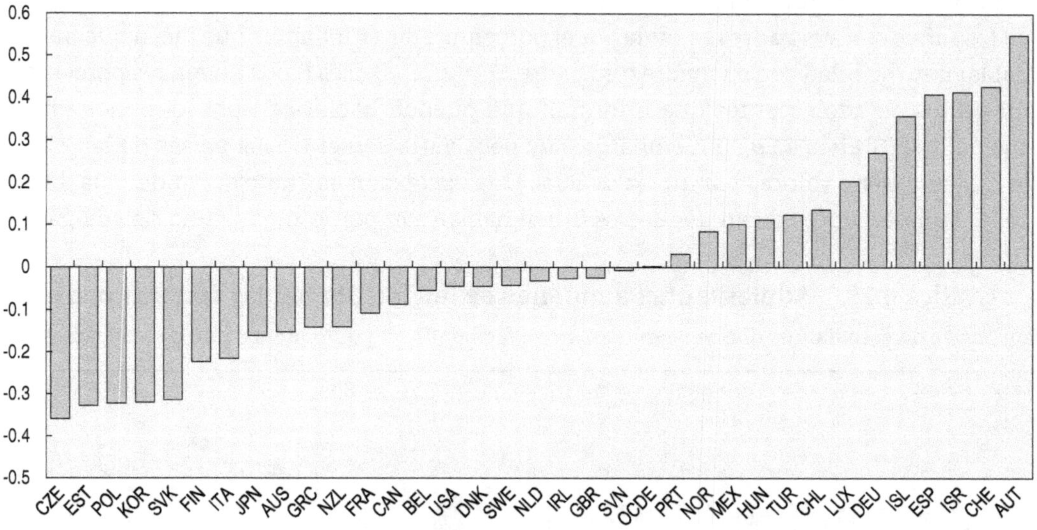

Nota: Basado en la escala de Rasch de seis puntos (Me siento como un extraño, Hago amigos con facilidad, Siento que pertenezco, Me siento incómodo y fuera de lugar, Parece que le agrado a otros estudiantes, Me siento solo) y estandarizado para tener una media de 0 y una desviación estándar de 1 en los países de la OCDE que participaron.

Fuente: PISA 2012, OECD (2014c), *PISA 2012 Results: Ready to Learn* (volumen III) *Students' Engagement, Drive and Self-Beliefs*, *http://dx.doi.org/10.1787/19963785*

StatLink http://dx.doi.org/10.1787/888933268288

Gráfica 4.28. **Tiempo dedicado por los padres a los hijos**

Minutos al día, 2013 o último año disponible

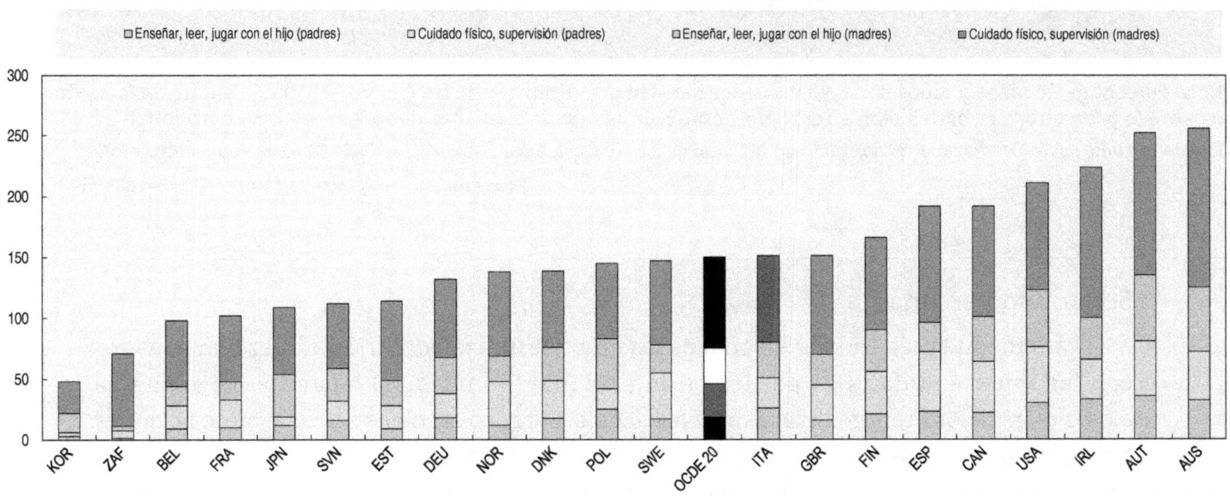

Nota: Los datos se refieren a la cantidad de tiempo dedicada a atender a los hijos que los encuestados califican en su diario de uso de tiempo como una actividad primaria (es decir, sin hacer ninguna otra actividad al mismo tiempo). La atención básica a este respecto incluye el cuidado y la supervisión de los hijos, así como el tiempo dedicado a su transporte, excepto Irlanda y Corea, donde no se incluye este tiempo. Los datos se refieren a la atención de los hijos menores de 18 años, excepto en Australia y Canadá (menores de 15 años). Los datos de Irlanda y Corea no incluyen el tiempo dedicado a transportar a los hijos. Los datos se refieren a 1999-2000 para Estonia; 2000 para Sudáfrica; 2000-2001 para Noruega, Eslovenia, Suecia y Reino Unido; 2001 para Dinamarca; 2001-2002 para Alemania; 2003-2004 para Polonia; 2005 para Bélgica e Irlanda; 2006 para Japón; 2008-2009 para Australia e Italia; 2009 para Corea; 2009-2010 para Finlandia, Francia y España; 2010 para Canadá, y 2013 para Estados Unidos de América.

Fuente: Cálculos de la OCDE basados en la aplicación web Harmonised European Time Use Survey para países europeos (*https://www.h2.scb.se/tus/tus/*), microdatos y tabuladores de encuestas de uso del tiempo para uso público de oficinas estadísticas nacionales para los países no europeos.

StatLink http://dx.doi.org/10.1787/888933268297

La comunicación de los niños con sus padres es esencial para establecer a la familia como factor protector. El apoyo familiar ayuda a los niños para enfrentar situaciones estresantes y los protege de varias influencias negativas (Currie *et al.*, 2012). Las relaciones de los niños con sus padres se mide por el porcentaje de estudiantes que dicen que pueden hablar con facilidad con su madre o su padre. Hungría y Países Bajos tienen los porcentajes más altos de adolescentes que informan que pueden hablar con por lo menos uno de sus padres (Gráfica 4.29). Sin embargo, hay poca variación entre los países de la OCDE, y la mayoría tiene valores por arriba de 80%. Una excepción es Francia, donde más de 1 de cada 4 adolescentes dicen que les es difícil hablar con por lo menos uno de sus padres.

Gráfica 4.29. **Adolescentes a quienes se les facilita hablar con sus padres**

Porcentaje de estudiantes que pueden hablar con facilidad con por lo menos uno de sus padres, 2010

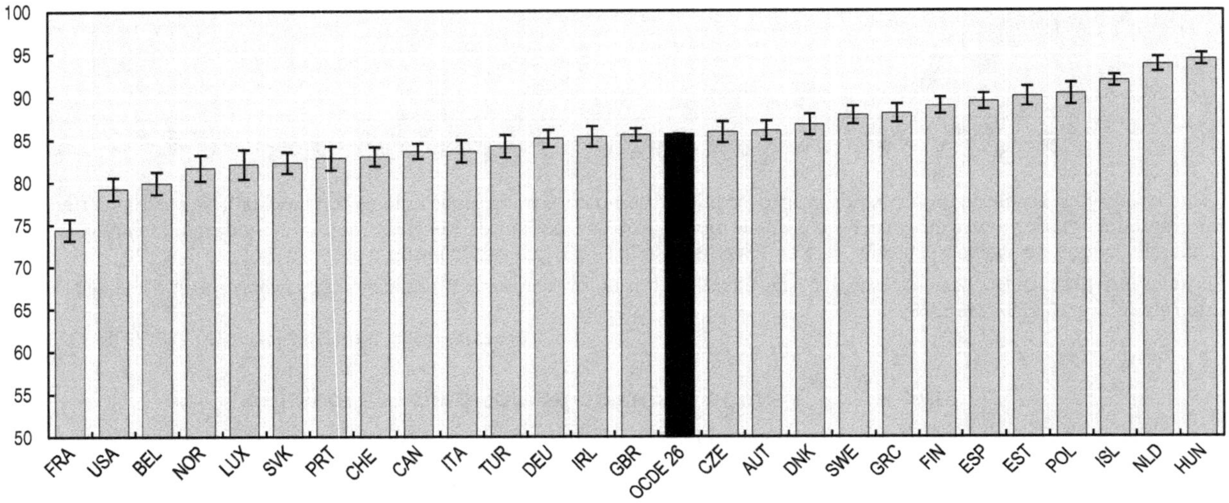

Nota: Porcentaje de niñas y niños de 11, 13 y 15 años de edad que dicen que se les facilita hablar con su madre (o madrastra) o padre (o padrastro). Las barras para error representan el intervalo de confianza de 95% del estimado nacional.

Fuente: Estudio sobre Conductas Relacionadas con la Salud de los Niños en Edad Escolar (HBSC) 2010, *http://www.hbsc.org/*.

StatLink http://dx.doi.org/10.1787/888933268300

Seguridad personal

Para medir la seguridad personal de los niños se utilizan dos indicadores relacionados con las muertes infantiles por lesión intencional (homicidios) hasta los 19 años y la exposición de los menores al acoso en la escuela. El acoso escolar se define como acciones físicas o verbales hostiles que causan angustia a las víctimas. Es probable que las víctimas de acoso escolar experimenten varios problemas, como depresión, ansiedad y soledad, los cuales pueden persistir hasta la edad adulta (Currie *et al.*, 2012). Si bien estos dos indicadores capturan elementos importantes de la seguridad personal, la investigación también ha demostrado sistemáticamente que otras formas de victimización infantil, como el abandono, pueden afectar el bienestar de los niños en el sentido de perspectivas de desarrollo y de derechos de los niños. Estas formas no se abordan aquí debido a la falta de datos comparativos.

En promedio en la OCDE, la tasa de homicidio infantil es de 1 por cada 100 000. Sin embargo, hay una gran variación entre países: en México y Estados Unidos de América se registra más del doble de homicidios infantiles que en ningún otro país de la OCDE (Gráfica 4.30). Las tasas de homicidio también muestran grandes variaciones entre niños de diferentes edades, así como por tipos de perpetrador (es decir, si este es miembro de la familia o no); dichas variaciones no se analizan aquí.

Gráfica 4.30. **Tasas de homicidio infantil**

Tasas de muertes por lesión intencional por cada 100 000 niños, promedio de 3 años cerca de 2011

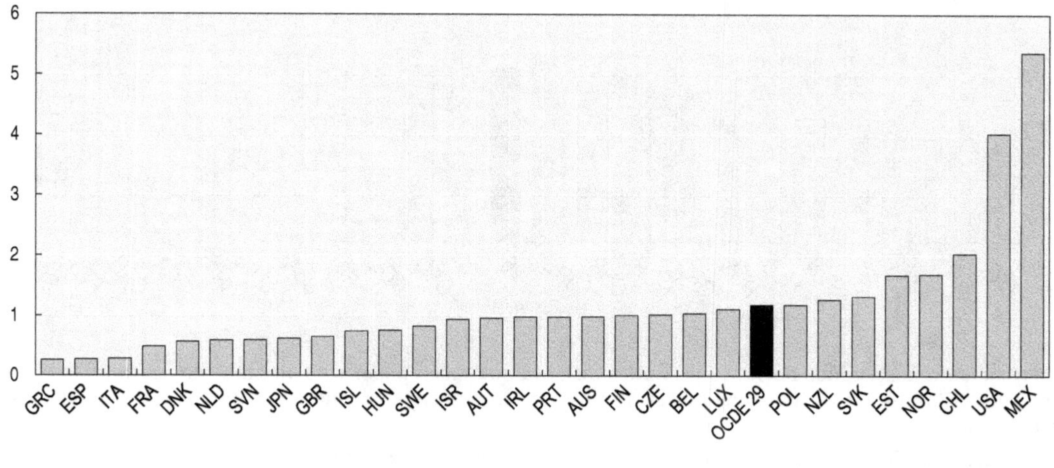

Nota: No se cuenta con datos de Canadá sobre una definición comparable. En *http://www.statcan.gc.ca/pub/85-002-x/2014001/article/14114/tbl/tbl31-eng.htm#tbl31n_1*) se presentan gráficas nacionales de tasas de homicidio infantil.

Fuente: Base de datos WHO Mortality, *www.whi.int/healthinfo/statistics/mortality/en/index/html.*

StatLink http://dx.doi.org/10.1787/888933268313

Para el indicador mostrado en la Gráfica 4.31, se considera que un estudiante es víctima de acoso escolar si otros estudiantes le dicen o hacen cosas desagradables, o si es excluido de determinadas actividades de forma deliberada o repetida. Sin embargo, cuando dos estudiantes de aproximadamente la misma fuerza o poder discuten o pelean, o cuando un estudiante es intimidado de manera amistosa, de acuerdo con esta definición, esto no se considera acoso. El indicador también se refiere al acoso que tiene lugar en la escuela y, por consiguiente, excluye nuevos tipos de agresiones a través de redes sociales que se han vuelto cada vez más comunes. Con base en la definición anterior, la incidencia de acoso entre niños en edad escolar es alta en algunos países de la OCDE, como Estonia, Austria y Bélgica, donde más de 15% de los adolescentes dicen haber sufrido por el acoso escolar dos veces o más durante los últimos meses (Gráfica 4.31). Según los datos disponibles, Italia y Suecia tienen las tasas más bajas de acoso escolar en los países de la OCDE.

Ser víctima de acoso escolar es solo un lado del fenómeno, ya que se sabe también que agredir de esta manera a otros tiene un impacto negativo en la salud del agresor, dadas las mayores conductas perjudiciales para la salud y otras conductas negativas, algunas de las cuales llegan a persistir durante toda la vida. Los niños que acosan a otros en la escuela también informan de una mayor desconexión con su familia y sus compañeros, y tienen más probabilidad de cometer más delitos al llegar a la edad adulta (Currie *et al.*, 2012).

Gráfica 4.31. **Niños que dicen haber sido víctimas de acoso escolar**

Porcentaje de niños que han sido víctimas de acoso escolar por lo menos dos veces en los últimos dos meses, 2010

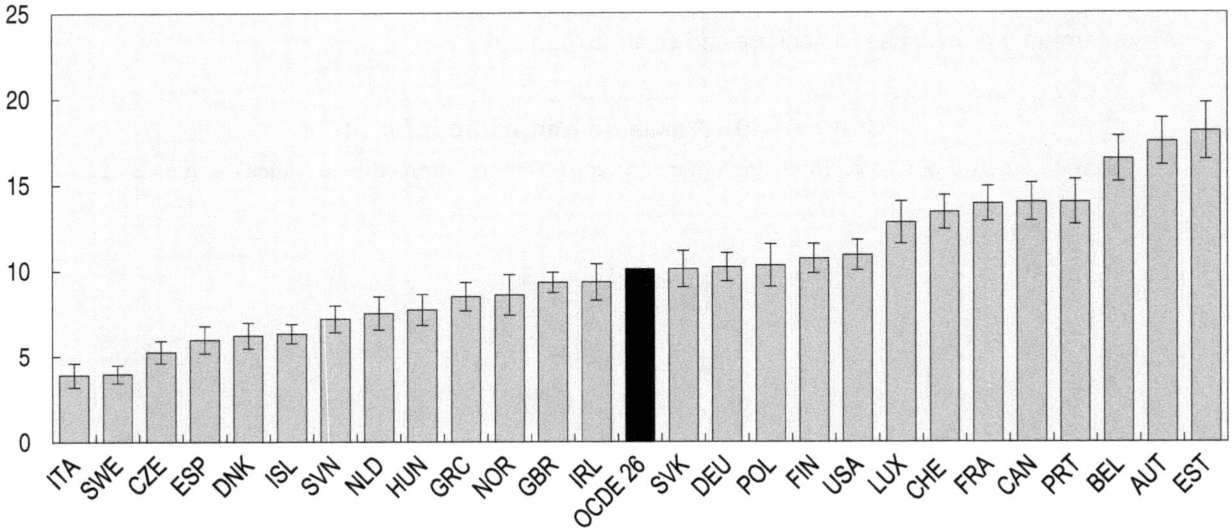

Nota: Porcentaje de niñas y niños de 11, 13 y 15 años de edad que dicen haber sido víctimas de acoso en la escuela por lo menos dos veces durante los últimos dos meses. Las barras para error representan el intervalo de confianza de 95% del estimado nacional.

Fuente: Estudio sobre Conductas Relacionadas con la Salud de los Niños en Edad Escolar (HBSC) 2010, *http://www.hbsc.org/.*

StatLink http://dx.doi.org/10.1787/888933268325

Bienestar subjetivo

La satisfacción ante la vida en la niñez y la juventud es un aspecto importante del bienestar que se relaciona con la competencia social y con las competencias de adaptación que generan mayores resultados positivos en la edad adulta (Currie *et al.*, 2012). En el HBSC el bienestar subjetivo se mide como la calificación media de satisfacción ante la vida de los jóvenes de 11, 13 y 15 años de edad; la medida reportada a continuación se basa en la escala de Cantril, herramienta que pide a los estudiantes que califiquen su vida actual en relación con la mejor vida posible (10) y la peor vida posible (0) para ellos. Los datos sobre la satisfacción ante la vida se toman de evaluaciones individuales y, por consiguiente, pueden variar dependiendo de las normas culturales, que limitan la comparabilidad entre países.

De acuerdo con esta medida, los niños de España, Países Bajos e Islandia están más satisfechos con sus vidas (Gráfica 4.32), en tanto que los niños de Turquía y Polonia están menos satisfechos. Resulta interesante que los resultados de los adultos en este renglón medidos con la misma pregunta en la Encuesta Mundial Gallup (véase el Capítulo 2) sean muy distintos de los que fueron informados por los jóvenes, con grandes diferencias en España y Dinamarca.[16] En general, la calificación promedio de la OCDE es menor en el caso de los adultos que en el de los niños.

Gráfica 4.32. **Satisfacción ante la vida para los niños**

Calificación promedio de satisfacción ante la vida de niñas y niños de 11, 13 y 15 años de edad en una escala de 0 a 10 (la más alta), 2010

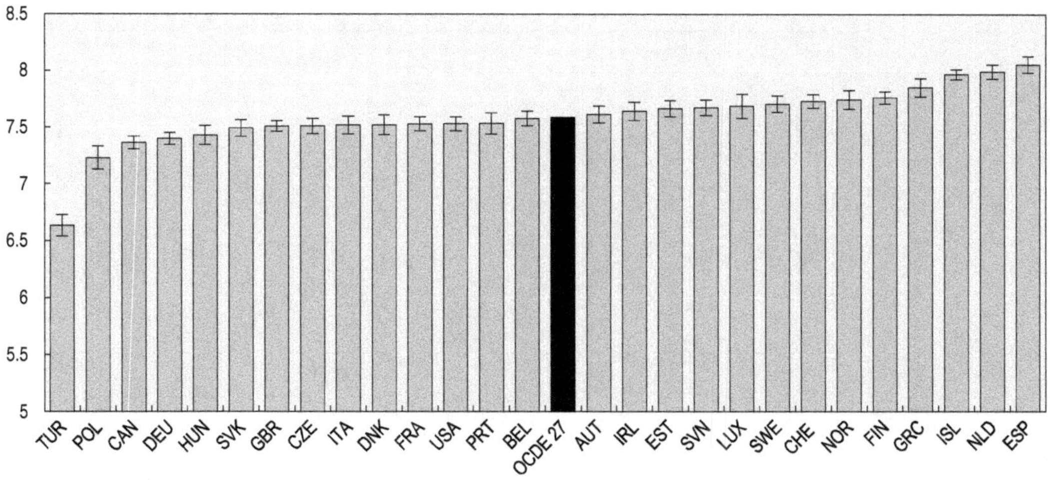

Nota: Las barras para error representan el intervalo de confianza de 95% del estimado nacional.

Fuente: Estudio sobre Conductas Relacionadas con la Salud de los Niños en Edad Escolar (HBSC) 2010, *http://www.hbsc.org/*.

StatLink http://dx.doi.org/10.1787/888933268334

Resumiendo: ¿Cómo va la vida para los niños y cómo se compara con la de los adultos?

Si se consideran en conjunto, las evidencias muestran que en casi todos los países de la OCDE hay margen para mejorar el bienestar de los niños. En todas las dimensiones e indicadores analizados, los resultados de los países varían ampliamente en los diferentes campos de bienestar de los niños. En la Gráfica 4.33 se muestran algunas pautas nacionales en este renglón, con base en un análisis que incluye solo indicadores y países con un número suficiente de observaciones. [17] Los mejores resultados corresponden a los Países Bajos, que se ubican entre los primeros tres países de la muestra en 80% de los indicadores y que en ningún caso se clasifica entre los últimos tres. El bienestar de los niños también es muy alto en Alemania y Suiza, al ubicarse entre los primeros tres en rendimiento en aproximadamente la mitad de los indicadores y entre los últimos tres en 20% de los indicadores o menos. A la inversa, Estados Unidos de América, Polonia y Turquía se sitúan entre los últimos tres países en la mayoría de los indicadores, en tanto que alcanzan los primeros tres lugares solo en unos cuantos de ellos.

El rendimiento de un país en bienestar de los niños tiende a relacionarse con su rendimiento en bienestar general, según lo que miden los indicadores principales de *¿Cómo va la vida?* presentados en el Capítulo 2, aunque la correlación dista de ser perfecta (Gráfica 4.33, Panel B). Por ejemplo, Suiza y Dinamarca registran resultados excelentes en bienestar de los niños, así como en bienestar general, pero Canadá, Estados Unidos de América y Luxemburgo se sitúan mucho mejor en los indicadores generales de *¿Cómo va la vida?* que en los específicos para la infancia. En contraste, el bienestar de los niños es comparativamente alto en Eslovenia y República Checa, en tanto que, si se analizan los indicadores de *¿Cómo va la vida?* abordados en el Capítulo 2, el rendimiento de ambos países es menos favorable.

Gráfica 4.33. **Vista general de los resultados de bienestar de los niños en los países de la OCDE**

Panel A. Rendimiento general de los países referente a bienestar de los niños

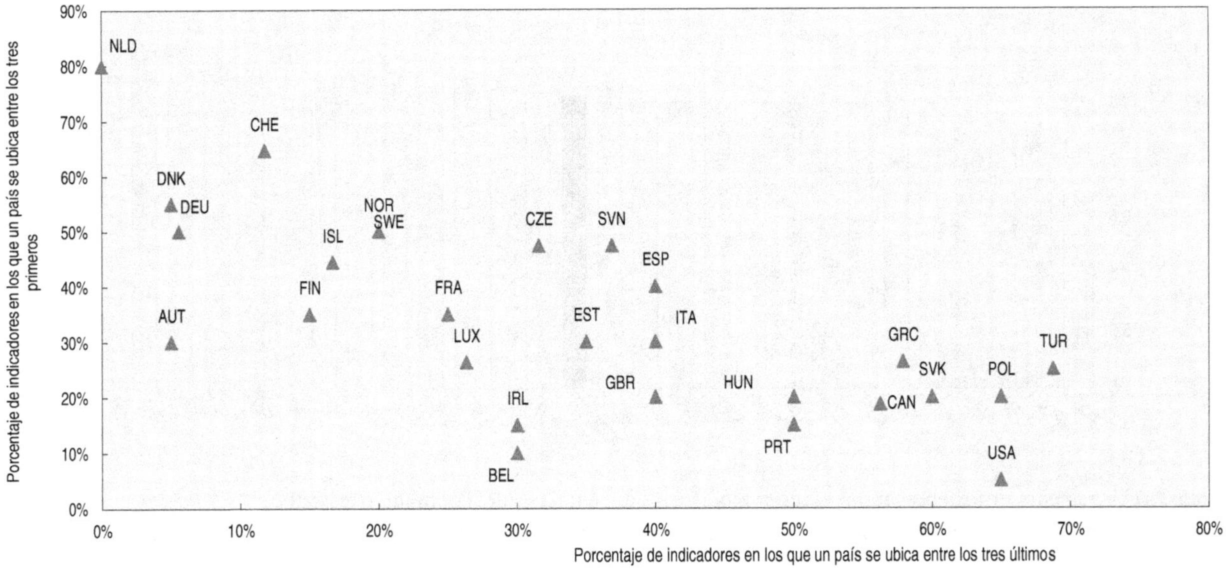

Panel B. Correlación entre bienestar de los niños y bienestar general

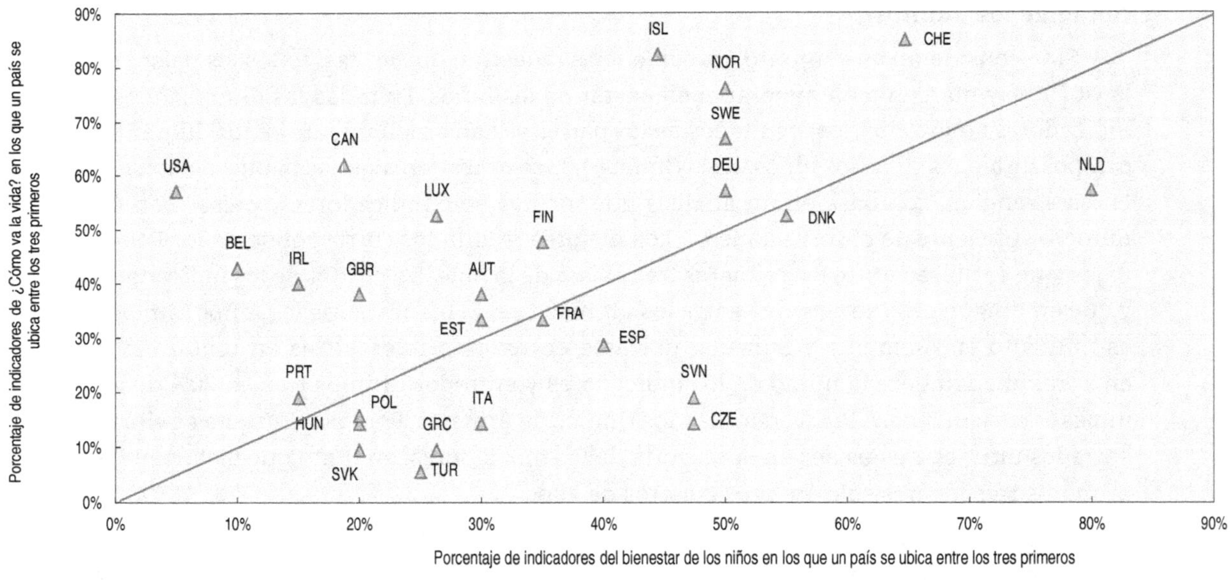

Nota: En el Panel A se muestra, en el eje y, el porcentaje de indicadores de bienestar de los niños en los que un país se ubica entre los tres primeros y, en el eje x, el porcentaje de indicadores de bienestar de los niños que clasifica a un país en los tres últimos. Para este análisis solo se conservaron 20 de los 28 indicadores analizados en este capítulo, con el fin de asegurar una cobertura total y equilibrada del país. No se muestran aquí los países con cobertura de indicadores baja (es decir, menos de 15 indicadores).

En el Panel B se muestra, en el eje y, el porcentaje de los 23 indicadores principales de *¿Cómo va la vida?* que clasifican a un país entre los tres primeros y, en el eje x, el porcentaje de los indicadores de bienestar de los niños que clasifica a un país en los tres primeros, como se muestra en el eje y del Panel A. La diagonal indica que los países registran un rendimiento igualmente bueno al ser evaluados con los indicadores principales de *¿Cómo va la vida?* que con los indicadores de bienestar de los niños.

StatLink http://dx.doi.org/10.1787/888933268342

Estos resultados deben interpretarse con precaución, pues en parte dependen del umbral utilizado para evaluar el rendimiento de los países, así como de los países incluidos en la muestra. Además, este análisis no es útil para sustentar un debate sobre la manera en que el bienestar de los niños afecta el de los adultos, o para deducir las ventajas y desventajas entre ambos.

Desigualdades en bienestar de los niños por edad, género y condición socioeconómica

Todos los indicadores descritos se caracterizaron por diferencias considerables en los resultados de distintos grupos de niños dentro del mismo país, sin separar por edad, género o condición socioeconómica. Por desgracia, no todos los indicadores permiten hacerlo. En general, no es posible desglosar la mayoría de los indicadores tomados de bases de datos de la OCDE, pero sí se puede para los que son tomados de estudios. Sin embargo, estudios como PISA, el HBSC y el ICCS solo recopilan datos de niños de ciertas edades, lo cual implica que el desglose por edad se limita a la edad de los encuestados. Los indicadores familiares, como ingreso disponible familiar, pobreza relativa de ingreso, empleo de padres y madres, vivienda y medio ambiente, pueden dividirse por la edad del niño menor y por la condición socioeconómica del jefe de familia. A continuación se resumen algunas de las diferencias de mayor relevancia entre grupos y se ofrece información más detallada al respecto en línea (véase el Recuadro 4.7).

Recuadro 4.7. **Desigualdades en bienestar de los niños. Dónde encontrar información**

Todos los datos que sustentan el análisis de desigualdades en bienestar de los niños de esta sección se encuentran en los *statlinks* correspondientes al final de las gráficas del capítulo. Por ejemplo, en el *statlink* de la Gráfica 4.32 se ofrece información detallada sobre satisfacción ante la vida por edad, género y condición socioeconómica de los niños.

Las siguientes son algunas de las principales diferencias en bienestar de los niños por ***edad*** (o por la edad del hijo menor en caso de datos sobre una familia). En algunos países de la OCDE los padres con niños pequeños afrontan la mayor dificultad para tener acceso al mercado laboral. Por consecuencia, en varios países los niños de 5 años de edad o menores tienen más probabilidad de pertenecer a familias desempleadas. Las familias con niños pequeños por lo general cuentan con menos espacio en su hogar: en casi todos los países de la OCDE, con pocas excepciones, el número de habitaciones por vivienda aumenta con la edad del hijo menor. No hay una relación clara en los países entre la edad del hijo menor y la falta de servicios básicos en la vivienda habitada por los niños, aunque en algunos países, aquellos de 5 años o menos tienen más probabilidad de habitar viviendas sin estos servicios. El porcentaje de niños que dicen tener mala salud aumenta con la edad, en tanto que la tasa de niños con sobrepeso baja conforme crecen. En todos los países de la OCDE, la satisfacción ante la vida de los estudiantes baja a medida que crecen, en tanto que la presión por las tareas escolares aumenta; de manera similar, en casi todos los países de la OCDE, el porcentaje de estudiantes a quienes les agrada la escuela disminuye con la edad de la cohorte de 11 a 15 años. Asimismo, en todos los países que participaron en el HBSC, la comunicación con los padres también se dificulta más con la edad, y en la mayoría de los países, el porcentaje de estudiantes que dijeron que la mayoría de sus compañeros de escuela son amables y serviciales se reduce con la edad. Sin embargo, en casi todos los países, el porcentaje de niños de 11, 13 y 15 años que dicen haber sido víctimas de acoso en la escuela por lo menos dos veces en los últimos dos meses se reduce con la edad.

Muchos de los indicadores seleccionados también varían considerablemente al desglosarse por ***género***. En casi todos los países, es más probable que las niñas digan tener peor salud que los niños. Por el contrario, en casi todos los países de la OCDE, es más probable que los niños sufran sobrepeso y cometan suicidio que las niñas. En todos los países de la OCDE, las niñas de 15 años obtienen mejores resultados en lectura que los niños, en tanto que en la mayoría de los países, los niños de la misma edad tienen una pequeña ventaja en matemáticas y ciencias, así como en solución creativa de problemas. En países donde el porcentaje de jóvenes que no estudian ni trabajan ni están en formación es alto en general, es mucho más probable que las niñas se encuentren en esta situación que los niños. En general, es ligeramente menos probable que las niñas padezcan privación de la educación. En la mayoría de los países, los niños tienen más probabilidad de hablar con facilidad con su madre o su padre. Sin embargo, en casi todos los países, los niños tienen más probabilidad que las niñas de ser víctimas de acoso escolar. En todos los países de la OCDE que participaron en el HBSC, la satisfacción ante la vida es más alta para ellos que para ellas, pero más niñas que niños dijeron que les agrada su escuela. En casi todos los países, hay más niños que mueren por lesión intencional que niñas.

Por último, al desagregar los datos sobre bienestar de los niños por ***condición socioeconómica, composición familiar y condición migratoria***, los siguientes son los principales datos regulares. En todos los países de la OCDE, los niños que viven con familias desempleadas por lo común pertenecen a familias con uno solo de los padres. En la mayoría de los países de la OCDE, es más probable que los niños de entornos migratorios[18] vivan con familias desempleadas, tengan padres desempleados de largo plazo y vivan en condiciones de mayor hacinamiento. En la mayoría de los países de la OCDE, los niños de familias con ingreso más bajo y que viven con solo uno de sus padres tienen más probabilidades de informar de malas condiciones ambientales.

En todos los países, la condición económica familiar alta (medida por el número de automóviles, vacaciones, computadoras en el hogar y por si el niño tiene su propia recámara) se asocia con una mejor salud percibida por los niños. En la mayoría de los países de la OCDE, la condición económica familiar alta también se relaciona con menores tasas de sobrepeso y obesidad en los niños. En todos los países, los estudiantes cuyos padres tienen un nivel económico, social y cultural más alto obtienen mejores calificaciones en lectura y solución de problemas. En todos los países de la OCDE, la condición socioeconómica baja se relaciona con tasas más altas de privación de la educación. La brecha en privación de la educación entre estudiantes de condición socioeconómica alta y baja es mayor en los países con una tasa general alta de niños con privación educativa. En la mayoría de los países, no vivir con ambos padres se asocia con mayores tasas de privación, en tanto que la relación con la condición migratoria varía entre todos los países de la OCDE. En todos los países participantes, el porcentaje de adolescentes que tienen la intención de votar aumenta con la condición socioeconómica, y en la mayoría de estos países es menos probable que los hijos no originarios tengan intención de votar. En casi todos los países de la OCDE, las tasas de participación cívica aumentan con la condición socioeconómica familiar, pero en muchos países, esta es menos frecuente entre adolescentes no originarios. Sin embargo, en varios países de la OCDE es más probable que los hijos no originarios participen en clubes u organizaciones juveniles.

En la mayoría de los países de la OCDE, los niños de familias con menor poder adquisitivo tienen más probabilidad de sentirse presionados por las tareas escolares y menos de decir que les agrada la escuela. En todos los países de la OCDE, la probabilidad de que a los niños les agrade su escuela y de que también tengan la sensación de pertenencia a ella baja con la condición socioeconómica. Cuanto más alta sea, más probable será que los niños tengan facilidad para hablar con sus padres. Además, los estudiantes de familias con condición económica más alta tienen mayor probabilidad de decir que tienen compañeros de escuela amables y serviciales. En casi todos los países de la OCDE, el porcentaje de niños de 11, 13 y 15 años que han sido víctimas de acoso en la escuela por lo menos dos veces en los últimos dos meses se reduce con la condición económica familiar. La satisfacción ante la vida promedia es menor para los niños de 11, 13 y 15 años de edad ubicados en los últimos tres lugares en este renglón que los de los primeros tres.

La agenda estadística futura para el bienestar de los niños

Al igual que sucede con otras iniciativas de la OCDE para medir el bienestar de los niños, el análisis presentado en este capítulo tiene limitaciones. Un aspecto fundamental es que el marco (y los indicadores usados) se basan más en datos que en conceptualizaciones anticipadas de los aspectos más importantes del bienestar de los niños, y los datos se recopilan específicamente para este fin. Como ninguna encuesta actual captura los factores clave de bienestar de los niños en todos los grupos de edad y los países de la OCDE, este capítulo se basa en los datos disponibles. De manera inevitable, eso genera brechas en la manera de poner en marcha estos conceptos, así como en el rango de edad de los niños evaluados.[19]

Por otra parte, como ya se señaló, todas las encuestas a niños o familias —en particular las encuestas aplicadas en la escuela— no pueden cubrir a los niños en mayor riesgo de exclusión social debido a encontrarse sin hogar, a su institucionalización, mala salud o necesidades educativas especiales. Por tanto, estas encuestas no retratan por completo a todos los niños y pueden mostrar esta forma de sesgo en varios grados en los distintos países con los años (Richardson y Ali, 2014). Por último, todos los datos se derivan de aplicaciones transversales. Esto significa que es imposible determinar de qué manera se vinculan varios resultados a nivel individual, cómo el bienestar en una dimensión afecta el bienestar en otra, o cómo las intervenciones de políticas públicas moldean la evolución del bienestar de una cohorte determinada. Hasta que se pueda contar en forma generalizada con estudios longitudinales y específicos sobre el bienestar de los niños, quizá resulte difícil aclarar las influencias de políticas públicas para diferentes niños en diferentes momentos de sus vidas, lo cual podría generar una mala interpretación de cómo se relacionan entre sí estos resultados.

Si bien el capítulo se sustentó con los mejores datos disponibles, también destacó áreas en las que se requiere más trabajo estadístico. Según definen Richardson y Ali (2014), las prioridades para avanzar en la agenda estadística orientada a vigilar el bienestar incluyen las siguientes:

- Poner en marcha iniciativas para cerrar brechas en la medición del bienestar de los niños en términos de indicadores relacionados con la edad (no se incluye a niños menores de 9 años de edad en los datos comparativos de encuestas a niños), niños con necesidades especiales y dimensiones de bienestar de los niños no cubiertas por los estudios vigentes. Ya se cuenta con datos de encuestas sobre países europeos para este fin (por ejemplo, datos sobre la salud mental del Proyecto Europeo de Encuestas

Escolares sobre Alcohol y otras Drogas, ESPAD),[20] pero se requieren otros programas de recopilación de datos para países no europeos (posiblemente mediante ajustes o añadidos a estudios existentes, o bien encuestas complementarias aplicadas fuera de la escuela). Asimismo, son necesarios más indicadores relacionados con las desigualdades en bienestar de los niños, con el fin de identificar grupos de intervención prioritaria.

- Trabajar para armonizar la recopilación de datos entre las principales encuestas internacionales. Esto facilitará el análisis de las interacciones entre indicadores de bienestar y aportará nuevas evidencias para elaborar políticas públicas. Financiar organismos o agencias gubernamentales que trabajen con más de una encuesta podría alentar estas iniciativas.
- Cuando no sea posible armonizar los datos disponibles o cuando esta armonización no genere la información adecuada para sustentar políticas para todos los niños (lo cual probablemente sucederá en la mayoría de los países, dadas las restricciones en cobertura de edad y grupos de niños en riesgo), es conveniente elaborar conjuntos de datos longitudinales sobre bienestar de los niños. Los conjuntos de datos longitudinales con cohortes múltiples pueden aportar datos tanto para el control como para la evaluación de políticas públicas. En la actualidad, la falta de datos necesarios para identificar las interdependencias entre las dimensiones de bienestar restringe el desarrollo de un conjunto óptimo de políticas para la infancia (OECD, 2009).

Notas

1. Las condiciones familiares y experiencias tempranas de los niños ejercen una gran influencia en los resultados educativos en su vida posterior. Por ejemplo, hay evidencias de que el empleo y los ingresos de los padres (Machin, 1998), pobreza en la niñez (Bladnen y Gregg, 2004), condición económica de los padres (después de considerar la competencia cognitiva, Bukodi *et al.*, 2014), ocio y actividad física (Dregan y Gulliford, 2013), y acoso escolar (Brown y Taylor, 2008) están relacionados con los resultados educativos en la vida posterior. Otros estudios muestran que los recursos de los padres (Faas *et al.*, 2012), el encarcelamiento de los padres (Miller *et al.*, 2105) y el consumo de alcohol (Balsa *et al.*, 2011) se relacionan con la escolaridad de los niños (y, en algunos casos, con la probabilidad de experimentar dependencia de la asistencia social y en salud mental). Otros estudios señalan que la escolaridad de la madre media el vínculo entre las conductas relacionadas con la salud durante el embarazo y la salud del infante (Conti *et al.*, 2012), así como la inestabilidad familiar y la conducta infantil (Fomby, 2012). También se establecen los efectos en la edad adulta de los resultados educativos en la niñez. Estudios de cohortes de nacimiento muestran que en Reino Unido los resultados educativos (por ejemplo, la competencia cognitiva y escolaridad de los niños) se relacionan con los resultados ocupacionales (Cheng y Furnham, 2012) y el bienestar mental al llegar a la edad adulta (Cheng y Schoon, 2013). En la investigación se han observado también vínculos entre los factores educativos (logro, asistencia, aspiración) y las conductas relacionadas con la salud, como tabaquismo (Maralani, 2014) y consumo de alcohol (Crosnoe, 2006).
2. Desde el punto de vista conceptual, estos estudios tratan el bienestar de los niños como una variable latente conformada por aspectos o dimensiones no necesariamente correlacionados. Algunas veces combinan todos los indicadores relativos a la misma dimensión y después combinan estos indicadores dimensionales en una sola calificación de bienestar de los niños, con promedios de escalas estandarizadas (por ejemplo, puntuación Z). La mayoría de los estudios que utilizan indicadores compuestos aplica ponderadores iguales (dentro de las dimensiones y entre ellas).

3. La UNCRC compromete a los gobiernos a garantizar que los niños tengan un nivel de vida adecuado para asegurar su desarrollo físico, mental, espiritual, moral y social, y en particular para brindar ayuda material a los niños "necesitados" (UNCRC, artículo 27), acceso a la educación (artículo 28) y, por este medio, desarrollarse hasta el máximo de sus posibilidades (artículo 29a), asegurar condiciones de vivienda adecuadas (artículo 27.3), asegurar la supervivencia y desarrollo físico de los niños (artículo 6); asegurar su salud y seguridad, y crear instituciones, servicios e instalaciones que brinden atención y protección a los niños (artículo 3.3).
4. No se conservaron aquí algunos criterios adicionales para la selección de indicadores analizados en *Doing Better for Children*. Por ejemplo, este capítulo no incluye indicadores para equilibrar las consideraciones de eficiencia y equidad. Otro criterio que guío la selección de indicadores en *Doing Better for Children* fue limitar la selección a indicadores "abiertos a políticas públicas", concretamente, indicadores adecuados para evaluaciones de políticas y que se considera que son responsabilidad sobre todo de organismos públicos (más que de los propios padres o niños). La opción ofrecida en este capítulo de observar una gama más amplia de resultados de bienestar (en vez de limitarse a los que corresponden al ámbito de las políticas públicas) coincide con los estudios más recientes basados en un enfoque multidimensional al bienestar en la edad adulta y la infancia, por ejemplo, UNICEF (2013).
5. Eso implica que en este capítulo se utiliza la definición de las Naciones Unidas del niño como persona menor de 18 años de edad.
6. Por ejemplo, Richardson y Ali (2014) muestran que las tasas de no respuesta disminuyen con la edad en algunos puntos de los estudios, como la satisfacción ante la vida.
7. Las cifras basadas en el EU-SILC pueden diferir un poco de las cifras de Eurostat correspondientes (http://ec.europa.eu/eurostat/statistics-explained/index.php/Housing_statistics) pues, a diferencia de la metodología Eurostat, en este informe no se utilizan ponderadores infantiles. Esta elección se hizo para desarrollar indicadores comparables en países no pertenecientes a la UE cuyas encuestas correspondientes no incluyen ponderadores infantiles. Además, el uso de estos ponderadores se basa en el supuesto de que los niños son excluidos de la población estadística pertinente cuando son cabezas de familia. En este capítulo no se hace este supuesto y se considera como niños a todos los individuos menores de 18 años, de acuerdo con las definiciones de la UNECE y sin importar cuál sea su papel en la familia.
8. Para los países europeos, el indicador se basa en el número de habitaciones disponibles para la familia, incluidas las salas, y proviene de la Encuesta de Ingresos y Condiciones de Vida de la Unión Europea (EU-SILC); para Australia, Chile, México y Estados Unidos de América, el indicador se basa solo en el número de recámaras y las fuentes son HILDA, ENIGH, CASEN y ACS (véase la nota de la Gráfica 4.6).
9. El indicador de niños que habitan viviendas sin inodoro interior con drenaje no incluye servicios sanitarios compartidos por familias multigeneracionales (por ejemplo, padres y abuelos que viven juntos). Al considerar los inodoros compartidos en este tipo de hogares, el porcentaje de niños que habitan viviendas sin inodoro baja tanto en Hungría (7.4% en lugar de 10.2%) como en Irlanda (1.9% en lugar de 9.9%).
10. En Canadá y Estados Unidos de América, los nacimientos prematuros se registran como nacimientos vivos; esto implica medidas más altas de mortalidad infantil y bajo peso al nacer en comparación con los países europeos, donde los nacimientos vivos requieren una edad gestacional mínima (OECD, 2009).

11. La escala de competencia de lectura PISA se elaboró para tener una calificación media de 500 entre los países de la OCDE, con una desviación estándar de 100 en la primera evaluación de lectura PISA, la cual se administró en 2000. En 2012, la calificación media entre los países de la OCDE fue 496 con una desviación estándar de 94.
12. Según el Programa para la Evaluación Internacional de las Competencias de los Adultos (PIAAC) de la OCDE, las competencias de solución de problemas complejos tienen cada vez mayor importancia en el mercado laboral (OECD, 2014b).
13. Al igual que sucede con la calificación en lectura, la escala de solución de problemas se elaboró para tener una calificación media de 500 entre los países de la OCDE, y cerca de dos tercios de los estudiantes en estos países obtuvieron entre 400 y 600.
14. Las pruebas de solución de problemas son opcionales para los países que participan en PISA.
15. Véase por ejemplo OECD 2014c y *http://www.oecd.org/pisa/keyfindings/PISA-2012-results-japan.pdf.*
16. Los niños españoles están mucho más satisfechos con su vida que los adultos españoles, en tanto que los adultos en Dinamarca asignan una mayor calificación promedio a su satisfacción ante la vida que los niños daneses.
17. El análisis se refiere al desempeño global de los países en el ámbito del bienestar infantil, considerando la proporción de indicadores utilizados en este capítulo, donde un país obtiene un buen desempeño (es decir, que se clasifica en el primer tercio de los países) y la proporción de indicadores donde un país obtiene un mal desempeño (es decir, el último tercio).
18. Los resultados sobre el bienestar de los niños por estatus migratorio deben tomarse con cautela, ya que las encuestas en hogares utilizadas en este capítulo cubren a inmigrantes de manera limitada.
19. Por ejemplo, en el caso de los datos de fuentes administrativas, a menudo es imposible desglosar los indicadores como sería conveniente: así sucede, entre otros, con los indicadores de peso al nacer e infanticidios, en los que no se dispone de desglose por edad o características socioeconómicas. Cuando los datos provienen de encuestas, la información suele limitarse a niños de una edad específica (por ejemplo, los de 15 años en el caso de PISA; los de 11, 13 y 15 años en el caso del HBSC) y a aspectos específicos (competencias en PISA, salud y conductas en el HBSC); así, se omiten otros aspectos importantes, como la protección o abandono del niño, el acceso de los niños a espacios verdes o el uso del tiempo. En conjunto, estas limitaciones provocan una falta de información sobre, digamos, los resultados educativos de los niños en la escuela primaria o los resultados de salud de los preescolares.
20. El Proyecto Europeo de Encuestas Escolares sobre Alcohol y otras Drogas (ESPAD) cubre Austria, Bélgica, República Checa, Dinamarca, Estonia, Finlandia, Francia, Alemania, Grecia, Hungría, Islandia, Irlanda, Italia, Países Bajos, Noruega, Polonia, Portugal, República Eslovaca, Eslovenia, Suecia, Suiza, Turquía, Reino Unido y otros 14 países no pertenecientes a la OCDE. El ESPAD aborda aspectos de integración, problemas psicológicos, consumo de cannabis, así como consumo de alcohol, tabaco y drogas. Los datos se recopilan mediante un cuestionario escolar estandarizado, administrado a estudiantes que cumplirán 16 años en el año calendario de la encuesta.

Bibliografía

Ben-Arieh, A., N.H. Kaufman, A.B. Andrews, R.M. George, B.J. Lee y J.L. Aber (2001), *Measuring and Monitoring Children's Well-being*, Springer Publishing, Países Bajos.

Ben-Arieh, A. e I. Frønes (2007), "Indicators of Children's Well being: What should be Measured and Why?", *Social Indicators Research*, vol. 84, pp. 249-250.

Blanden, J. y P. Gregg (2004), *Family Income and Educational Attainment: A Review of Approaches and Evidence for Britain,* Discussion Paper No. 41, Centre for the Economics of Education, Londres.

Bradshaw, J., P. Hoelscher y D. Richardson (2007), "An Index of Child Well-being in the European Union", *Social Indicators Research*, 80 (1), pp. 133-177.

Bradshaw, J. y D. Richardson (2009), "An Index of Child Well-being in Europe", *Child Indicators Research*, vol. 2, núm. 3, pp. 319-351.

Bronfenbrenner, U. (1979), *The Ecology of Human Development. Experiments by Nature and Design*, Harvard University Press, Cambridge, MA.

Brown, S. y K. Taylor (2008), "Bullying, education and earnings: evidence from the National Child Development Survey", *Economics of Education Review*, 27 (4), pp. 387-401.

Bukodi, E., R. Erikson y J.H. Goldthorpe (2014), "The effects of social origins and cognitive ability on educational attainment: Evidence from Britain and Sweden", *Acta Sociologica*, 57(4), pp. 293-310.

Carcillo, S., R. Fernández, S. Königs y A. Minea (2015), "NEET Youth in the aftermath of the crisis", OECD Social, Employment and Migration Working Papers, núm. 164.

Casas, F. (1997), "Children's Rights and Children's Quality of Life: Conceptual and Practical Issues", *Social Indicators Research*, vol. 42, pp. 283-298.

Case, A., A. Fertig y C. Paxson (2005), "The lasting impact of Childhood Health and Circumstance", *Journal of Health Economics*, vol. 24, núm. 2, pp. 365-89.

Cheng, H. y A. Furnham (2012), "Childhood cognitive ability, education, and personality traits predict attainment in adult occupational prestige over 17 years", *Journal of Vocational Behaviour*, 81(2), pp. 218-226.

Cheng, H. e I. Schoon (2013), The Role Of School Engagement in Young People's Career Development and Mental Well-Being: Findings from Two British Cohorts, en H. Helve, y K. Evans (eds.), *Youth, and Work Transitions in Changing Social Landscapes*, Tufnell Press, Londres.

Conti, G., J. Heckman, P. Pinger y A. Zanolini (2012), *Transmission of Inequality: Maternal skills, Behavior and Birth Outcomes*, EEA/ESEM Conference, Málaga, 27-31 de agosto de 2012.

Crosnoe, R. (2006), "The Connection Between Academic Failure and Adolescent Drinking in Secondary School", *Sociology of Education*, 79(1), pp. 44-60.

Currie, C., C. Zanotti, A. Morgan, D. Currie, M. de Looze, C. Roberts, O. Samdal, O.R.F. Smith y V. Barnekow (2012), Social determinants of health and well-being among young people. Health Behaviour in School-aged Children (HBSC) study: international report from the 2009/2010 survey, WHO Regional Office for Europe (Health Policy for Children and Adolescents, núm. 6), Copenhague.

Dregan, A. y M.C. Gulliford (2013), "Leisure-Time Physical Activity over the Life Course and Cognitive Functioning in Late Mid-Adult Years: A Cohort-Based Investigation", *Psychological Medicine*, 43(11), pp. 2447-2458.

European Commission (2008), *Child poverty and well-being in the EU: Current status and way forward*, Social Protection Committee, Office for Official Publications of the European Communities, Luxemburgo, *http://www.libertysecurity.org/IMG/pdf_ke3008251_en.pdf.*

Griffiths, L.J., T.J. Parsons y A. J. Hill (2010), "Self-esteem and quality of life in obese children and adolescent: a systematic review", *International Journal of Pediatric Obesity*, 2010, vol. 11, núm. 12, pp. 835-846.

Hack, M., N.K. Klein y H.G. Taylor (1995), "Long-term developmental outcomes of low birth weight infants", *Future Child*, 1995, Spring; vol. 5, núm. 1, pp.176-96.

Faas, C., M.J. Benson y C.E. Kaestle (2012), "Parent Resources during Adolescence: Effects on Education and Careers in Young Adulthood", *Journal of Youth Studies*, 16(2), pp. 151-171.

Fomby, P. (2012), "Family Instability and School Readiness in the United Kingdom", *Family Science*, 2(3), pp. 171-185.

Machin, S. (1998), Childhood Disadvantage and Intergenerational Transmissions of Economic Status, en A.B. Atkinson y J. Hills (eds.), *Exclusion, Employment and Opportunity*, LSE Centre for Analysis of Social Exclusion.

Maralani, V. (2014), "Understanding the Links between Education and Smoking", *Social Science Research*, 48, pp. 20-34.

Miller, H.V. y J.C. Barnes (2015), "The Association Between Parental Incarceration and Health, Education, and Economic Outcomes in Young Adulthood", *American Journal of Criminal Justice*, pp. 1-20.

OECD (2009), *Doing Better for Children*, OECD Publishing, París, *http://dx.doi.org/10.1787/9789264059344-en*

OECD (2011), *Doing Better for Families*, OECD Publishing, París, *http://dx.doi.org/10.1787/9789264098732-en*

OECD (2013), *OECD Guidelines on Measuring Subjective Well-Being*, OECD Publishing, París, *http://dx.doi.org/10.1787/9789264191655-en.*

OECD (2014a), *PISA 2012 Results: What Students Know and Can Do (Volume I)*, Revised edition, February, OECD Publishing, París, *http://dx.doi.org/ 10.1787/9789264208780-en.*

OECD (2014b), *PISA 2012 Results: Creative Problem Solving (Volume V), Students' Skills in Tackling Real-Life Problems*, OECD Publishing, París, *http://dx.doi.org/10.1787/9789264208070-en.*

OECD (2014c), *PISA 2012 Results: Ready to Learn (Volume III) Students' Engagement, Drive and Self-Beliefs*, OECD Publishing, París, *http://dx.doi.org/ 10.1787/9789264201170-en.*

OECD (2015a), base de datos *OECD Population*, recuperado de *http://stats.oecd.org/Index.aspx?DatasetCode=POP_FIVE_HIST#.*

OECD (2015b), *International Longitudinal Study of Skills Development in Cities, http://www.oecd.org/edu/ceri/internationallongitudinalstudyofskillsdevelopmentincities.htm.*

OECD (2015c), *Integrating the Delivery of Social Service for Vulnerable Groups*, OECD Publishing, París, en prensa.

OECD (2015d), base de datos *OECD Family*, OECD Publishing, París.

OECD (2015e), *Tackling Harmful Alcohol Use: Economics and Public Health Policy*, OECD Publishing, *http//dx.doi.org/10.1787/9789264181069-en.*

ONS (2012), *Measuring National Well-being – Children's Well-being 2012, http://www.ons.gov.uk/ons/dcp171766_283988.pdf.*

ONS (2014), *Measuring National Well-being – Exploring the Well-being of Children in the UK 2014, http://www.ons.gov.uk/ons/dcp171776_379712.pdf.*

Pollard, E. y P. Lee (2003), "Child Well-Being: A Systematic Review of the Literature", *Social Indicators Research*, vol. 61, pp. 59-78.

Richardson, D., P. Hoelscher y J. Bradshaw (2008), "Child Well-being in Central and Eastern European Countries (CEE) and the Commonwealth of Independent States (CIS)", *Child Indicators Research*, vol. 1, pp. 211-250.

Richardson, D. y N. Ali (2014), "An Evaluation of International Surveys of Children", OECD Social, Employment and Migration Working Papers, No. 146, OECD Publishing, París. *http://dx.doi.org/10.1787/5jxzmjrqvntf-en.*

Rychen, D. S. y L.H. Salganik (2003), *Key competencies for a successful life and a well-functioning society*, Hogrefe & Huber Publishers.

Save The Children (2012), The Child Development Index 2012, Progress, Challenges and Inequality, Save The Children, Londres, *http://www.savethechildren.org.uk/sites/default/files/docs/Child_Development_Index_2012_UK_low_res.pdf* (consultado en octubre de 2012).

Save the Children (2008), The Child Development Index: Holding Governments to account for children's wellbeing, Save The Children, Londres, *http://www.savethechildren.org.uk/sites/default/files/docs/Child_Development_Index%281%29_1.pdf* (consultado en octubre de 2012).

Scarpetta, S., A. Sonnet y T. Manfredi (2010), "Rising Youth Unemployment During The Crisis: How to Prevent Negative Long-term Consequences on a Generation?", *OECD Social, Employment and Migration Working Papers*, núm. 106, OECD Publishing, París.

Singh, A.S., C. Mulder, J.W. Twisk, W. van Mechelen y M. J. Chinapaw, "Tracking of childhood overweight into adulthood: a systematic review of the literature", *Obesity Review*, vol. 9, núm. 5, pp. 474-488.

Tarki (2010), *Child Poverty and Child Well-being in the European Union: Report for the European Commission*, Tarki Social Research Institute, Budapest.

UNCRC (1990), *United Nations Convention on the Rights of the Child*, United Nations, Nueva York, *www.unhchr.ch/html/menu3/b/k2crc.htm*.

UNICEF (2014), *Children of the Recession: The impact of the Economic Crisis on Child Well-being in Rich Countries*, Innocenti report card 11, UNICEF, Florencia.

WHO (2005), Air Quality Guidelines, Global Update 2005, World Health Organisation Regional Office for Europe, Copenhague.

WHO (2002), The World Health Report 2002 – Reducing risks, promoting healthy life, World Health Organization, Ginebra.

Bases de datos

EU Statistics on Income and Living Conditions, http://ec.europa.eu/eurostat/help/new-eurostat-website (consultado el 17 de julio de 2015).

Health Behaviour in School-aged Children Study, *http://www.hbsc.org/* (consultado el 17 de julio de 2015).

International Civic and Citizenship Study, http://iccs.acer.edu.au (consultado el 17 de julio de 2015).

OECD Population database, http//dx.doi.org/10.1787/lfs-lfs-data-en (consultado el 17 de julio de 2015).

OECD Family database, http://www.oecd.org/els/family/database.htm (consultado el 17 de julio de 2015).

OECD Income distribution database, http//dx.doi.org/10.1787/socwel-data-en (consultado el 17 de julio de 2015).

WHO Mortality Database, www.whi.int/healthinfo/statistics/mortality/en/index/html (consultado el 17 de julio de 2015).

World Development Indicators, World Bank, *http://data.worldbank.org/data-catalog/world-development-indicators* (consultado el 17 de julio de 2015).

ANEXO 4.A

Panorámica de dimensiones e indicadores en el análisis comparativo del bienestar de los niños

Cuadro 4.A.1. **Panorámica de dimensiones e indicadores utilizados en el análisis comparativo del bienestar de los niños**

	European multidimensional indices (Bradshaw *et al.*, 2007 y 2009)[1]	Unicef Report Cards 7 (2007) y 9 (2010)[1]	Índice CEE CIS (Richardson *et al.*, 2008)	Doing Better for Children (OECD, 2009)	Save the children (2008 and 2012)[1]	European Commission Child poverty and Well-being (2008)[2]	European Commission TARKI (2010)	US Dept. of Commerce (Hobbs y Lippman, 1990)[3]	Base de datos OECD Family (desde 2007)
Salud y seguridad	Salud infantil desde el nacimiento (mortalidad infantil; bajo peso al nacer). Conducta relacionada con la salud (dental; nutrición x2; actividad física; IMC). Tasas de mortalidad (todos, 0-19 años, suicidio). Vacunas (sarampión; DPT3; Pol3)	Salud infantil desde el nacimiento (mortalidad infantil; bajo peso al nacer). Conducta relacionada con la salud (nutrición x 2 y [dist., 2010]; actividad física [dist., 2010]; IMC); problemas de salud (morbilidad [dist., 2010]); tasas de mortalidad (todos, 0-19 años). Vacunas (sarampión; DPT3; Pol3)	Salud infantil desde el nacimiento (mortalidad infantil; bajo peso al nacer; lactancia x 2). Tasas de mortalidad (menores de 5 años; accidental). Vacunas (DPT3; Pol3; sarampión). Problemas de salud (morbilidad, respiratoria; morbilidad, diarrea; dental; raquitismo; bajo peso; atrofia). Conducta relacionada con la salud (nutrición; actividad física)	Salud infantil desde el nacimiento (bajo peso al nacer; mortalidad infantil; lactancia). Conducta relacionada con la salud (actividad física). Tasas de mortalidad (todo, 0-19 años; suicidio). Vacunas (tos ferina; sarampión)	Problemas de salud (IMC); tasas de mortalidad (menos de 5 años)	Salud infantil desde el nacimiento (lactancia;[c] esperanza de vida;[a] mortalidad infantil[b]; bajo peso al nacer).[b] Conducta relacionada con la salud (nutrición[b] - desayuno; nutrición[c] - 5 al día; dental[c] x 2; actividad física x 2).[b,c] Problemas de salud (IMC[b] y[c]; salud mental;[c] morbilidad – crónica;[c] morbilidad – infecciosa).[c] Tasas de mortalidad (suicidio;[b] suicidio y lesiones autoinfligidas 10-24[c]). Vacunas[c]	Salud infantil desde el nacimiento (lactancia; bajo peso al nacer; mortalidad infantil). Conducta relacionada con la salud (dental; nutrición x 2). Vacunas	Salud infantil desde el nacimiento (transmisión de SIDA; mortalidad infantil x 2 [inc. Tasa de primer día]; bajo peso al nacer). Problemas de salud (morbilidad); Tasas de mortalidad (suicidio; accidentes motorizados de jóvenes varones)	Salud infantil desde el nacimiento (lactancia; mortalidad infantil; esperanza de vida; bajo peso al nacer). Problemas de salud (morbilidad - diabetes y asma; IMC). Tasas de mortalidad (suicidio). Vacunas
Bienestar subjetivo	Bienestar subjetivo (vida; pares x 3 [2007]; salud).	Bienestar subjetivo (salud; vida; pares x 3)				Bienestar subjetivo (hogar;[c] seguridad escolar[c] x 2)	Bienestar subjetivo (vida)		
Relaciones personales, familiares y con pares	Relaciones familiares (madre, 2009; padre, 2009). Relaciones con pares (compañeros de escuela)	Relaciones familiares (comidas; hablar). Relaciones con pares	Relaciones familiares (x 2). Relaciones con pares (x 2).			Relaciones con pares x 2[b,c]			
Bienestar material y seguridad económica	Pobreza de ingresos (relativa; brecha). Privación (familia x 2 [uno en 2009]; artículos educativos). Presión económica (2009). Familias desempleadas	Ingreso disponible promedio [dist., 2010]. Pobreza de ingresos (relativa; familia x 2; artículos educativos y [dist., 2010]). Familias desempleadas	Pobreza de ingresos (absoluta). Privación (artículos educativos x 2; familia)	Ingreso disponible promedio. Pobreza de ingresos (relativa). Privación (artículos educativos)		Pobreza de ingresos (relativa;[a] brecha relativa;[a] persistente;[a] en el trabajo;[a] seguridad;[a] umbral mínimo de ingreso;[c] absoluta).[c] Familias desempleadas[a] (x 2). Presión económica.[b] Privación (artículos educativos;[b] entorno;[b] familia;[b] TIC fuera de la escuela;[c] servicios[c] x 2; servicios;[b] servicios de atención)[b]	Pobreza de ingresos (relativa x 2). Privación (artículos educativos; familia x 2 [inc. Formas graves])	Ingreso disponible promedio. Pobreza de ingresos (absoluta x 2; ingresos bajos; transferencias bajas)	Ingreso disponible promedio. Pobreza de ingresos (relativa)

Cuadro 4.A.1. **Panorámica de dimensiones e indicadores utilizados en el análisis comparativo del bienestar de los niños** (*cont.*)

	European multidimensional indices (Bradshaw *et al.*, 2007 y 2009)[1]	Unicef Report Cards 7 (2007) y 9 (2010)[1]	Índice CEE CIS (Richardson *et al.*, 2008)	Doing Better for Children (OECD, 2009)	Save the children (2008 and 2012)[1]	European Commission Child poverty and Well-being (2008)[2]	European Commission TARKI (2010)	US Dept. of Commerce (Hobbs y Lippman, 1990)[3]	Base de datos OECD Family (desde 2007)
Bienestar educativo	Logro educativo (lectura; matemáticas; ciencias). Participación educativa (jóvenes; preprimaria). Aspiraciones (2007)	Aspiraciones. Logro educativo (lectura; matemáticas; ciencias y [dist., 2010]). Participación educativa (jóvenes)	Logro educativo (lectura; matemáticas; ciencias). Participación educativa (preprimaria; primaria; secundaria).	Logro educativo (alfabetización media; distribución)	Participación educativa (primaria)	Logro educativo (dist. en competencias de lectura;[c] alfabetización).[a] Logro educativo (desertores tempranos;[a] tasas de desaprobación en la etapa temprana de la secundaria;[c] tasas de aprobación en secundaria;[c] tasas de desaprobación en secundaria).[c] Participación educativa (ausentismo escolar)[b]	Logro educativo (alfabetización a los 10; alfabetización a los 15)	Participación educativa. Logro educativo (x 2)	Logro educativo (años en; tasas de graduación). Logro educativo (alfabetización a los 10; alfabetización a los 15)
Conducta y riesgos	Conductas de riesgo (tabaquismo; alcohol; drogas, cannabis; drogas, inhalantes, [2007]). Salud sexual (Fertilidad 15-19; activa <15; sexo seguro). Violencia y conducta violenta (peleas; acoso escolar)	Conductas de riesgo (tabaquismo; alcohol; drogas). Salud sexual (embarazo 15-19; activa <15; sexo seguro). Violencia y conducta violenta (peleas; víctimas de acoso escolar)	Delincuencia (tasa juvenil; menor). Conductas de riesgo (tabaquismo; alcohol; drogas x 2). Salud sexual (fertilidad 15-19; sexo seguro x3; activa <15). Violencia y conducta violenta (víctimas de acoso escolar x 2).	Conductas de riesgo (tabaquismo; alcohol). Salud sexual (fertilidad 15-19). Violencia y conducta violenta (víctimas de acoso escolar)		Delincuencia (ofrecimientos de drogas;[c] delitos menores;[c] victimización).[c] Conductas de riesgo (accidentes x 2;[b,c] alcohol;[c] tabaquismo[c] x 3; drogas).[c] Salud sexual (embarazo 15-19;[b] fertilidad 15-19).[c] Violencia y conducta violenta (víctimas de acoso escolar;[c] experiencias de)[c]	Conductas de riesgo (tabaquismo; alcohol x 2; drogas - ilícitas; drogas - medicinales)	Salud sexual (abortos 15-24; embarazo 15-19; fertilidad 15-19); Violencia y conducta violenta (mortalidad)	Conductas de riesgo (tabaquismo; drogas)
Vivienda y entorno local	Entorno (delincuencia; suciedad, etc.; 2009). Problemas de vivienda. Hacinamiento.	Hacinamiento [dist., 2010].	Hacinamiento. Problemas de vivienda (saneamiento; agua)	Hacinamiento. Entorno (suciedad, etc.)		Entorno (clima;[c] suciedad, etc.;[c] espacio para jugar < 5;[b] espacio para actividades).[c] Problemas de vivienda[b] (comodidad;[b] estándares básicos).[c] Hacinamiento (espacio;[b] % de niños[c]; habitación propia[c] x 2)			
Calidad de vida escolar	Bienestar en la escuela (presión; gozo)	Bienestar en la escuela		Bienestar en la escuela (gozo)		Bienestar en la escuela.[c] Privación (servicios educativos[b] x 2; TIC en la escuela;[b] servicios escolares de salud;[c] servicios de alimentación)[c]			

Cuadro 4.A.1. **Panorámica de dimensiones e indicadores utilizados en el análisis comparativo del bienestar de los niños** (*cont.*)

	European multidimensional indices (Bradshaw *et al.*, 2007 y 2009)[1]	Unicef Report Cards 7 (2007) y 9 (2010)[1]	Índice CEE CIS (Richardson *et al.*, 2008)	Doing Better for Children (OECD, 2009)	Save the children (2008 and 2012)[1]	European Commission Child poverty and Well-being (2008)[2]	European Commission TARKI (2010)	US Dept. of Commerce (Hobbs y Lippman, 1990)[3]	Base de datos OECD Family (desde 2007)
Formas de familia y atención		Forma de familia (familias con un solo padre; familias reconstituidas)	Forma de familia (divorcio). Disciplina de los hijos (x 2). Hijos en servicios de atención (familia sustituta; residencial; hogares para infantes).			Forma de familia (separaciones)[c]		Forma de familia (matrimonio temprano; jóvenes solteros; edad mediana - matrimonio; edad mediana – primer hijo)	
Participación social, económica y cívica	Participación cívica (x 2 en 2007). Empleo de jóvenes (NiNis)	Empleo de jóvenes	Trabajo infantil	Empleo de jóvenes (NiNis)		Participación cívica (social) [b]. Empleo de jóvenes (NiNis)[c]		Actividad de jóvenes (empleo x 2 [inc. por sector]; desempleo x 3)	Participación cívica (trabajo voluntario; votación). Empleo de jóvenes (NiNis)

Notas: (1) No hay fecha para los indicadores incluidos en ambos estudios. “dist” se refiere a indicadores presentados como medidas de distribución; “x 2” significa que en el marco se incluyen múltiples indicadores de ese tipo. (2) Los indicadores del informe de la Comisión Europea se etiquetan con el sufijo “a” (indicadores de la UE comúnmente acordados), “b” (indicadores de la UE no comunes pero disponibles en las diferentes fuentes de la UE y utilizados por algunos países de la Unión), y “c” (alternativas a los indicadores de la UE utilizados en algunos países para los cuales las fuentes de la UE no son idóneas, EC, 2008). (3) Se excluyeron indicadores para jóvenes mayores de 17 años.

¿Cómo va la vida? 2015
Medición del bienestar

Capítulo 5

El valor de dar: voluntariado y el bienestar

En este capítulo se analizan la importancia y las características del trabajo voluntario en los países de la OCDE; es decir, el tiempo que se dedica a actividades no obligatorias ni remuneradas en áreas del bien común. La evidencia mostrada en el capítulo indica que uno de cada tres adultos hace trabajo voluntario por medio de una organización, por lo menos una vez al año. Esta proporción posiblemente es mayor si se toma en cuenta la ayuda informal a amigos, vecinos y desconocidos. El voluntariado no solo es provechoso para los beneficiarios, sino también para los propios voluntarios: ayuda a que las personas adquieran habilidades y conocimientos que pueden mejorar su desarrollo profesional o perspectivas laborales; y también se relaciona con niveles más altos de satisfacción ante la vida y los estados de ánimo positivos. Además, el voluntariado beneficia a la sociedad en general y desempeña una importante función económica. La falta de una definición oficial y de datos comparables dificulta mostrar un panorama definitivo del nivel y la magnitud del trabajo voluntario en el área de la OCDE; aquí se estudian las principales medidas que han de aplicarse para mejorar la medición del voluntariado.

Los datos estadísticos para Israel son suministrados por y bajo la responsabilidad de las autoridades israelíes competentes. El uso de estos datos por la OCDE es sin perjuicio del estatuto de los Altos del Golán, Jerusalén Este y los asentamientos israelíes en Cisjordania bajo los términos del derecho internacional.

Introducción: Por qué es importante el voluntariado para el bienestar

El voluntariado es muy importante para el bienestar de la gente y por sus efectos en muchos aspectos del marco de *How's Life?* (*¿Cómo va la vida?*). En primer lugar, los bienes y servicios producidos por los voluntarios contribuyen al bienestar y las condiciones materiales de las familias. En segundo, la mayor parte del voluntariado suele realizarse en los sectores de previsión social, atención de la salud, educación, conservación del medio ambiente y cooperación para el desarrollo, que a menudo se dirigen a personas sin hogar, migrantes y a otras personas muy pobres y desfavorecidas. Eso significa que puede esperarse que el voluntariado afecte muchos de los aspectos de la calidad de vida incluidos en *¿Cómo va la vida?*, como la salud, educación y competencias, y calidad del medio ambiente, tanto por aumentar los niveles de esos resultados en general como por disminuir las desigualdades en su distribución. En tercero, el voluntariado es un tipo de "trabajo" relevante (se basa en el criterio de terceros, es decir, una actividad emprendida por otros) y, a la vez, una actividad personalmente gratificante, que se realiza como forma de ocio o participación cívica.

¿Quién se beneficia del trabajo voluntario? Los beneficiarios más obvios son quienes reciben los bienes y servicios que produce el voluntariado. A menudo se trata de personas a las que es difícil llegar a través de los programas sociales convencionales y que carecen de los recursos para comprar productos y servicios básicos en el mercado. Pero el voluntariado también es provechoso para los mismos voluntarios. Es un instrumento para integrar a los jóvenes que enfrentan situaciones difíciles o a los adultos mayores después de la jubilación. El voluntariado permite que quienes sufren aislamiento social y exclusión participen en la vida de la comunidad como ciudadanos valorados y valiosos. A la gente mayor, puede asegurarle una transición exitosa del empleo remunerado a la jubilación.

Se ha observado que el trabajo voluntario ejerce un efecto positivo sobre la salud física y mental de las personas que lo realizan, al ayudar a la gente en edad productiva a adquirir "competencias duras" (*hard skills*) y "competencias blandas" (*soft skills*) que mejoren su desarrollo profesional o perspectivas de empleo. El tiempo dedicado al voluntariado también se relaciona más que otras actividades laborales no remuneradas con una mayor satisfacción ante la vida y con estados de ánimo más positivos. Una vez que se toman en cuenta estas ventajas —en salud, competencias, bienestar subjetivo—, los beneficios del voluntariado para los voluntarios pueden ser tan grandes, si no mayores, que los de los beneficiarios.

El voluntariado también beneficia a la sociedad en general. Como expresión de una sociedad civil vibrante, ayuda a crear capital social, a establecer y consolidar lazos de confianza y de cooperación, y al mismo tiempo a cultivar normas de altruismo, solidaridad, conciencia cívica y respeto a la diversidad (Putnam, 1995, 2000). En otras palabras, el voluntariado es un elemento indispensable del tejido de una "buena sociedad".

El tema del voluntariado ha cobrado interés público y político en los últimos años. En muchos países hay debates de políticas públicas sobre cómo conservar y alentar esta actividad, o si es necesario establecer programas de servicio cívico cuasi obligatorio para los jóvenes. Diversas comisiones gubernamentales han estudiado la forma de estimular el voluntariado entre distintos grupos, como jóvenes y adultos de 50 años en adelante, padres que trabajan e inmigrantes (Recuadro 5.1). Sin embargo, pese al impulso político y a algunas iniciativas internacionales, poco esfuerzo sostenido ha sido dedicado a medir el alcance, la escala y los efectos del trabajo voluntario.

En este capítulo se intenta abordar en parte esa brecha, basándose en la información comparativa existente. El capítulo está organizado de la siguiente manera: en primer lugar, se resumen las principales dificultades para definir y medir el voluntariado, antes de presentar los indicadores para el análisis empírico. Luego se describe la prevalencia, frecuencia y distribución del trabajo voluntario en los países de la OCDE, y en la siguiente sección se investigan algunos vínculos entre el voluntariado y diversos resultados en materia de bienestar; además, se presenta un cálculo aproximado del valor económico de las actividades del voluntariado. En seguida se identifican algunas deficiencias estadísticas que conviene corregir para comprender mejor el voluntariado.

Recuadro 5.1. **El voluntariado en los debates de políticas públicas**

En sus recomendaciones de 2001 para apoyar el voluntariado, la Asamblea General de las Naciones Unidas lo identificó como "un elemento importante de toda estrategia destinada a ... la reducción de la pobreza, el desarrollo sostenible, la salud, la prevención y el control de desastres y ... para superar la exclusión social y la discriminación (Naciones Unidas, 2001). En 2008, el Parlamento Europeo afirmó que el voluntariado es "[la] forma más sostenible de energía renovable" y alentó a los Estados miembros y a las autoridades locales regionales a que "reconozcan [su] valor ... para promover la cohesión económica y social" (European Parliament, 2008). La Comisión Europea declaró 2011 el Año Europeo del Voluntariado, en un esfuerzo por "crear conciencia sobre el valor y la importancia del trabajo voluntario" (Council of the European Union, 2009).

Los gobiernos nacionales también han estimulado paulatinamente el voluntariado como una forma de aumentar el bienestar, involucrar a los ciudadanos y la sociedad, y satisfacer la demanda de nuevos servicios y necesidades. En muchos países, los gobiernos se centran cada vez más en brindar oportunidades para la participación voluntaria de los ciudadanos (por ejemplo, la iniciativa "Gran Sociedad" del gobierno británico, el "Service Civique" francés y la "Ley de Servicio Social" de Dinamarca), y han puesto en marcha campañas educativas de amplia divulgación sobre los beneficios del trabajo voluntario.

Definir y medir el voluntariado

Definición de voluntariado

Un maestro que hace trabajo voluntario para una actividad extraescolar, la obrera de una fábrica que dedica parte de su tiempo a reparar un inmueble de vivienda social, un adolescente que limpia el pasillo de la casa de un vecino anciano, un abogado profesional que ofrece asistencia jurídica a personas que no pueden pagarla: todos estos son ejemplos de voluntariado. La diversidad de estas actividades, desde distribuir folletos una vez al año, hasta trabajar como voluntario de tiempo completo todo el año, hace que sea muy difícil definir lo que específicamente constituye el trabajo voluntario.

Como el trabajo voluntario es un tema de investigación relativamente "nuevo", se le conceptualiza de muy distintas maneras. Las definiciones difieren tanto en alcance como en exhaustividad: algunas combinan trabajo voluntario y actividades caritativas, lo que desvanece la distinción entre las donaciones de tiempo y las de dinero. Algunas incluyen actividades informales, mientras que otras se limitan al voluntariado en organizaciones o, en algunos casos, en instituciones sin fines de lucro o en organismos a los que el voluntario pertenece.

La Conferencia de estadísticos europeos proporcionó una amplia perspectiva sobre el voluntariado y propuso un marco para medir esta actividad en 2013 con base en la distinción entre *trabajo voluntario* (es decir, una actividad que podrían haber realizado otros) y *acciones participativas*. Estas últimas incluyen actividades que trascienden el "trabajo" que no producen servicios para los cuales haya demanda o que no pueden realizarse en nombre propio por otra persona. Estas "acciones participativas" pueden ser la aportación de tiempo o de dinero. En el método propuesto por la Conferencia, la característica común de las actividades comprendidas en el término genérico de "voluntariado" es que el objetivo de todas es aumentar el bien común y que tampoco son obligatorias ni remuneradas. Toda la evidencia empírica en este capítulo se refiere al "trabajo voluntario", es decir, excluye distintas formas de "acciones participativas".

Un elemento fundamental del voluntariado es la provisión de trabajo. El *Manual de medición del trabajo voluntario*, de la Organización Internacional del Trabajo, lo define como el "trabajo [no] remunerado ni obligatorio; es decir, las personas dan tiempo sin goce de sueldo a actividades realizadas *a través de una organización* o *directamente* para otros fuera de su propio hogar" (ILO, 2011).[1] Esta definición, que proporciona el marco conceptual para medir el voluntariado en distintos entornos culturales y legales, distingue el trabajo voluntario de las actividades de ocio con el criterio de que el trabajo voluntario debe generar bienes o servicios que tengan valor para personas que no sean los mismos voluntarios. También diferencia entre el voluntariado y el trabajo remunerado al recalcar que este trabajo no es remunerado y que se realiza sin ninguna coacción sancionada legalmente.

Una forma de categorizar más a fondo todos los tipos de actividades de voluntariado es por su grado de formalidad (Wilson y Musick, 1997). El *trabajo voluntario formal* (al que la OIT se refiere como "trabajo voluntario indirecto") consiste en actividades que se emprenden *a través de organizaciones* (por ejemplo, instituciones sin fines de lucro o empresas privadas). Algunos ejemplos son recaudar dinero para una ONG o trabajar para asociaciones, escuelas, guarderías, grupos o comités vecinales, entre otros. En cambio, el *trabajo voluntario informal* (al que la OIT se refiere como "trabajo voluntario directo") se relaciona con la ayuda informal *a otros hogares*.[2] Eso incluye cuidar niños, hacer limpieza y ordenar, ayudar en asuntos jurídicos, aconsejar y asesorar sobre problemas, cuidar a enfermos y ancianos, atender animales domésticos y preparar alimentos, entre otros (Lee y Brudney, 2012). Ayudar a quienes lo necesitan es un aspecto importante del trabajo voluntario tanto formal como informal, y las actividades que se realizan para tal fin pueden ser muy similares en ambos contextos.

Medición del voluntariado

El voluntariado y el Sistema de Cuentas Nacionales

Las dificultades de la medición no son solo de carácter conceptual. Los datos sobre voluntariado son escasos, fragmentados y con una limitada comparabilidad entre los países. En el Sistema de Cuentas Nacionales (SNA), el conjunto de directrices internacionales que utilizan los países al compilar las estadísticas económicas nacionales, se clasifica a las instituciones sin fines de lucro (NPI) como "productoras comerciales" (incluidas en el sector empresarial) si los ingresos que obtienen por honorarios y gastos cubren la mayoría de sus costos, o como "productoras no comerciales" y se incluyen en el sector público (cuando son financiadas y controladas por el gobierno), o bien se les identifica por separado como Instituciones sin fines de lucro al servicio de los hogares (NPISH). En cada uno de estos casos, las medidas de las cuentas nacionales del valor agregado por las instituciones sin fines de lucro se limitan a los costos monetarios de operación de esas instituciones. Desde 1968, el SNA distingue a las NPISH de los hogares en el sentido más estricto, aunque no todos los países informan por separado las medidas referentes a las NPISH en todas sus cuentas económicas. Como una parte importante de la actividad económica de las NPI se incluye en las cuentas del sector empresarial y de las administraciones públicas, eso deja solo una fracción visible en el sector de las NPISH, lo que dificulta obtener una apreciación clara de la escala económica y de la composición del sector sin fines de lucro. Además, considerando que el SNA mide únicamente el valor del trabajo *remunerado* en el sector de las NPISH, se pierde gran parte de la contribución económica de esas instituciones.

Para descubrir las actividades económicas de estas NPI "ocultas", en 2013, la Comisión de Estadísticas de las Naciones Unidas aprobó el *Manual sobre instituciones sin fines de lucro en el Sistema de Cuentas Nacionales (Manual UN-NPI)*, elaborado por el Centro Johns Hopkins de Estudios de la Sociedad Civil en colaboración con la División de Estadísticas de las Naciones Unidas y un equipo internacional de expertos (United Nations, 2003). El Manual ofrece un conjunto de directrices para identificar las NPI "ocultas" en las cuentas económicas de cada sector institucional. También exhorta a los países a "sacar" a esas NPI de los sectores donde se habían asignado, e incluir los datos de estas en una *cuenta satélite* de NPI, que también registraría el valor del trabajo voluntario *no remunerado* que utilizan esas NPI (Cuadro 5.1).[3] Las cuentas satélites de NPI son una forma integral de generar datos fidedignos y comparables sobre la importancia económica de las NPI. Alrededor de 40 países ya se comprometieron a aplicar el Manual UN-NPI, y 16 de ellos completaron por lo menos una cuenta satélite de NPI inicial.

Cuadro 5.1. **Tratamiento de las instituciones sin fines de lucro en la cuenta satélite NPI del Sistema de Cuentas Nacionales**

CUENTA	SECTORES DEL SNA									SECTOR SIN FINES DE LUCRO
	Sector de instituciones no financieras (S.11)		Sector de instituciones financieras (S.12)		Sector del gobierno general (S.13)		Sector familiar (S.14)		Sector NPISH (S.15)	
	Total	NPI	Total	NPI	Total	NPI	Total	NPI	NPI	
Producción										ΣN_i
Generación de ingresos										
Activos										ΣNi

Fuente: United Nations (2003), *Handbook on Non-profit Institutions in the System of National Accounts*, United Nations Publication, Sales No. E.03.XVII.9 ST/ESA/STAT/SER.F/91, Nueva York, *http://unstats.un.org/unsd/publication/seriesf/seriesf_91e.pdf*.

En promedio, el tamaño del sector de NPI descrito mediante la cuenta satélite de NPI duplica el de las Instituciones sin fines de lucro al servicio de los hogares, que es evidente por medio de los métodos estándar del SNA de 1993. En Canadá, el sector de NPI casi quintuplica lo que antes se observaba con los métodos estándar del SNA. Los cambios introducidos en la modificación de 2008 del Sistema de Cuentas Nacionales (SNA, 2008) —que exige a los organismos nacionales de estadística distinguir entre los componentes NPI y no NPI en las principales cuentas, e informar los subtotales de las NPI por separado— deben facilitar la producción de cuentas satélite de NPI en el futuro.

El voluntariado en las encuestas de población económicamente activa

En 2009, el XVIII Congreso Internacional de Estadísticos del Trabajo (ICLS) recalcó "la importancia de medir el trabajo voluntario" no solo "para reconocer [su] importante contribución en la asistencia de desastres, la educación rural y en otros programas", sino también por la importancia de esa medición "para las estadísticas laborales, ya que uno de sus objetivos es medir todos los aspectos del trabajo" (ILO, 2009). Como seguimiento, en el XIX Congreso Internacional de Estadísticos del Trabajo realizado en 2013 se aprobó una resolución que amplió el concepto de trabajo para distinguir entre sus distintas formas, con el objetivo, *inter alia*, de destacar la "contribución de todos los tipos de trabajo al desarrollo económico, los medios de subsistencia de las familias y el bienestar de los individuos y de la sociedad". El trabajo voluntario es uno de los cinco tipos de trabajo que se invita a las oficinas de estadística a identificar y medir (Recuadro 5.2).

Al reconocer el voluntariado como una forma de "trabajo", la resolución del ICLS de 2013 abrió la puerta para la recopilación y presentación de datos básicos sobre el estándar del voluntariado y reforzó los argumentos para crear y aprobar "suplementos" para las encuestas nacionales de población económicamente activa (LFS) u otras encuestas sobre el hogar, en forma periódica, según recomendación del *Manual de medición del trabajo voluntario* de la OIT. Debido a las características de estas LFS nacionales (recopilación frecuente y metódica; tamaño de muestra grande, participación obligatoria en muchos países; administración sumamente profesional), los datos recabados mediante módulos especiales sirven para determinar la cantidad de distintos tipos de trabajo voluntario (por ejemplo, por sector institucional y económico, por tipo de actividad, por región o nivel de urbanización de la zona donde se realiza, y otros), y para identificar el perfil demográfico de los voluntarios (por ejemplo, edad, sexo, nivel de ingresos, educación, domicilio urbano o rural, u ocupación remunerada, si la hubiera).[4]

Por desgracia, hasta el día de hoy, solo algunos países (como Polonia, Hungría, Suiza e Italia) han utilizado el módulo *ad hoc* para las LSF,[5] mientras otros trabajan en su implementación (por ejemplo, Bélgica, Irlanda) o exploran formas para hacer comparable su recopilación de datos actual sobre el voluntariado con la metodología de la OIT (por ejemplo, Reino Unido y Alemania).

El voluntariado en encuestas sociales y sobre uso del tiempo

No hay un estudio internacional diseñado en específico para medir el voluntariado. La mayor parte de la evidencia sobre el voluntariado es nacional y se basa en encuestas con definiciones, marcos de muestreo y periodos de referencia diferentes. Eso dificulta comparar las cantidades y el perfil de los voluntarios entre países a partir de esas encuestas.[6] A nivel internacional, las preguntas sobre la participación en actividades de voluntariado suelen incluirse en encuestas que abordan un amplio conjunto de otros temas. Además, se basan en muestras pequeñas, y con distintas metodologías que a menudo no son comparables y corren el riesgo de cancelarse o retrasarse en épocas de restricciones presupuestarias estrictas (Rochester, Paine y Howlett, 2009). Por otra parte,

Recuadro 5.2. **El trabajo voluntario en la resolución del XIX Congreso Internacional de Estadísticos del Trabajo**

En 2013, el ICLS propuso nuevas normas para medir el "trabajo", al solicitarle a las Oficinas Nacionales de Estadística informar sobre cinco tipos de trabajo mutuamente excluyentes (Cuadro 5.2): (a) *trabajo de producción de uso propio*, que consiste en la producción de bienes y servicios para uso final propio; (b) *el empleo*, que consiste en el trabajo realizado por una remuneración o ganancia; (c) la *práctica profesional no remunerada*, que consiste en el trabajo que se realiza sin goce de sueldo para adquirir experiencia o habilidades en el trabajo; (d) *el trabajo voluntario*, que consiste en trabajo no obligatorio realizado para otros sin remuneración, y (e) *otras actividades laborales* (no definidas en la resolución).

Cuadro 5.2. **Tipos de trabajo y el Sistema de Cuentas Nacionales 2008**

<table>
<tr><td>Destino previsto de la producción</td><td colspan="2">Para uso final propio</td><td colspan="6">Para uso de otras personas</td></tr>
<tr><td rowspan="3">Tipos de trabajo</td><td colspan="2">Trabajo de producción de uso propio</td><td rowspan="3">Empleo (trabajo por una remuneración o ganancia)</td><td rowspan="3">Práctica profesional no remunerada</td><td rowspan="3">Otras actividades laborales</td><td colspan="3">Trabajo voluntario</td></tr>
<tr><td rowspan="2">de servicios</td><td rowspan="2">de productos</td><td rowspan="2">En unidades comerciales y no comerciales</td><td colspan="2">En hogares que producen</td></tr>
<tr><td>bienes</td><td>servicios</td></tr>
<tr><td rowspan="2">Relación con el SNA 2008</td><td></td><td colspan="6">Actividades dentro del límite de producción del SNA</td><td></td></tr>
<tr><td colspan="8">Actividades dentro del límite de producción general del SNA</td></tr>
</table>

Fuente: International Labour Organization (ILO) (2013), *Report of the Conference. 19th International Conference of Labour Statisticians*, Ginebra, 2 a 11 de octubre de 2013, *http://www.ilo.org/wcmsp5/groups/public/---dgreports/---stat/documents/normativeinstrument/wcms_230304.pdf*.

La resolución define a las **personas en trabajo voluntario** como todas las personas en edad laboral que, durante un breve periodo de referencia, realizan cualquier actividad no remunerada ni obligatoria para producir bienes o proporcionar servicios para otros, donde: i) "cualquier actividad" se refiere a trabajar por lo menos una hora, ii) "no remunerada" se interpreta como la falta de remuneración en dinero o en especie por el trabajo hecho, con excepción de una pequeña forma de apoyo o estipendio en efectivo o en especie; iii) "no obligatorio" se interpreta como el trabajo realizado sin requisitos civiles, legales o administrativos que difieran del cumplimiento de responsabilidades sociales de carácter comunal, cultural y religioso, y iv) producir "para otros" se refiere al trabajo realizado ya sea a través de organizaciones que comprenden unidades comerciales y no comerciales o para hogares que no sean el del trabajador voluntario ni de los familiares (es decir, voluntariado directo).

Nótese que esta definición de trabajo voluntario difiere de la proporcionada en el *Manual de medición del trabajo voluntario* de la OIT, pues excluye el trabajo no remunerado realizado para "familiares que viven en otros hogares"; esta definición más sucinta refleja la opinión de que el cuidado informal a menudo se considera obligatorio, más que voluntario, cuando el beneficiario es un familiar, aunque pertenezca a un hogar distinto (por ejemplo, los padres en edad avanzada que viven solos).

las encuestas internacionales con frecuencia se basan en preguntas generales que podrían ser interpretadas de diferentes maneras por los distintos entrevistados, en vez de partir de la definición de trabajo voluntario del ICLS.[7] Sin embargo, la investigación demuestra que los voluntarios tienen más probabilidades de contestar encuestas a pequeña escala o sondeos de opinión; por consiguiente, estas encuestas o sondeos podrían producir un estimado exagerado de la escala del voluntariado en comparación con las encuestas oficiales en mayor escala (Pew Research Center, 2015).[8]

Un ejemplo del tipo de pregunta que se plantea a menudo en las encuestas sociales generales es: "¿En los últimos 12 meses hizo trabajo voluntario no remunerado para una institución?" Las preguntas únicas como esta resultan fáciles para el entrevistado. Sin embargo, surgen problemas de calidad de datos cuando se formula una pregunta directa sobre el voluntariado que no presenta antes un pequeño texto introductorio para ayudar a fijar en la mente del encuestado el concepto de trabajo voluntario no remunerado (Toppe y Groves, 2007).[9] Otra limitación importante es que las preguntas de la encuesta tratan el voluntariado como una categoría uniforme, cuando en realidad el fenómeno que debe reflejarse es complejo.[10] Por consiguiente, incluso las estadísticas sencillas sobre el porcentaje de la población que participa en el voluntariado tienen importantes márgenes de incertidumbre.

Aunque las preguntas sobre la participación en trabajo voluntario formal por lo general siguen un fraseo muy común, es más probable que aquellas sobre la ayuda informal difieran entre las encuestas. Algunas incluyen en la lista de actividades la ayuda a familiares que viven fuera del hogar (por ejemplo, padres en edad avanzada); otras se refieren solo a la ayuda que se brinda a amigos, conocidos y extraños.

Algunas encuestas no se limitan a las preguntas generales sobre voluntariado, definido de una u otra manera, sino que incluyen una lista de indicaciones sobre los tipos de organizaciones o actividades a las que la gente dedica su tiempo, así como preguntas sobre los motivos para el voluntariado. Sin embargo, solo algunas de esas encuestas preguntan sobre la cantidad de tiempo dedicado al trabajo voluntario.[11]

Una fuente adicional para analizar el trabajo voluntario son las encuestas sobre uso del tiempo (TUS). Estas encuestas recaban información sobre la cantidad de tiempo que las personas asignan a sus actividades cotidianas. En estas encuestas, los participantes describen esas actividades en sus propias palabras en un diario durante un periodo de referencia (por lo general un día o una semana); luego, la organización que hace la encuesta agrupa las actividades; y el trabajo voluntario, tanto el directo como el que se basa en la organización, suele incluirse como una de las principales categorías (Miranda, 2011). El método del diario reduce el riesgo de que en los entrevistados influya la conveniencia social, ofreciendo así una forma creíble de recabar información exacta sobre la conducta de las personas, pero puede imponer una gran carga en los entrevistados.[12]

En cuanto a la medición de las actividades de voluntariado, las TUS por lo común generan tres tipos de datos: *i)* estimaciones de toda la población del tiempo promedio empleado en una lista ordinaria de actividades, incluidos el voluntariado directo y el basado en una organización; *ii)* estimados del tiempo promedio dedicado por los participantes a esas actividades y *iii)* tasas de participación; es decir, el porcentaje de la población que reportó esas actividades. Si bien la definición y la clasificación de las actividades que se utilizan en las encuestas nacionales en general son similares a las de la Clasificación Internacional de Actividades para el Uso del Tiempo (ICATUS) —que tiene 15 grupos importantes, cada uno con 2 a 5 subgrupos—, persisten diferencias en las características de la encuesta, el número de días del diario muestreado y la categorización de las actividades. La reciente publicación *UNECE Guidelines for Harmonising Time Use Surveys* ayudará a mejorar la comparabilidad entre los países en este campo (UNECE, 2013).

El supuesto general es que las TUS son más confiables que las encuestas generales para registrar información sobre la cantidad de tiempo que las personas dedican al voluntariado.[13] Sin embargo, el voluntariado puede estar muy concentrado en periodos específicos; se deduce, entonces, que tal vez por casualidad las personas no hicieron trabajo voluntario el día en que se tomaron las muestras, por lo que es probable que las TUS subestimen la participación voluntaria. Por otra parte, como las TUS se realizan con poca frecuencia, suelen generar información que a menudo se vuelve obsoleta con el tiempo.

En resumen, los datos sobre el voluntariado están o bien en etapas iniciales(es decir, cuentas satélites y módulos *ad hoc* para las LFS) o son incapaces de obtener información exacta sobre las distintas facetas del trabajo voluntario (es decir, encuestas sociales y TUS). La falta de datos comparativos sistemáticos sobre el voluntariado dificulta generar apoyo y diseñar políticas públicas que respalden los esfuerzos de voluntariado.

Selección de indicadores y fuentes de datos para medir el voluntariado

Pese a las limitaciones de datos y a los problemas metodológicos, esta sección utiliza la información existente para proporcionar algunos estimados de la escala y características del voluntariado. El objetivo principal del análisis empírico presentado en esta sección es el trabajo voluntario (más que otros tipos de acciones participativas, como las donaciones), basado en la definición adoptada en el ICLS. Sin embargo, en algunos casos esta definición es ajustada para que encaje con los datos disponibles. Se investigan ambos aspectos formal e informal del voluntariado, aunque casi toda la información disponible se relaciona con las actividades que se realizan por medio de una organización. Como la naturaleza de la participación puede cambiar cuando la gente sigue adelante con su vida, el análisis también evalúa las actitudes hacia el voluntariado de distintos grupos demográficos: estudiantes, personas en edad productiva y personas mayores.

A falta de estudios internacionales que se centren de manera específica en el voluntariado, y que reflejen la limitada cobertura por país de las cuentas satélite y de los módulos *ad hoc* para las LFS sobre voluntariado, la evidencia que se presenta más adelante proviene sobre todo de fuentes "secundarias", como encuestas sociales y sobre uso del tiempo. Este capítulo hace uso de un amplio conjunto de fuentes para tener una mejor claridad sobre los distintos aspectos del voluntariado. Las posibles discrepancias entre las diferentes encuestas y los estudios implican que el análisis estadístico del voluntariado está abierto a la interpretación y que deberá considerarse solo como indicativo. Por ejemplo, no será posible afirmar de manera concluyente que las tasas de voluntariado son más bajas entre las personas mayores que entre la población en edad laboral, pues la evidencia para estos dos grupos toma como referencia distintas encuestas.

La evidencia sobre la prevalencia y frecuencia del voluntariado formal se extrae del Programa para la Evaluación Internacional de las Competencias de los Adultos (PIAAC) de la OCDE. El estudio del PIAAC abarca 20 países de la OCDE (Australia, Austria, Canadá, República Checa, Dinamarca, Estonia, Finlandia, Francia, Alemania, Irlanda, Italia, Japón, Corea, Países Bajos, Noruega, Polonia, República Eslovaca, España, Suecia y Estados Unidos de América), tres entidades subnacionales de la OCDE (Flandes en Bélgica, e Inglaterra e Irlanda del Norte en Reino Unido), así como la Federación de Rusia (OCDE, 2013). Aunque este estudio se centra en las habilidades y competencias de la población en edad productiva, también incluye una pregunta sobre voluntariado, para saber si los entrevistados hicieron trabajo voluntario en los 12 meses anteriores, incluyendo trabajo no remunerado para una institución de caridad, un partido político, un sindicato o una organización sin fines de lucro. Las posibles respuestas son: i) nunca; ii) menos de una vez al mes; iii) menos de una vez por semana, pero una vez al mes como mínimo; iv) por lo menos una vez a la semana pero no diario, y v) todos los días.[14]

Las tasas de participación en ayuda informal se calculan solo para los países europeos mediante el módulo de bienestar de la tercera edición de la Encuesta Social Europea (ESS), que contiene una pregunta sobre ayuda informal. "Sin contar lo que haga para su familia, en su trabajo o en instituciones voluntarias, ¿Con qué frecuencia proporcionó ayuda en forma activa a otras personas en los últimos 12 meses?" Las posibles respuestas son: i) por lo menos una vez a la semana; ii) por lo menos una vez al mes; iii) por lo menos una vez cada tres meses; iv) por lo menos una vez cada seis meses; v) con menos frecuencia y vi) nunca.[15] La información sobre la cantidad de tiempo dedicada tanto al voluntariado formal como a la ayuda informal se recopila mediante la base de datos *OECD Time Use*.[16]

La encuesta del PIAAC se centra en la población en edad productiva y deja de lado otros grupos demográficos que hacen contribuciones importantes al sector del voluntariado: estudiantes y personas mayores. A continuación se consideran otras fuentes de datos para tomar en cuenta la contribución de esos dos grupos:

- El Estudio Internacional sobre Educación Cívica y Ciudadanía (ICSS), programa de investigación comparativa de la Asociación Internacional para la Evaluación del Aprovechamiento Escolar (IEA), abarca 23 países de la OCDE (Austria, Bélgica, Chile, República Checa, Dinamarca, Estonia, Finlandia, Grecia, Irlanda, Italia, Corea, Luxemburgo, México, Países Bajos, Nueva Zelanda, Noruega, Polonia, República Eslovaca, Eslovenia, España, Suecia, Suiza y Reino Unido) además 15 países no pertenecientes a la OCDE. Con el ICSS se evalúa la participación en actividades voluntarias de los estudiantes de alrededor de 14 años (es decir, en octavo grado o equivalente). Se pregunta a los estudiantes si alguna vez se han ofrecido como voluntarios en una institución (por ejemplo, asociación juvenil, organismo ambiental, organización de derechos humanos, asociación para recabar fondos, organismos culturales o campaña juvenil). Para mejorar la comparación de las tasas de voluntariado entre los estudiantes con las tasas entre los adultos y la población en edad mayor, el análisis se limita a los estudiantes que declaran haber hecho trabajo voluntario por lo menos una vez en los 12 meses anteriores a la entrevista.
- La Encuesta sobre Salud, Envejecimiento y Jubilación en Europa (SHARE)[17] proporciona evidencia sobre los distintos aspectos de la vida de la gente de 50 años o más en 18 países europeos (Austria, Bélgica, República Checa, Dinamarca, Estonia, Francia, Alemania, Hungría, Israel, Italia, Luxemburgo, Países Bajos, Polonia, Portugal, Eslovenia, España, Suecia y Suiza).[18] La pregunta sobre el voluntariado formal dice: "¿Ha hecho alguna de estas actividades en los últimos 12 meses: trabajo voluntario o de caridad?", mientras que la información sobre ayuda informal se basa en la pregunta: "¿En los últimos 12 meses ha cuidado personalmente o proporcionado ayuda doméstica práctica a un familiar que viva fuera de su hogar, amigo o vecino?"

La información complementaria sobre el voluntariado (por ejemplo, el campo de actividad), así como sobre las relaciones entre el voluntariado y los distintos resultados en el bienestar para los voluntarios, se extrae de la Encuesta Europea/Mundial sobre el Valor (EVS/WGS) y de la Encuesta Mundial Gallup. Estos estudios permiten una cobertura nacional total, pero sufren de muestras pequeñas y otros problemas metodológicos. El cuadro 5.3 ofrece una perspectiva general de la calidad estadística de las distintas fuentes utilizadas en la siguiente sección para evaluar al voluntariado en los países de la OCDE.

Cuadro 5.3. **Calidad de varias fuentes de datos sobre voluntariado**

Indicador	Fuente	Calidad estadística			
		Instrumento bien establecido recopilado	Definición comparable (OIT)	Cobertura del país	Año más reciente disponible
Voluntariado formal (tasas de prevalencia)	PIAAC	~	√	~	2012
	ESS	~	√	~	2006
	EQLS	~	√	~	2012
	Eurobarómetro	~	√	~	2012
	Encuesta Mundial Gallup	X	√	√	2014
	EVS/WVS	X	√	√	2008
	Base de datos OECD Time Use	√	~	√	1 punto de datos de 1999 a 2013
Voluntariado informal (tasas de prevalencia)	PIAAC	~	~	~	2012
	ESS	~	√	~	2006
	EQLS	~	X	~	2012
	Eurobarómetro	~	~	~	2012
	Encuesta Mundial Gallup	X	~	√	2014
	EVS/WVS	X	X	√	2008
	Base de datos OECD Time Use	√	~	√	1 punto de datos de 1999 a 2013
Frecuencia de voluntariado	PIAAC	~	~	~	2012
	ESS	~	~	~	2006
	EQLS	~	~	~	2012
	Eurobarómetro	~	~	~	2012
	Encuesta Mundial Gallup	X	X	√	2014
	EVS/WVS	X	X	√	2008
	Base de datos OECD Time Use	√	~	√	1 punto de datos de 1999 a 2013

Nota: El símbolo √ muestra que el indicador seleccionado cumple con los criterios mostrados en el cuadro; el símbolo ~, que los cumple en alto grado; el símbolo X, que no los cumple o que los cumple solo en grado limitado.

StatLink http://dx.doi.org/10.1787/888933268566

Evidencia sobre el voluntariado

Prevalencia y frecuencia del voluntariado

La Gráfica 5.1 muestra que, en promedio, entre los países de la OCDE, uno de cada tres adultos declara haber hecho trabajo voluntario a través de una institución en los últimos 12 meses, con un porcentaje que va de 18% en España y República Checa a más de 55% en Estados Unidos de América y Noruega. Estos resultados concuerdan con la investigación anterior (es decir, Plagnol y Huppert, 2010), la cual reportó tasas de voluntariado más altas en los países nórdicos y angloparlantes, y más bajas en el sur y en el este de Europa. La conclusión general de que las tasas de voluntariado formal son más altas en los países angloparlantes también parece mantenerse a nivel regional. En el caso concreto de Canadá, si se consideran por separado los entrevistados angloparlantes y francoparlantes para la encuesta del PIAAC, las tasas de voluntariado permanecen en 52% y 36%, respectivamente.[19]

Gráfica 5.1. **Tasas de participación en voluntariado formal**

Porcentaje de la población en edad productiva que dijo haber trabajado como voluntario en una organización durante los 12 meses precedentes, por frecuencia, 2012

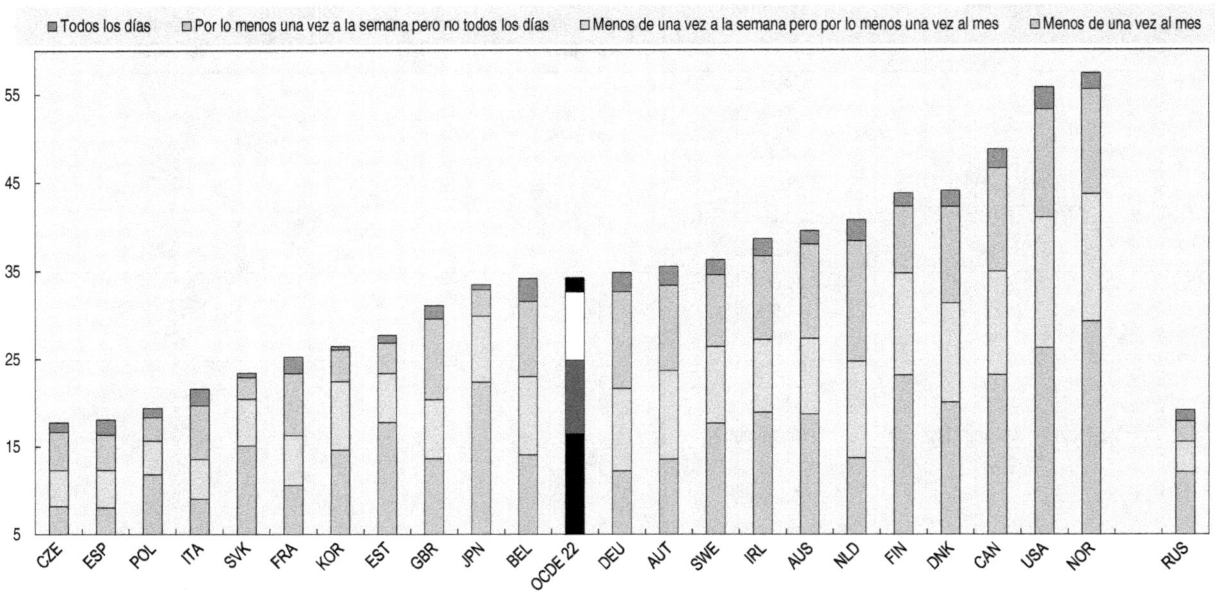

Nota: Los datos de Bélgica se refieren a Flandes; los datos de Inglaterra e Irlanda del Norte se combinan (GBR). Los datos de la Federación de Rusia excluyen el área municipal de Moscú.

Fuente: Cálculos de la OCDE a partir de datos de OECD (2012), *OECD Survey of Adult Skills* (base de datos PIAAC), *http://www.oecd.org/site/piaac/*.

StatLink http://dx.doi.org/10.1787/888933268355

Los países también difieren en la frecuencia con que se realiza el trabajo voluntario formal (Gráfica 5.1). En Noruega, donde la prevalencia del voluntariado es mayor, solo 3.2% de los voluntarios declaró haber dedicado tiempo a actividades voluntarias diariamente durante los 12 meses anteriores. El porcentaje más alto de quienes hacen trabajo voluntario diario se registró en España (9.5%), donde la prevalencia total del voluntariado es baja (menos de una de cada cinco personas hace alguna actividad voluntaria). Muchos voluntarios declaran hacer trabajo voluntario solo de manera esporádica (menos de una vez al mes), con un porcentaje que va de 34% en Países Bajos a 67% en Japón. El porcentaje de quienes hacen trabajo voluntario por lo menos una vez a la semana más bajo se observa en Japón (9%) y el más alto en Países Bajos (34%).

Hacer trabajo voluntario para las instituciones no es la única forma en que la gente dedica tiempo y energía a actividades no obligatorias y no remuneradas cuyo interés es el bien común. La evidencia de la Encuesta Social Europea muestra que el trabajo voluntario informal se ha generalizado en los países europeos de la OCDE, donde, en promedio, 7 de cada 10 personas en edad laboral informan haber proporcionado algún tipo de ayuda informal a personas que no forman parte de su familia, como amigos, vecinos o desconocidos (Gráfica 5.2). Las tasas son inferiores al promedio de la OCDE en la mayoría de los países del sur y el este de Europa, mientras que en los países nórdicos alrededor de 90% de los entrevistados declara haber dedicado tiempo a actividades voluntarias informales durante los 12 meses anteriores. En cuanto a la frecuencia, en promedio, la mitad de los que hicieron trabajo voluntario de manera informal lo hacen de manera metódica (una vez al mes o una vez a la semana), con el porcentaje más alto en Alemania (70%) y el más bajo en Portugal (26%).

Las tasas bajas de voluntariado informal observadas en muchos países del sur y del este de Europa pueden deberse en parte a que en esos países, que se distinguen por estrechos lazos familiares y escasos servicios de asistencia social, el cuidado de los padres mayores y de los niños en edad escolar lo proporcionan en su mayor parte otros familiares (por ejemplo, hermanas y abuelos) y los encuestados no lo mencionan como una forma de voluntariado informal (Dykstra y Fokkema, 2011; Hank, 2007). Además, aparte de los aspectos sociales, psicológicos y culturales, también es probable que los factores contextuales, como el origen histórico del país, determinen en gran medida los niveles de voluntariado (Plagnol y Huppert, 2010).[20] Las medidas a nivel de país de la participación en las actividades voluntarias formales e informales están muy correlacionadas, lo que indica que son diferentes manifestaciones de un único concepto amplio.[21]

El uso de distintas fuentes dificulta gravemente la comparabilidad de datos y no permite una comparación directa de las tasas de participación en actividades voluntarias formales mostradas en la Gráfica 5.1 con las tasas de participación en ayuda informal de la Gráfica 5.2. Sin embargo, es posible calcular las tasas de participación a partir de los datos de la Encuesta Social Europea. Aunque esas tasas no coinciden exactamente con las de la encuesta del PIAAC, la clasificación de los países es similar en general: los países nórdicos y los angloparlantes muestran tasas de participación más altas en actividades voluntarias formales que los habitantes del sur y del este de Europa. Por otro lado, cuando tanto las tasas de participación en ayuda informal como las actividades voluntarias formales se calculan con base en datos tomados de la Encuesta Social Europea, las primeras son constantemente más altas que las segundas, lo que indica que en la zona de la OCDE posiblemente hay más personas que ayudan de manera informal que voluntarios formales.

Gráfica 5.2. **Tasas de participación en voluntariado informal en países europeos**

Porcentaje de la población en edad productiva que dijo haber trabajado como voluntario informalmente durante los 12 meses precedentes, por frecuencia, 2006

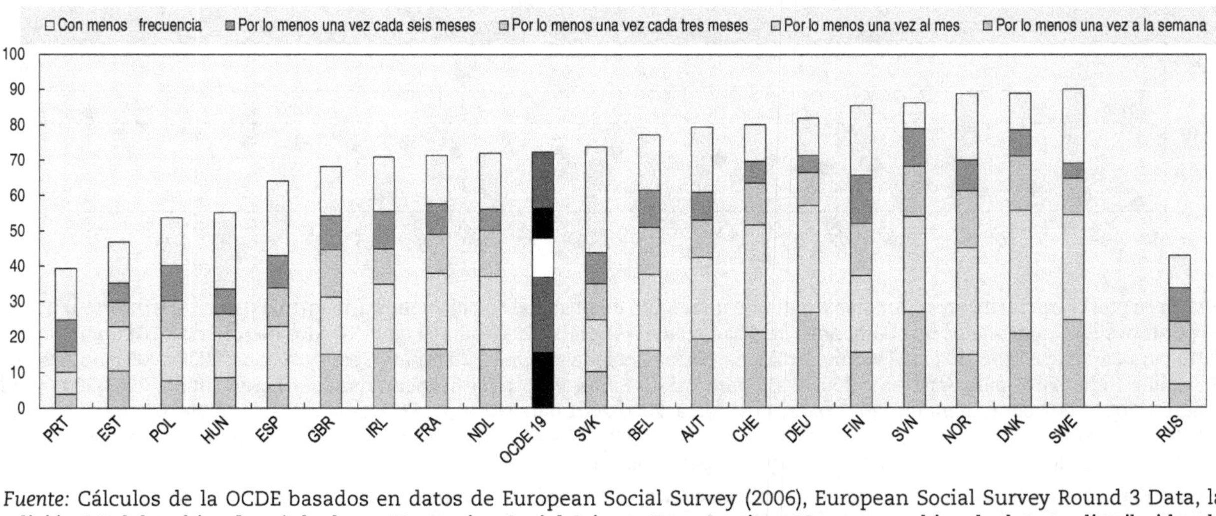

Fuente: Cálculos de la OCDE basados en datos de European Social Survey (2006), European Social Survey Round 3 Data, la edición 3.5 del archivo (base) de datos, Norwegian Social Science Data Services, Noruega, archivo de datos y distribuidor de datos ESS, *http://www.europeansocialsurvey.org/.*

StatLink http://dx.doi.org/10.1787/888933268366

Los datos sobre la frecuencia del voluntariado recabados mediante el tipo de encuestas internacionales analizadas antes, solo dan una idea aproximada de la *cantidad de tiempo* dedicado al trabajo voluntario. Se obtiene información adicional sobre este aspecto en las encuestas sobre uso del tiempo, disponibles en algunos países de la OCDE. Como no todos se ofrecen como voluntarios, es interesante examinar el tiempo que *toda la población* dedica a las actividades voluntarias formales e informales (en la categoría de 15 a 64 años; eje vertical izquierdo de la Gráfica 5.3) junto con el tiempo que dedican a esas actividades quienes reportan trabajo voluntario en sus diarios de uso del tiempo, que aquí se utiliza como sustituto para *quienes de hecho realizan la actividad* en un determinado día (Gráfica 5.3, eje vertical derecho). En lo referente al primer aspecto, la población en general dedica poco tiempo en promedio al trabajo voluntario formal, el cual fluctúa de menos de 5 minutos al día en la mayoría de los países de la OCDE a 13 minutos en Nueva Zelanda. La situación

Gráfica 5.3. **Tiempo dedicado al voluntariado formal e informal**

Minutos promedio de trabajo voluntario por día, por todos los encuestados que respondieron y solo por voluntarios, entre personas de 15-64 años

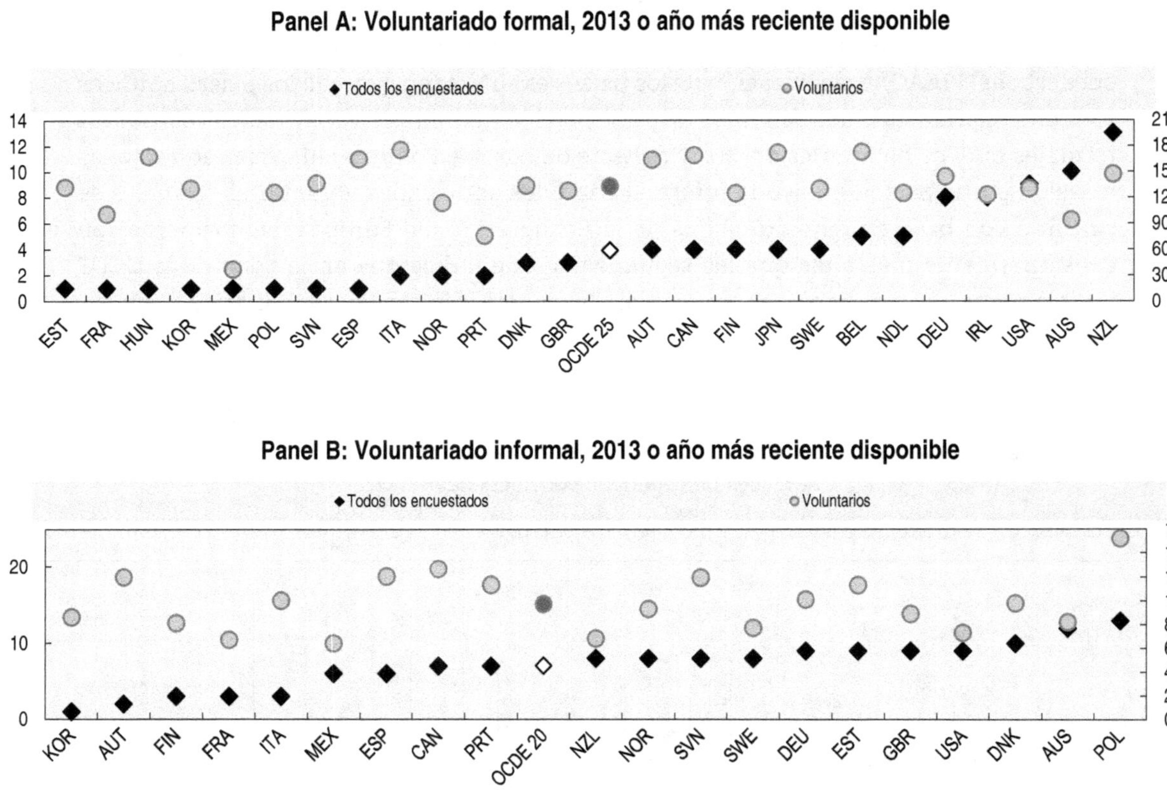

Nota: Los países se clasifican en orden ascendente de tiempo dedicado al trabajo voluntario formal (Panel A) e informal (Panel B) por todos los encuestados que respondieron. Los datos se refieren a 2013 para Estados Unidos de América; 2011 para Japón; 2010 para Canadá; 2009-2010 para Estonia, Finlandia, Nueva Zelanda y España; 2009 para Corea y México; 2008-2009 para Austria, Francia e Italia; 2006 para Australia; 2005-2006 para Países Bajos; 2005 para Bélgica, Irlanda y Reino Unido; 2003-2004 para Polonia; 2001-2002 para Alemania; 2001 para Dinamarca; 2000-2001 para Noruega, Eslovenia y Suecia; 1999-2000 para Hungría y 1999 para Portugal. Los datos se refieren a encuestados de 20 a 74 años de edad para Bélgica, Alemania, Noruega, Polonia, Eslovenia y Suecia; a encuestados de 15 años y más para Australia, y a encuestados de 10 años y más para Corea.

Fuente: Cálculos de la OCDE con base en la aplicación web Harmonised European Time Use Survey; base de datos *https://www.h2.scb.se/tus/tus/*; base de datos Eurostat Time Use, *http://appsso.eurostat.ec.europa.eu/nui/show.do?dataset=tus_00selfstat&lang=en*; microdatos de estudios sobre uso del tiempo para uso público, y tabuladores de oficinas nacionales de estadísticas.

StatLink http://dx.doi.org/10.1787/888933268373

es diferente cuando se considera la cantidad de tiempo promedio que dedican quienes de hecho hacen trabajo voluntario en un determinado día. En realidad, en este caso, el tiempo dedicado por día al trabajo voluntario formal fluctúa de menos de una hora por día en México a casi tres horas por día en Bélgica, Japón e Italia. En todos los países de la OCDE considerados, en los días en que las personas se ofrecen como voluntarias, dedican en promedio más de dos horas diarias al trabajo voluntario formal (Gráfica 5.3, panel A).

En cuanto al trabajo voluntario informal, la población en general en todos los países de la OCDE considerados dedica 7 minutos en promedio al día para ayudar a los miembros de otros hogares de manera informal. En Corea se dedica poco tiempo (1 minuto al día), mientras que en Polonia la gente dedica 13 minutos diarios a la ayuda informal (Gráfica 5.3, panel B). La cantidad de tiempo que dedican al voluntariado informal quienes realizan esta actividad también varía mucho entre los países. En Francia y México, el tiempo que dedican los voluntarios al trabajo voluntario informal (67 y 64 minutos, respectivamente) es muy inferior al promedio de la OCDE, de más de una hora y media; en el otro extremo del espectro, en España y Canadá, los voluntarios dedican más de dos horas diarias a actividades informales (Gráfica 5.3, sección B). Estas conclusiones indican que un pequeño número de personas es responsable de la gran mayoría del trabajo voluntario, formal e informal. Aunque esto destaca la generosidad del llamado "núcleo cívico", también resalta la vulnerabilidad del sector del voluntariado en cuanto a que depende mucho de un pequeño grupo de personas.

La información sobre los sectores en los que los voluntarios son más activos se obtiene de la Encuesta Europea/Mundial sobre el Valor (EVS/WVS). Considerando esta fuente, los voluntarios participan sobre todo en servicios sociales y de salud, educación y cultura, movimientos sociales (es decir, medio ambiente, derechos humanos, paz, derechos de las mujeres), así como deportes y recreación (Gráfica 5.4).

Gráfica 5.4. **Distribución de voluntarios por campo de actividad**

Porcentaje de voluntarios, 2008 o año más reciente disponible

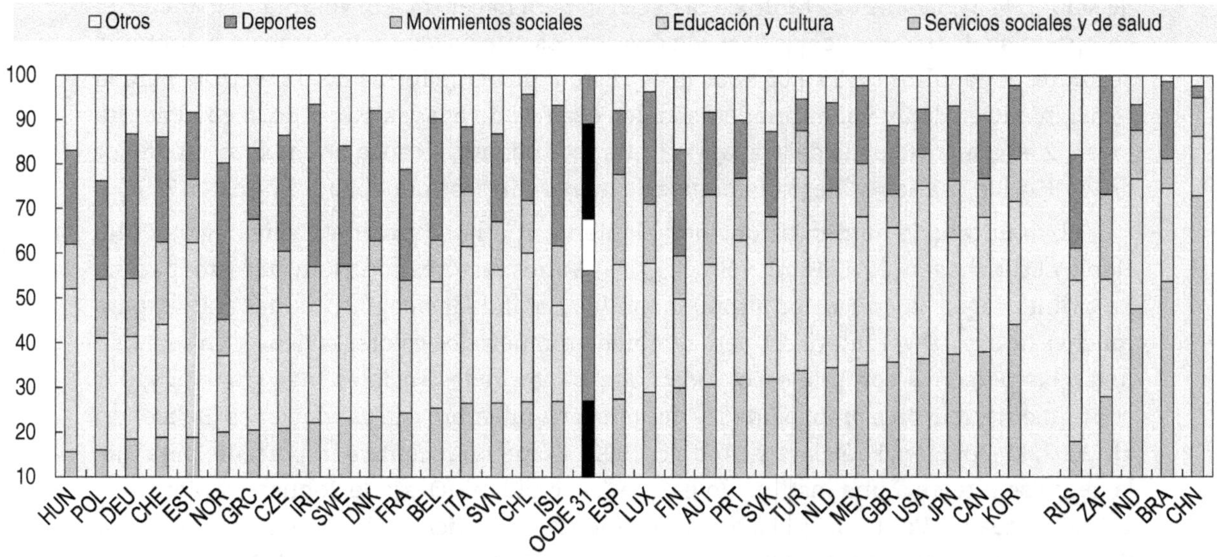

Nota: Los datos se refieren a 2000 para Canadá, Chile, Japón y México, y a 2001 para China, Corea, India y Sudáfrica. Los datos de Inglaterra e Irlanda del Norte se presentan combinados (GBR).

Fuente: Cálculos de la OCDE basados en datos de European Values Survey (2011), European Values Study 2008, Integrated Dataset (EVS 2008), Versión de archivo de datos 3.0.0, GESIS Data Archive, *http://dx.doi.org/10.4232/1.11004*, para países europeos, y World Values Survey Association (2009), World Values Survey, Wave 5 2005-2008, Official Aggregate v.20140429, base de datos World Values Survey Association, *www.worldvaluessurvey.org*, para países no europeos.

StatLink *http://dx.doi.org/10.1787/888933268389*

Los servicios sociales y de salud son los dos principales sectores para las actividades voluntarias en los países de la OCDE, seguidos por educación y cultura. Sin embargo, esos sectores son menos importantes en el norte y una parte continental de Europa (es decir, Noruega, Suecia, Suiza, Alemania y Francia), en tanto que en Estados Unidos de América y varias economías emergentes (es decir, Brasil, India y China) son más importantes. El sector deportivo y recreativo también atrae a un número considerable de voluntarios; sobre todo en los países del norte y una parte continental de Europa: en Islandia, Alemania, Noruega e Irlanda, uno de cada tres voluntarios está activo en este sector. El sector de los movimientos sociales se ha extendido en Sudáfrica y en algunos países del sur de Europa (por ejemplo, Grecia y España).

Perfil sociodemográfico de los voluntarios

Muchos factores sustentan las decisiones de las personas para trabajar como voluntarios. Entre ellos se encuentran las características sociodemográficas tradicionales, como ingreso, educación y salud (Schlozman, Burns y Verba, 1994; Day y Devlin, 1998), pero también predisposiciones subjetivas, actitudes y roles sociales (Curtis, Baer y Grabb, 2001). La propensión a ofrecerse como voluntario también varía a lo largo de las distintas etapas del ciclo de vida (Erlinghagen, 2010; Oesterle, Johnson y Mortimer, 2004; Tang, 2006). El Cuadro 5.A.1 y el Cuadro 5.A.2 del Anexo ofrecen una perspectiva general de las características sociodemográficas de los voluntarios para la zona de la OCDE en los sectores formal e informal, respectivamente.[22] Las gráficas 5.5 y 5.6 muestran las tasas de participación y de prevalencia del voluntariado regular (es decir, más de una vez al mes) de distintos grupos demográficos.[23]

Respecto del *voluntariado formal* (Gráfica 5.5 y Cuadro 5.A.1 del Anexo), hombres y mujeres tienden a trabajar como voluntarios en tasas muy similares, aunque intervienen en distintos tipos de actividades (es mucho más probable que los hombres lo hagan en asociaciones deportivas, mientras que las mujeres predominan en los sectores social y de salud).[24] La edad influye tanto en la decisión para hacer trabajo voluntario como en el compromiso de tiempo. Los de 25 a 34 años son los que hacen menos trabajo voluntario, seguidos por adultos de 55 a 65 años (34%). Esto indica una forma de U invertida para la relación entre edad y voluntariado hasta los 65 años de edad: a partir de la edad adulta joven (25-34) la incidencia del trabajo voluntario aumenta, alcanza un máximo alrededor de los 35 a los 55 años, y luego disminuye de nuevo entre los prejubilados (Wilson, 2000).[25]

El voluntariado aumenta considerablemente con la educación (Erlinghagen, 2010; Hank y Erlinghagen, 2010; Hank y Stuck, 2008). Varios factores contribuyen a este patrón. En primer lugar, la educación proporciona las habilidades cognitivas necesarias para muchas tareas del voluntariado, pero también promueve los valores cívicos.[26] En segundo lugar, las personas con una escolaridad alta tienen redes sociales más grandes y, por consiguiente, mayores probabilidades de conocer a miembros de asociaciones (Bekkers *et al.*, 2007; McPherson, Popielarz y Drobnic, 1992). Como un incentivo importante para que la gente se integre a una institución es que "se lo pidan" (Oesterle, Johnson y Mortimer, 2004; Prouteau y Wolff, 2008), eso tiende a fomentar la participación dentro de los círculos de las personas con un nivel educativo alto.[27] La Gráfica 5.5 (y el Cuadro 5.A.1 del Anexo) confirma que las personas con un título universitario tienen el doble de probabilidades de ofrecerse como voluntarios (48%) que aquellos con educación básica (24%).

Existe una fuerte relación entre educación e ingresos; por ende, se deduce que la participación en el voluntariado formal aumenta con el ingreso familiar. Por ejemplo,

Gráfica 5.5. **Participación y frecuencia del trabajo voluntario formal de determinados grupos de la población en promedio en la zona de la OCDE**

Porcentaje, población en edad productiva, 2012

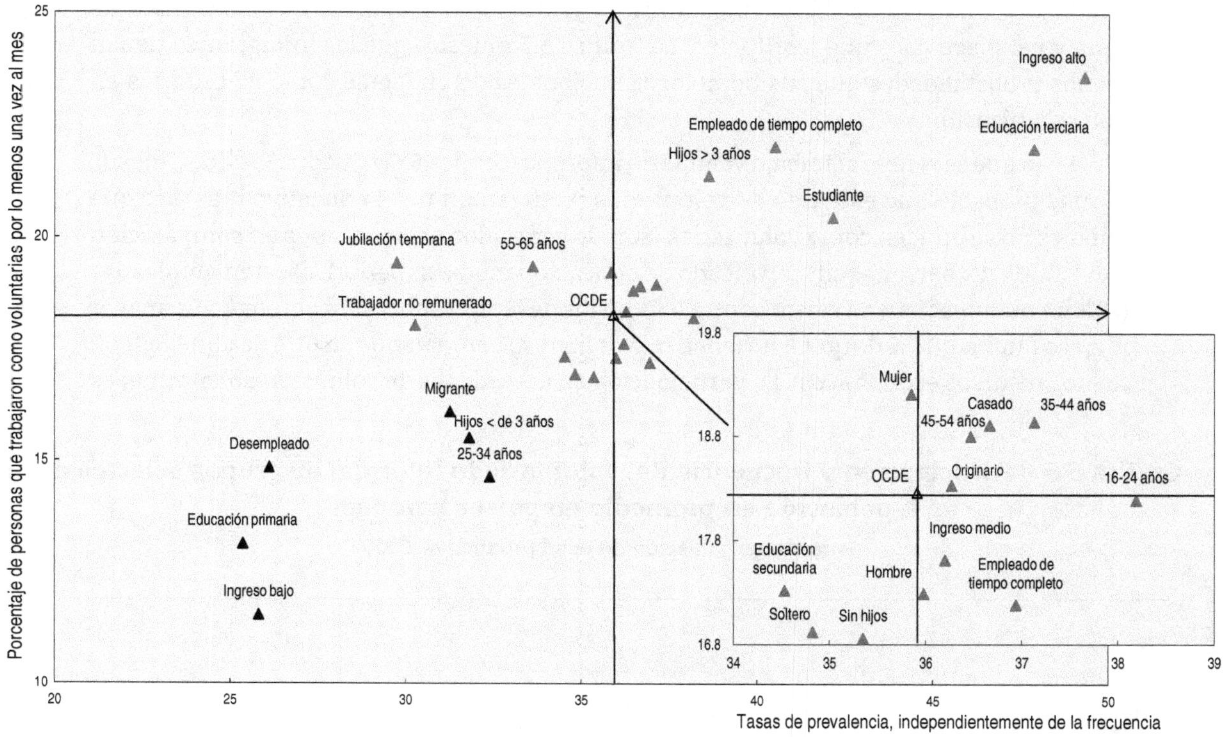

Nota: La localización de los diferentes grupos sociodemográficos en un plano de coordenadas permite identificar a aquellos con una participación y frecuencia mayores que el promedio de la OCDE (estos grupos se muestran en azul, en el cuadrante superior derecho), aquellos con una participación y frecuencia menores que el promedio de la OCDE (en negro, en el cuadrante inferior izquierdo) y los cercanos al promedio de la OCDE (en gris, cerca del origen del plano de coordenadas).

Fuente: Cálculos de la OCDE a partir de OECD (2012), *OECD Survey of Adult Skills* (base de datos PIAAC), *http://www.oecd.org/site/piaac/.*

StatLink http://dx.doi.org/10.1787/888933268392

mientras que una de cada cuatro personas con ingresos familiares bajos dice haber hecho trabajo voluntario en los 12 meses anteriores, esta proporción casi se duplica entre las personas con ingresos más altos (Cuadro 5.A.1 del Anexo). Además, los que trabajan jornada parcial o incluso completa hacen trabajo voluntario en proporciones más altas que las personas inactivas.[28] Sin embargo, la investigación basada en los países muestra que los empleados de tiempo parcial o completo tienden a ofrecerse como voluntarios menos horas en promedio que los desempleados o quienes no forman parte de la fuerza laboral (Vézina y Crompton, 2012).

Las parejas casadas o en unión libre tienen más probabilidades que los solteros de ofrecerse como voluntarios en contextos formales. Otro factor que aumenta la participación en este voluntariado es tener hijos en edad escolar (de 4 a 17 años de edad) en el hogar. Muchos padres de niños en edad escolar participan en actividades escolares y extraescolares (Gee, 2011)[29] como una forma de invertir en el capital humano de su descendencia (Albertini y Radl, 2012). La Gráfica 5.5 confirma que los padres de niños en edad escolar tienen tasas más altas de voluntariado (39%) que las de las personas sin hijos (35%) y las de padres con hijos más pequeños en el hogar (32%).

En una sociedad cada vez más multicultural, el voluntariado puede ser un mecanismo para integrar a los inmigrantes y promover los valores de una ciudadanía incluyente. Los voluntarios inmigrantes también benefician mucho al sector del voluntariado, pues pueden ampliar la capacidad lingüística e institucional y aportar nuevos puntos de vista y perspectivas a una institución. La Gráfica 5.5 muestra que los inmigrantes tienen menos probabilidades que sus homólogos nacionales de ofrecerse como voluntarios en una organización.

En lo que se refiere al trabajo voluntario informal (Gráfica 5.6 y Cuadro 5.A.2 del Anexo), es más probable que este tipo de voluntarios i) tengan un nivel educativo más alto que quienes no se ofrecen como voluntarios (80% de egresados universitarios en comparación con 56% de las personas sin certificado de educación media superior), ii) estén empleados (73% de quienes tienen trabajo contra 65% de los desempleados) y iii) obtengan un mayor ingreso familiar (77% de quienes tienen mayor ingreso comparado con 61% de aquellos con menos recursos económicos). La participación en actividades de voluntariado informal es

Gráfica 5.6. **Participación y frecuencia del voluntariado informal de grupos selectos de población en promedio en países europeos**

Porcentaje, población en edad productiva, 2006

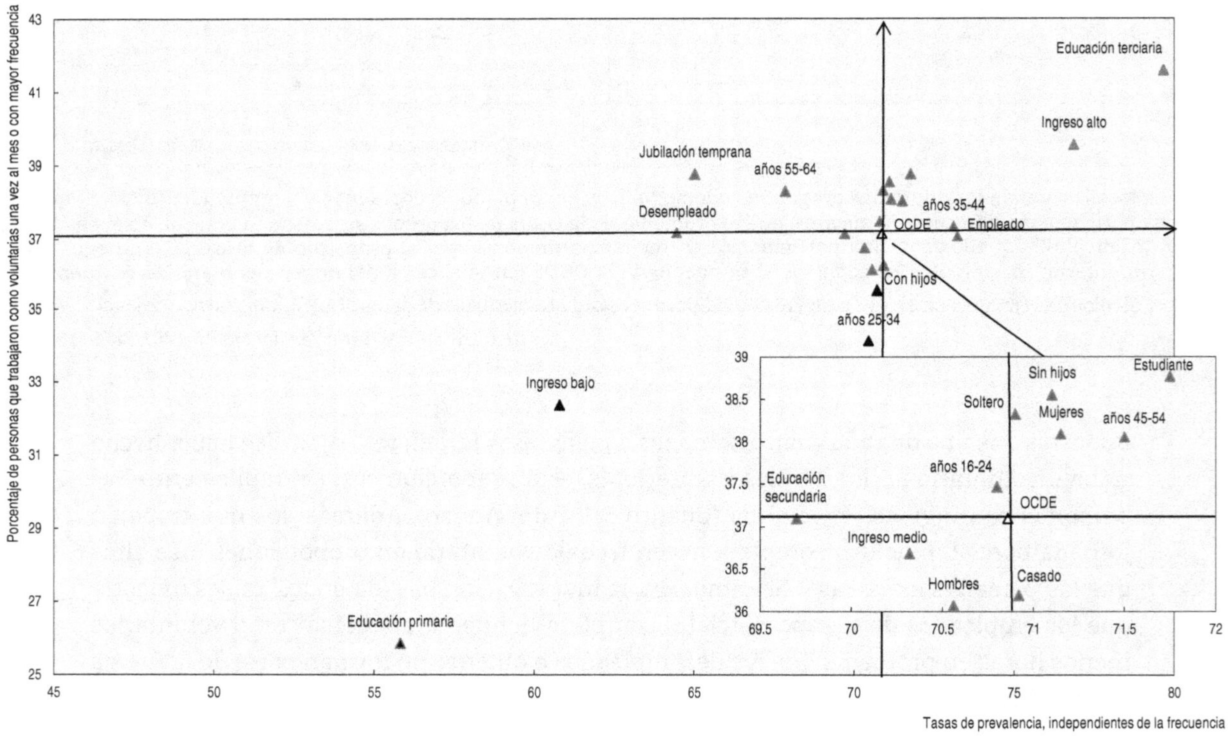

Nota: Ubicar a los diferentes grupos sociodemográficos en un plano de coordenadas permite identificar a los que tienen mayor participación y frecuencia que el promedio de la OCDE (estos grupos se muestran en azul, en el cuadrante superior derecho), a quienes tienen una participación y frecuencia por debajo del promedio de la OCDE (en negro, en el cuadrante inferior izquierdo) y a los cercanos al promedio de la OCDE (en gris, cerca del origen del plano de coordenadas).

Fuente: Cálculos de la OCDE a partir de la Encuesta Social Europea, European Social Survey (2006), European Social Survey Round 3 Data, Data file edition 3.5. (base de datos), Norwegian Social Science Data Services, Noruega – Archivo y distribuidor de datos ESS, *http://www.europeansocialsurvey.org/*.

StatLink http://dx.doi.org/10.1787/888933268404

muy similar entre casi todos los grupos de edad: de 68% a 73% hasta la edad de 64 años. La frecuencia del voluntariado informal también es similar en la mayoría de los grupos de edad: alrededor de 20% a 26% de las personas de todas las edades que informaron haber realizado trabajo voluntario informal en los 12 meses anteriores lo hace por lo menos una vez a la semana, mientras que casi uno de cada tres voluntarios informales participa por lo menos una vez al mes.

En general, estos resultados sugieren que las personas de entornos socioeconómicos más altos tienen mayor probabilidad de ofrecerse como voluntarios, quizá porque cuentan con mayores conexiones y oportunidades de hacerlo, así como competencias sociales y cognitivas más altas que demuestran ser valiosas al realizar actividades de voluntariado. En contraste, las personas desfavorecidas afrontan barreras importantes al voluntariado (Bekkers, 2005; Schlozman, Verba y Brady, 1999). Algunas de ellas son financieras; otras se deben a la falta de conciencia sobre el voluntariado y cómo tener acceso a él; algunas más surgen de la falsa percepción de que se tiene poco que ofrecer. Como el trabajo voluntario es realizado por aquellos con abundantes recursos, los miembros de grupos socioeconómicos de nivel más bajo se sienten aún más marginados y privados de oportunidades de mejorar su capital humano y social.

Atención especial en dos grupos de población: estudiantes y personas mayores

La encuesta del PIAAC cubre personas en edad productiva y, por consiguiente, en gran medida pasa por alto dos grupos que por mucho tiempo se han identificado como receptores de servicios más que como prestadores del mismo: estudiantes y personas mayores. Esta omisión es importante, pues el trabajo voluntario puede realizarse durante un largo trayecto de la vida, que empieza desde la temprana edad. Shannon (2009) estudió el voluntariado entre niños de 8 a 12 años y demostró que incluso los más jóvenes participan en múltiples actividades voluntarias, cuya realización aporta beneficios tangibles e intangibles duraderos (Recuadro 5.3).

El Estudio Internacional sobre Educación Cívica y Ciudadanía (ICCS) 2009 proporciona información sobre el trabajo voluntario entre estudiantes; esta encuesta internacional explora las actitudes cívicas y los valores de los jóvenes con una edad promedio de 13 años 6 meses.[30] Las tasas de voluntariado en organizaciones suelen ser altas entre estudiantes, aunque hay grandes variaciones entre países (Gráfica 5.7).[31] En Grecia, Polonia, Chile y México, cerca de 40% de los estudiantes de alrededor de 14 años informan haber trabajado como voluntarios por lo menos una vez en los 12 meses anteriores. Del otro extremo de la escala, en Corea y Finlandia, solo 1 de 10 estudiantes afirma haber participado en actividades voluntarias. Las altas tasas observadas en adolescentes, así como las grandes variaciones entre países, deben interpretarse con precaución, debido a que pueden estar influenciadas por el requisito en algunos sistemas escolares nacionales de realizar servicio comunitario para graduarse de la secundaria. En los países de la OCDE, la mayoría de los estudiantes participan activamente en la recaudación de fondos y en campañas juveniles. En Grecia, Polonia y Federación de Rusia es también muy común que los jóvenes trabajen como voluntarios en asociaciones medioambientales. Por el contrario, los sectores humanitarios y culturales atraen solo a un pequeño porcentaje de voluntarios jóvenes.

A medida que las personas envejecen, suelen encontrar en el voluntariado un buen sustituto de los roles sociales que perdieron, como el trabajo y la paternidad activa.

Recuadro 5.3. **Efectos para toda la vida del voluntariado a temprana edad**

Estudios han demostrado que el voluntariado a una edad temprana fomenta estilos de vida saludables, desalienta los comportamientos riesgosos y es un importante recurso para atender algunas de las cuestiones urgentes que enfrentan los jóvenes, como embarazo adolescente, abandono escolar, abuso de sustancias y violencia (Hart *et al.*, 2007; Wilson y Musick, 2000). El trabajo voluntario puede promover importantes competencias y valores en la vida de los niños, lo cual puede ser de particular relevancia para aquellos con menores oportunidades de desarrollar estas habilidades e intereses, como los grupos de zonas urbanas de ingresos bajos. Además, el voluntariado aumenta el desarrollo psicológico de los niños al incrementar su autoestima, su confianza en sí mismos, su responsabilidad y su interés en aprender (Lewis, 2002; Phalen, 2003).

El trabajo voluntario a temprana edad también tiene una influencia que se extiende hasta la edad adulta avanzada. Estudiosos del desarrollo sugieren que las experiencias durante la niñez y el principio de la adolescencia conforman los valores para toda la vida y generan un sentido de propósito (Lewis, 2002). Por su parte, Hart *et al.* (2007) demostraron que las personas que se ofrecen como voluntarias en su juventud también tienen más probabilidades de hacerlo ya de adultos. Estos resultados coinciden en general con la "teoría de continuidad del envejecimiento", que sostiene que las personas adultas mantienen los hábitos adquiridos en edades más tempranas (Wilson, 2012).

Gráfica 5.7. **Tasas de participación en voluntariado formal entre estudiantes**

Porcentaje de estudiantes que dijeron haber trabajado formalmente como voluntarios en los 12 meses anteriores, grado 8, cerca de 14 años de edad, 2009

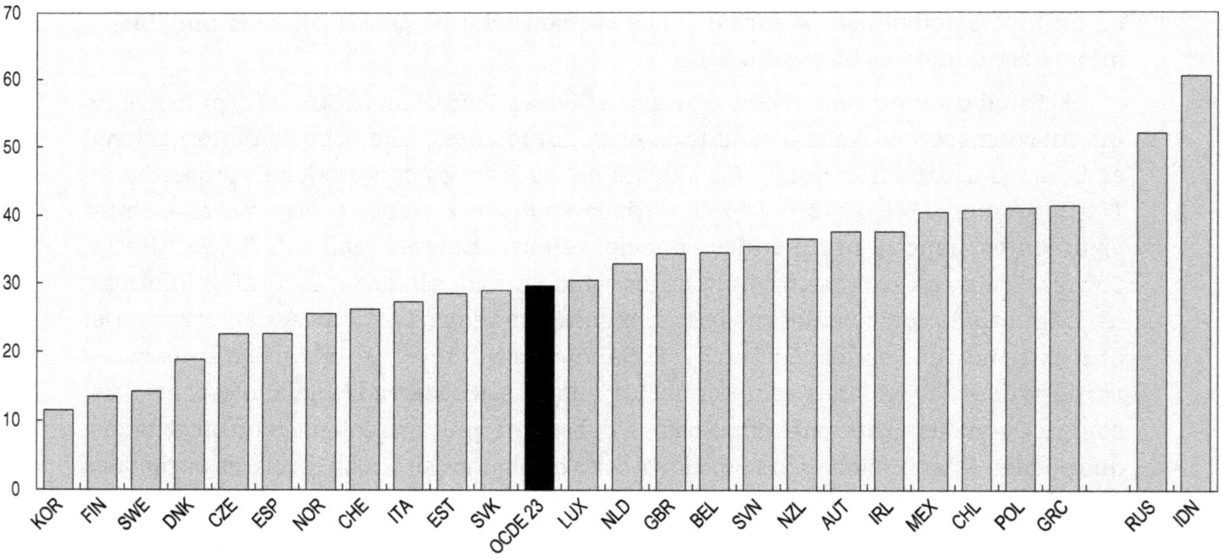

Nota: La gráfica muestra el porcentaje de estudiantes que dijeron haber trabajado como voluntarios al menos una vez en los 12 meses anteriores en *por lo menos uno* de los siguientes sectores: organizaciones de jóvenes, organizaciones ecológicas, organizaciones de derechos humanos, organizaciones para recaudar fondos, organizaciones culturales y campañas juveniles. Los datos de Bélgica se refieren a Flandes; los datos del Reino Unido se refieren solo a Inglaterra.

Fuente: Cálculos de la OCDE a partir de la Asociación Internacional para la Evaluación del Logro Educativo, Association for the Evaluation of Educational Achievement (IEA) (2009), International Civic and Citizenship Education Study (ICCS) (base de datos), *http://www.iea.nl/iccs_2009.html*.

StatLink *http://dx.doi.org/10.1787/888933268413*

El voluntariado en adultos mayores puede tener un impacto social positivo, tanto en la sociedad como en los voluntarios: reduce el aislamiento, fortalece los vínculos comunitarios, aumenta la autoestima de los voluntarios, cambia estereotipos y promueve la conciencia social y política (Haski-Leventhal, 2009). Van Willigen (2000) concluyó que el efecto psicológico positivo del voluntario se eleva en la edad avanzada, pues los voluntarios mayores experimentan mayores beneficios de este tipo por cada hora que aportan de su tiempo.

Según la Encuesta de Salud, Envejecimiento y Jubilación en Europa (SHARE), en general, 16% de la población de 50 años de edad y más de los países europeos de la OCDE cubiertos por la encuesta se ofrecieron como voluntarios en una organización por lo menos una vez durante los 12 meses anteriores a la entrevista. Países Bajos (38%) y Dinamarca (29%) se caracterizan por tener los porcentajes más altos de adultos mayores de 50 años que trabajan como voluntarios, seguidos por Francia y Suiza (con 27-28%) y por Luxemburgo, Bélgica y Alemania (con 21-22%). Los porcentajes de las personas mayores que trabajaron como voluntarios en Italia (12%) y en Portugal y España (5-6%) son mucho menores que el promedio de esa parte de Europa continental. En Europa del Este también se reportan tasas bajas de trabajo voluntario entre adultos mayores de 50 años (Gráfica 5.8). Las tasas de voluntariado en la edad adulta avanzada permanecen estables en general hasta los 64 años de edad (21% en promedio en la OCDE) y bajan (al nivel de 12%) entre aquellos de 65 años y más, tal vez debido a limitaciones en sus funciones.

Entre las personas de 50 años y más que informaron haber trabajado como voluntarios en un entorno formal durante el año anterior, casi una sexta parte (15%) lo hizo casi diario, 2 de cada 5 lo hicieron casi una vez por semana (40%) y poco más de una cuarta

Gráfica 5.8. **Tasas de participación en voluntariado formal entre adultos de 50 años de edad y mayores en países europeos**

Porcentaje de personas mayores de 50 años de edad que dijeron haber trabajado como voluntarias en los 12 meses anteriores, 2015 o año más reciente disponible

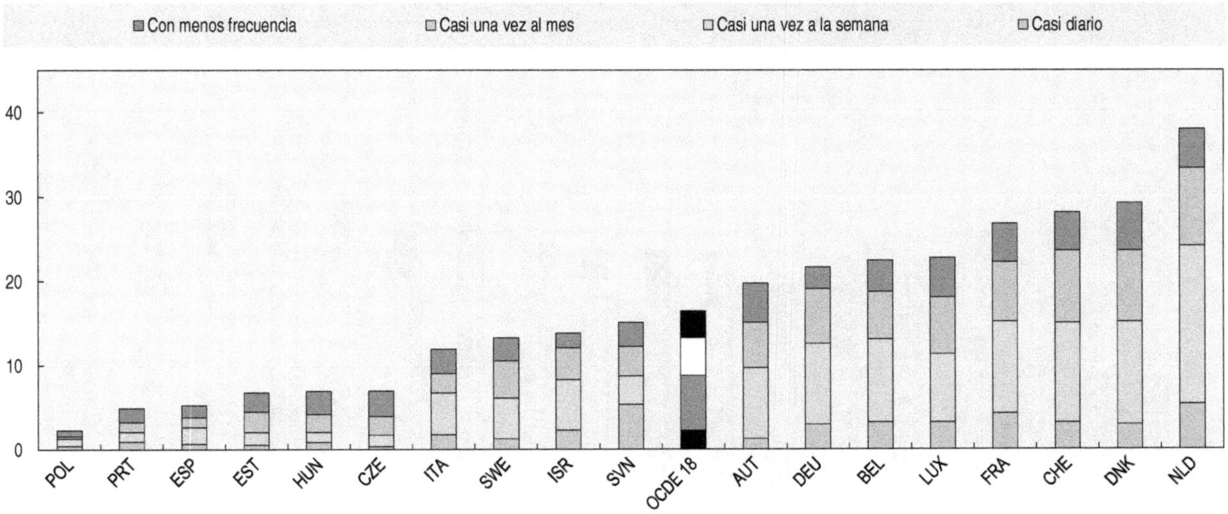

Nota: Los datos de Hungría, Polonia y Portugal se refieren a 2011.

Fuente: Cálculos de la OCDE a partir de la Encuesta de Salud, Envejecimiento y Jubilación en Europa, Survey of Health, Ageing and Retirement in Europe (SHARE) (2015), Survey of Health, Ageing and Retirement in Europe, Wave 5, Release 1.0.0 (base de datos), *http://dx.doi.org/10.6103/SHARE.w5.100*; and SHARE (2013), Survey of Health, Ageing and Retirement in Europe, Wave 4, Release 1.1.1 (base de datos), *http://dx.doi.org/10.6103/SHARE.w4.111*.

StatLink http://dx.doi.org/10.1787/888933268421

parte trabajaron como voluntarios casi una vez por mes (Gráfica 5.8). Las variaciones entre países son notorias, pero muy poco sistemáticas y poco relacionadas con el nivel general de participación.

En lo que respecta al trabajo voluntario informal, una cuarta parte de los encuestados brindó ayuda informal a familiares, amigos o vecinos (Gráfica 5.9). Las diferencias entre países siguen un patrón similar al observado en el trabajo voluntario formal, con altos niveles de participación en Dinamarca (48%), seguido por Suecia, Bélgica, Países Bajos y República Checa (34-40%), y, más abajo, por Francia, Suiza y Austria (26-29%). La participación en trabajo voluntario informal es mucho menor en España, Hungría y Polonia (15-18%), así como en Israel y Portugal (10-11%). En promedio, en los países de la OCDE cubiertos por la encuesta, el trabajo voluntario informal es mayor entre las personas menores de 65 años (37%), alcanza el nivel de 28% entre las de 65-74 años y cae a 13.5% entre los más ancianos.

Cerca de la mitad de quienes proporcionan ayuda informal lo hacen una vez por semana o incluso más a menudo. Sin embargo, hay una relación inversa entre la prevalencia general y la frecuencia de la ayuda. En Eslovenia, aunque la proporción de voluntarios mayores es baja, cerca de la mitad de los que ayudan lo hacen casi diario (más otro 25% de voluntarios "semanales"). Por otra parte, en Dinamarca y Suecia, en tanto la prevalencia de la ayuda informal es mucho más alta que en el sur de Europa, más de dos tercios de los voluntarios no participa con regularidad.

El voluntariado varía en el transcurso de la vida no solo en cuanto a participación, frecuencia de participación, actividad y tipo de organización, sino también respecto

Gráfica 5.9. **Participación en voluntariado informal de personas de 50 años de edad y mayores en países europeos**

Porcentaje de personas mayores de 50 años que dijeron haber participado en voluntariado informal en los 12 meses anteriores, 2015 o año más reciente disponible

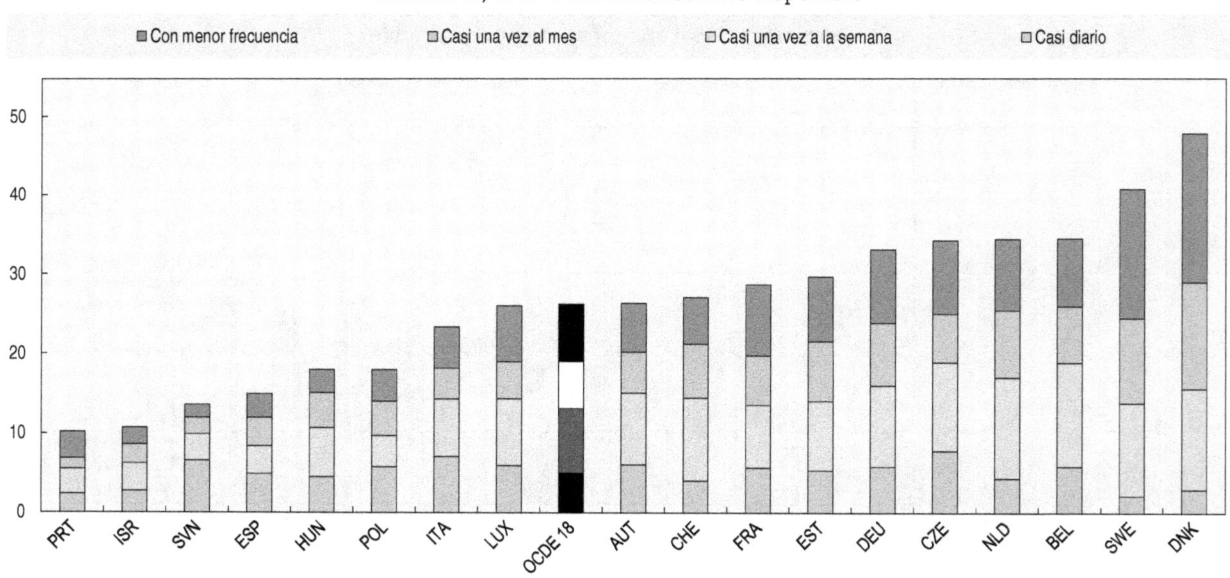

Nota: Los datos de Hungría, Polonia y Portugal se refieren a 2011.

Fuente: Cálculos de la OCDE a partir de la Encuesta de Salud, Envejecimiento y Jubilación en Europa, Survey of Health, Ageing and Retirement in Europe (SHARE) (2015), Survey of Health, Ageing and Retirement in Europe, Wave 5, Release 1.0.0 (base de datos), *http://dx.doi.org/10.6103/SHARE.w5.100*; y SHARE (2013), Survey of Health, Ageing and Retirement in Europe, Wave 4, Release 1.1.1 (base de datos), *http://dx.doi.org/10.6103/SHARE.w4.111*.

StatLink http://dx.doi.org/10.1787/888933268439

a la motivación para trabajar de esta manera. Si bien se cuenta con escasa evidencia comparativa sobre los motivos para realizar trabajo voluntario entre la población joven y adulta, información obtenida en la segunda aplicación de SHARE —que cubre un conjunto un tanto diferente y menor de países europeos— sugiere que un factor impulsor importante para que los adultos mayores tomen la decisión de ofrecerse como voluntarios, es la disposición a conocer otras personas y hacer una contribución útil (Gráfica 5.10). En Israel y el sur de Europa, la motivación principal para trabajar como voluntario a una edad mayor parece relacionarse con la sensación de hacer algo útil; mientras tanto, en el norte de Europa y Europa continental, las personas de 50 años y más participan en actividades voluntarias sobre todo para entablar nuevas relaciones sociales.

Gráfica 5.10. **Motivos para trabajar como voluntarios de las personas de 50 años de edad y mayores en países europeos**

Porcentaje de voluntarios, 2008

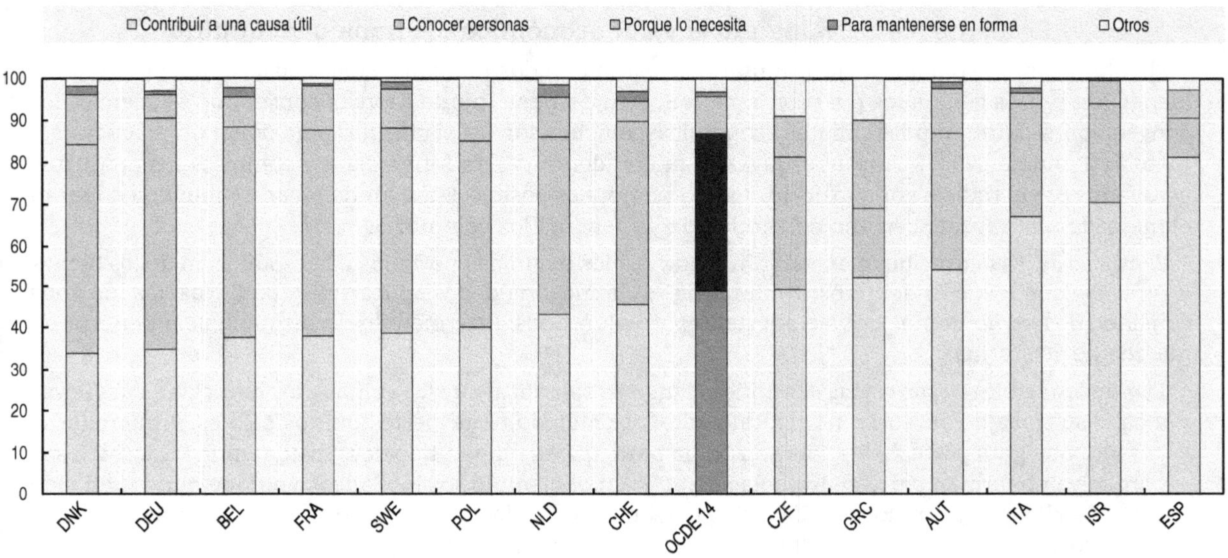

Fuente: Cálculos de la OCDE a partir de la Encuesta de Salud, Envejecimiento y Jubilación en Europa (SHARE) (2013), Survey of Health, Ageing and Retirement in Europe, Wave 2, Release 2.6.0 (base de datos), *http://dx.doi.org/2010.6103/SHARE.w2.260.*

StatLink http://dx.doi.org/10.1787/888933268442

Midiendo los beneficios del voluntariado para el bienestar

Valor económico del voluntariado

Cuando los voluntarios dan su tiempo para pintar un edificio, llevar a un anciano vecino al hospital o alimentar a las personas sin hogar, ¿cuál es el valor de lo que producen? Se han propuesto dos métodos para calcular el valor económico de la producción no comercial (Recuadro 5.4): el *método de producto* y el *método de insumo* (O'Neill, 2001; Prouteau, 2006; Prouteau y Wolff, 2004; Sajardo y Serra, 2011). Como el método de producto se acerca al utilizado en las cuentas nacionales, permite una comparación directa con la producción comercial (Abraham y Mackie, 2005). Sin embargo, esto requiere identificar productos y servicios similares producidos en un entorno comercial; por consiguiente, debido a limitaciones de datos, en la mayoría de las aplicaciones prácticas se aplica el método de insumo (por ejemplo, Ahmad y Koh, 2011; Salamon, Sokolowski y Haddock, 2011), el cual también se emplea aquí.

Para evaluar el valor económico del trabajo voluntario en los países de la OCDE, en el Cuadro 5.4 se combina información sobre el número de horas de trabajo voluntario (formal e informal) obtenida por las TUS con cifras del salario por hora promedio en cada país provenientes de la base de datos *National Accounts Statistics* de la OCDE. Con un método de costo de reemplazo se asigna un valor monetario a las horas dedicadas al voluntariado. Como no se cuenta con datos sobre el precio del trabajo en actividades voluntarias específicas, el Cuadro 5.4 se basa en el costo por hora promedio de cada país. Los salarios por hora se convierten en un equivalente anual de tiempo completo, suponiendo una semana laboral de 40 horas y 52 semanas en un año (incluidas vacaciones pagadas). Para fines de comparación entre países, los valores nominales se convierten a dólares estadounidenses de 2013 mediante paridades de poder adquisitivo para el consumo privado.[32]

Recuadro 5.4. **Evaluando el valor económico del trabajo voluntario**

El valor económico del trabajo voluntario se estima de dos maneras. El *método de producto* valora los bienes o servicios generados por este trabajo. Si bien desde un punto de vista conceptual se acerca a las convenciones para compilar cuentas económicas, muchos son los obstáculos para poner en práctica este método (Prouteau, 2002). En primer lugar, requiere identificar en forma clara y completa los productos generados por el trabajo voluntario, lo cual no siempre es posible. En segundo lugar, a menudo no hay en el mercado un sustituto cercano del producto que generan los voluntarios.[a]

El *método de insumo* atribuye un valor monetario a los insumos aportados a la producción de los bienes y servicios que resultan del trabajo voluntario. En la mayoría de las aplicaciones prácticas, los insumos considerados se limitan al trabajo aportado por voluntarios. Este método de insumo suele ponerse en marcha de dos formas:

- El *método de costo de oportunidad* cuantifica el ingreso salarial al que los voluntarios renuncian para llevar a cabo su trabajo voluntario no remunerado. Este método tiene ciertos puntos débiles. Primero, pasa por alto que gran parte de los voluntarios no participa en ningún tipo de trabajo remunerado, bien sea porque ya no forman parte de la población activa (por ejemplo, los jubilados) o porque nunca han sido parte de ella (por ejemplo, estudiantes o personas dedicadas a labores domésticas no remuneradas). Segundo, el valor que cada voluntario asigna a su tiempo libre es subjetivo y difícil de comparar entre distintas personas.
- El *método de costo de reemplazo* valora lo que se habría pagado por los servicios de los voluntarios si estos hubieran sido proporcionados por trabajadores remunerados. La mejor aplicación de este método (el *método de salarios especializados*) clasificaría las tareas llevadas a cabo por especialistas remunerados (por ejemplo, abogados); sin embargo, esta aplicación demanda contar con información detallada sobre la naturaleza de la tarea realizada por los voluntarios, así como el ajuste de cualquier diferencial de productividad entre los especialistas remunerados y los voluntarios. La manera más sencilla de aplicar el método de costo de reemplazo es el *método de salario general*.[b] Si bien el método de costo de reemplazo es el que se utiliza con mayor frecuencia y lo recomienda la OIT, también tiene puntos débiles, el más importante de los cuales es que las tareas realizadas por los voluntarios difícilmente se comparan con las realizadas por empleados remunerados.

[a] Tal es el caso de la gran mayoría de los productos que genera el sector de voluntariado, en particular en contextos de escasa o nula solvencia financiera por parte del lado de la demanda, o donde los productos de naturaleza pública son afectados por problemas de piratería.

[b] Los escasos estudios internacionales sobre este tema han utilizado diversas alternativas como salario de referencia: el salario promedio en el sector de servicios sociales (United Nations, 2003); el salario no agrícola medio (Anheier y Salamon, 2001) y los salarios pagados por organizaciones sin fines de lucro en sus respectivos campos de acción (Mertens y Lefevre, 2004).

Fuente: Abraham, K. G., y C. Mackie (eds.) (2005), *Beyond the Market: Designing Nonmarket Accounts for the United States*, Washington, DC: National Academies Press.

El Cuadro 5.4 muestra cálculos aproximados del valor económico del trabajo en dólares estadounidenses reales (segunda columna) y como porcentaje del PIB de los países (tercera columna). Si bien el margen de incertidumbre es grande, debido a limitaciones de datos y atajos metodológicos utilizados, estos cálculos sugieren que el sector de voluntariado es una fuerza económica considerable, que representa 1 billón de dólares estadounidenses en la zona de la OCDE y un porcentaje sustancial del PIB (1.9%). El valor económico del trabajo voluntario es alto en particular en Australia, Alemania, Nueva Zelanda y Estados Unidos de América (3% del PIB o más).

Cuadro 5.4. **Estimados del valor económico del voluntariado en la OCDE**

2013 o año más reciente disponible

País	Estimados del valor económico del voluntariado	
	Cantidad (valor 2013, USD mil millones, PPA)	Porcentaje del PIB nacional (valor 2013, USD, PPA)
Alemania	117.6	3.3
Australia	49.4	4.7
Austria	4.5	1.2
Bélgica	5.1	1.1
Canadá	36.3	2.4
Corea	7.8	0.5
Dinamarca	6.7	2.7
Eslovenia	1.2	2.0
España	22.1	1.4
Estados Unidos de América	621.7	3.7
Estonia	0.5	1.4
Finlandia	2.9	1.3
Francia	19.2	0.8
Hungría	0.5	0.2
Irlanda	3.5	1.7
Italia	19.6	0.9
Japón	33.2	0.7
México	19.7	1.0
Noruega	5.9	1.8
Nueva Zelanda	6.4	4.1
Países Bajos	7.7	1.0
Polonia	25.3	2.8
Portugal	4.3	1.5
Reino Unido	60.2	2.5
Suecia	11.3	2.6
OCDE 25	**1 093**	**1.9**

Nota: Los datos sobre uso del tiempo se refieren a: 2013 para Estados Unidos de América; 2011 para Japón; 2010 para Canadá; 2009-2010 para Estonia, Finlandia, Nueva Zelanda y España; 2009 para Corea y México; 2008-2009 para Austria, Francia e Italia; 2006 para Australia; 2005-2006 para Países Bajos; 2005 para Bélgica, Irlanda y Reino Unido; 2003-2004 para Polonia; 2001-2002 para Alemania; 2001 para Dinamarca; 2000-2001 para Noruega, Eslovenia y Suecia; 1999-2000 para Hungría y 1999 para Portugal. La información en número de horas de voluntariado informal no está disponible para Bélgica, Hungría, Irlanda, Japón ni Países Bajos.

Fuente: Cálculos de la OCDE con base en la aplicación web Harmonised European Time Use Survey, *https://www.h2.scb.se/tus/tus/*; base de datos Eurostat Time Use, *http://appsso.eurostat.ec.europa.eu/nui/show.do?dataset=tus_00selfstat&lang=en*; microdatos de encuesta sobre uso de tiempo para uso del público; tabulaciones de oficinas de estadísicas nacionales; OECD (2015a), "Aggregate National Accounts, SNA 2008: Gross domestic product", base de datos OECD National Accounts Statistics, *http://dx.doi.org/10.1787/data-00001-en*; y OECD (2015b), "Annual full time earnings and annual labour costs in equivalent USD, 25-64 year-old population", base de datos OECD Employment and Labour Market Statistics, *http://dx.doi.org/10.1787/eag-2010-table88-en*.

StatLink http://dx.doi.org/10.1787/888933268572

Cuando damos, ¿cuánto recibimos?

Los beneficios del voluntariado no solo influyen para otras personas, sino también para los propios voluntarios: conocen personas, entablan nuevas amistades, amplían su experiencia de vida, aumenta su confianza, experimentan estados de ánimo positivos y adquieren nuevas competencias. De acuerdo con el marco de bienestar de la OCDE, aquí se clasifican dichos beneficios en tres categorías: *i)* salud, *ii)* competencias e ingreso, y *iii)* bienestar subjetivo.

Salud

Estudios anteriores mostraron un vínculo positivo entre voluntariado y salud: los voluntarios tienen más probabilidad de disfrutar de buena salud física y mental y menores tasas de mortalidad que quienes no trabajan como voluntarios (Recuadro 5.5).

Recuadro 5.5. **Relación entre voluntariado y salud**

Al ayudar a otros, las personas desarrollan redes más fuertes que amortiguan el estrés y reducen el riesgo de enfermedad. Los beneficios del trabajo voluntario son evidentes en especial en etapas posteriores de la vida, cuando es más probable la presencia de problemas de salud física y ya no se dispone de otras formas de integración social, como la actividad laboral y el matrimonio.

Diversos estudios (véase una revisión en Wilson y Musick [2000]) sugieren que el voluntariado ofrece beneficios para la salud física en términos de una menor morbilidad y una mayor esperanza de vida. Varios estudios epidemiológicos se basan en datos longitudinales para investigar la relación causal entre la participación voluntaria y la salud: la mayoría concluye que el voluntariado genera buena salud y no que las personas saludables tengan mayores probabilidades de ofrecerse como voluntarios. Sin embargo, se requiere investigar más para entender la importancia de mediar las variables o mecanismos a través de los cuales el voluntariado mejora el estado de salud.

Casi todos los beneficios del voluntariado para la salud se concentran más allá de la edad madura.[33] La encuesta SHARE brinda un cúmulo de información sobre la condición de vida y el bienestar de las personas en la etapa posterior de la vida, y es adecuada para evaluar la relación entre el voluntariado y la salud. El Cuadro 5.5 muestra diferencias importantes en varios indicadores de salud entre los voluntarios y los no voluntarios de mayor edad en los países donde se realizaron los estudios.

En el cuadro se destaca una importante correlación entre salud y voluntariado, aunque nada puede deducirse sobre las relaciones causales. En general, las personas de mayor edad que se ofrecen como voluntarios formales tienen más probabilidades que los no voluntarios de reportar un mejor estado de salud. La relación entre la ayuda informal y la salud es algo más moderada, en particular en el caso de la depresión. Sin embargo, existen grandes variaciones entre países. En aquellos donde las tasas de participación en trabajo voluntario informal son altas (por ejemplo, Dinamarca y Suecia), la ayuda informal suele asociarse con bajas en los niveles de depresión, en tanto que lo inverso aplica para países con tasas de participación en actividades voluntarias informales (por ejemplo, Portugal). En países donde las tasas de voluntariado son bajas, las funciones de ayuda informal se desempeñan por lo común dentro de redes sociales cerradas y se relacionan con responsabilidades sociales más fuertes y menor reconocimiento social. Por consiguiente, quienes brindan ayuda informal tienen más probabilidad de experimentar cansancio y agotamiento propios del voluntario, los cuales pueden contrarrestar el efecto sano de esta actividad sobre la depresión (Li y Ferraro, 2005).

Cuadro 5.5. **Resultados de salud de las personas de 50 años y mayores en países europeos, por participación en trabajo voluntario**

Porcentaje, 2015 o año más reciente disponible

País	Salud autorreportada			Depresión (escala Euro-D)			Probabilidades de vivir hasta edades avanzadas[a]		
	Buena / muy buena			Poca / ninguna depresión			Expectativas mayores de 50%		
	No trabaja como voluntario	Trabajo voluntario formal	Trabajo voluntario informal	No trabaja como voluntario	Trabajo voluntario formal	Trabajo voluntario informal	No trabaja como voluntario	Trabajo voluntario formal	Trabajo voluntario informal
Alemania	51.4	72.1	66.4	73.6	81.5	74.5	51.8	63.6	62.7
Austria	64.5	79.7	75.0	79.1	83.5	80.6	62.1	78.6	71.4
Bélgica	68.7	80.6	78.4	71.3	76.1	69.5	51.3	66.2	62.7
Dinamarca	70.5	84.6	79.8	79.1	86.6	83.1	65.4	79.7	73.7
Eslovenia	57.7	77.3	71.6	73.2	81.4	77.0	54.9	67.2	63.3
España	54.0	70.9	62.5	66.4	73.5	66.6	57.4	75.1	63.8
Estonia	26.1	52.6	37.4	59.4	78.9	65.3	46.6	64.5	57.8
Francia	57.1	78.5	73.0	63.1	70.2	61.6	48.1	62.3	59.8
Hungría	33.6	47.3	37.8	56.6	71.5	57.7	27.5	49.1	34.2
Israel	64.1	77.5	69.2	79.7	83.1	77.2	51.0	78.6	66.2
Italia	54.9	72.0	64.9	63.6	68.5	60.0	58.0	73.5	72.1
Luxemburgo	61.2	82.3	71.5	71.0	77.7	71.3	58.8	71.5	67.5
Países Bajos	61.4	81.0	71.5	78.5	85.7	78.7	59.9	72.4	72.3
Polonia	38.9	36.3	58.4	58.1	33.3	55.5	54.4	35.2	42.7
Portugal	36.9	48.6	44.3	61.3	68.9	41.6	53.8	56.9	56.3
República Checa	54.1	72.4	58.9	70.1	75.3	71.3	34.6	46.2	44.0
Suecia	72.6	79.9	80.5	79.0	85.5	80.5	53.5	66.6	70.4
Suiza	79.6	90.5	86.1	81.4	84.7	84.2	63.9	69.9	69.9
OCDE 18	**55.9**	**71.3**	**65.9**	**70.3**	**75.9**	**69.8**	**53.0**	**65.4**	**61.7**

[a] Se pidió a los encuestados que calificaran, en una escala de 0 a 100, la probabilidad de que vivieran hasta una cierta edad o hasta una edad mayor (como 75 entre el grupo de 50-65 años).

Nota: Los datos de Hungría, Polonia y Portugal se refieren a 2011.

Fuente: Cálculos de la OCDE basados en datos de la Encuesta de Salud, Envejecimiento y Jubilación en Europa (SHARE) (2015), Survey of Health, Ageing and Retirement in Europe, Wave 5, Release 1.0.0 (base de datos), *http://dx.doi.org/10.6103/SHARE.w5.100*; y SHARE (2013), Survey of Health, Ageing and Retirement in Europe, Wave 4, Release 1.1.1 (base de datos), *http://dx.doi.org/10.6103/SHARE.w4.111*.

StatLink http://dx.doi.org/10.1787/888933268587

Competencias e ingreso

El voluntariado también genera beneficios en el mercado laboral (Recuadro 5.6), durante la juventud y la mediana edad (Strauß, 2008), así como en la etapa profesional posterior (Lancee y Radl, 2012). Algunos autores sugieren que el impacto del voluntariado puede ser limitado porque no aporta voluntarios con competencias que puedan transferir con facilidad al trabajo remunerado (Vegeris *et al.*, 2010). No obstante, los voluntarios por lo general informan que el voluntariado mejora tanto sus "competencias duras" (*hard skills*), entre las que se encuentran las de tecnologías de la información, lenguaje, gestión comercial y relaciones con clientes, al igual que sus "competencias blandas" (*soft skills*), como comunicaciones, trabajo en equipo, uso del tiempo y disciplina (Hirst, 2001; Corden y Sainsbury, 2005; Newton, Oakley y Pollard, 2011; Nichols y Ralston, 2011).[34] De igual forma, los gerentes creen que con el voluntariado pueden adquirirse competencias para el trabajo (Volunteering England, 2010).[35]

Cuadro 5.6. **Niveles de competencias de adultos y salarios por hora, por participación voluntaria y por país**

Valores promedio, población en edad productiva, 2012

País	Competencia en lectura		Competencia en matemáticas		Competencia en solución de problemas		Salarios por hora[a]	
	No voluntario	Voluntario	No voluntario	Voluntario	No voluntario	Voluntario	No voluntario	Voluntario
Alemania	263	283	263	288	278	290	18.1	20.1
Australia	272	293	259	281	284	295	18.3	19.8
Austria	266	276	270	285	282	287	18.6	20.0
Bélgica	269	288	273	295	277	288	21.6	23.5
Canadá	262	285	254	277	273	291	18.9	21.1
Corea	270	280	260	272	282	284	17.1	20.4
Dinamarca	264	279	271	287	280	287	23.3	24.4
España	248	267	243	261		.	16.3	19.3
Estados Unidos de América	256	281	236	266	267	284	19.5	23.1
Estonia	272	287	269	284	274	286	14.5	17.1
Finlandia	282	295	276	291	288	291	9.4	10.2
Francia	257	277	247	275			18.6	20.2
Irlanda	261	275	249	266	274	280	20.4	23.4
Italia	248	260	244	260			15.8	17.4
Japón	295	298	285	294	295	293	15.6	17.1
Noruega	269	286	267	287	281	290	23.0	25.3
Países Bajos	279	291	275	289	284	290	20.8	22.7
Polonia	264	280	257	273	272	284	8.8	11.1
Reino Unido	265	288	254	280	275	291	15.1	16.8
República Checa	272	283	273	287	280	294	8.8	9.9
República Eslovaca	272	281	273	285	280	285	8.6	9.9
Suecia	273	291	271	293	284	295	18.4	19.3
OCDE 22[b]	**267**	**283**	**262**	**281**	**279**	**289**	**16.8**	**18.7**
Federación de Rusia	273	285	268	277	275	282	5.0	5.3

[a] Los salarios por hora incluyen bonos y se expresan en dólares estadounidenses por PPA. La muestra incluye solo a empleados en edad productiva. La distribución salarial se recortó para eliminar el percentil 1 y el 99.

[b] Excepto la competencia en resolución de problemas, en cuyo caso es OCDE 19.

Nota: Los datos de Bélgica se refieren a Flandes; los datos del Reino Unido se refieren solo a Inglaterra e Irlanda del Norte. Los datos de la Federación de Rusia excluyen el área municipal de Moscú.

Fuente: Cálculos de la OCDE basados en datos de OECD (2012), *OECD Survey of Adult Skills* (base de datos PIAAC), *http://www.oecd.org/site/piaac/*.

StatLink http://dx.doi.org/10.1787/888933268596

Según los resultados del PIAAC, en la gran mayoría de los países de la OCDE, quienes participan en el voluntariado tienen un mayor nivel de competencias de lectura, matemáticas y resolución de problemas, y reciben sueldos más altos que aquellos que no trabajan como voluntarios (Cuadro 5.6). Sin embargo, hay que ser precavidos con estas conclusiones. En primer lugar, la correlación entre el voluntariado y las competencias y los sueldos en el sitio de trabajo puede ser falsa y deberse a variables omitidas (como la edad). En segundo lugar, la relación positiva destacada en el Cuadro 5.6 no informa sobre la causalidad (de haberla) entre las variables disponibles. No obstante, el análisis econométrico, que toma en cuenta diversas características individuales, sesgos de selección de muestra y aspectos de causalidad, sugiere que el voluntariado fomenta la adquisición de habilidades utilizadas en el trabajo y produce aumentos o bonos salariales (véanse el Recuadro 5.6 y el Anexo 5.B).

Recuadro 5.6. **Relación entre voluntariado, sueldos y competencias**

En varios estudios se concluye que el voluntariado contribuye a la "empleabilidad individual", al mejorar los conocimientos, aptitudes, actitudes laborales, confianza, autoestima, salud mental y física, y el bienestar (Corden y Sainsbury, 2005; Hirst, 2001; Newton *et al.*, 2011; Nichols y Ralston, 2011). Sin embargo, la evidencia sobre el grado al cual estas ganancias en "empleabilidad" se traducen en un empleo mejor pagado es mixta (Kamerāde y Ellis Paine, 2014; Ellis Paine, McKay y Moro, 2013). Además, los canales detallados a través de los cuales la participación voluntaria puede beneficiar a los trabajadores son aún poco claros y pueden diferir entre países y por las características de los trabajadores.

Si bien se conoce la importancia de la educación como determinante de la participación voluntaria, se sabe menos de los efectos de trabajar como voluntario en el nivel de competencias adquiridas por la población adulta, sobre todo debido a limitaciones de datos. En este sentido, el análisis presentado en el Cuadro 5.B.1 del anexo representa un primer intento de investigar la relación entre la participación voluntaria y las competencias laborales. Se ha incluido una serie de variables para tomar en cuenta relaciones falsas, en tanto que el aspecto de causalidad se abordó en un marco de regresión de mínimos cuadrados en dos etapas, utilizando el nivel de confianza en otras personas como variable instrumental. Después de considerar la causalidad inversa y los sesgos por selección, los estimados basados en el PIAAC sugieren que el voluntariado aumenta las competencias en el trabajo.

En relación con el impacto del trabajo voluntario en los ingresos, la evidencia existente es limitada, sobre todo debido a la falta de conjuntos de datos adecuados para poner a prueba esta relación de forma adecuada. Sin embargo, en la mayoría de estos estudios se encuentra un bono salarial por voluntariado que oscila entre 7% y 19%. La última columna del Cuadro 5.B.1 del Anexo muestra los resultados de un análisis llevado a cabo para evaluar el rendimiento "real" en ingresos por el trabajo voluntario. Se consideraron dos enfoques metodológicos para estimar el efecto del trabajo voluntario sobre los ingresos. Primero, al estimar el efecto del trabajo voluntario, se utilizó una técnica de variable instrumental para abordar el sesgo por endogeneidad, similar a la empleada en el caso de un bono por competencias. Segundo, se utilizó un marco de autoselección de la participación en el mercado laboral para corregir el posible sesgo por selección de la muestra (técnica Heckman). Después de tomar en cuenta la causalidad inversa y los sesgos por selección, los estimados basados en el PIAAC sugieren que el trabajo voluntario aumenta 14% los ingresos promedio por hora, lo cual coincide con los estimados informados por estudios previos (Day y Devlin, 1998; Hackl, Halla y Pruckner, 2007; Prouteau y Wolff, 2006).

En el Cuadro 5.7 se resumen las principales conclusiones del análisis empírico realizado de datos del PIAAC para investigar los efectos del voluntariado en competencias e ingresos (véase el conjunto completo de resultados en el Anexo 5.B). El análisis del efecto del trabajo voluntario formal en el dominio de competencias y los ingresos amerita investigarse más y se beneficiará con la segunda aplicación de la encuesta PIAAC.

Cuadro 5.7. **Coeficientes de voluntariado formal sobre dominio de competencias e ingreso**

	Competencias de lectura	Competencias de matemáticas	Competencias de solución de problemas	Ingreso por hora[a]
Voluntariado formal	11.0**	10.8**	8.0**	0.14***
Controles socioeconómicos	Sí[b]	Sí[b]	Sí[b]	Sí[c]
Causalidad inversa	Sí	Sí	Sí	Sí
Sesgo de autoselección				Sí[d]
Efectos fijos nacionales	Sí	Sí	Sí	Sí

[a] La variable dependiente "ingresos por hora" se refiere al logaritmo natural de ingreso por hora; estos ingresos incluyen bonos y se expresan en dólares estadounidenses ajustados por PPA. La distribución salarial se recortó para eliminar el percentil 1 y 99. La muestra incluye solo empleados en edad productiva.

[b] Coeficientes ajustados por edad, género, condición migratoria, condición de empleo y tipo de ocupación.

[c] Coeficientes ajustados por edad, género, condición migratoria y condición de empleo.

[d] La ecuación de participación de la población activa toma en cuenta edad, género, presencia de hijos, estado civil y empleo de la pareja.

Nota: ** Significativo en 5%, *** significativo en 1%.

Fuente: Cálculos de la OCDE basados en datos de OECD (2012), *OECD Survey of Adult Skills* (base de datos PIAAC), *http://www.oecd.org/site/piaac/.*

StatLink http://dx.doi.org/10.1787/888933268602

Bienestar subjetivo

En gran parte de la investigación acerca de los efectos del voluntariado sobre el bienestar subjetivo se observa que quienes realizan trabajo no remunerado para ayudar a otros se benefician de alguna manera (Becchetti, Pelloni y Rossetti, 2008; Dolan, Peasgood y White, 2008; Helliwell, 2003; OECD, 2011; Post, 2005). Por otra parte, en algunos estudios se concluye que, después de tomar en cuenta diversas características individuales (por ejemplo, edad, género, características personales, condición de empleo, ingresos), el impacto del voluntariado se reduce mucho o incluso puede llegar a ser negativo (Bjørnskov, 2006; Meier y Stutzer, 2008; Li, Pickles y Savage, 2005). Ahora bien, la mayor parte de esta investigación sobre voluntariado y el bienestar subjetivo se basa en datos transversales, lo cual dificulta evaluar los efectos causales de manera sistemática. Además, los canales a través de los cuales la participación voluntaria podría beneficiar el bienestar subjetivo son diversos (Recuadro 5.7).

Recuadro 5.7. **Relación entre voluntariado y el bienestar subjetivo**

Cada vez más estudios investigan la relación entre el voluntariado y características psicológicas como satisfacción ante la vida y autoestima. La mayor parte de esta investigación señala que la participación voluntaria aumenta el bienestar subjetivo.

Se han identificado diferentes canales a través de los cuales el voluntariado puede ejercer un efecto positivo sobre este bienestar. Primero, el voluntariado beneficia el bienestar subjetivo al proporcionar un sentido de significado y propósito en la vida, al ayudar a compensar pérdidas de rol como las vinculadas con la jubilación y la viudez, y puede incluso aliviar el estrés en tiempos de crisis personal (Van Willigen, 2000). Segundo, el voluntariado puede generar mayor bienestar subjetivo porque facilita el apoyo social y las interacciones sociales (Wilson y Musick, 2003). Por último, el voluntariado puede reforzar la autoestima de los proveedores de apoyo (Krause y Shaw, 2000).

Cada uno de los anteriores es un camino razonable en la relación entre el voluntariado y la salud mental, pero el resultado podría no ser siempre beneficioso. Algunos estudios muestran un efecto no lineal de las horas de trabajo voluntario formal sobre el bienestar subjetivo (Van Willigen, 2000), lo cual sugiere que una cantidad moderada de este tipo de trabajo es óptima. Además, la participación en diferentes actividades de voluntariado como la ayuda voluntaria formal e informal puede generar diferentes resultados.

El cuadro 5.8 muestra la relación entre la participación en trabajo voluntario formal y dos indicadores diferentes del bienestar subjetivo —satisfacción ante la vida y balance de afecto— basados en datos de la Encuesta Mundial Gallup.[36] La pregunta sobre trabajo voluntario formal en esta encuesta es la siguiente: "Durante el mes pasado, ¿dedicó tiempo de manera voluntaria a alguna organización?" Los datos muestran que, en promedio, los voluntarios tienden a reportar mayor satisfacción ante la vida y a experimentar sentimientos positivos con más frecuencia que los que no trabajan como voluntarios.[37] El Cuadro 5.C.1 del Anexo presenta la distribución de sentimientos incluidos en la medida de balance de afecto, por participación voluntaria y por país; esta evidencia muestra que los voluntarios tienden a reportar más sentimientos positivos que los no voluntarios, aunque no hay un patrón claro en lo que se refiere a emociones negativas. Por ejemplo, en estudios se ha encontrado que ayudar a personas cuyas condiciones tal vez no mejoren (por ejemplo, quienes viven en hospicios o jóvenes fugitivos) puede generar tristeza y agotamiento entre los que brindan apoyo (Gabard, 1997; Haski-Leventhal y Bargal, 2008).

Cuadro 5.8. **Indicadores de bienestar subjetivo, por participación voluntaria y país**

Valores promedio, 2014 o año más reciente disponible

País	Satisfacción ante la vida		Balance de afecto	
	Escala Cantril 0-10		% de encuestados que reportaron un balance de afecto positivo	
	No trabaja como voluntario	Trabajo voluntario formal	No trabaja como voluntario	Trabajo voluntario formal
Alemania	7.0	7.3	77.0	85.3
Australia	7.2	7.5	75.9	76.2
Austria	7.0	7.5	79.5	83.5
Bélgica	6.8	7.1	75.9	77.9
Canadá	7.2	7.4	76.9	77.7
Chile	6.8	6.9	77.2	79.4
Corea	5.7	6.3	66.5	71.2
Dinamarca	7.5	7.7	80.0	85.8
Eslovenia	5.4	6.4	64.5	78.5
España	6.4	6.4	70.3	69.2
Estados Unidos de América	6.9	7.3	75.5	76.7
Estonia	5.4	6.2	72.1	81.2
Finlandia	7.4	7.6	81.7	84.7
Francia	6.4	6.8	77.4	81.3
Grecia	4.7	5.9	59.2	72.7
Hungría	5.1	5.3	67.3	85.9
Irlanda	6.7	7.1	76.9	80.8
Islandia	7.5	7.7	84.5	86.5
Israel	7.3	7.7	66.6	70.7
Italia	6.0	6.1	63.5	64.6
Japón	5.7	6.1	77.0	86.9
Luxemburgo	6.8	6.9	81.3	83.9
México	6.4	6.9	81.5	84.4
Noruega	7.4	7.7	79.2	84.4
Nueva Zelanda	7.3	7.7	78.4	84.0
Países Bajos	7.2	7.4	85.5	84.5
Polonia	5.1	5.6	74.3	75.6
Portugal	5.1	5.7	61.5	67.3
Reino Unido	6.5	6.8	78.9	79.6
República Checa	6.5	6.6	70.4	78.2
República Eslovaca	5.8	6.0	71.9	78.8
Suecia	7.2	7.6	80.7	79.0
Suiza	7.4	7.7	83.4	86.2
Turquía	5.4	5.7	61.0	70.8
OECD	6.5	6.8	74.5	79.2

Nota: Los datos se refieren a 2013 para Islandia y Turquía.

Fuente: Cálculos de la OCDE basados en datos de la Encuesta Mundial Gallup, www.gallup.com/strategicconsulting/en-us/worldpoll.aspx.

StatLink http://dx.doi.org/10.1787/888933268618

Aun después de tomar en cuenta diversas características individuales (es decir, género, edad, ingresos y niveles educativos, estado civil y parental, así como zona de residencia), la relación entre el voluntariado y la satisfacción ante la vida sigue siendo grande y significativa (Gráfica 5.11, línea horizontal negra). Sin embargo, centrar la atención en el efecto promedio del voluntariado podría ocultar una relación no lineal (Binder, 2015; Binder y Freytag, 2013). La Gráfica 5.11 muestra que el trabajo voluntario se relaciona de forma positiva con la satisfacción ante la vida en todos los quintiles, aunque la relación se debilita en los niveles más altos de esta satisfacción (véase el Cuadro 5.C.2 del Anexo para mayores detalles). El fuerte vínculo entre el voluntariado y la satisfacción ante la vida en el quintil inferior parece apoyar la postura de que el voluntariado ofrece un papel protector, pues permite a los voluntarios mitigar su propia infelicidad (Binder y Freytag, 2013).

Gráfica 5.11. **Efecto del trabajo voluntario formal en la satisfacción ante la vida**

Coeficientes de voluntariado sobre la satisfacción ante la vida, por quintil de satisfacción

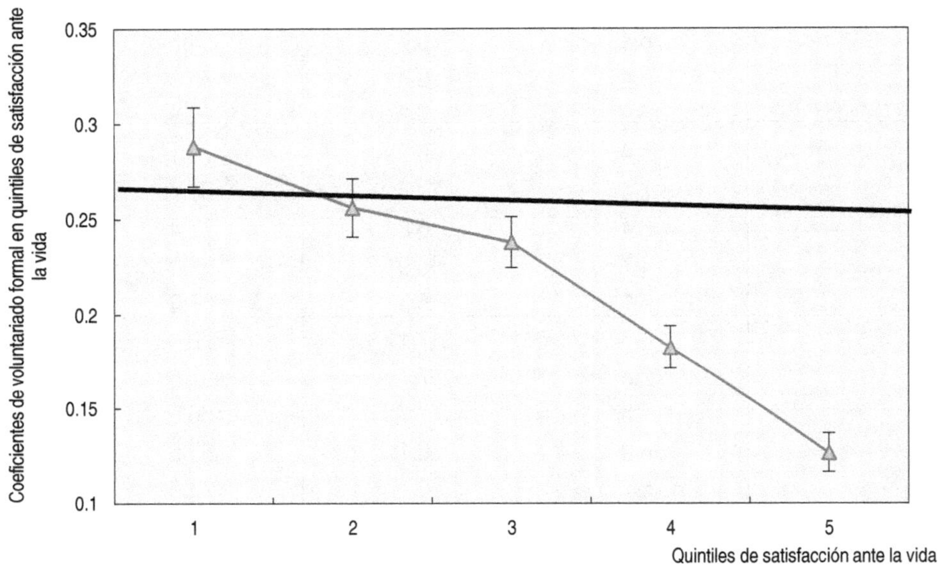

Nota: El análisis incluye todos los países de la OCDE. Los datos se reunieron en todos los años disponibles de 2006-2014. La línea horizontal da el coeficiente de voluntariado de toda la muestra (0.264***). Las barras de error para los coeficientes sobre los quintiles de satisfacción ante la vida corresponden a intervalos de confianza de 95%. Los coeficientes de voluntariado sobre los quintiles de satisfacción ante la vida varían de 0.288***, el quintil más bajo, a 0.127***, el más alto.

Fuente: Cálculos de la OCDE basados en datos de la Encuesta Mundial Gallup, *www.gallup.com/strategicconsulting/en-us/worldpoll.aspx*.

StatLink http://dx.doi.org/10.1787/888933268454

Otro enfoque para la relación entre voluntariado y el bienestar subjetivo es basarse en el módulo de afecto de las encuestas sobre uso del tiempo administradas en diversos países de la OCDE (por ejemplo, Francia, Estados Unidos de América). Estos módulos permiten explorar los efectos de actividades específicas sobre el bienestar experimentado, evaluado en un momento particular. El análisis de estos datos sugiere que el voluntariado es una de las actividades más placenteras y que, en los días en que trabajan como voluntarias, las personas pasan menos tiempo en estados de ánimo desagradables que los no voluntarios (Recuadro 5.8).

Recuadro 5.8. Voluntariado y el bienestar subjetivo en la Encuesta Estadounidense sobre Uso del Tiempo

El módulo de bienestar de la Encuesta Estadounidense sobre Uso del Tiempo se utiliza aquí para investigar el vínculo entre la "felicidad" cotidiana y las actividades de voluntariado. El análisis considera dos medidas de los sentimientos experimentados durante el día: el balance de afecto y el porcentaje de tiempo pasado en un estado de ánimo desagradable (índice U). El Cuadro 5.9 muestra una lista de las 15 actividades más agradables (de 90), clasificadas por el valor promedio del balance de afecto. Junto con el cuidado infantil no básico, el entretenimiento, las prácticas religiosas y el ocio fuera del hogar, las actividades voluntarias se encuentran en el grupo de actividades con mayor probabilidad de generar sentimientos positivos; este resultado es compatible con estudios anteriores (Kahneman *et al.*, 2004; Krueger *et al.*, 2009; White y Dolan, 2009).

Cuadro 5.9. Balance de afecto e índice U en la Encuesta Estadounidense sobre Uso del Tiempo, por actividad

Valores promedio, población en edad productiva, 2013

Actividades	Balance de afecto	Índice U
Actividades de voluntariado: no clasificadas en otra parte	4.25	0.0278
Artes y entretenimiento (no incluye deportes)	3.90	0.0548
Actividades de voluntariado: actividades de servicio social y de cuidados (excepto médicas)	3.75	0.0682
Asistencia o recepción en eventos sociales	3.74	0.0702
Prácticas religiosas o espirituales	3.59	0.0962
Ayuda informal: cuidado y ayuda a niños sin hogar	3.45	0.0991
Actividades de voluntariado: participación en actividades culturales	3.42	0.0625
Actividades de voluntariado: asistencia a reuniones y formación	3.40	0.2105
Participación en deportes, ejercicio o recreación	3.40	0.1290
Socialización y comunicación	3.33	0.1481
Cuidados y ayudas a niños en hogares	3.29	0.1706
Ventas	3.22	0.1206
Asistencia a eventos deportivos o recreativos	3.09	0.0435
Jardinería y cuidado de plantas de interiores	2.93	0.1534
Ayuda a adultos sin hogar	2.85	0.1890

Nota: El balance de afecto se define como la diferencia entre la calificación promedio que el encuestado asigna a todos los sentimientos positivos, y a la calificación promedio de todos los sentimientos negativos. Puede tomar cualquier valor entre -6 y 6. El "índice U" mide el porcentaje de tiempo que se pasa en un estado de ánimo desagradable; para un determinado episodio, esto se define como igual a 1 si la calificación máxima de cualquiera de las emociones negativas (estrés, cansancio, tristeza, dolor) excede la calificación de felicidad, y 0, de no ser así. Las actividades que recibieron menos de 15 observaciones no se muestran en el cuadro.

Fuente: Cálculos de la OCDE basados en datos de United States Department of Labor (2015), *American Time Use Survey (ATUS) 2013* (base de datos), Bureau of Labor Statistics, *http://www.bls.gov/tus/#database.*

StatLink http://dx.doi.org/10.1787/888933268626

La Gráfica 5.12 confirma que el voluntariado influye mucho en el bienestar que las personas experimentan. Por ejemplo, quienes no trabajan como voluntarios durante el día pasan casi una cuarta parte de su tiempo diario en un estado de ánimo desagradable, en tanto que este porcentaje es menor de una quinta parte para quienes realizan actividades de voluntariado durante el día (24% y 19%, respectivamente, Panel A). En términos de horas, esto implica que, en los días en que ofrecen su trabajo, los voluntarios pasan menos de una hora más que sus contrapartes en un estado de ánimo agradable. Igualmente, en los mismos días, el porcentaje de encuestados que informa tener más sentimientos agradables que desagradables es mayor en el caso de los voluntarios (95%) que en el de los no voluntarios (87%, Panel B).

Recuadro 5.8. **Voluntariado y el bienestar subjetivo en la Encuesta Estadounidense sobre Uso del Tiempo** (cont.)

Gráfica 5.12. **Tiempo en estado de ánimo desagradable y porcentaje de afecto positivo en la Encuesta Estadounidense sobre Uso del Tiempo, por presencia de voluntariado**

Población en edad productiva, 2013

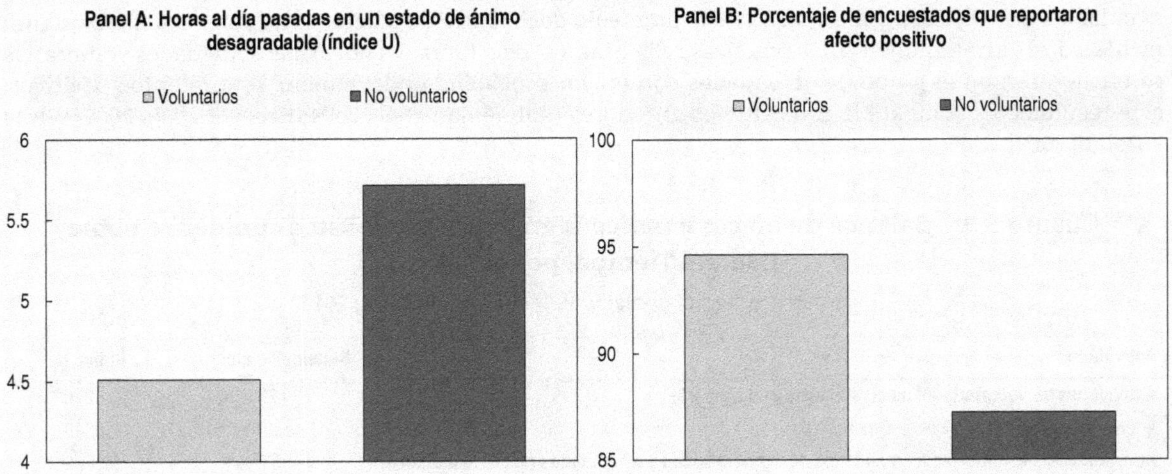

Nota: El término "voluntarios" se refiere a las personas que trabajaron como voluntarios durante el día: el término "no voluntarios" se refiere a las personas que no trabajaron como voluntarios durante el día. Afecto positivo se define como la diferencia entre la calificación promedio que el encuestado asigne a todos los sentimientos positivos y la calificación promedio de todos los sentimientos negativos. El "índice U" mide el porcentaje de tiempo que se pasa en un estado de ánimo desagradable; para un determinado episodio, esto se define como igual a 1 si la calificación máxima de cualquiera de las emociones negativas (estrés, cansancio, tristeza, dolor) excede la calificación de felicidad, y 0, de no ser así.

Fuente: Cálculos de la OCDE a partir de United States Department of Labor (2015), American Time Use Survey (ATUS) 2013 (base de datos), Bureau of Labor Statistics, *http://www.bls.gov/tus/#database.*

StatLink *http://dx.doi.org/10.1787/888933268469*

La agenda estadística futura para el trabajo voluntario

Si bien se dispone de alguna información estadística comparativa sobre el voluntariado —la cual aportó la base para el análisis previsto en este capítulo—, aún es limitada en muchos aspectos importantes. Para responder a la demanda de mejor información sobre el tamaño, la estructura y los efectos de las actividades voluntarias, es necesario tomar medidas en las siguientes áreas:

- ***Aplicar de manera constante una definición común del trabajo voluntario en las diferentes encuestas, siguiendo las directrices recomendadas por la resolución 2013 de la ICLS*** (por generadores de datos oficiales y no oficiales). Esto evitaría la situación actual, en la que las encuestas (por ejemplo, encuestas de la población activa, encuestas sobre uso del tiempo, encuestas generales a familias) difieren en cuanto a las actividades que incluyen (en particular respecto a atender a los miembros de la familia que viven solos o en casas separadas), el tiempo utilizado para evaluar si los encuestados han realizado trabajo voluntario (por ejemplo, las cuatro semanas anteriores o los 12 meses previos), la frecuencia y la duración de este trabajo y el tipo de servicio producido.
- ***Desarrollar medidas experimentales del valor económico del voluntariado*** mediante la compilación periódica de ***cuentas satélite*** que cubran todas las instituciones sin fines

de lucro, e incluir el valor económico del trabajo voluntario en las recomendaciones de la Fuerza de Tarea UNECE para Evaluar el Trabajo no Remunerado de Servicio al Hogar.

- ***Desarrollar medidas para otros aspectos del voluntariado más allá del "trabajo".*** Estos aspectos incluyen donativos (monetarios y en especie) y actividades no laborales, como pertenecer a una organización de voluntariado o participar en una campaña emprendida por estas organizaciones. Si bien estos tipos de actividades no laborales se entienden mejor como una forma de "participación política y cívica" (Boarini y Diaz, 2015), son relevantes para evaluar de qué manera el voluntariado contribuye al capital social y a mantener una sociedad civil vibrante.
- ***Uso de recursos adicionales.*** La mayoría de los países de la OCDE tiene un registro nacional de asociaciones u organizaciones sin fines de lucro, por lo general gestionado por un organismo público y actualizado con regularidad. Se convierte en una valiosa fuente de datos cuando las asociaciones tienen la obligación de inscribirse en el registro nacional y de proporcionar información constante sobre su personal profesional, el número de voluntarios no remunerados, los sectores de actividad y las fuentes de financiamiento. El sector voluntario deberá recabar con regularidad información de estos registros y difundirla; además, estos datos estadísticos deberán ser validados por las oficinas de estadísticas (y utilizados en sus propios informes).

Notas

1. La definición de la OIT explica en detalle las características del trabajo voluntario (es decir, incluye el trabajo productivo; no es remunerado ni obligatorio, y no es para uso del propio hogar), y asegura que el área de estudio se defina de manera uniforme, independientemente de las circunstancias locales. El Manual de la OIT contiene explicaciones adicionales para resolver posibles dudas sobre la interpretación de los criterios.
2. En este método, la característica definitoria del voluntariado informal es que cualquier trabajo o servicio prestado no es para el propio hogar: por consiguiente, llevar en automóvil a nuestro hijo al hospital no es voluntariado, pero sí lo es en el caso de llevar a un vecino.
3. Las "cuentas satélite" reúnen datos sobre determinados tipos de instituciones que están dispersas entre distintos sectores institucionales o actividades económicas en los sistemas de clasificación del SNA. En el caso de las NPI, la cuenta satélite se designa para agrupar datos sobre las NPI que se asignaron a empresas financieras, empresas no financieras, gobiernos, NPISH y sectores del hogar para proporcionar una imagen completa del "sector" de las NPI.
4. Sin embargo, la dependencia en la LFS como plataforma para medir el trabajo voluntario también limita la variedad de temas que pueden explorarse. El módulo de voluntariado propuesto por el Manual de la OIT consta de una página y media de preguntas que se centran en cinco temas: *i)* ¿Quiénes son los voluntarios?, *ii)* ¿Qué actividad realizan?, *iii)* ¿Qué cantidad de tiempo dedican a cada actividad durante un periodo específico de referencia?, *iv)* si la actividad la realiza directamente una persona o es mediante una organización y, si es el segundo caso, ¿Qué tipo de organización es? (por ejemplo, sin fines de lucro, con fines de lucro, pública, cooperativa), y *v)* ¿A qué campo o sector contribuye este voluntariado? (por ejemplo, salud, educación, servicios sociales, medio ambiente, cultura, deportes, entre otros). En el Manual se toma un periodo de referencia de cuatro semanas para las preguntas sobre trabajo voluntario, que es considerablemente más corto que el periodo de 12 meses utilizado en la mayoría de las encuestas sociales; esto genera estimaciones más bajas de la magnitud del trabajo voluntario (cantidad de voluntarios).

5. Los datos de LFS del módulo *ad hoc* de Polonia muestran que el voluntariado formal e informal representaba alrededor de 10% de todos los que trabajan, y cerca de 3% del PIB (en sentido amplio). Aunque hace mención del Manual de la OIT, el módulo *ad hoc* de la LFS sobre el trabajo voluntario en Hungría aplica un periodo de referencia más largo (los 12 meses anteriores a la entrevista en lugar de las cuatro semanas previas).
6. Uno de los pocos estudios que recabó datos comparativos sobre el trabajo voluntario en una muestra representativa grande de países se realizó como parte del Proyecto Comparativo del Sector sin Fines de Lucro de la Universidad Johns Hopkins (Salamon *et al.*, 1999). Este ejercicio recopiló información sobre la cantidad de voluntarios, las horas de voluntariado y el campo de actividad. La mayoría de esos datos se recabaron mediante inserciones encargadas en específico en encuestas demográficas generales; en algunos países se utilizaron en su lugar encuestas institucionales especiales.
7. Por ejemplo, los encuestados pueden interpretar de varias maneras la pregunta sobre si ayudarían a un extraño o a alguien que no conozcan, desde brindar horas de ayuda hasta hechos fortuitos, como dar instrucciones a alguien en la calle. Del mismo modo, las respuestas a la preguntas sobre si ofrecerían tiempo a una institución pueden incluir el servicio comunitario obligatorio exigido como condición para titularse o la simple asistencia a actividades (por ejemplo, oficios religiosos).
8. Un análisis reciente del Centro de Investigación Pew destaca un fuerte descenso en las tasas de respuesta a los sondeos de opinión en Estados Unidos de América (de cerca de 36% en 1997 a 9% en la actualidad), y una tendencia a representar en forma exagerada a los voluntarios en estas encuestas en relación con la población en general (Pew Research Center, 2015). Aunque el estudio concluye que, para la mayoría de las variables, los sondeos con muestras pequeñas proporcionan estimados no sesgados de casi todas las características de la familia, el porcentaje de personas que informó haberse ofrecido como voluntario durante el último año es mucho mayor en estos sondeos en pequeña escala que en las encuestas oficiales a mayor escala (de 55% y 27%, respectivamente).
9. Toppe y Groves (2007) concluyeron que "un porcentaje no trivial de personas hizo cosas que no consideraron como voluntariado, pero que sí califican como tal".
10. En otros términos, la compleja realidad del voluntariado se reduce a una medida unidimensional: uno predice la participación voluntaria en general (sí o no), como si fuera una entidad uniforme y robusta (Cnaan y Amrofell, 1994; Cnaan, Handy y Wadsworth, 1996).
11. En principio, las encuestas institucionales podrían servir para registrar el tiempo empleado en actividades de voluntariado por organizaciones que llevan registros por escrito de los datos de voluntariado. Sin embargo, estas encuestas solo captan el trabajo voluntario en una organización. Además, un obstáculo importante para su uso es que el sector de los voluntarios se caracteriza por una fuerte rotación, un enfoque relativamente informal y un registro deficiente de la información, lo que implica que los datos a menudo no son confiables.
12. Aunque el uso de un diario de aplicación por parte del propio encuestado se ha generalizado en Europa y América del Norte, la mayoría de los países de América Latina utilizan una lista de actividades para medir el uso del tiempo.
13. Sin embargo, las TUS no proporcionan mucha información sobre los entornos institucionales en los que se llevan a cabo las actividades de interés, como los tipos de organizaciones para las que hacen trabajo voluntario los entrevistados, o sobre la clase de trabajo que realizan.

14. La Encuesta Mundial Gallup (GWP) incluye una pregunta sobre el voluntariado formal: "¿En el último mes ha dedicado tiempo a trabajo voluntario para una institución?" A pesar de que es más reciente y que abarca a todos los países de la OCDE, esos datos no se utilizan en esta sección, pues la pregunta de la encuesta no informa sobre la frecuencia de la participación en el voluntariado.
15. La Encuesta Mundial Gallup (GWP) también incluye una pregunta sobre el voluntariado informal. Pese a que es más reciente y abarca a todos los países de la OCDE, estos datos no se utilizan en esta sección pues esta pregunta difiere mucho de la definición del ICLS de voluntariado informal. La pregunta de Gallup es: "¿Ha ayudado a algún desconocido en los últimos 12 meses?" Los entrevistados podrían interpretar esta pregunta como el sustituto de ser "buen ciudadano" más que como una medida de ayuda informal, que generalmente se proporciona a las personas que están cerca del que ayuda.
16. En la base de datos *OECD Time Use*, el voluntariado informal se define como el tiempo dedicado a ayudar a personas ajenas al hogar (por consiguiente, puede incluir ayuda a miembros de la familia que viven un hogar diferente).
17. En este capítulo se utilizan datos de la presentación SHARE Wave 5 release 1.0.0, del 31 de marzo de 2015 (*DOI: 10.6103/SHARE.w5.100*), de la presentación SHARE Wave 4 release 1.1.1, del 28 de marzo de 2013 (*DOI: 10.6103/SHARE.w4.111*) y de la presentación SHARE Wave 2 release 2.6.0, del 29 de noviembre de 2013 (*DOI: 10.6103/SHARE.w1.260* y *10.6103/SHARE.w2.260*). Consulte *www.share-project.org* para una lista completa de las instituciones de financiamiento.
18. Para mayor información consulte: *www.share-project.org*, y Malter y Börsch-Supan (2015).
19. Esta conclusión coincide con la evidencia mostrada en Vézina y Crompton (2012), según la cual las tasas de voluntariado son más bajas en Quebec (37%) y más altas en las provincias angloparlantes de Canadá (fluctúa entre 41% y 58%).
20. Por ejemplo, las tasas inferiores de voluntariado en algunos países del este de Europa se explican por el hecho de que los ciudadanos de esos países ahora se sienten libres para *no* ofrecerse como voluntarios, ya que en el comunismo estaban obligados a hacer trabajo no remunerado para el bien común (Hodgkinson, 2012).
21. La correlación de Pearson entre las dos formas de trabajo voluntario (formal e informal) es de 0.73, y es significativa en el nivel de confianza de 1%.
22. Además de analizar los factores determinantes socioeconómicos, los psicólogos sociales también han evaluado los rasgos psicológicos de los voluntarios. Sin embargo, parece que la importancia de la personalidad para impulsar el voluntariado es poca en relación con las condiciones y las normas sociales (Bekkers, 2005; Musick y Wilson, 2008).
23. Para efectos del análisis mostrado en las gráficas 5.5 y 5.6, los valores promedio de la OCDE son ponderados por la población. Por lo tanto, difieren ligeramente de los valores promedio de la OCDE mostrados en las Gráficas 5.1 y 5.2, que son promedios simples.
24. En México, por ejemplo, el porcentaje de hombres que hacen trabajo voluntario en el sector deportivo y recreativo triplica el de las mujeres, mientras que en Chile casi 70% de los voluntarios en el sector social y de salud son mujeres. Estos patrones en las diferencias de género reflejan fielmente las halladas en el mercado laboral remunerado.
25. La Gráfica 5.5 solo abarca a la población en edad laboral. Es probable que las tasas de voluntariado aumenten en la jubilación.
26. Según Wilson (2000), "la educación fomenta el voluntariado porque crea mayor conciencia sobre los problemas, aumenta la empatía y genera confianza en uno mismo".

27. Oesterle, Johnson y Mortimer (2004) afirman que las personas con niveles educativos más altos tienen mayor interés en ofrecerse como voluntarios porque participan más en la comunidad. Esta perspectiva implicaría que, en última instancia, el voluntariado es en interés propio.
28. Esto tiende a corroborar la opinión de que participar en el mercado laboral fomenta el voluntariado (Wilson, 2000), posiblemente porque la experiencia laboral produce habilidades, lo que capacita más a las personas para ser voluntarias. Esta relación se estudia y analiza en detalle más adelante en el capítulo.
29. La investigación ha demostrado que, si se excluye la labor voluntaria en asociaciones de padres y alumnos, los padres se ofrecen como voluntarios en menor medida que las personas sin hijos (Prouteau y Wolff, 2008).
30. El Estudio Internacional de Educación Cívica y Ciudadanía 2009 recabó información de más de 140 000 estudiantes del octavo grado (o equivalente) en más de 5 300 escuelas de 38 países. El cuestionario cubre cuatro campos de contenido (sociedad y sistemas cívicos, principios cívicos, participación cívica e identidades cívicas), los cuales incluyen diversos temas.
31. Los valores porcentuales de la Gráfica 5.7 son ligeramente diferentes de los presentados en la Gráfica 4.23, pues aquí no se considera la participación en organizaciones religiosas y políticas.
32. Los cálculos se hacen de la siguiente manera: *Valor de la mano de obra utilizada en actividades voluntarias en moneda nominal = Costo laboral por hora promedio de la mano de obra después de impuestos * Horas promedio trabajadas al día * Días en un año * Población (16 años y más)*. Este método coincide en general con el utilizado por Ahmad y Koh (2011) para evaluar la producción familiar, es decir, los servicios producidos por las familias para uso propio.
33. Los beneficios del voluntariado para la salud no se limitan a los adultos mayores (Omoto y Snyder, 1995). Sin embargo, es más difícil detectar las diferencias en los resultados de salud entre quienes ayudan y quienes no lo hacen entre los jóvenes, cuya salud no resulta afectada por susceptibilidades asociadas con el envejecimiento.
34. A menudo los voluntarios se interesan en adquirir competencias mediante actividades de voluntariado reconocidas de manera formal con certificados. Passeport Bénévole (*http://www.passeport-benevole.org*), expedido por France Bénévolat, documenta las competencias y calificaciones adquiridas y las experiencias obtenidas mediante el trabajo voluntario. Desde su implementación en 2007, se han distribuido 100 000 de estos pases, los cuales mejoran la descripción de las competencias de los voluntarios y dan carácter formal al voluntariado, facilitando su verificación. El punto es también lograr que las competencias y calificaciones fueran útiles para la ocupación del voluntario respectivo. De forma similar, en República Checa se elaboró un portafolio de competencias y calificaciones personales que certifica las competencias y calificaciones adquiridas durante el trabajo voluntario.
35. Véase *http://www.volunteering.org.uk/who-we-can-help/employers/the-business-case-for-esv* (consultado el 29 de mayo de 2015).
36. El indicador de satisfacción ante la vida de la Encuesta Mundial Gallup se basa en la escala Cantril, en la que se pide a las personas que califiquen su vida actual en relación con la mejor y la peor vida posibles para ellos, en una escala de 0 a 10. A la inversa, la medida del balance de afecto incluye el bienestar experimentado más que el bienestar evaluativo, y parte de tres emociones positivas (alegría, calma y deseos de reír o sonreír mucho) y tres negativas (preocupación, enojo y tristeza) experimentadas el día anterior; este indicador supone un valor de 1 si las emociones positivas sentidas por cada encuestado rebasan las negativas y de 0, de no ser así.

37. Estos resultados deben interpretarse con precaución. Debido a limitaciones de datos, no es posible tomar en cuenta la causalidad inversa (¿Trabajan más como voluntarias las personas cuando se sienten felices?) y los sesgos por simultaneidad (algún tercer factor, como la religión, que genere más trabajo voluntario y más felicidad).

Bibliografía

Abraham, K. G. y C. Mackie (eds.) (2005), Beyond the Market: Designing Nonmarket Accounts for the United States, Washington, DC, National Academies Press.

Ahmad, N. y S. Koh (2011), "Incorporating Estimates of Household Production of Non-Market Services into International Comparísons of Material Well-Being", *OECD Statistics Working Papers*, 2011/07, OECD Publishing, París, *http://dx.doi.org/10.1787/5kg3h0jgk87g-en.*

Albertini, M. y J. Radl (2012), "Intergenerational Transfers y Social Class: Inter-Vivos Transfers as Means of Status Reproduction?", *Acta Sociológica*, vol. 55, núm. 2, pp. 107-123.

Anheier, H.K. y L.M. Salamon (2001), "Volunteering in cross-national perspective: initial comparisons", *Civil Society Working Paper series*, No. 10, Centre for Civil Society, London School of Economics and Political Science, Londres, *http://eprints.lse.ac.uk/29049/1/CSWP_10_web.pdf.*

Becchetti, L., A. Pelloni y F. Rossetti (2008), "Relational goods, sociability, and happiness", *Kyklos*, vol. 61, pp. 343-363.

Bekkers, R. (2005), "Participation in Voluntary Associations: Relations with Resources, Personality, and Political Values", *Political Psychology*, vol. 26, núm. 3, pp. 439-454.

Bekkers, R., B. Völker, M. van der Gaag y H. Flap (2007), "Social Networks of Participants in Voluntary Associations", *Social Capital: Advances in Research*, Lin, N. y B.H. Erickson (eds.), Oxford University Press, Oxford.

Binder, M. (2015), "Volunteering and life satisfaction: a closer look at the hypothesis that volunteering more strongly benefits the unhappy", *Applied Economics Letters*, vol. 22, núm. 11, pp. 874-885.

Binder, M. y A. Freytag (2013), "Volunteering, subjective well-being and public policy", *Journal of Economic Psychology*, vol. 34, pp. 97-119.

Bjørnskov, C. (2006), "The multiple facets of social capital", *European Journal of Political Economy*, vol. 22, núm. 1, pp. 22-40.

Boarini, R. y M. Díaz (2015), "Cast a Ballot or Protest in the Street - Did our Grandparents Do More of Both?: An Age Period-Cohort Analysis in Political Participation", *OECD Statistics Working Papers*, 2015/02, OECD Publishing, París, *http://dx.doi.org/10.1787/5js636gn50jb-en.*

Cnaan, R.A. y L.M. Amrofell (1994), "Mapping volunteer activity", *Nonprofit and Voluntary Sector Quarterly*, vol. 23, núm. 4, pp. 335-51.

Cnaan, R.A., F. Handy y M. Wadsworth (1996), "Defining who is a volunteer: Conceptual and empirical considerations", *Nonprofit and Voluntary Sector Quarterly*, vol. 25, núm. 3, 364-83.

Corden, A. y R. Sainsbury (2005), *Volunteering for employment skills: A qualitative research study*, University of York: Social Policy Research Unit, York.

Council of the European Union (2009), "Council decision of 27 November 2009 on the European Year of Voluntary Activities Promoting Active Citizenship (2011)", *Official Journal of the European Union*, (2010/37/EC), *http://ec.europa.eu/citizenship/pdf/20091127_council_decision_en.pdf.*

Curtis, J.E., D.E. Baer y E.G. Grabb (2001), "Nations of Joiners: Explaining Voluntary Association Membership in Democratic Societies", *American Sociological Review*, vol. 66, núm. 6, pp. 783-805.

Day, K.M. y R.A. Devlin (1998), "The Payoff to Work without Pay: Volunteer Work as an Investment in Human Capital", *Canadian Journal of Economics*, vol. 31, núm. 5, pp. 1179-1191.

Dolan, P., T. Peasgood y M. White (2008), "Do we really know what makes us happy? A review of the economic literature on the factors associated with subjective well-being", *Journal of Economic Psychology*, vol. 29, pp. 94-122.

Dykstra, P.A. y T. Fokkema (2011), "Relationships between parents and their adult children: a West European typology of late-life families", *Ageing and Society*, vol. 31, núm. 04, pp. 545-569.

Ellis Paine, A., S. McKay y D. Moro (2013), "Does volunteering improve employability? Insights from the British Household Panel Survey and beyond", *Voluntary Sector Review*, vol. 4, núm. 3, pp. 333-353.

Erlinghagen, M. (2010), "Volunteering after Retirement. Evidence from German Panel Data", *European Societies*, vol. 12, núm. 5, pp. 603-625.

European Parliament (2008), *Report on the role of volunteering in contributing to economic and social cohesion*, Committee on Regional Development, *http://www.europarl.europa.eu/sides/getDoc.do?type=REPORT&reference=A6-2008-0070&language=EN*.

Gabard, D.L. (1997), "Volunteer burnout and dropout: issues in AIDS service organizations", *Journal of Health and Human Service Administration*, vol. 19, núm. 3, pp. 283-303.

Gee, L.K. (2011), "The Nature of Giving Time to Your Child's School", *Nonprofit and Voluntary Sector Quarterly*, vol. 40, núm. 3, pp. 552-565.

Hackl, F., M. Halla y G.J. Pruckner (2007), "Volunteering and income – The fallacy of the good Samaritan?", *Kyklos*, vol. 60, pp. 77-104.

Hank, K. (2007), "Proximity and contacts between older parents and their children: a European comparison", *Journal of Marriage and Family*, vol. 69, núm. 1, pp. 157-173.

Hank, K. y M. Erlinghagen (2010), "Dynamics of Volunteering in Older Europeans", *Gerontologist*, vol. 50, núm. 2, pp. 170-178.

Hank, K., y S. Stuck (2008), "Volunteer Work, Informal Help, and Care among the 50+ in Europe: Further Evidence for 'Linked' Productive Activities at Older Ages", *Social Science Research*, vol. 37, núm. 4, pp. 1280-1291.

Hart, D., T.M. Donnelly, J. Youniss y R. Atkins (2007), "High School Community Service as a Predictor of Adult Voting and Volunteering", *American Educational Research Journal*, vol. 44, núm. 1, pp. 197–219.

Haski-Leventhal, D. y D. Bargal (2008), "The volunteer stages and transitions model: Organizational socialization of volunteers", *Human Relations*, vol. 61, núm. 1, pp. 67-102.

Haski-Leventhal, D. (2009), "Elderly Volunteering and Well-Being: A Cross-European Comparison Based on SHARE Data", *Voluntas*, vol. 20, núm. 4, pp. 388-404.

Helliwell, J.F. (2003), "How's life? Combining individual and national variables to explain subjective well-being", *Economic Modelling*, vol. 20, pp. 331-360.

Hirst, A. (2001), *Links between volunteering and employability: Research report*, Department of Education and Skills, Londres.

Hodgkinson, V. (2012), "Volunteering in Global Perspective", *The Values of Volunteering: Nonprofit and Civil Society Studies*, Dekker, P. *et al.* (eds.), Kluwer Academic/Plenum Publishers, Nueva York.

ILO (2013), 19th International Conference of Labour Statisticians, Report of the Conference, Ginebra, 2-11 de octubre, *http://www.ilo.org/wcmsp5/groups/public/---dgreports/---stat/documents/normativeinstrument/wcms_230304.pdf*.

ILO (2011), *Manual on the Measurement of Volunteer Work*, International Labour Office, Ginebra, *http://www.ilo.org/wcmsp5/groups/public/---dgreports/---dcomm/---publ/documents/publication/wcms_167639.pdf.*

ILO (2009), "Report of the Conference 18th International Conference of Labour Statisticians, Geneva", 24 de noviembre-5 de diciembre de 2008, *http://www.ilo.org/wcmsp5/groups/public/---dgreports/---stat/documents/meetingdocument/wcms_101467.pdf.*

Kahneman, D., A.B. Krueger, D.A. Schkade, N. Schwarz y A.A. Stone (2004), "A Survey Method for Characterizing Daily Life Experience: The Day Reconstruction Method", *Science*, vol. 3, pp. 1776-1780.

Kamerade, D. y A. Ellis Paine (2014), "Volunteering and employability: implications for policy and practice", *Voluntary Sector Review*, vol. 5, núm. 2, pp. 259-273.

Krause, N. y B. A. Shaw (2000). "Giving Social Support to Others, Socioeconomic Status, and Changes in Self-Esteem in Late Life", *Journal of Gerontology: Social Sciences*, vol. 55B, núm. 6, pp. 323-333.

Krueger, A.B., D. Kahneman, C. Fischler, D. Schkade, N. Schwarz y A. A. Stone (2009), "Time Use and Subjective Well-Being in France and the U.S.", *Social Indicators Research*, vol. 93, pp. 7-18.

Lancee, B. y J. Radl (2012), "Social Connectedness and the Transition from Work to Retirement", *Journals of Gerontology Series B: Psychological Sciences and Social Sciences*, vol. 67, núm. 4, pp. 481-490.

Lee, Y. y J.L. Brudney (2012), "Participation in formal and informal volunteering: Implications for volunteer recruitment", *Nonprofit Management and Leadership*, vol. 23, núm. 2, pp. 159-180.

Lewis, M. (2002), "Service Learning and Older Adults", *Educational Gerontology*, vol. 28, pp. 655-667.

Li, Y. y K.F. Ferraro (2005), "Volunteering and Depression in Later Life: Social Benefit or Selection Processes?", *Journal of Health and Social Behavior*, vol. 46 (marzo), pp. 68-84.

Li, Y., A. Pickles y M. Savage (2005), "Social capital and social trust in Britain", *European Sociological Review*, vol. 21, pp. 109-123.

Malter, F. y A. Börsch-Supan (eds.) (2015), *SHARE Wave 5: Innovations & Methodology*, MEA, Max Planck Institute for Social Law and Social Policy, Munich.

McPherson, J.M., P.A. Popielarz y S. Drobnic (1992), "Social Networks and Organizational Dynamics", *American Sociological Review*, vol. 57, pp. 153-170.

Meier, S. y A. Stutzer (2008), "Is Volunteering Rewarding in Itself?", *Economica*, vol. 75, pp. 39-59.

Mertens, S. y M. Lefebvre S. (2004), "La difficile mesure du travail bénévole dans les institutions sans but lucratif", en *Institut des Comptes Nationaux, Le compte satellite des institutions sans but lucratif 2000 et 2001*, Banque Nationale de Belgique and Centre d'Economie Sociale d'HEC-Ecole de Gestion de l'Université de Liège, Bruselas.

Miranda, V. (2011), "Cooking, Caring and Volunteering: Unpaid Work around the World", *OECD Social, Employment and Migration Working Papers*, núm. 116, OECD Publishing, París, *http://dx.doi.org/10.1787/5kghrjm8s142-en.*

Musick, M.A. y J. Wilson (2008), *Volunteers: A social profile*, Indiana University Press, Bloomington, IN.

Newton, B., J. Oakley y E. Pollard (2011), *Volunteering: Supporting transitions*, Institute for Employment Studies, *https://vinspired.com/content_packages/636.*

Nichols, G. y R. Ralston (2011), "Social inclusion through volunteering: the legacy potential of the 2012 Olympic Games", *Sociology: The Journal of the British Sociological Association*, vol. 45, núm. 5, pp. 900-914.

O'Neill, M. (2001), "Research on living and volunteering: Methodological considerations", *Nonprofit and Voluntary Sector Quarterly*, vol. 30, pp. 505-514.

OECD (2013), *OECD Skills Outlook 2013: First Results from the Survey of Adult Skills*, OECD Publishing, París, *http://dx.doi.org/10.1787/9789264204256-en*.

OECD (2011), *How's Life? Measuring Well-Being*, OECD Publishing, París, *http://dx.doi.org/10.1787/9789264121164-en*.

Oesterle, S., M.K. Johnson y J.T. Mortimer (2004), "Volunteerism during the Transition to Adulthood: A Life Course Perspective", *Social Forces*, vol. 82, núm. 3, pp. 1123-1149.

Omoto, A.M. y M. Snyder (2002), "Considerations of community: The context and process of volunteerism", *American Behavioral Scientist*, vol. 45, núm. 5, pp. 846-67.

Pew Research Centre (2015), "Assessing the Representativeness of Public Opinion Surveys", marzo, Washington D.C., *http://www.people-press.org/files/legacy-pdf/Assessing%20the%20Representativeness%20of%20Public%20Opinion%20Surveys.pdf*

Phalen, K.F. (2003), "Kids of Character", *Volunteer Leadership Journal*, verano, pp. 4-9.

Plagnol, A.C. y F.A. Huppert (2010), "Happy to help? Exploring the factors associated with variations in rates of volunteering across Europe", *Social Indicators Research*, vol. 97, pp. 157-176.

Post, S.G. (2005), "Altruism, happiness, and health: It's good to be good", *International Journal of Behavioral Medicine*, vol. 12, pp. 66-77.

Prouteau, L. (2006), La mesure et la valorisation du bénévolat, Colloque ADDES (7 Mars), Université de Nantes, Nantes Atlantique Universités, *http://addes.asso.fr/wp-content/uploads/2015/03/2006-Prouteau-definitif.pdf*.

Prouteau, L. (2002), "Le bénévolat sous le regard des économistes", *Revue française des affaires sociales*, vol. 4, núm. 4, pp. 117-134.

Prouteau, L. y F.C. Wolff (2008), "On the relational motive for volunteer work", *Journal of Economic Psychology*, vol. 29, núm. 3, pp. 314-335.

Prouteau, L. y F.C. Wolff (2006), "Does volunteer work pay off in the labor market?", *Journal of Socio-Economics*, vol. 35, pp. 992-1013.

Prouteau, L. y F.C. Wolff (2004), "Le travail bénévole: un essai de quantification et de valorisation", *Economie et statistique*, vol. 373, pp. 33-56.

Putnam, R.D. (2000), *Bowling Alone: The Collapse and Revival of American Community*, Simon and Schuster, Nueva York.

Putnam, R.D. (1995), "Bowling alone: America's declining social capital", *Journal of Democracy*, vol. 6, núm. 1, pp. 65-78.

Rochester, C., E. Paine, A. y S. Howlett (2009), *Volunteering and Society in the 21st Century*, Palgrave Macmillan, Hampshire, Inglaterra.

Sajardo, A. y I. Serra (2011), "The Economic Value of Volunteer Work. Methodological Analysis and Application to Spain", *Nonprofit and Voluntary Sector Quarterly*, vol. 40, núm. 5, pp. 873-895.

Salamon, L.M., S. Sokolowski y M. Haddock (2011), "Measuring the economic value of volunteer work globally – concepts, estimates and a roadmap to the future", *Annals of Public and Cooperative Economics*, vol. 82, núm. 3, pp. 217-252.

Salamon, L.M., H.K. Anheier, R. List, S. Toepler, S.W. Sokolowski y Asociados (1999), *Global Civil Society: Dimensions of the Nonprofit Sector*, Johns Hopkins Comparative Nonprofit Sector Project, Baltimore.

Schlozman, K.L., N. Burns y S. Verba (1994), "Gender and the Pathways to Participation: The Role of Resources", *Journal of Politics*, vol. 56, núm. 4, pp. 963-990.

Schlozman, K.L., S. Verba y H.E. Brady (1999), "Civic Participation and the Equality Problem", en T. Skocpol y M.P. Fiorina (eds.), *Civic Engagement in American Democracy*, Russell Sage Foundation, Nueva York.

Shannon, C.S. (2009), "An untapped resource: Volunteers aged 8 to 12", *Nonprofit and Voluntary Sector Quarterly*, vol. 38, núm. 5, pp. 828-845.

Strauß, S. (2008), *Volunteering and Social Inclusion: The Interrelation between Unemployment and Civic Engagement in Germany and Great Britain*, VS-Verlag, Wiesbaden.

Tang, F. (2006), "What Resources are needed Volunteerism? A Life Course Perspective", *Journal of Applied Gerontology*, vol. 25, núm. 5, pp. 375-390.

Toppe, C. y R. Groves (2007), "What is Volunteering and How Can It Be Measured", trabajo preparado y presentado ante el JHU/UNECE Workshop on Volunteer Measurement, Ginebra.

United Nations (2003), *Handbook on Nonprofit Institutions in the System of National Accounts*, United Nations Publication, Sales No. E.03.XVII.9 ST/ESA/STAT/SER.F/91, Nueva York, *http://unstats.un.org/unsd/publication/seriesf/seriesf_91e.pdf*.

United Nations (2001), *Role of Volunteerism in the Promotion of Social Development*, Resolución Adoptada por la Quincuagésima Sexta Asamblea General (A/RES/56/38), *http://www.unv.org/en/news-resources/resources/un-resolutions/doc/role-of-volunteerism-in.html* (consultado el 29 de mayo de 2015).

UNECE (2013), *Guidelines for Harmonising Time Use Surveys*, United Nations, Ginebra, *http://www.unece.org/fileadmin/DAM/stats/publications/2013/TimeUseSurvey_Guidelines.pdf*.

Van Willigen, M. (2000), "Differential benefits of volunteering across the life course", *Journal of Gerontology: Social Sciences*, vol. 55B, pp. 308-318.

Vegeris, S., K. Vowden, C. Bertram, R. Davidson, F. Husain, K. Mackinnon y D. Smeaton (2010), "Support for newly unemployed and Six Month Offer evaluations: A report on qualitative research findings", DWP Research Report No. 691, Department for Work and Pensions, Londres, *https://www.gov.uk/government/uploads/system/uploads/attachment_data/file/214463/rrep691.pdf*.

Vézina, M. y S. Crompton (2012), "Volunteering in Canada", *Canadian Social Trends*, Statistics Canada Catalogue No. 11-008-X, Statistics Canada, *http://www.statcan.gc.ca/pub/11-008-x/2012001/article/11638-eng.pdf*.

Volunteering England (2010), *Policy briefing: Get Britain working*, noviembre, Londres.

White, M.P. y P. Dolan (2009), "Accounting for the richness of daily activities", *Psychological Science*, vol. 20, pp. 1000-1008.

Wilson, J. (2012), "Volunteerism research: A review essay", *Nonprofit and Voluntary Sector Quarterly*, vol. 41, pp. 176-212.

Wilson, J. (2000), "Volunteering", *Annual Review of Sociology*, vol. 26, pp. 215-240.

Wilson, J. y M.A. Musick. (2000), "The effects of volunteering on the volunteer", *Law and Contemporary Problems*, vol. 62, núm. 4, pp. 141-168.

Wilson, J. y M.A. Musick (1997), "Who Cares? Toward an Integrated Theory of Volunteer Work", *American Sociological Review*, vol. 62, pp. 694-713.

Bases de datos

European Social Survey (2006), *European Social Survey*, Round 3 Data, Data file edition 3.5. (base de datos), Norwegian Social Science Data Services, Noruega – Archivo y distribuidor de datos ESS, *http://www.europeansocialsurvey.org/* (consultado el 29 de mayo de 2015).

European Values Survey (2011), *European Values Study 2008*, Integrated Dataset (EVS 2008), Data file version 3.0.0 (base de datos), GESIS Data Archive, *http://dx.doi.org/10.4232/1.11004* (consultado el 29 de mayo de 2015).

Eurostat (2015), *Time Use Database, http://appsso.eurostat.ec.europa.eu/nui/show.do?dataset=tus_00selfst at&lang=en* (consultado el 5 de julio de 2015).

Gallup World Poll, *www.gallup.com/strategicconsulting/en-us/worldpoll.aspx* (consultado el 10 de junio de 2015).

Harmonised European Time Use Survey, aplicación web, *https://www.h2.scb.se/tus/tus/* (consultado el 1 de julio de 2015).

International Association for the Evaluation of Educational Achievement (IEA) (2009), *International Civic and Citizenship Education Study (ICCS)* (base de datos), *http://www.iea.nl/iccs_2009.html* (consultado el 29 de mayo de 2015).

OECD (2015a), "Aggregate National Accounts, SNA 2008: Gross domestic product", *OECD National Accounts Statistics* (base de datos), *http://dx.doi.org/10.1787/data-00001-en* (consultado el 24 de mayo de 2015).

OECD (2015b), "Annual full time earnings and annual labour costs in equivalent USD, 25-64 year-old population", *OECD Employment and Labour Market Statistics* (base de datos), *http://dx.doi.org/10.1787/eag-2010-table88-en* (consultado el 24 de mayo de 2015).

OECD (2012), *OECD Survey of Adult Skills* (base de datos PIAAC), *http://www.oecd.org/site/piaac/* (consultado el 1 de julio de 2015).

SHARE (2013), *Survey of Health, Ageing and Retirement in Europe*, Wave 4, Release 1.1.1 (base de datos), *http://dx.doi.org/10.6103/SHARE.w4.111* (consultado el 29 de mayo de 2015).

SHARE (2013), *Survey of Health, Ageing and Retirement in Europe*, Wave 2, Release 2.6.0 (base de datos), *http://dx.doi.org/2010.6103/SHARE.w2.260* (consultado el 29 de mayo de 2015).

Survey of Health, Ageing and Retirement in Europe (SHARE) (2015), Survey of Health, Ageing and Retirement in Europe, Wave 5, Release 1.0.0 (base de datos), *http://dx.doi.org/10.6103/SHARE.w5.100* (consultado el 29 de mayo de 2015).

United States Department of Labor (2015), American Time Use Survey (ATUS) 2013 (base de datos), Bureau of Labor Statistics, *http://www.bls.gov/tus/#database* (consultado el 24 de abril de 2015).

World Values Survey Association (2009), *World Values Survey*, Wave 5 2005-2008, Official Aggregate v.20140429, World Values Survey Association (base de datos), *www.worldvaluessurvey.org* (consultado el 15 de mayo de 2015).

ANEXO 5.A

Características de los voluntarios

Cuadro 5.A.1. Prevalencia y frecuencia del voluntariado, por características individuales y familiares

Porcentaje, población en edad productiva, 2012

Características individuales y familiares	Tasas de prevalencia, independientemente de la frecuencia	Tasas de prevalencia por frecuencia de participación			
		Diario	Por lo menos una vez a la semana	Menos de una vez a la semana	Menos de una vez al mes
GÉNERO					
Hombre	36.0	1.6	7.2	8.4	18.7
Mujer	35.9	1.8	8.1	9.3	16.6
EDAD					
16-24 años	38.2	1.32	7.56	9.31	20.0
25-34 años	32.4	1.26	5.43	7.93	17.8
35-44 años	37.1	1.95	7.97	9.02	18.2
45-54 años	36.5	1.81	8.16	8.83	17.7
55-65 años	33.6	1.71	8.25	9.38	14.4
EDUCACIÓN					
Educación primaria	24.4	1.5	5.2	5.7	12.0
Educación media	34.5	1.6	7.4	8.3	17.2
Educación media superior	47.9	1.9	9.2	10.9	25.9
CONDICIÓN DE EMPLEO					
Empleado de tiempo completo	36.9	1.4	7.0	8.8	19.8
Empleado de tiempo parcial	40.5	2.1	9.2	10.8	18.5
Desempleado	26.1	2.4	6.1	6.3	11.3
Estudiante	42.2	1.3	8.4	10.8	21.7
Trabajador no remunerado	30.3	2.1	8.4	7.6	12.2
Jubilado a temprana edad	29.7	2.3	9.1	8.1	10.3
ESTADO CIVIL					
Casado	36.7	1.8	8.0	9.1	17.8
Soltero	34.8	1.5	7.1	8.4	17.9
ESTRUCTURA FAMILIAR					
Sin hijos	35.4	1.5	6.8	8.6	18.5
Hijos menores de 3 años	31.8	1.4	5.4	8.7	16.3
Hijos mayores de 3 años	38.6	1.9	8.5	11.0	17.3
CONDICIÓN ECONÓMICA FAMILIAR					
Ingreso bajo	25.8	1.9	3.1	6.5	14.3
Ingreso medio	36.2	1.5	7.7	8.5	18.6
Ingreso alto	49.3	1.8	9.0	12.8	25.7
ORIGENES FAMILIARES					
Migrante	31.3	1.76	7.4	7.0	15.2
Originario	36.3	1.66	7.6	9.1	17.9

Fuente: Cálculos de la OCDE basados en datos de OECD (2012), *OECD Survey of Adult Skills* (base de datos PIAAC), *http://www.oecd.org/site/piaac/*.

StatLink http://dx.doi.org/10.1787/888933268638

Cuadro 5.A.2. **Prevalencia y frecuencia de voluntariado informal, por características individuales y familiares**

Porcentaje, población en edad productiva, 2006

Características individuales y familiares	Tasas de prevalencia, independientes de la frecuencia	Tasas de prevalencia por frecuencia de participación				
		Por lo menos una vez a la semana	Por lo menos una vez al mes	Por lo menos una vez cada tres meses	Por lo menos una vez cada seis meses	Con menor frecuencia
GÉNERO						
Hombre	70.6	14.5	21.6	11.9	7.6	15.0
Mujer	71.2	17.8	20.3	10.0	8.3	14.7
EDAD						
16-24 años	70.8	16.1	21.4	9.4	6.9	17.0
25-34 años	70.5	13.9	20.2	10.9	9.1	16.3
35-44 años	73.1	16.3	21.1	12.5	9.0	14.4
45-54 años	71.5	16.9	21.2	11.2	8.4	13.8
55-64 años	67.8	17.7	20.6	10.4	6.1	13.1
EDUCACIÓN						
Educación primaria	55.8	12.3	13.6	8.0	6.8	15.2
Educación media	69.7	16.3	20.8	10.3	7.3	15.0
Educación media superior	79.7	17.6	24.0	13.8	10.1	14.2
CONDICIÓN DE EMPLEO						
Empleado	73.2	15.7	21.3	12.2	8.8	15.2
Desempleado	64.5	17.6	19.5	9.3	7.2	10.8
Estudiante	71.8	16.0	22.7	9.1	6.9	16.9
Jubilación temprana	65.0	18.0	20.8	7.5	5.3	13.5
ESTADO CIVIL						
Casado	70.9	15.7	20.5	11.8	8.6	14.4
Soltero	70.9	16.9	21.5	10.0	7.2	15.4
ESTRUCTURA FAMILIAR						
Sin hijos	71.1	17.1	21.5	10.1	7.1	15.3
Con hijos	70.7	15.3	20.3	11.9	9.0	14.3
CONDICIÓN ECONÓMICA FAMILIAR						
Ingreso bajo	60.8	14.9	17.5	8.9	6.5	13.1
Ingreso medio	70.3	15.9	20.8	10.5	8.1	15.1
Ingreso alto	76.9	17.0	22.6	13.0	8.5	15.8

Fuente: Cálculos de la OCDE basados en datos de la Encuesta Social Europea, European Social Survey (2006), European Social Survey Round 3 Data, Data file edition 3.5. (base de datos), Servicios de Datos de Ciencias Sociales de Noruega, Noruega – Archivo y distribuidor de datos ESS, *http://www.europeansocialsurvey.org/.*

StatLink http://dx.doi.org/10.1787/888933268646

ANEXO 5.B

Voluntariado y capital humano

Cuadro 5.B.1. **Efecto del voluntariado formal en el dominio de competencias y el ingreso**

Variables explicativas	Dominio de competencias			Ingresos por hora[c]
	Lectura[a]	Matemáticas[a]	Solución de problemas[b]	
Voluntariado formal	10.998	10.791	7.993	0.14
	(12.05)**	(9.75)**	(7.30)**	(8.40)***
Mujer	-4.194	-14.186	-8.952	-0.232
	(6.01)**	(17.27)**	(11.90)**	(-14.1)**
Edad	-0.456	-0.335	-0.837	0.016
	(11.66)**	(8.45)**	(20.75)**	(21.09)***
Contrato permanente	10.976	17.218	13.222	0.09
	(8.65)**	(11.13)**	(9.47)**	(2.85)**
Contrato temporal	8.538	13.39	11.625	-0.27
	(4.72)**	(6.06)**	(5.77)**	(-4.85)**
Nacido en el extranjero	-28.861	-29.089	-20.635	-0.196
	(19.05)**	(17.78)**	(12.01)**	(-6.34)**
Profesional	40.746	46.591	32.649	
	(26.10)**	(29.02)**	(14.98)**	
Ocupación administrativa semicalificada	21.798	23.789	15.812	
	(14.38)**	(14.75)**	(7.87)**	
Obrero semicalificado	8.444	11.258	1.332	
	(5.31)**	(6.83)**	(-0.55)	
Competencias de lectura				0.002
				(3.35)**
Competencias de matemáticas				0.001
				(-0.66)
Competencias de solución de problemas				0.002
				(3.62)**
Constante	264.116	248.799	289.218	1.574
	(109.03)**	(102.93)**	(99.40)**	(13.09)***
λ				-0.346
				(-22.26)***

[a] El análisis incluye 20 países de la OCDE (Australia, Austria, Canadá, República Checa, Dinamarca, Estonia, Finlandia, Francia, Alemania, Irlanda, Italia, Japón, Corea, Países Bajos, Noruega, Polonia, República Eslovaca, España, Suecia y Estados Unidos de América) y tres entidades subnacionales de la OCDE (Flandes en Bélgica, e Inglaterra e Irlanda del Norte en Reino Unido).

Cuadro 5.B.1. **Efecto del voluntariado formal en el dominio de competencias y el ingreso** *(cont.)*

[b] El análisis incluye 17 países de la OCDE (Australia, Austria, Canadá, República Checa, Dinamarca, Estonia, Finlandia, Alemania, Irlanda, Japón, Corea, Países Bajos, Noruega, Polonia, República Eslovaca, Suecia y Estados Unidos de América) y tres entidades subnacionales de la OCDE (Flandes en Bélgica, e Inglaterra e Irlanda del Norte en Reino Unido).

[c] La variable dependiente "ingresos por hora" se refiere al logaritmo natural de ingreso por hora; estos ingresos incluyen bonos y se expresan en dólares estadounidenses ajustados por PPA. La distribución salarial se recortó para eliminar los percentiles 1 y 99. La muestra incluye solo a empleados en edad productiva. El análisis abarca 20 países de la OCDE (Australia, Austria, Canadá, República Checa, Dinamarca, Estonia, Finlandia, Francia, Alemania, Irlanda, Italia, Japón, Corea, Países Bajos, Noruega, Polonia, República Eslovaca, España, Suecia y Estados Unidos de América) y tres entidades subnacionales de la OCDE (Flandes en Bélgica, e Inglaterra e Irlanda del Norte en Reino Unido). Un coeficiente negativo y estadísticamente significativo de λ quiere decir que existe un sesgo por autoselección.

Nota: Los coeficientes incluidos en el cuadro representan el impacto de las variables explicativas sobre el dominio de competencias y los ingresos por hora. Los efectos fijos por país no se muestran en el cuadro. Los valores Z entre paréntesis: *** significativo al nivel 1%, ** significativo al nivel 5%, * significativo al nivel 10%.

Fuente: Cálculos de la OCDE basados en datos de OECD (2012), *OECD Survey of Adult Skills* (base de datos PIAAC), *http://www.oecd.org/site/piaac/*.

StatLink *http://dx.doi.org/10.1787/888933268657*

ANEXO 5.C

Voluntariado y el bienestar subjetivo

Cuadro 5.C.1. **Sentimientos positivos y negativos, por participación voluntaria y país**

Porcentaje de personas que dijeron haber experimentado emociones positivas (alegría, calma y deseos de reír o sonreír) y emociones negativas (estrés, cansancio, tristeza, dolor) el día anterior, 2014 o año más reciente disponible

País	Sentimientos positivos						Sentimientos negativos					
	Calma		Experimentó alegría		Sonrió		Tristeza		Enojo		Preocupación	
	No trabaja como voluntario	Trabajo voluntario formal	No trabaja como voluntario	Trabajo voluntario formal	No trabaja como voluntario	Trabajo voluntario formal	No trabaja como voluntario	Trabajo voluntario formal	No trabaja como voluntario	Trabajo voluntario formal	No trabaja como voluntario	Trabajo voluntario formal
Alemania	69.1	71.2	77.4	83.4	72.7	80.1	18.6	15.0	14.0	11.3	27.5	22.1
Australia	69.0	62.7	79.0	81.0	75.3	74.7	22.6	19.9	16.4	15.0	37.7	35.8
Austria	70.3	70.5	74.6	81.6	76.1	84.0	13.3	10.6	11.3	12.3	27.9	24.6
Bélgica	63.9	66.4	76.1	80.8	81.9	82.2	21.5	22.1	12.5	15.6	40.1	41.7
Canadá	66.8	68.1	83.9	83.6	82.6	84.1	22.5	25.0	13.0	17.3	40.6	36.6
Chile	58.6	65.1	86.8	93.4	85.8	86.7	21.9	23.0	17.7	15.0	43.4	45.0
Corea	64.8	74.5	58.0	77.7	64.5	79.4	21.8	17.4	20.0	13.2	47.7	37.1
Dinamarca	66.7	69.1	88.4	90.6	76.4	81.9	18.5	17.5	15.9	13.3	37.7	30.6
Eslovenia	69.0	76.7	54.6	61.6	64.0	72.0	16.6	19.2	18.9	16.1	52.5	50.5
España	71.1	72.3	66.0	68.2	76.8	74.4	22.8	26.9	25.8	22.6	53.1	47.7
Estados Unidos de América	68.2	69.3	80.4	90.4	81.2	83.3	23.4	23.9	18.4	18.0	40.2	45.4
Estonia	61.8	65.2	72.7	84.9	57.7	73.2	21.2	15.7	9.9	11.0	31.3	32.0
Finlandia	69.6	67.3	75.4	80.7	78.3	83.1	14.6	15.3	8.9	5.7	33.2	45.8
Francia	63.4	67.8	76.8	86.4	80.7	90.5	15.6	20.4	13.8	23.3	31.3	30.4
Grecia	64.9	55.9	66.1	84.3	70.6	84.8	29.9	11.0	29.9	22.8	58.7	47.5
Hungría	56.8	49.8	68.5	88.0	56.8	72.9	21.4	16.8	14.5	9.3	37.8	28.5
Irlanda	69.9	72.1	78.7	86.8	72.8	78.1	20.9	18.8	13.3	14.5	35.1	34.5
Islandia	54.4	61.3	86.5	91.5	84.7	89.9	10.6	14.8	8.1	9.3	24.8	30.4
Israel	60.0	66.2	60.6	70.6	57.7	58.9	23.2	19.5	25.3	19.5	35.8	33.2
Italia	63.1	59.2	70.0	65.9	74.0	71.7	35.1	42.0	15.2	20.5	53.4	60.1
Japón	68.9	79.9	63.6	80.7	76.6	86.7	10.5	10.5	15.4	15.0	32.7	27.3

Cuadro 5.C.1. **Sentimientos positivos y negativos, por participación voluntaria y país** *(cont.)*

Porcentaje de personas que dijeron haber experimentado emociones positivas (alegría, calma y deseos de reír o sonreír) y emociones negativas (estrés, cansancio, tristeza, dolor) el día anterior, 2014 o año más reciente disponible

País	Sentimientos positivos						Sentimientos negativos					
	Calma		Experimentó alegría		Sonrió		Tristeza		Enojo		Preocupación	
	No trabaja como voluntario	Trabajo voluntario formal	No trabaja como voluntario	Trabajo voluntario formal	No trabaja como voluntario	Trabajo voluntario formal	No trabaja como voluntario	Trabajo voluntario formal	No trabaja como voluntario	Trabajo voluntario formal	No trabaja como voluntario	Trabajo voluntario formal
Luxemburgo	69.1	73.3	80.0	85.8	77.0	81.4	13.9	18.7	11.6	14.7	24.7	21.6
México	70.0	69.9	72.6	80.2	77.2	78.6	16.7	22.8	8.6	8.0	44.5	33.3
Noruega	61.6	70.7	85.9	90.3	76.8	85.5	17.4	16.4	13.2	10.0	30.2	26.6
Nueva Zelanda	64.9	60.9	85.2	85.3	84.6	83.2	15.7	18.4	12.3	14.6	28.0	31.4
Países Bajos	68.2	70.1	87.6	90.7	83.3	87.4	18.0	19.7	10.6	7.9	36.8	40.2
Polonia	56.5	60.0	76.2	81.7	76.8	85.0	17.9	18.2	21.8	18.2	27.7	28.5
Portugal	55.5	60.8	55.0	64.0	69.9	73.6	34.1	28.9	10.0	13.7	62.7	67.0
Reino Unido	64.3	64.6	78.0	81.8	76.5	85.4	18.6	24.4	15.1	18.5	39.2	36.7
República Checa	59.3	57.2	70.1	79.9	63.1	72.7	14.5	19.1	22.6	13.5	34.3	35.2
República Eslovaca	68.9	73.3	72.1	86.5	68.6	73.8	18.6	18.3	27.1	23.0	35.3	35.2
Suecia	64.7	62.3	86.6	90.6	79.1	82.1	19.7	19.9	14.0	17.0	28.7	28.8
Suiza	72.7	71.2	82.2	84.0	82.3	80.6	17.6	14.3	14.4	13.2	25.0	28.2
Turquía	72.1	77.7	59.3	81.2	64.2	90.1	36.7	35.8	39.7	38.1	41.4	58.4
OECD	**65.2**	**67.1**	**74.5**	**82.2**	**74.3**	**80.3**	**20.2**	**20.0**	**16.4**	**15.6**	**37.7**	**37.0**

Nota: Los datos de Islandia y Turquía se refieren a 2013.

Fuente: Cálculos de la OCDE basados en datos de la Encuesta Mundial Gallup, Gallup World Poll, www.gallup.com/strategicconsulting/en-us/worldpoll.aspx.

Este documento y cualquier mapa incluido en él se presentan sin perjuicio de la condición o soberanía de cualquier territorio, de la delimitación de fronteras internacionales y confines, ni el nombre de cualquier territorio, ciudad o zona.

Los datos estadísticos para Israel son suministrados por y bajo la responsabilidad de las autoridades israelíes competentes. El uso de estos datos por la OCDE es sin perjuicio del estatuto de los Altos del Golán, Jerusalén Este y los asentamientos israelíes en Cisjordania bajo los términos del derecho internacional.

StatLink http://dx.doi.org/10.1787/888933268661

Cuadro 5.C.2. **Análisis de regresión por quintiles de los efectos del voluntariado formal sobre la satisfacción ante la vida**

Variables explicativas	Satisfacción ante la vida				
	Primer quintil	Segundo quintil	Tercer quintil	Cuarto quintil	Quinto quintil
Voluntariado formal	0.288	0.256	0.238	0.183	0.127
	(11.20)**	(16.79)**	(15.63)**	(16.12)**	(9.55)**
Hombre	-0.11	-0.003	-0.027	-0.067	-0.046
	(5.28)**	(-0.23)	(2.07)*	(6.51)**	(3.68)**
Casado	-0.163	-0.236	-0.159	-0.08	-0.073
	(7.48)**	(17.45)**	(11.15)**	(6.84)**	(5.19)**
Edad: 25-34 años	-0.218	-0.074	-0.084	-0.049	0.019
	(4.44)**	(2.60)**	(3.08)**	(2.34)*	(-0.79)
Edad: 35-54 años	-0.261	-0.061	-0.077	-0.031	0.082
	(5.92)**	(2.33)*	(3.10)**	(-1.61)	(3.70)**
Edad: 55-64 años	-0.212	-0.049	-0.022	0.056	0.179
	(4.38)**	(-1.7)	(-0.77)	(2.62)**	(7.32)**
Edad: 65+	-0.009	0.005	0.069	0.134	0.282
	(-0.2)	(-0.16)	(2.45)*	(6.31)**	(12.14)**
Educación media	0.407	0.217	0.213	0.118	-0.027
	(14.69)**	(11.31)**	(9.66)**	(6.24)**	(-1.31)
Educación media superior	0.366	0.231	0.152	0.028	-0.205
	(9.93)**	(9.50)**	(5.92)**	-1.33	(8.77)**
Alguien con quien contar	0.560	0.254	0.232	0.113	-0.047
	(19.29)**	(11.60)**	(8.63)**	(4.61)**	(-1.67)
Problemas de salud	-0.229	-0.022	-0.067	-0.034	0.009
	(10.01)**	(-1.43)	(3.90)**	(2.34)*	(-0.52)
Ingreso familiar	0.597	0.523	0.477	0.283	0.101
	(35.49)**	(49.51)**	(44.54)**	(31.69)**	(12.63)**
Población pequeña o villa	-0.104	-0.183	-0.182	-0.17	-0.167
	(3.24)**	(9.36)**	(8.79)**	(10.71)**	(9.06)**
Ciudad grande	-0.136	-0.227	-0.241	-0.144	-0.133
	(4.01)**	(11.11)**	(11.20)**	(8.77)**	(6.94)**
Suburbio de una gran ciudad	0.081	0.07	0.031	0.054	0.046
	(2.13)*	(3.06)**	(-1.3)	(3.08)**	(2.22)*
Constante	-2.313	0.43	1.78	4.635	8.01
	(13.81)**	(4.03)**	(16.48)**	(49.97)**	(93.83)**
R^2	0.2	0.26	0.22	0.23	0.22
N	31,924	32,253	32,241	31,839	30,034

Nota: El análisis incluye todos los países de la OCDE. Los datos se agruparon por países y todos los años disponibles del periodo 2006-2014. La variable "ingreso familiar" se refiere al logaritmo natural del ingreso familiar disponible. Los valores Z entre paréntesis: * indica que los valores son significativos a un nivel de confianza de 10%; ** indica que son significativos al nivel de confianza de 5%, y ***, que son significativos al nivel de confianza de 1%.

Fuente: Cálculos de la OCDE basados en datos de la Encuesta Mundial Gallup, Gallup World Poll, *www.gallup.com/services/170945/world-poll.aspx*.

StatLink http://dx.doi.org/10.1787/888933268679

¿Cómo va la vida? 2015
Medición del bienestar

Capítulo 6

Actuar en el ámbito local: midiendo el bienestar en las regiones

En este capítulo se ofrece un marco y un conjunto de indicadores para evaluar el bienestar en las regiones subnacionales de la OCDE. Es importante considerar las circunstancias prevalecientes del lugar donde las personas habitan para obtener una imagen más completa de su bienestar, el cual es determinado por una combinación de características tanto individuales como geográficas. Los indicadores presentados en este capítulo cubren nueve dimensiones de bienestar e incluyen aspectos relativos a condiciones materiales y calidad de vida. El capítulo aporta evidencia sobre las disparidades regionales en las diferentes dimensiones de bienestar e incluye una evaluación de la desigualdad de ingresos y la pobreza al interior de las regiones. Por último, se analizan las principales estrategias a implementar para mejorar la medición del bienestar a nivel subnacional en el futuro.

Los datos estadísticos para Israel son suministrados por y bajo la responsabilidad de las autoridades israelíes pertinentes. El uso de estos datos por la OCDE es sin perjuicio del estatuto de los Altos del Golán, Jerusalén Este y los asentamientos israelíes en Cisjordania bajo los términos del derecho internacional.

Introducción: Por qué una perspectiva regional es importante para medir el bienestar

Para obtener una imagen completa de las condiciones de vida de las personas es útil considerar las circunstancias regionales y locales que afectan al bienestar. Esto puede incluir, por ejemplo, la manera en que el acceso a los servicios públicos locales determina las decisiones, o en que la infraestructura y los servicios con buen funcionamiento contribuyen a una vida más saludable, mejores oportunidades de empleo y comunidades más unidas.

La información e indicadores subnacionales brindan información adicional sobre la distribución del bienestar en los diferentes territorios, y pueden destacar en qué forma se distribuyen las ventajas o desventajas en las dimensiones de bienestar, no solo entre grupos de personas con características distintas, sino también entre distintas localidades. En general, los promedios nacionales de los indicadores de bienestar ocultan importantes variaciones entre las regiones de un país. Por ejemplo, en 2013 la tasa de empleo en las diversas regiones de Italia varió en 33 puntos porcentuales, de 40% (en Campania) a 73% (en la región de Bolzano), diferencia semejante a la observada entre los países de la OCDE. De igual modo, la esperanza de vida de una persona en Estados Unidos de América varía de un estado a otro en seis años, lo cual representa una variación de solo tres años menos que entre los países de la OCDE.

Los gobiernos regionales y locales tienen importantes responsabilidades en muchas de las políticas públicas que más influyen en las vidas de las personas. Los gobiernos subnacionales ejercen cerca de 40% del gasto público en los países de la OCDE, y 70% de este gasto se destina a educación, salud, protección social y servicios públicos generales (OECD, 2013). Además, muchas de las interacciones entre políticas son específicas de cada lugar: por ejemplo, las políticas sobre uso de suelo, transporte y vivienda difieren entre una localidad y otra, y las interacciones entre diferentes tipos de las políticas públicas se controlan con mayor facilidad cuando ocurren en sitios específicos. Medir el bienestar en el ámbito local puede ayudar a los responsables de las políticas a priorizar la intervención pública y destinarla a donde más se necesiten mejoras; así se evaluará y controlará mejor la concentración territorial de ventajas o desventajas, y aumentará la congruencia de políticas al identificar sinergias que dichas políticas puedan aprovechar. Por último, como las medidas de bienestar local se refieren a condiciones de la vida diaria, estas pueden contribuir al empoderamiento de los ciudadanos para que estos exijan acciones que respondan a sus expectativas y necesidades y, de esta forma, restablecer la confianza de las personas en la capacidad de las instituciones públicas para atender retos apremiantes. En años recientes se han emprendido muchas iniciativas para generar indicadores locales de bienestar, lo anterior con el objetivo de ampliar la información disponible, contribuir al diseño y evaluación de políticas de desarrollo local, sensibilizar en temas específicos y aumentar la rendición de cuentas gubernamental (Recuadro 6.1).

Recuadro 6.1. **Algunas iniciativas para medir el bienestar a nivel subnacional**

Los indicadores regionales de bienestar pueden servir para varios propósitos y ser útiles para diferentes actores. La experiencia previa con estos indicadores sugiere que han sido utilizados tanto por autoridades nacionales y regionales —a menudo en colaboración con instituciones independientes y universidades— como por organizaciones no gubernamentales.

Recientes iniciativas nacionales se dirigen a ampliar la información sobre bienestar disponible en el ámbito subnacional para abarcar todo el país. Desde 2013, el Australian Bureau of Statistics (ABS) —al reconocer las considerables diferencias entre sus medidas de bienestar y avances en todo el país— incluyó en su informe *Measures of Australia's Progress* (MAP) un capítulo en el que se analizan los indicadores regionales para cada dimensión de bienestar del MAP. En Italia, en 2013 la Oficina Nacional de Estadística (ISTAT) y el Consejo Nacional para la Economía y el Trabajo (CNEL) publicaron el informe Bienestar Equitativo y Sostenible (BES): la mayoría de los indicadores (de las 12 dimensiones del bienestar) están disponibles a nivel regional, y en el futuro el BES se adaptará y aplicará a ciudades y provincias grandes. En 2013 el Instituto de Estadística de Turquía extendió su Encuesta sobre Satisfacción de Vida al nivel provincial (regiones TL3); la encuesta recaba información sobre la felicidad, el desarrollo personal y la satisfacción con varios servicios públicos. En 2013, el Ministerio de Desarrollo de Turquía también publicó el Estudio sobre Desarrollo Socioeconómico (SEDI), el cual califica provincias y regiones de acuerdo con 61 indicadores agrupados en ocho dimensiones (demografía, educación, salud, empleo, competitividad e innovación, capacidad financiera, accesibilidad y calidad de vida).

En 2012, el Ministerio de Desarrollo Regional de Polonia y el Programa de las Naciones Unidas para el Desarrollo (PNUD) elaboraron el Índice PNUD-Desarrollo Humano (IDH), aplicado a nivel subnacional ("powiat", correspondiente a las unidades de administración local, LAU1, en la clasificación Eurostat). El Índice (llamado Índice de Desarrollo Humano Local, IDHL) consiste en tres componentes: salud (medida por esperanza de vida y mortalidad infantil, fallecimientos por cáncer y padecimientos cardiacos), educación (porcentaje de niños en educación preescolar y resultados promedio de los exámenes finales de educación secundaria) y bienestar (nivel promedio de ingresos per cápita). El estudio, llevado a cabo por el PNUD, la Escuela de Economía de Varsovia y la Oficina Central de Estadística (OCE), utiliza información de la OCDE y los registros administrativos del periodo comprendido entre 2007 y 2010. Los resultados muestran grandes disparidades en desarrollo social: junto con las ciudades, los grandes poblados y las zonas circundantes por lo general tienen un mejor desempeño que las zonas rurales (*http://issuu.com/undp_poland/docs/lhdi_report_poland_2012_eng*). En su Estrategia de Desarrollo Nacional de Largo Plazo: Polonia 2030, el gobierno declaró que utilizaría el IDH, en conjunto con el PIB, como principales indicadores para medir el desarrollo del país. El Índice IDHL ha ayudado a crear mejores vínculos entre los objetivos estratégicos regionales y locales, y los objetivos estratégicos nacionales. El IDHL es una herramienta eficaz para planificar, vigilar y evaluar las actividades del gobierno local, y el estudio se utiliza para mejorar las políticas públicas y vigilar la puesta en marcha de objetivos estratégicos en los ámbitos regional y local.

Las autoridades locales pueden también emplear indicadores de bienestar para vigilar los retos regionales o el desempeño en dimensiones específicas de bienestar y para priorizar la asignación de financiación pública entre territorios. Por ejemplo, en Países Bajos, la creciente preocupación por la seguridad personal provocó que la Oficina Central de Estadística Neerlandesa implementara el Estudio sobre Delincuencia a finales de la década de 1990 y el Estudio de Control de Seguridad más adelante. Los estudios recaban información sobre las condiciones físicas, sociales y de seguridad, así como sobre temor a la delincuencia, victimización, problemas del entorno y funcionamiento de la policía en los niveles nacional, regional y local. En Reino Unido, la *Well-being for Life Strategy* (Estrategia de Bienestar para la Vida) de Newcastle ofrece un plan de acciones por emprender en el periodo 2013-2016 centradas en tres campos específicos del bienestar: educación, empleo y salud. Para sensibilizar respecto al atractivo y el crecimiento económico regionales, en 2012 la región del sur de Dinamarca arrancó la Iniciativa Buena Vida. Se recaba un amplio conjunto de indicadores de bienestar de cada municipio de la región con el objeto de observar el fenómeno demográfico y social, y desarrollar una política mejor informada. La Australian Bureau of Statistics (2011) calcula índices socioeconómicos por zonas (SEIFA), clasificadas según su situación socioeconómica: estos índices sirven para diferentes fines, como centrarse en las que requieren financiación y servicios. En Estados

Recuadro 6.1. **Algunas iniciativas para medir el bienestar a nivel subnacional** *(cont.)*

Unidos de América, la *Partnership for Sustainable Communities* (PSC), iniciativa federal dirigida a integrar las políticas de vivienda, transporte y medioambientales para desarrollar comunidades más sostenibles en los aspectos económico y medioambiental, brinda un conjunto de indicadores comparables para diferentes ámbitos territoriales relacionados con cinco dimensiones de bienestar. Las comunidades que solicitan financiación federal pueden utilizar las medidas de bienestar para sustentar diferentes etapas del ciclo del proyecto (diseño, puesta en marcha y evaluación).

Varias regiones y países usan medidas de bienestar para identificar áreas prioritarias para la intervención a través de políticas públicas. En Hungría, las regiones que reciben financiación de la Política de Cohesión de la Unión Europea se clasifican de acuerdo con 24 indicadores en cuatro dimensiones: sociedad y demografía, vivienda y condiciones de vida, economía local y mercado laboral, e infraestructura y medio ambiente. Con este tipo de clasificación se definieron programas centrados en desarrollo económico, empleo, educación y la integración de Roma en las 33 microrregiones más desfavorecidas durante el periodo 2007-2013. En Países Bajos, el centro de investigación Telos mide el capital económico, sociocultural y ecológico para alertar a los ciudadanos y responsables de políticas de lo que requiere especial atención y lo que funciona bien. En la región italiana de Cerdeña, la puesta en marcha de la Política de Cohesión de la Unión Europea 2007-2013 se apoyó en la implantación de un sistema de incentivos (*Obiettivi di Servizio*) en el cual se definían los estándares mínimos para cuatro áreas de políticas públicas que se habían caracterizado por sus malos resultados en el nivel y la calidad de los servicios públicos: a partir de esta iniciativa, el gobierno regional identificó un conjunto completo de medidas de bienestar para el plan de desarrollo regional para el periodo 2014-2020. La provincia de Roma puso en marcha una estrategia de bienestar que condujo a la implementación de medidas de bienestar en 2012: se invitó a los ciudadanos a participar mediante encuestas comunitarias diseñadas para entender cómo evalúan diferentes dimensiones de bienestar y el gobierno provincial utilizó las medidas de bienestar para definir su estrategia de desarrollo territorial. En México, el estado de Morelos identificó diversos indicadores para vigilar un conjunto de dimensiones de bienestar y los incluyó en el Plan Estatal de Desarrollo 2013-2018.

En 2010, el Ministerio de Desarrollo Social de Nueva Zelanda publicó el *Social Report* (informe social), en el cual se ofrece una evaluación integral del bienestar de las personas en los niveles nacional y regional. El informe incluye un conjunto de indicadores de bienestar para las 16 áreas de los consejos regionales en varios campos, como salud, conocimientos y competencias, empleo, estándares económicos de vida, derechos civiles y políticos, identidad cultural, esparcimiento, seguridad y conectividad social. A finales de 2015 se publicará una nueva edición del informe. Además, la segunda edición del *Regional Economic Activity Report* (Informe de actividad económica regional), publicado en 2014, brinda una evaluación comparativa del desempeño económico regional en las 16 áreas de los consejos regionales, la cual permite entender mejor las funciones que cada región desempeña en la economía. Los indicadores abarcan varios campos, como información demográfica, estándares de vida y empleo (incluido el PIB regional), competencias y empleos, conexiones nacionales e internacionales y gasto del sector público.

Organizaciones no gubernamentales también han utilizado indicadores de bienestar medidos a nivel local para fomentar la sensibilización social y abogar por acciones de políticas públicas. Ejemplos de este tipo son los de *Cómo Vamos* de Bogotá, Colombia, y *Cómo Vamos* de la Ciudad de México, en México. *Cómo Vamos* de Bogotá ofrece una serie de indicadores relacionados con cinco aspectos de calidad de vida: cada año la organización que dirige la iniciativa publica un informe sobre calidad de vida, una encuesta de percepción ciudadana y un informe de vigilancia y evaluación sobre los resultados alcanzados por el Concejo de Bogotá. Por último, en Reino Unido, la Young Foundation puso en marcha una herramienta de medición llamada Wellbeing and Resilience Measure (WARM) (Medición de bienestar y resiliencia) con miras a apoyar los órganos locales y las comunidades en la priorización del uso de recursos.

Fuente: Australian Bureau of Statistics (2011), "Socio-Economic Indexes for Areas", ABS, Canberra, *www.abs.gov.au/websitedbs/censushome.nsf/home/seifa* (consultado el 29 de mayo de 2015); Australian Bureau of Statistics (2013), "Measures of Australia's Progress"; Bogotá Cómo Vamos, "Bogotá Cómo Vamos", Bogotá, Colombia, disponible en: *www.bogotacomovamos.org/media/uploads/documento/new/librillo1_v4.pdf* (consultado el 10 de julio de 2014); Bogotá Cómo Vamos, disponible en: *www.bogotacomovamos.org* y *www.bogotacomovamos.org/concejo* (consultado el 10 de julio de 2014); Hák, Tomás, Moldan

Recuadro 6.1. Algunas iniciativas para medir el bienestar a nivel subnacional *(cont.)*

Bedrich y Lyon Dahl Arthur (eds.) (2007), *Sustainability Indicators: A Scientific Assessment*, Island Press, Young Foundation, *www.youngfoundation.org* (consultado el 29 de mayo de 2015); Istat (2014), "Il benessere equo e sostenibile"; Koopman, M., H.-J. van Mossel y A. Straub (eds.) (2009), *Performance Measurement in the Dutch Social Rented Sector*, IOS Press, Ámsterdam; New Zealand Ministry of Social Development (2010), *The Social Report 2010*, Ministry of Social Development, Wellington, Nueva Zelanda; New Zealand Ministry of Business, Innovation & Employment (2014), *Regional Economic Activity Report 2014*, Ministry of Business, Innovation & Employment, Wellington, Nueva Zelanda; OECD (2014a), "City of Newcastle (United Kingdom)", OECD (2014a), "Province of Rome (Italy)", OECD (2014a), "Region of Sardinia (Italy)", OECD (2014a), "Region of Southern Denmark (Denmark)", OECD (2014a), "State of Morelos (Mexico)", OECD (2014a), "US Partnership for Sustainable Communities", todos en OECD (2014a), *How's Life in Your Region?: Measuring Regional and Local Well-being for Policy Making*, OECD Publishing, París; sitio web de Telos, *www.telos.nl/default.aspx* (consultado el 29 de mayo de 2015); Zauberman, R. (2010), *Victimisation and Insecurity in Europe: A Review of Surveys and Their Use*, VUB University Press; Turkish Statistical Institute (2013), "Life Satisfaction Survey"; Turkey Ministry of Development (2013), "Socio-Economic Development Study (SEDI)", *http://www3.kalkinma.gov.tr/bolgesel.portal* (consultado el 29 de mayo de 2015); National Human Development Report: Poland 2012. Regional and Local Human Development *http://issuu.com/undp_poland/docs/lhdi_report_poland_2012_eng* (consultado el 29 de mayo de 2015).

El informe de la OCDE *How's Life in Your Region?* (OECD, 2014a), publicado en octubre de 2014, parte tanto del marco conceptual de la *Iniciativa para una Vida Mejor* de la OCDE como de la serie *Regions at a Glance* con el objetivo de extender la medición del bienestar de las personas al nivel subnacional. En el contexto de este proyecto se desarrolló un conjunto de indicadores comparables para 362 regiones de 34 países de la OCDE, que cubren nueve dimensiones del bienestar.

Medir el bienestar en el ámbito subnacional plantea grandes retos. En primer lugar, las escalas geográficas de interés pueden diferir de un país a otro, así como al interior de cada país; por ejemplo, regiones administrativas, áreas funcionales, zonas metropolitanas, ciudades o distritos escolares. Para informar a los responsables de políticas públicas y ciudadanos de forma adecuada es necesario que los datos correspondan a la escala de la vida diaria de las personas y a la esfera de influencia de la política pública. En segundo lugar, la información subnacional suele ser más escasa que la nacional, por lo que es necesario recurrir a un rango mucho más amplio de fuentes de información. En particular, los datos obtenidos mediante encuestas sobre las familias y las personas individuales rara vez se diseñan para informar a territorios pequeños.

Este capítulo presenta evidencia sobre la distribución del bienestar entre localidades con base en los resultados publicados en OECD (2014a), e identifica algunas de las principales prioridades para el trabajo estadístico futuro. El capítulo está organizado de la siguiente manera: en la sección 2 se presenta una revisión general del marco teórico para medir el bienestar regional y local en el cual se sustenta el informe de la OCDE *How's Life in Your Region?* y se identifican los retos más importantes para la medición del bienestar a nivel subnacional; a la vez que aporta algunos ejemplos de prácticas innovadoras para desarrollar conjuntos más completos de indicadores de bienestar a nivel regional. En la sección 3 se señalan las disparidades regionales en algunas dimensiones de bienestar del marco regional de bienestar de la OCDE; en este capítulo se analiza en particular la medición de la "accesibilidad a servicios", dimensión clave para el bienestar en regiones que no se incluye en el marco conceptual de *How's Life?* En la última sección se identifican las principales brechas estadísticas en este campo y se describe el tipo de trabajo estadístico que deberá realizarse en el futuro para aportar una descripción estadística más sólida de las condiciones de bienestar en diferentes áreas geográficas locales.

Midiendo el bienestar regional

Un marco de la OCDE para medir el bienestar a nivel local

Sobre la base del marco de *How's Life?*, el marco subnacional de la OCDE entiende el bienestar actual como un concepto multidimensional que pone énfasis en lo que le importa a la gente, se centra en resultados (más que en insumos y determinantes) y destaca la necesidad de ir "más allá de los promedios" al analizar la distribución del bienestar entre individuos, grupos sociales (por ejemplo, migrantes recientes y ancianos, entre otros) y territorios (Gráfica 6.1). Un elemento fundamental que *How's Life in Your Region?* añade al marco para *How's Life?* es el concepto de que el bienestar está conformado por una combinación de características individuales y características basadas en la ubicación. Por ejemplo, contar con un empleo es un aspecto decisivo del bienestar humano que se determina por características individuales, como competencias y educación, y por factores contextuales, como acceso a la formación y condiciones de transporte y mercado laboral. El Cuadro 6.1 muestra otros ejemplos de cómo los factores basados en la ubicación interactúan con las características individuales para generar resultados de bienestar a nivel local.

Cuadro 6.1. **Personas en lugares: los múltiples determinantes del bienestar basados en la ubicación**

Factores basados en la ubicación	⇔	Características individuales	=	Bienestar de las personas
– Contexto de dinamismo de la economía regional		– Familia		– Empleo
– Grupo de trabajadores regionales		– Educación		– Ingresos
– Acceso a formación		– Competencias		– Ingresos
– Transporte		– Motivación		– Tasas de pobreza
– Redes de información		– Factores biológicos y genéticos		– Esperanza de vida al nacer
– Oportunidades educativas		– Estilo de vida		– Mortalidad infantil
– Condiciones sociales (vivienda, calefacción, desigualdad relativa y absoluta, etc.)		– Conducta riesgosa		
– Condiciones ambientales (contaminación, comodidades, etc.)		– Ingresos		

La información sobre personas y lugares contribuye a comprender mejor la concentración territorial de ventajas y desventajas, y si las diferentes fuentes de desigualdad (individuales y basadas en la ubicación) se refuerzan mutuamente (Sampson, 2008; Wilson, 1987). Recientemente, un enfoque similar para medir el bienestar combinando características individuales y de ubicación fue adoptado por la iniciativa "Buena Vida" de la región del sur de Dinamarca (OECD, 2014c) y los Índices Socioeconómicos para las Áreas (SEIFA) de Australia (Australian Bureau of Statistics, 2011, Box 6.1). A partir de estas experiencias, en el marco regional de la OCDE se incluyen diversos factores basados en la ubicación.

Con el fin de asegurar el buen funcionamiento de este marco regional, se desarrolló un conjunto de indicadores comparables para medir los resultados en nueve dimensiones de bienestar en las 362 "regiones grandes" de la OCDE. Cuando se contó con ellos, los indicadores regionales utilizados aquí son los mismos de *How's Life?* de nivel nacional. Además, en el marco regional se incluyó la dimensión de bienestar de *Accesibilidad a*

Gráfica 6.1. **El marco de la OCDE para medir el bienestar en los niveles regional y local**

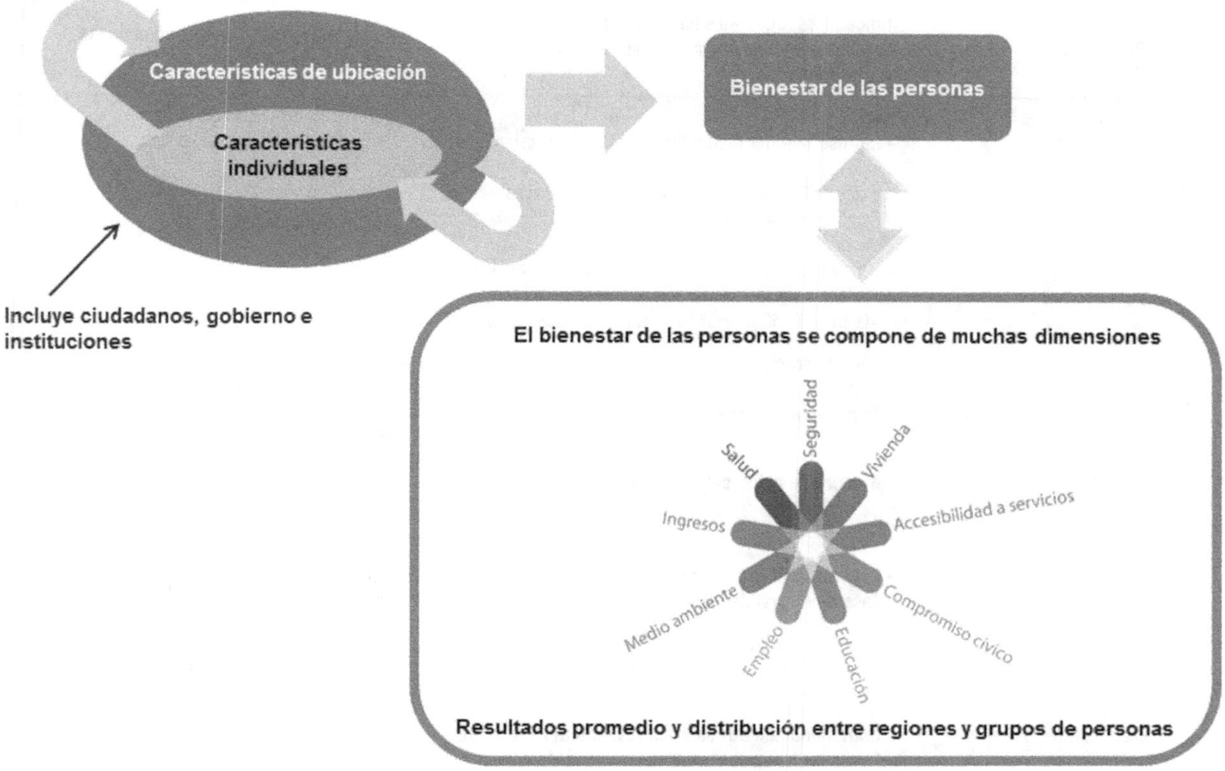

Fuente: OECD (2014a), *How's Life in Your Region?*, OECD Publishing, París, *http://dx.doi.org/10.1787/9789264217416-en*.

servicios, en tanto que las dimensiones "Balance vida-trabajo", "Relaciones sociales" y "Bienestar subjetivo" no se incluyeron por carecer de la información respectiva. Las evaluaciones subjetivas de las circunstancias de vida pueden complementar las medidas de bienestar objetivas y conviene incluirlas para vigilar el bienestar de forma más completa. La Iniciativa para una Vida Mejor de la OCDE, emprendida a nivel nacional, incluye el bienestar subjetivo como dimensión autónoma, que se mide con Satisfacción ante la vida. Asimismo, haciendo uso de otros indicadores autorreportados se miden la salud y las relaciones sociales. Sin embargo, en esta etapa ninguno de los indicadores del marco regional brinda información autorreportada sobre las experiencias subjetivas de bienestar (por ejemplo, apoyo social percibido, sentimientos sobre el balance vida-trabajo o medidas de satisfacción ante la vida, Cuadro 6.2), esto se debe principalmente a la falta de información, pues los datos provenientes de encuestas por lo general no son representativos en los niveles regional y local.

Los indicadores regionales de bienestar se encuentran disponibles tanto en la *Regional Well-Being Database* de la OCDE (*http://dx.doi.org/10.1787/region-data-en*) como en la *Regional Statistics Database* de la OCDE (*http://dx.doi.org/10.1787/region-data-en*). Asimismo, con la herramienta electrónica de bienestar regional de la OCDE (*www.oecdregionalwellbeing.org*) se dispone de un conjunto limitado de indicadores clave, los cuales aparecen resaltados en el Cuadro 6.2.

Cuadro 6.2. **Dimensiones e indicadores para medir el bienestar en los niveles regional y nacional**

	Dimensiones	Indicadores regionales incluidos en *How's Life in Your Region?* o bases de datos relacionadas	Indicadores nacionales incluidos en las medidas clave de *How's Life?*
Condiciones materiales	Ingresos (niveles y distribución)	Nivel: – **Ingreso familiar disponible ajustado** (media y mediana) Distribución: – Índice de Gini para el ingreso familiar e ingreso salarial – Proporción entre quintiles (S80/S20) para el ingreso familiar disponible y el ingreso salarial – Pobreza regional relativa (índices de recuento para ingreso disponible e ingreso de mercado, con la línea de pobreza fijada en 40%, 50% y 60% del ingreso nacional mediano)	– Ingreso familiar disponible ajustado – Patrimonio financiero familiar neto
	Empleo	– **Tasa de empleo** – Tasa de desempleo de largo plazo – **Tasa de desempleo**	– Tasa de empleo – Tasa de desempleo de largo plazo – Ingreso anual promedio por empleado – Probabilidad de quedar desempleado
	Vivienda	– **Número de habitaciones por persona**	– Número de habitaciones por persona – Gasto en vivienda – Viviendas sin servicios básicos
Calidad de vida	Salud	– **Esperanza de vida al nacer** – **Tasa de mortalidad ajustada**	– Esperanza de vida al nacer – Salud percibida
	Educación	– **Logro educativo** – Competencias cognitivas de los estudiantes (PISA)	– Logro educativo – Competencias cognitivas de los estudiantes (PISA) – Competencias de la población adulta
	Medio ambiente	– **Contaminación atmosférica (calidad del aire) ($PM_{2.5}$)** – Pérdida de bosques y vegetación – Residuos municipales reciclados – Acceso a espacios verdes	– Contaminación atmosférica (calidad del aire) ($PM_{2.5}$) – Satisfacción con la calidad del agua
	Seguridad	– **Tasa de homicidios** – Tasa de robo de autos – Mortalidad debida a accidentes de tránsito	– Tasa de homicidios (muertes por agresión) – Victimización reportada por el afectado
	Compromiso cívico y gobernanza	– **Participación electoral**	– Participación electoral – Compromiso de los actores del gobierno
	Accesibilidada servicios	– **Conexión de banda ancha** – Distancia promedio al hospital más cercano – Porcentaje de la población con acceso a transporte público (solo algunas ciudades) – Necesidades médicas no satisfechas	
	Balance vida-trabajo	No disponible	– Trabajadores con jornada laboral larga – Tiempo dedicado al ocio y al cuidado personal
	Relaciones sociales	No disponible	– Red de apoyo social
	Bienestar subjetivo	No disponible	– Satisfacción ante la vida

Nota: Para algunos indicadores solo se dispone de información sobre un número limitado de países, en especial en los casos de competencias cognitivas de los estudiantes (PISA) medidas a nivel regional, residuos municipales reciclados, distancia promedio al hospital más cercano, porcentaje de la población con acceso a transporte público y necesidades médicas no satisfechas. Los indicadores resaltados están disponibles en la herramienta electrónica de bienestar regional de la OCDE (*www.oecdregionalwellbeing.org*).

Fuentes: OECD (2014a), How's Life in Your Region?, OECD Publishing, París, *http://dx.doi.org/10.1787/9789264217416-en*; "Regional well-being", OECD Regional Statistics Database, *http://dx.doi.org/10.1787/data-00707-en*; y OECD Regional Statistics Database, *http://dx.doi.org/10.1787/region-data-en*.

Retos en la medición del bienestar a nivel subnacional

El marco de bienestar regional de la OCDE pone énfasis en la relación dinámica entre las características individuales y de ubicación. Los indicadores seleccionados se refieren a los individuos (por ejemplo, esperanza de vida al nacer), pero también a los lugares donde viven (por ejemplo, contaminación atmosférica en la región). El primer reto para la tarea de medición se relaciona con la escala geográfica donde tendrá que llevarse a cabo el análisis estadístico de nivel subnacional. Para sustentar la política de manera adecuada, es necesario que la información capte la escala geográfica donde se desarrolla la vida cotidiana de las personas, así como el ámbito de intervención de las políticas públicas. En la práctica, las *regiones* se definen en cada país según diferentes conceptos (administrativo, político, económico, geográfico, etc.) y la disponibilidad de datos sobre las distintas regiones puede variar mucho. La clasificación de las regiones de la OCDE distingue entre los límites administrativos y funcionales al definir las unidades subnacionales. Con los límites administrativos se definen las "regiones grandes" de la OCDE (Recuadro 6.2): estos se basan en definiciones nacionales y por lo general representan el primer nivel administrativo de los gobiernos subnacionales. La información sobre estas regiones grandes puede ser importante en particular para comprender la función de los gobiernos subnacionales en el diseño de políticas públicas y en la prestación de servicios públicos, en 2013 más de 40% del gasto público en los países de la OCDE, así como dos tercios de las inversiones públicas fueron realizados por gobiernos subnacionales.

Recuadro 6.2. **¿Cómo se definen las "regiones"?**

Para aumentar la comparabilidad internacional, la OCDE clasifica las regiones en dos niveles territoriales que reflejan la organización administrativa de los países. Las regiones grandes de la OCDE (TL2) representan el primer nivel administrativo de los gobiernos subnacionales, por ejemplo, las provincias en Canadá, las Comunidades Autónomas en España, las *Régions* en Francia o los estados en Estados Unidos de América. Los indicadores de bienestar presentados en este capítulo se elaboraron para las 362 regiones grandes de la OCDE. Los datos sobre estas regiones ofrecen también información sobre las disparidades interregionales en las diversas dimensiones de bienestar, lo que demuestra que en algunos casos las disparidades dentro de los países son mayores que las disparidades entre estos. Debido a que las regiones administrativas grandes incluyen a los gobiernos locales y muchas zonas con diferentes funciones económicas (por ejemplo, ciudades y zonas rurales), la OCDE diseñó también una clasificación común de "regiones pequeñas", que son subdivisiones de las grandes y por lo general corresponden a unidades administrativas, excepto las de Alemania, Australia, Canadá y Estados Unidos de América. En el caso de estos países, las regiones pequeñas se refieren a divisiones estadísticas o económicas fijadas por los países y utilizadas para la recolección de información. Con base en los criterios de densidad demográfica, porcentaje de la población que reside en comunidades rurales, tamaño de zonas urbanas y distancia de los centros urbanos, la tipología rural-urbana de la OCDE clasifica las regiones pequeñas como "predominantemente rurales remotas", "predominantemente rurales cercanas a una ciudad", "intermedias" y "predominantemente urbanas" (Brezzi *et al.*, 2011). La mayoría de los países de la OCDE y no pertenecientes a la Organización tienen una definición propia de las regiones rurales y urbanas, si bien estos criterios son muy similares a los de la tipología rural-urbana de la OCDE, los umbrales elegidos pueden diferir.

Al mismo tiempo, los lugares donde la gente vive, trabaja y socializa pueden tener poca relación con los límites administrativos que los rodean. Esto significa que los lugares interactúan entre sí mediante un amplio conjunto de vínculos económicos y sociales que por lo común cruzan los límites administrativos locales y regionales. Para reflejar estos vínculos, por lo regular los órganos nacionales de estadística agrupan los lugares en "regiones funcionales". Los datos asignados a las regiones funcionales y no a los límites administrativos tradicionales mejoran la planificación y ejecución de políticas de infraestructura, transporte, vivienda, escuelas y espacios para la cultura y la recreación, al integrarlas mejor y adaptarlas a las necesidades locales. En 2012, la OCDE y la Unión Europea establecieron una definición homologada de las Zonas Funcionales Urbanas que fue aplicada a 29 países de la OCDE y empezaron a elaborar indicadores para zonas de este tipo con una población de más de 500 000 habitantes (OECD, 2012). La mayoría de estos indicadores son estimadores desarrollados por la OCDE, quien integra diferentes fuentes de datos para obtener valores en el nivel geográfico deseado, y cubren solo un rango limitado de dimensiones y países.

Elegir entre diferentes niveles de análisis implica diferentes concesiones en lo que se refiere a estrategias de medición. Los órganos nacionales de estadística suelen recoger una gran cantidad de información sobre las regiones administrativas, en particular las grandes, y mucha menos sobre las regiones y zonas funcionales pequeñas. Pese a algunos esfuerzos nacionales para brindar información sobre unidades pequeñas que después podrían agregarse en diferentes áreas geográficas, la disponibilidad de estadísticas oficiales en niveles geográficos muy pequeños se limita aún a datos provenientes de los censos de población. Lo anterior representa una restricción importante para lograr medidas completas de bienestar a nivel local.

A menudo no se cuenta con información basada en encuestas para elaborar indicadores de bienestar en los ámbitos local o regional, pues las encuestas suelen concebirse para proporcionar datos estadísticamente significativos solo en el nivel nacional (Wishlade y Yuill, 1997; OECD, 2013). Sin embargo, los países pueden realizar varios cambios en la aplicación de encuestas para ofrecer más información subnacional, entre ellos: cambios a la estructura de la muestra para atribuir un mayor peso a las regiones pequeñas, uso de promedios multianuales y publicación de los detalles de las encuestas necesarios para calcular los errores estándar. Ahora bien, cambiar la estructura de la muestra puede generar costos adicionales o concesiones en términos del análisis de los resultados (por ejemplo, puede contarse con muestras regionales pero no con información sobre otras características de la población que las componen). Para reducir estos costos, los órganos nacionales de estadísticas y otros generadores de información aplican otros métodos para recopilar indicadores en diferentes niveles territoriales. Por ejemplo, por lo común, los países nórdicos se basan en gran medida en datos de registros y utilizan identificadores personales para vincular datos administrativos y de encuestas que se refieren a la misma persona. Otras opciones son usar la localización del entrevistado en encuestas en línea o actividades que pueden observarse geográficamente, integrar registros de infraestructura o recursos naturales con otros datos estadísticos y datos globales (basados en los satélites) para obtener medidas de desempeño ambiental y gestión de suelos. En el Recuadro 6.3 se presentan algunos ejemplos internacionales y nacionales de iniciativas para elaborar conjuntos de indicadores de bienestar de nivel subnacional a partir de fuentes diferentes.

Información alternativa obtenida a través de fuentes públicas y privadas tiene también gran potencial si su uso se homologa en varios países para evaluar el bienestar a nivel subnacional. La creciente disponibilidad de datos provenientes de nuevas fuentes lograda en los últimos años —por ejemplo, la explosión del volumen de datos disponibles y la velocidad de su generación — podría también ser utilizada. Ahora se utilizan datos de redes sociales y de fuentes múltiples para medir una amplia gama de temas en una escala geográfica detallada. Por ejemplo, en Indonesia, un proyecto conjunto de las Naciones Unidas y el gobierno nacional obtiene precios diarios de los alimentos haciendo uso de tweets públicos, lo cual contribuye a evaluar tanto el acceso a los alimentos como los costos locales de vida (IEAG, 2014).

Restricciones metodológicas importantes limitan la capacidad para producir indicadores de bienestar comparables a nivel subnacional basados en respuestas individuales a encuestas, por ejemplo, la valoración de las personas de la calidad de los servicios públicos, su bienestar subjetivo, las experiencias de victimización que se reportan o el apoyo social disponible. Las mejoras en la disponibilidad de indicadores para algunas dimensiones de bienestar, como accesibilidad a servicios, vivienda, educación y seguridad, dependerán de la capacidad para superar estas restricciones. Por la misma razón, actualmente no se incluyen en el marco regional las dimensiones de "bienestar subjetivo", "balance vida-trabajo" y "relaciones sociales", reportadas en *How's Life?* a nivel nacional, pues únicamente se miden con datos provenientes de estudios representativos solo a nivel nacional.

Recuadro 6.3. **Nuevas fuentes de información para medir el bienestar en diferentes escalas geográficas**

En años recientes se emprendieron diversas iniciativas para mejorar la medición del bienestar en diferentes niveles geográficos subnacionales al integrar distintas fuentes de información.

En 2011, la Comisión Europea comisionó al Banco Mundial que trazara "mapas de pobreza" para zonas pequeñas (por ejemplo, ciudades y barrios). Mediante la combinación de datos de censos nacionales y de las Estadísticas de la UE sobre el ingreso y las condiciones de vida, esta iniciativa generó estimados de pobreza por insuficiencia de ingresos y exclusión social en siete países de la Unión Europea (Eslovaquia, Eslovenia, Estonia, Hungría, Letonia, Polonia y Rumania) en los niveles municipal, distrital, subregional y regional. Estos estimados destacaron grandes desigualdades de ingresos intrarregionales que se ocultaban en una escala territorial mayor e identificaron enclaves de pobreza específicos.

Las autoridades danesas nacionales y regionales de salud llevan a cabo desde 2010 el estudio "¿Cómo está usted?" para reunir información sobre el bienestar, estilo de vida, salud y enfermedad entre adultos. La mayoría de los datos están disponibles a nivel municipal y se integraron a datos administrativos con el fin de planificar y calificar actividades dentro del sector de salud en los ámbitos nacional, regional y municipal. Como parte de la iniciativa "Buena Vida", desde 2012 la región del sur de Dinamarca recaba información de encuestas anuales sobre seguridad personal, salud, relaciones, autorrealización, así como una evaluación del entorno local de los municipios de la región.

La Oficina Nacional de Estadística de Francia (INSEE) publicó en 2015 un informe sobre la calidad de vida en los territorios (*Une approche de la qualité de vie dans les territoires*). En el informe se identifican 27 indicadores relacionados con las 13 dimensiones del bienestar que podrían estar disponibles a nivel municipal. Las fuentes de los datos abarcan desde registros administrativos hasta encuestas locales y nacionales. Se elaboró un nuevo mapa del país con varias características de las zonas pequeñas (los resultados finales se refieren a 2 677 zonas definidas como territorios con menos de 50 000 habitantes diferenciados por características socioeconómicas).

En Hungría, el Sistema de Información de Desarrollo Regional y Ordenación del Territorio (TeIR) integra datos estadísticos, geográficos y de políticas obtenidos de diferentes fuentes (el Departamento Central Húngaro de Estadística, órganos gubernamentales, registros administrativos, municipios y datos vía satélite) para aportar evidencia en diferentes escalas geográficas. Con el TeIR se preparan programas de desarrollo territorial y se sigue su impacto en Hungría y sus regiones. Además, sirve como base del Sistema

Recuadro 6.3. **Nuevas fuentes de información para medir el bienestar en diferentes escalas geográficas** *(cont.)*

de Evaluación y Vigilancia de Desarrollo Regional (T-MER), el cual proporciona un marco unificado de vigilancia territorial y evaluación de actividades, e incluye indicadores en diferentes escalas.

En 2014 y 2015, el Instituto Nacional de Estadística de Italia (Istat) publicó un informe sobre bienestar equitativo y sostenible en zonas urbanas (Urbes) (*http://www.istat.it/it/archivio/153995*). El proyecto Urbes utiliza información de registros administrativos, censos de población y encuestas nacionales; se dirige a una red de 29 ciudades grandes del país y su objetivo es presentar análisis de datos e identificar los mejores indicadores del estado del bienestar en zonas urbanas de Italia. El informe se basa en 65 indicadores que divididos en 11 dominios en los niveles municipal y provincial, con el fin de brindar un panorama más completo del bienestar en las zonas urbanas. El Istat y la Asociación Nacional de Municipios Italianos (ANCI) difunden el informe en todo el país y lo presentan a los habitantes de los diversos municipios.

Regiones Socioeconómicas de México es un producto del Instituto Nacional de Estadística y Geografía (INEGI) de México y desde 2004 proporciona información socioeconómica en los niveles federal, municipal y por AGEB (Áreas Geoestadísticas Básicas). Esta iniciativa sustituyó a los anteriores *Cuadernos de Información para la Planeación de los Estados*, que contenían información solo de los niveles estatal y municipal. El objetivo del informe *Regiones Socioeconómicas* es informar mejor a los gobiernos federal y locales sobre los resultados en cuatro dimensiones (vivienda, salud, educación y empleo) al calcular diversos indicadores de datos censales. La información está disponible de manera gratuita en el sitio web del INEGI, junto con una herramienta electrónica que permite trazar un mapa de los diferentes indicadores en varios niveles territoriales.

La Oficina Central de Estadística de Polonia proporciona indicadores de bienestar de nivel subnacional. Con la Encuesta de Cohesión Social, llevada a cabo por primera vez en 2011, se produjo un conjunto de indicadores en diferentes niveles geográficos, incluidos los *voivodships* (TL2), en varios ámbitos, como calidad de vida, pobreza y capital social. Los resultados del análisis de la encuesta se incluyen en el informe de 2014 *Calidad de vida, capital social, pobreza y exclusión social en Polonia* (*http://stat.gov.pl/en/topics/living-conditions/living-conditions/quality-of-life-social-capital-poverty-and-social-exclusion-in-poland,4,1.html*). Se espera que la segunda Encuesta de Cohesión Social aporte información aún más amplia sobre el bienestar subnacional en Polonia.

Dos iniciativas de la administración central de Portugal ofrecen portales electrónicos con acceso abierto a bases de datos de las administraciones central y locales, junto con aplicaciones para utilizar dichos datos y acceder a indicadores. Por ejemplo, en el portal de la Agencia para la Modernización Administrativa se clasificaron conjuntos de datos abiertos de acuerdo con diferentes temas y se ofrecen aplicaciones para medir los accidentes en carretera o el aprovechamiento de centros administrativos locales de usos múltiples. El portal (igeo.pt) reúne datos geográficos de diferentes órganos nacionales sobre instrumentos de gestión de suelos y desempeño ambiental, entre otros, que los usuarios pueden importar a su Sistema de Información Geográfica (GIS) para visualización (Servicio de Mapas Web - WMS) o consulta (Sistema de Entidades Web - WFS). Estadística de Portugal también se propone desarrollar y poner en marcha una plataforma en línea (INE GeoPortal) que consiste en infraestructura para sostener la gestión y visualización de datos territoriales, específicamente a través de un servicio web para visualizar y descargar mapas con información geoterritorial, así como un servicio para explorar un catálogo de metadatos en internet.

La Oficina Federal de Estadística de Suiza (FSO) publicó en 2014 un informe sobre la calidad de vida en los municipios. Los datos son utilizados por la Auditoría Urbana Suiza y muestran 24 indicadores en 13 dimensiones del bienestar en las 10 ciudades más grandes (de más de 50 000 habitantes) del país. Las fuentes de datos abarcan desde registros administrativos hasta encuestas locales y nacionales. Los indicadores presentados pueden complementarse en el futuro para presentar un panorama más completo del bienestar en las ciudades.

El Departamento de Comunidades y Gobiernos Locales de Reino Unido genera desde 2000 los Índices de Carencia Múltiple (IMD) con el fin de medir los niveles de carencia en siete ámbitos: empleo, ingresos, salud, delincuencia, educación, condiciones de vida y acceso a servicios. Los IMD utilizan 40 indicadores

Recuadro 6.3. **Nuevas fuentes de información para medir el bienestar en diferentes escalas geográficas** *(cont.)*

derivados de fuentes de datos administrativas, de encuestas y censales. En un principio, los índices se elaboraron para el nivel distrital (correspondiente al territorio más pequeño para distritos electorales), pero desde 2004 se realizan para una escala más pequeña de cerca de 1 500 personas (denominada "lower-layer super-output area"). Con los IMD se ha guiado la ubicación de los servicios sociales, como los Sure Start Children's Centres (Centros para un inicio seguro para niños), y para focalizar programas de regeneración, como el Neighbourhood Renewal Fund (Fondo de renovación de barrios) y el Single Regeneration Budget (Presupuesto Único de Regeneración).

En años recientes, la OCDE empleó varios tipos de datos satelitales desarrollados por agencias espaciales o consorcios académicos, por ejemplo, sobre exposición a partículas suspendidas en el aire ($PM_{2.5}$) para todo el mundo en diferentes resoluciones, combinados con sistemas de información geográfica (GIS), para medir la cobertura terrestre y sus cambios, la calidad del aire y las emisiones, así como otros indicadores ambientales. Por ejemplo, el indicador de contaminación atmosférica de *How's Life in Your Region* (OECD, 2014; Cuadro 6.2) es un indicador de la exposición de la población a las partículas suspendidas ($PM_{2.5}$), generado por observaciones vía satélite. Si bien la observación satelital de la contaminación atmosférica es menos precisa que la de las estaciones terrestres, tiene la ventaja de cubrir todo el planeta (aunque muchos países aún carecen de estaciones terrestres para la vigilancia de la contaminación) y de proporcionar estimados uniformes dentro y entre los países.

Fuente: World Bank (2014), European Union Accession Countries - Poverty mapping of new members in EU: completion memo. Washington, D.C., *http://documents.worldbank.org/curated/en/2014/06/19764353/european-union-eu-accession-countries-poverty-mapping-new-members-eu-completion-memo*; Danish Health and Medicines Authority (2014), "Danskernes Sundhed – Den Nationale Sundhedsprofil 2013"; Sundhedsstyrelsen, Copenague, *https://sundhedsstyrelsen.dk/~/media/1529A4BCF9C64905BAC650B6C45B72A5.ashx*;. *Region of Southern Denmark (2015)*, "KONTUR Region Syddanmark 2014", pp. 42-51, *http://detgodeliv.regionsyddanmark.dk/publikationer/kontur; ATTRACT SEE (2014)*, "Hungarian action plan for Common Territorial Monitoring System implementation" *http://www.attract-see.eu/*; INSEE (2015), "Une approche de la qualité de vie dans les territoires", *http://www.insee.fr/fr/themes/document.asp?reg_id=0&ref_id=ip1519*; INEGI, Instituto Nacional de Estadística y Geografía, México, *http://sc.inegi.org.mx/niveles/index.jsp?s=est&c=11724*; Portuguese Agency for Administrative Modernisation, *http://www.dados.gov.pt/pt/inicio/inicio.aspx; e Igeo Portal http://www.igeo.pt/*; Swiss Federal Statistical Office: *http://www.bfs.admin.ch/bfs/portal/en/index/international/03/04/07.html*; UK Department for Communities and Local Government, "English indices of deprivation", Crown Copyright, Londres, *www.gov.uk/government/collections/english-indices-of-deprivation*; Brezzi, M., y D. Sanchez-Serra (2014), "Breathing the same air? Measuring air pollution in OECD cities and regions", OECD Regional Development Working Papers, 2014/11, OECD Publishing, *http://dx.doi.org/10.1787/5jxrb7rkxf21-en* (todos los sitios web de esta fuente se consultaron el 29 de mayo de 2015).

La geografía del bienestar

Al igual que sucede con *How's Life?*, las dimensiones e indicadores de bienestar de *How's Life in Your Region?* se agrupan en dos amplias esferas: condiciones materiales y calidad de vida. Empleo, ingresos y vivienda son las tres dimensiones relacionadas con las condiciones materiales, en tanto que las seis dimensiones de calidad de vida son salud, educación, seguridad, compromiso cívico, medio ambiente y accesibilidad a servicios. Las diferencias regionales dentro de los países son grandes en la mayoría de los indicadores considerados, y en algunos casos, mayores que las observadas entre países. La evidencia analizada en *How's Life in Your Region?* sugiere también que la crisis económica de 2008 no solo disminuyó los niveles de empleo e ingresos a nivel nacional, sino también amplió las disparidades entre regiones en cerca de la mitad de los países de la OCDE. En general, este fenómeno reflejó un mayor incremento del desempleo en las regiones más desfavorecidas de la OCDE (OECD, 2014b). En esta sección se presentan las disparidades regionales particularmente amplias en algunas dimensiones de bienestar, como ingresos, empleo, educación, medio ambiente y accesibilidad a servicios. En OECD

(2014b) se describen las disparidades regionales en las demás dimensiones (vivienda, salud, compromiso cívico y seguridad).

La reducción de disparidades regionales se relaciona con mayores niveles de bienestar nacional

Centrar el interés en el bienestar a nivel subnacional permite destacar casos en los que los indicadores nacionales ofrecen solo un panorama parcial de las condiciones de vida. En primer lugar, los países con valores nacionales promedio similares en una dimensión de bienestar pueden experimentar disparidades regionales diferentes en la misma dimensión. Tal es el caso de Turquía y República Checa respecto del ingreso per cápita:[1] si bien en ambos países el ingreso disponible per cápita promedia cerca de USD 11 500 a nivel nacional, los valores regionales varían de USD 6 000 a 15 500 en Turquía, pero solo de USD 10 500 a USD 15 000 en República Checa. A la inversa, los países con disparidades interregionales similares pueden presentar calificaciones nacionales de bienestar promedio muy diferentes. Por ejemplo, Australia e Italia tienen niveles de ingreso disponible per cápita sustancialmente distintos, pero una cantidad similar de disparidades interregionales en el mismo indicador (Gráfica 6.2).

Gráfica 6.2. **Niveles nacionales promedio comparados con disparidades regionales en cuatro dimensiones de bienestar**

2013

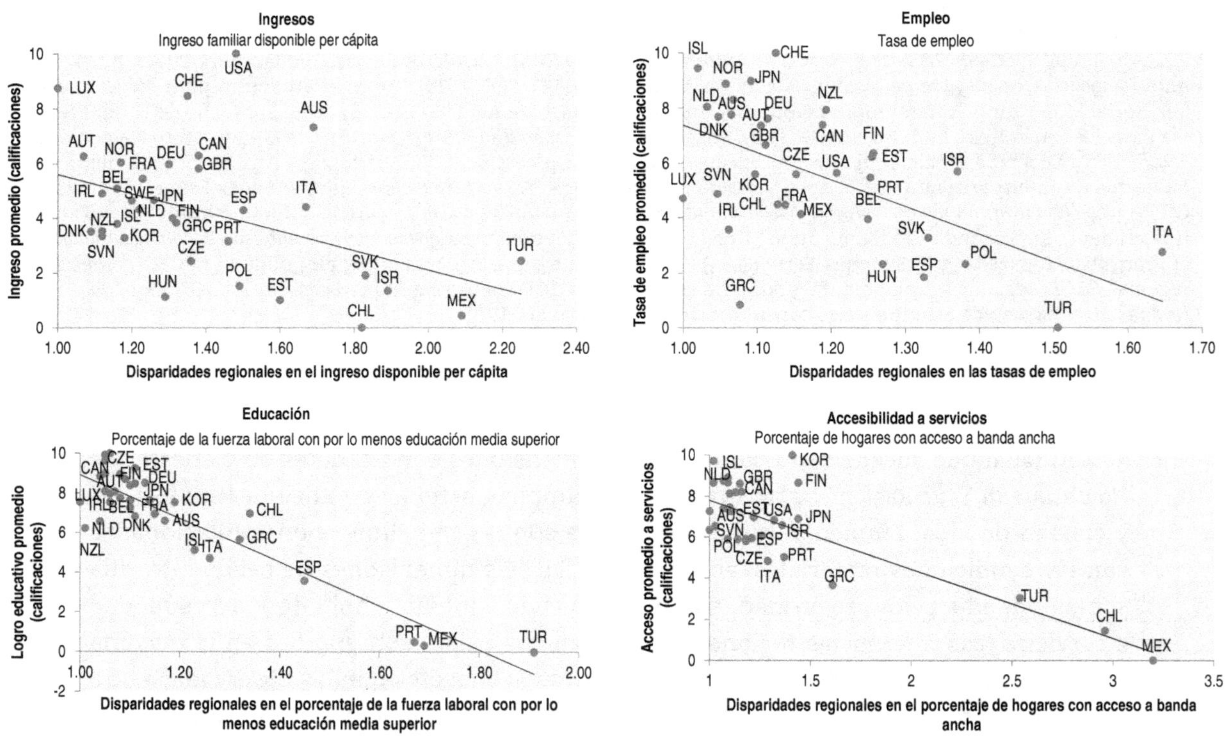

Nota: Los valores de los indicadores de las 362 regiones de la OCDE se transformaron en calificaciones del 0 al 10, donde los valores más altos indican resultados más altos de bienestar. En el eje y de cada gráfica se presentan las calificaciones nacionales promedio de cada dimensión. Las disparidades regionales presentadas en los ejes x se calcularon como la relación entre el valor de las regiones ubicadas en el 20% superior (quinto quintil) y el 20% inferior (primer quintil) de las regiones con los indicadores considerados para cada dimensión.

Fuente: OECD (2014a), *How's Life in Your Region?, OECD Publishing*, París, *http://dx.doi.org/10.1787/9789264217416-en.*

StatLink http://dx.doi.org/10.1787/888933268474

No obstante la diversidad en la asociación entre las disparidades regionales y los niveles generales de bienestar, en el caso de algunas dimensiones de este (por ejemplo, ingresos, empleo, educación y accesobilidad a servicios), los países de la OCDE con mayores disparidades regionales a menudo también obtienen calificaciones nacionales de bienestar más bajas. En cada una de estas dimensiones, en la Gráfica 6.2 se traza la calificación promedio de bienestar a nivel nacional y el grado de disparidades regionales en la misma dimensión (medidas como la relación entre el valor del indicador en las regiones situadas en el 20% superior de la distribución y las del 20% inferior). La correlación negativa observada en educación y en accesibilidad a servicios parece generarse por los tres países con las calificaciones más bajas, que pueden considerarse atípicos; sin embargo, en ambos casos, aunque se omita del análisis a estos países, la correlación se mantiene.[2] Una posible explicación de las correlaciones negativas trazadas en la Gráfica 6.2 es que las diferencias en el ámbito nacional de cada dimensión de bienestar son, en promedio, mayores entre las regiones con bajo rendimiento que entre aquellas con mejor rendimiento.

Respecto de las implicaciones de las disparidades territoriales en los resultados de bienestar, según literatura de reciente publicación, los resultados de bienestar experimentados por las personas, en especial los jóvenes, en su lugar de residencia pueden afectar sus oportunidades para lograr mejores resultados en una etapa posterior de su vida. En otras palabras, las condiciones de vida imperantes en el lugar donde se ubican estas personas influyen en las decisiones que toman, lo cual a su vez puede afectar sus resultados de largo plazo en lo referente al bienestar. Esto aplica en particular a las dimensiones relacionadas con la prestación de servicios públicos. Por ejemplo, en el caso de la educación, la disponibilidad de buenas escuelas para los niños influye en sus oportunidades futuras. Análisis realizados en Estados Unidos de América muestran que el ingreso promedio en el barrio tiene gran impacto en la capacidad de ingresos futuros de las personas, efecto cercano a la mitad del relacionado con el ingreso de los padres (Rothwell y Massey, 2015). En otro estudio se concluye que la movilidad social intergeneracional difiere en gran medida entre las ciudades estadounidenses. Las ciudades caracterizadas por una mayor movilidad social muestran en promedio menor desigualdad de ingresos, menor segregación y mejores escuelas primarias (Chetty *et al.*, 2014). Estos modelos se explican en parte por los "efectos externos" de la educación: la gente se beneficia al rodearse de personas más educadas, lo cual significa que el nivel local de educación genera externalidades sociales positivas (Moretti, 2004). En conjunto, esto sugiere que las disparidades regionales en los resultados de bienestar podrían tener implicaciones importantes para el bienestar general de las personas que valdría la pena investigar más.

Los niveles de ingresos varían mucho entre y dentro de las regiones

Al considerar las disparidades regionales en los estándares de vida, la medida más común es el PIB regional (OECD, 2013). Sin embargo, el PIB se entiende mejor como medida de la producción económica de cada región, más que del ingreso obtenido por sus residentes. Además, la producción económica regional puede ser mucho más alta que el ingreso obtenido por las familias de regiones en las que la explotación de recursos naturales constituye un gran porcentaje del PIB pero el ingreso generado se transfiere a algún otro sitio, o en zonas metropolitanas donde la producción económica depende de trabajadores que viven en otro sitio. En general, las disparidades regionales en el PIB per cápita son mayores que aquellas en el ingreso familiar disponible. No obstante, las disparidades interregionales en el ingreso familiar de mercado son más altas en muchos países de la OCDE, tanto en los de ingresos altos y medios, como Estados Unidos de América, Australia, Italia, España e Israel; y de ingresos bajos, como Chile, México y Turquía (Gráfica 6.3). También se observan diferencias grandes en el ingreso familiar entre zonas urbanas y rurales. Por ejemplo, en 2011, en Europa, las familias que residían en zonas densamente pobladas tuvieron ingresos cerca de 10% más altos que los que habitaban zonas poco pobladas (Eurostat, 2013). En la mitad de los países de la OCDE, estas brechas interregionales en el ingreso familiar aumentaron entre 2000 y 2011 debido a una baja del rendimiento de las regiones desfavorecidas. Las diferencias regionales son más altas en el ingreso de mercado, pues las transferencias y la tributación reducen la brecha entre las regiones "ricas" y "pobres". Por otro lado, las diferencias en el ingreso familiar pueden mostrar sesgos porque no se toman en cuenta las diferencias en los costos de vida entre regiones del mismo país.

Gráfica 6.3. **Disparidades regionales en el PIB per cápita, el ingreso familiar de mercado y el ingreso familiar disponible**

Relación entre el valor regional máximo y mínimo, 2013 o último año disponible

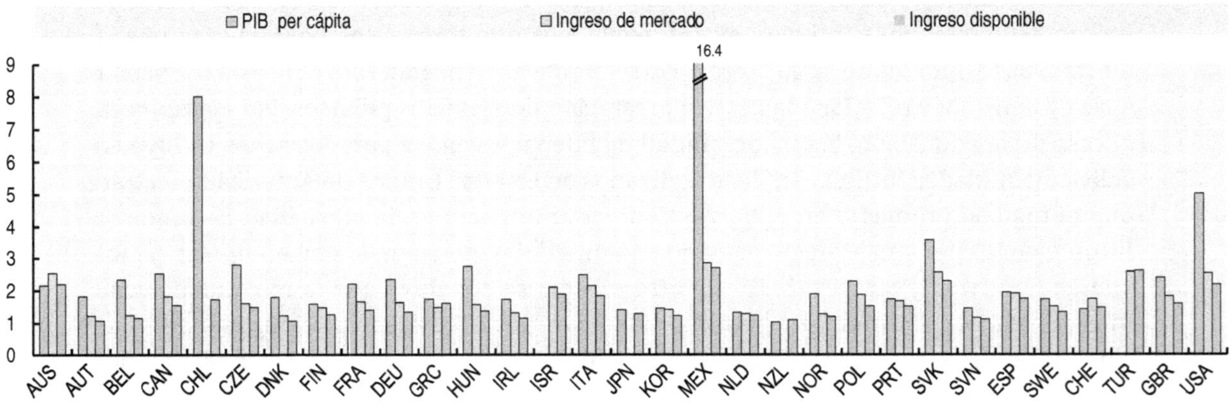

Notas: Los datos se basan en la información regional de cuentas nacionales proporcionada por las oficinas de estadísticas nacionales, excepto Turquía y Suiza, donde los datos sobre ingresos son cálculos de la OCDE basados en el SILC de la Unión Europea y en el SILC de Turquía. Los datos se refieren a regiones del nivel TL2, excepto Turquía, país para el cual solo se dispone de datos de nivel agregado (NUTS1). En los casos de Alemania, Chile, Eslovenia, Finlandia, Hungría, Irlanda, Italia, México, Noruega, Polonia, Respública Eslovaca, Suecia y Suiza, los datos se refieren a 2012, y en los casos de Bélgica, España, Francia, Israel, Japón y Portugal, a 2011. La relación entre el valor regional máximo y el mínimo se calcula con base en USD per cápita en valores ajustados de PPA (2010 = 100).

Fuente: OECD (2015), *Regional Well-Being Database*, *http://dx.doi.org/10.1787/region-data-en*.

StatLink *http://dx.doi.org/10.1787/888933268488*

En algunas regiones las desigualdades de ingreso son mucho más altas que las del país en su conjunto

Se necesitan datos individuales a nivel subnacional para evaluar la importancia relativa de las características individuales y de lugar en el bienestar de las personas. Además, la medición de la distribución del ingreso familiar ayuda a focalizar las políticas sociales y redistributivas. Sin embargo, algunas restricciones metodológicas han impedido el diseño de medidas comparables de desigualdad de ingresos dentro de las regiones. Las encuestas a las familias rara vez se elaboran para ser representativas en una escala regional, y las diferencias de tamaño de la población regional y el costo de la vida entre regiones urbanas y rurales pueden sesgar la evaluación de la desigualdad de ingreso, en especial respecto de la identificación de las líneas de pobreza. En relación con estas, estudios recientes indican que tomar en cuenta las diferencias de precios entre las zonas urbanas y rurales afecta drásticamente las estimaciones de tasas de pobreza regional (Jolliffe, 2006; World Bank, 2015). El Programa de Comparación Internacional (ICP) empezó a recopilar datos para tomar en cuenta las variaciones regionales en los precios mediante encuestas de gastos familiares (EGF), que pueden integrarse a la clasificación ICP para calcular las Paridades de Poder Adquisitivo (PPA) y después utilizarse como deflactores territoriales.[3]

En 2014, la OCDE publicó indicadores de desigualdad de ingresos y pobreza dentro de las regiones, cuyas características se analizan en Piacentini (2014).[4] Si bien estos estimadores no toman en cuenta directamente los niveles de precios en la totalidad de las regiones, las tasas de pobreza relativas se calculan con las líneas de pobreza regionales nacionales y regionales, y estas últimas (fijadas como porcentaje del ingreso mediano de cada región) reflejan en parte las diferencias del costo de vida entre las regiones.

La falta de medidas sobre el costo de vida a nivel regional no necesariamente afecta la interpretación de los indicadores regionales de desigualdad de ingresos, tal es el caso del Índice de Gini. Las diferencias regionales en la distribución del ingreso familiar disponible son, en promedio, más altas en los países grandes de la OCDE que en los pequeños; también son altas en algunos países pequeños con grandes centros urbanos (por ejemplo, Bélgica y Reino Unido). La diferencia de los índices de Gini de ingreso familiar disponible entre los estados mexicanos de Tlaxcala (0.41) y Guerrero (0.53) es similar a la diferencia en los índices de Gini entre los promedios nacionales de México y Nueva Zelanda. De forma similar, la desigualdad de ingresos en Iowa, el estado estadounidense con el menor índice de Gini, se acerca al promedio nacional de Canadá y Francia, en tanto que el índice de Gini de ingreso familiar disponible en Washington, D.C., se acerca al de Chile y México (Gráfica 6.4).

El nivel de desigualdad de ingreso dentro de las regiones de un país varía mucho entre diferentes países. Mientras que en todas las regiones de Japón y los países nórdicos las familias con ingreso disponible ubicado en el 20% superior de la escala ganan entre dos y cuatro veces más que el 20% inferior, en todas las regiones de Chile y México el ingreso del 20% más rico de la población es por lo menos 10 veces mayor que el 20% más pobre. En los países europeos, las mayores diferencias dentro de las regiones entre el 20% que gana más y el 20% que gana menos se registran en España, Grecia, Turquía y el sur de Italia (Gráfica 6.5). La desigualdad de ingresos depende también de la estructura urbana de la región y tiende a ser más alta en las ciudades de mayor tamaño (Kanbur y Zhuang, 2013; Royuela *et al.*, 2014).

En estudios empíricos sobre los determinantes de la desigualdad de ingresos dentro de las regiones se destaca la importancia de varias características de los mercados laborales locales, como densidad de empleo (Ciccone, 2002) y cercanía a centros muy poblados (Rice *et al.*, 2006). Estos factores generan un ingreso más alto para los residentes de zonas urbanas, impulsado por los estímulos salariales (Glaeser y Mare, 2001). El análisis de todas las regiones de la OCDE señala que la desigualdad de ingreso tiene una fuerte correlación positiva con la tasa de desempleo y con el porcentaje de población mayor (de más de 70 años de edad), así como una fuerte correlación negativa con el logro de educación

Gráfica 6.4. **Valores regionales del índice de Gini del ingreso familiar disponible**

Alrededor de 2010

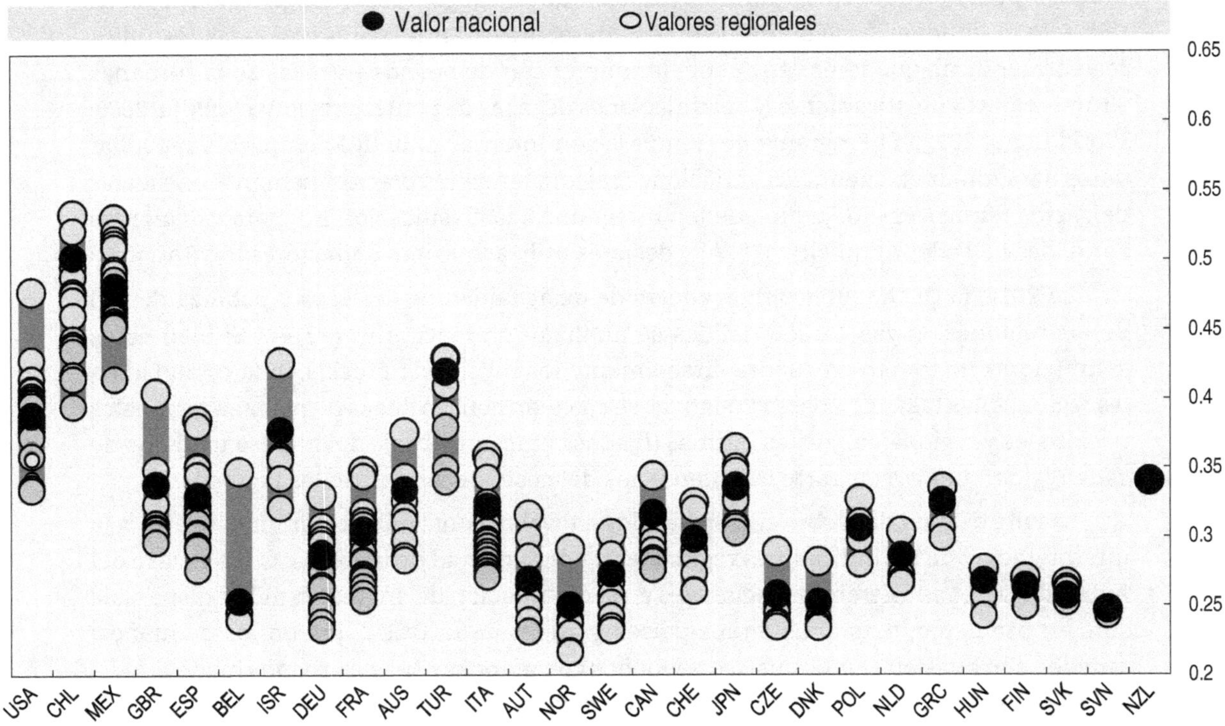

Nota: Los países se ordenan por la diferencia entre los valores máximo y mínimo del índice de Gini del ingreso familiar disponible regional. Cada punto del panel representa una región. El índice de Gini es una medida de la concentración de los ingresos que varía entre 0, valor que representa la igualdad perfecta, y 1, donde todo el ingreso fluye a una sola persona.

Fuente: OECD (2015), *Regional Well-Being Database, http://dx.doi.org/10.1787/region-data-en.*

StatLink http://dx.doi.org/10.1787/888933268499

secundaria, el porcentaje de la población de entre 60 y 69 años de edad, y el porcentaje de trabajadores del sector manufacturero.

Asimismo, la desigualdad de ingresos se correlaciona en gran medida con las tasas de pobreza, y esta correlación se confirma a nivel regional. La base de datos de bienestar regional de la OCDE aporta estimados de las tasas de pobreza relativa, con líneas de pobreza fijadas en 60%, 50% y 40% del ingreso nacional mediano.[5] La variabilidad regional en las tasas de pobreza puede ser muy alta dentro de los países: por ejemplo, en ocho de los 27 países considerados, las disparidades en la pobreza de ingresos entre regiones (medidas a 50% del ingreso nacional mediano) son mayores que las disparidades entre los propios países de la OCDE. En México, las tasas de pobreza con respecto al ingreso varían de 5.4% en el Distrito Federal a 48.9% en Chiapas; en Turquía, varían entre 4% en Estambul y 50.4% en el sureste de Anatolia (Gráfica 6.6).

La notoria dimensión territorial de la pobreza implica que para las políticas orientadas a combatirla sería útil realizar una división geográfica más minuciosa y comprender mejor los principales factores que la determinan. En este contexto, en años

Gráfica 6.5. **Desigualdad de ingresos dentro de las regiones**

Relación del ingreso familiar disponible entre los quintiles superior e inferior de la distribución en cada región, alrededor de 2010

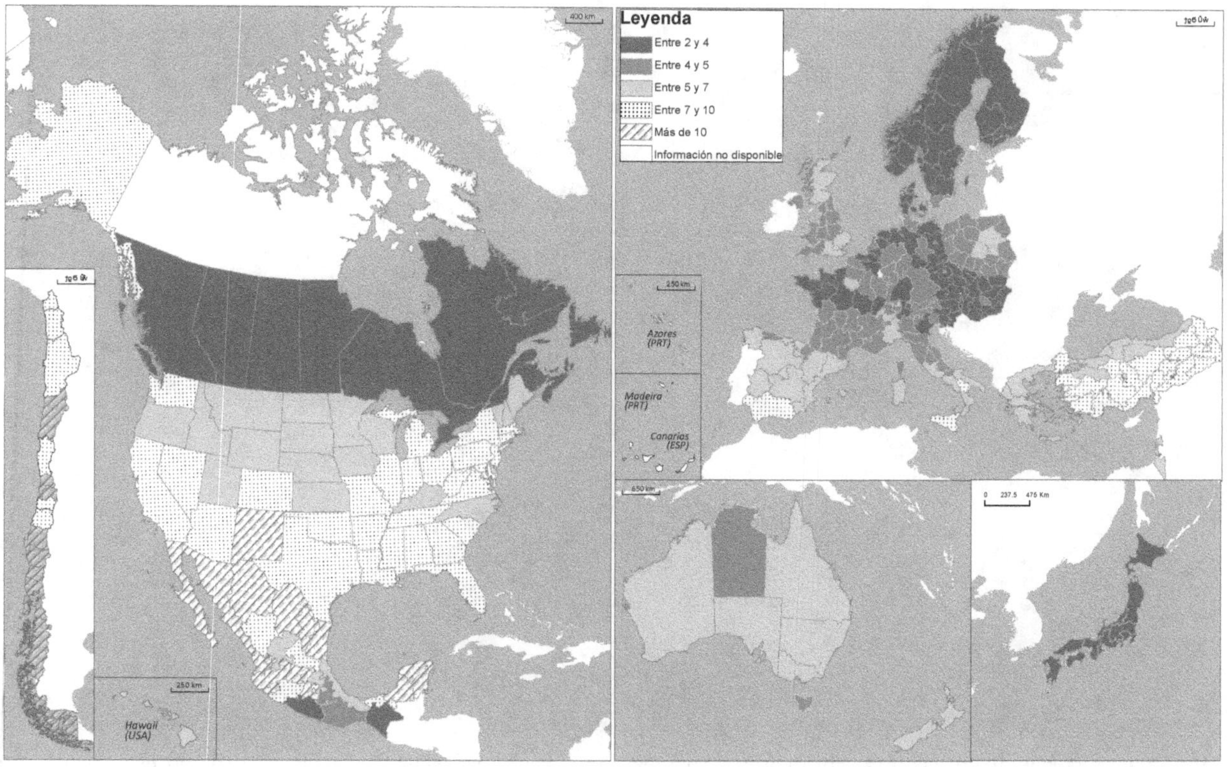

Nota: Este documento y cualquier mapa incluido en él tiene fines ilustrativos y sin perjuicio de la condición o de la soberanía sobre un territorio, de la delimitación de fronteras o límites internacionales ni del nombre de cualquier territorio, ciudad o área. Fuente de demarcaciones administrativas: Oficinas Nacionales de Estadística y FAO *Global Administrative Unit Layers* (GAUL).

Fuente: OECD (2014a), *How's Life in Your Region?*, *OECD Publishing*, París, *http://dx.doi.org/10.1787/9789264217416-en.*

StatLink http://dx.doi.org/10.1787/888933268503

recientes se emprendieron varias iniciativas nacionales e internacionales para desarrollar "mapas de pobreza" con mayor detalle territorial. Por lo común, estos mapas de pobreza se estiman al vincular datos obtenidos de los censos a datos obtenidos en encuestas familiares (o datos fiscales), con el fin de dar seguimiento a lo que ocurre con la pobreza en los periodos comprendidos entre cada censo. En México, la Secretaría de Desarrollo Social y el Programa de Desarrollo de las Naciones Unidas trazaron mapas de pobreza nutricional y de ingresos de escala municipal y estatal, para utilizarse en programas dirigidos a mejorar el estándar de vida de las familias urbanas pobres (Székely Pardo *et al.*, 2007; Lopez-Calva *et al.*, 2007; World Bank, 2015). En Estados Unidos de América, el programa Cálculos de Ingreso y Pobreza en Pequeñas Áreas (SAIPE) aporta estimados anuales de estadísticas de ingreso y pobreza de todos los distritos escolares, condados y estados, destinados a respaldar las decisiones relativas a la asignación de fondos en programas federales, así como a ayudar a autoridades estatales y locales a asignar fondos y programas de gestión.

Gráfica 6.6. **Tasas de pobreza relativa entre regiones**

Alrededor de 2010

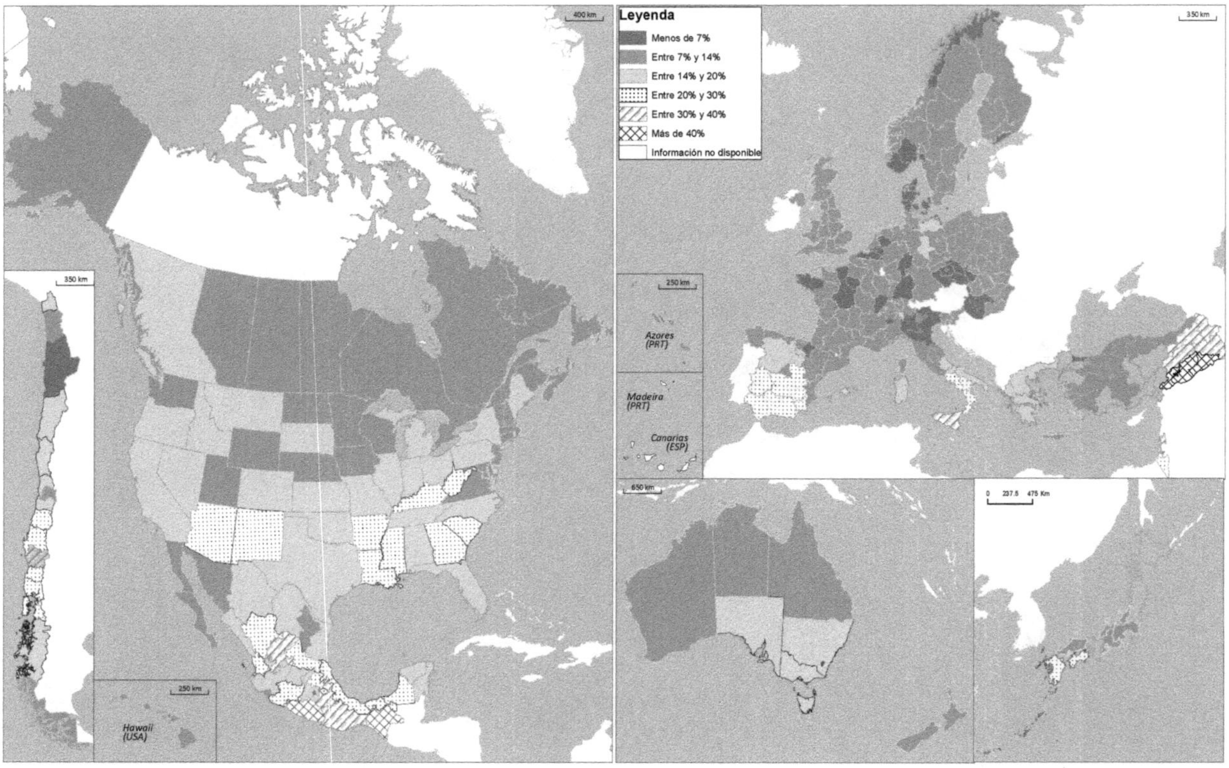

Nota: Índice de recuento de la pobreza con la línea de pobreza definida en 50% del ingreso nacional mediano. Este documento y cualquier mapa incluido en él tiene fines ilustrativos y sin perjuicio de la condición o de la soberanía sobre un territorio, de la delimitación de fronteras o límites internacionales ni del nombre de cualquier territorio, ciudad o área. Fuente de demarcaciones administrativas: Oficinas Nacionales de Estadística y FAO *Global Administrative Unit Layers* (GAUL).

Fuente: OECD (2015), *Regional Well-Being Database*, *http://dx.doi.org/10.1787/region-data-en.*

StatLink *http://dx.doi.org/10.1787/888933268514*

Las grandes disparidades regionales en el desempleo se mantienen y se agravaron desde 2008

Durante la década pasada, la generación de empleo tuvo un impulso desproporcionado de un número limitado de regiones de la OCDE que resultaron más competitivas y atractivas gracias a su capital humano y su composición industrial: en general, 40% del crecimiento del empleo en los países de la OCDE observado entre 1999 y 2013 se originó en solo 10% de las regiones de la OCDE (OECD, 2013). En 2014, las disparidades regionales en las tasas de desempleo (33 puntos porcentuales entre las regiones de la OCDE con las tasas de desempleo más altas y más bajas) son significativamente mayores que las disparidades entre los países de la OCDE (23 puntos porcentuales). Las mayores diferencias regionales en dichas tasas se encuentran en Turquía, España, Italia, Bélgica y República Eslovaca (más de 10 puntos porcentuales). En algunos casos, estas disparidades entre regiones son tan grandes como aquellas entre todos los países de la OCDE: por ejemplo, la diferencia de la tasa de desempleo entre las regiones italianas de Campania y Trento (cerca de 20 puntos porcentuales) es igual a la diferencia entre los promedios nacionales de España y Suiza (Gráfica 6.7).

Gráfica 6.7. **Variación regional de las tasas de desempleo**

Porcentaje de la fuerza laboral, valores regionales máximos y mínimos, 2014

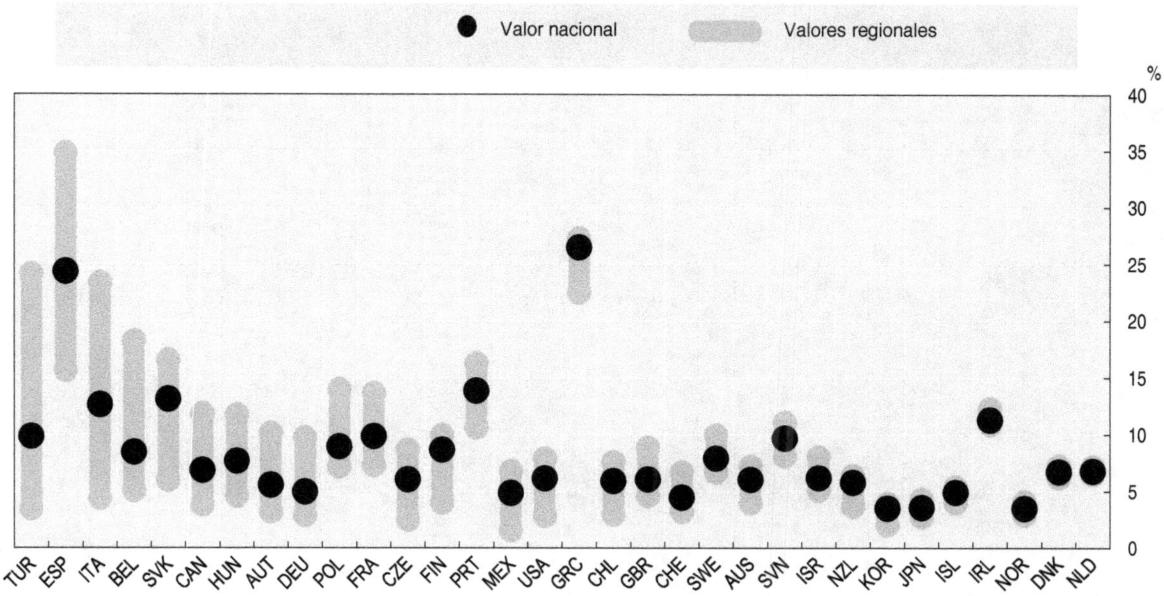

Nota: Para Chile e Israel los datos corresponden a 2013. Los datos se refieren a regiones TL2. Los valores de Canadá excluyen las regiones del Yukón, los Territorios del Noroeste y Nunavut; los valores de Dinamarca excluyen Åland.

Fuente: OECD (2015), *Regional Well-Being Database*, *http://dx.doi.org/10.1787/region-data-en*.

StatLink http://dx.doi.org/10.1787/888933268522

Las tendencias de desempleo en las regiones a partir del inicio de la crisis financiera han aumentado estas diferencias considerablemente: en 10 países de la OCDE, más de 40% del crecimiento del desempleo nacional registrado desde 2008 se concentró en solo una región (OECD, 2013). Las diferencias interregionales en el desempleo de los jóvenes y de largo plazo son aún mayores que las del desempleo total, y se agravaron desde 2008. España tiene la más alta variación interregional de las tasas de desempleo de jóvenes, con una brecha de 30 puntos porcentuales entre las regiones con mejor y peor desempeño. Por sí solas, Andalucía y Cataluña representaron más de 40% del aumento de jóvenes desempleados en España durante el periodo 2007-2012.

Grandes disparidades regionales en resultados educativos

Entre las dimensiones no materiales de bienestar, la educación es especialmente importante debido a su relación con muchos otros resultados, como ingreso familiar, empleo, compromiso cívico y salud. En el marco de bienestar regional de la OCDE los resultados educativos se miden por el porcentaje de la fuerza laboral con por lo menos educación media superior, indicador que puede interpretarse como una medida de las competencias con que se cuenta en las regiones. De forma ideal, esta medida se complementaría con indicadores de resultados que evalúen la competencia de estudiantes o adultos, según se mide en el Programa Internacional de Evaluación de los Estudiantes (PISA) y el Programa para la Evaluación Internacional de las Competencias de los Adultos (PIAAC) de la OCDE: sin embargo, solo se cuenta con estos datos para un número muy limitado de regiones de la OCDE.

Gráfica 6.8. **Variación regional de la escolaridad de la fuerza laboral**

Porcentaje de la fuerza laboral con por lo menos educación media superior, 2013

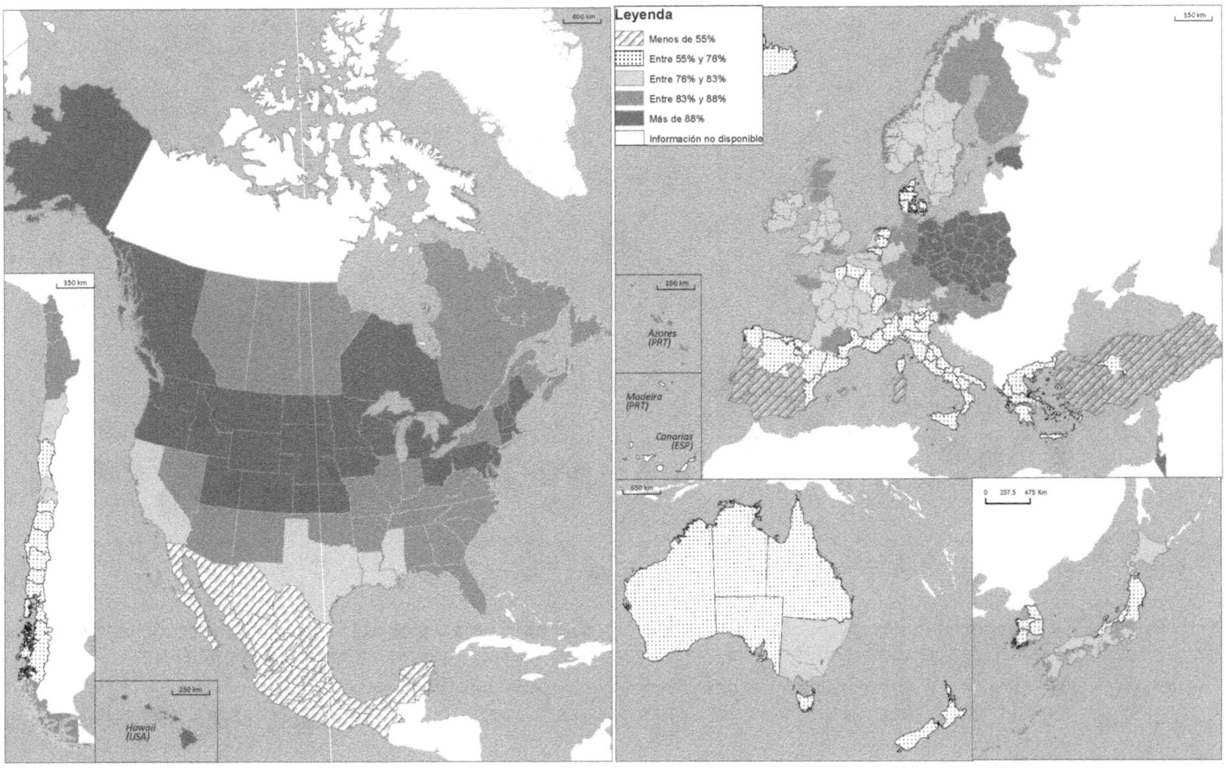

Nota: Este documento y cualquier mapa incluido en él tiene fines ilustrativos y sin perjuicio de la condición o de la soberanía sobre un territorio, de la delimitación de fronteras o límites internacionales ni del nombre de cualquier territorio, ciudad o área. Fuente de demarcaciones administrativas: Oficinas Nacionales de Estadística y FAO *Global Administrative Unit Layers* (GAUL).

Fuente: OECD (2015), *Regional Well-Being Database*, *http://dx.doi.org/10.1787/region-data-en*.

StatLink *http://dx.doi.org/10.1787/888933268534*

Las diferencias regionales en los resultados educativos son tan grandes como las que corresponden a las demás medidas de bienestar aquí analizadas. En 2013, en algunas regiones de España, Portugal, México y Turquía se encontró que menos de la mitad de la fuerza laboral había terminado la educación media superior, en tanto que en regiones de los países de Europa del Este, alrededor de 80% o más de la fuerza laboral la había terminado. En las otras regiones de América del Norte, el porcentaje de la fuerza laboral con por lo menos educación media superior disminuye conforme se cambia de las regiones "centrales" a las "zonas más periféricas" (Gráfica 6.8).

La contaminación atmosférica excede los umbrales recomendados en la mitad de las regiones de la OCDE

La exposición a la contaminación atmosférica y sus causas varían mucho según se viva en ciudades o en zonas rurales, y en países desarrollados o menos desarrollados. Además de ser un problema de salud pública, la calidad del medio ambiente es un factor determinante del bienestar individual, la satisfacción de vida y la elección del lugar de residencia (White *et al.*, 2013; Ferreira, 2013). Para proporcionar medidas congruentes de la magnitud y la distribución territorial de la contaminación atmosférica entre y dentro de los países, la OCDE elaboró una metodología que combina datos obtenidos vía satélite con el sistema de información geográfica (Recuadro 6.3; Brezzi y Sanchez-Serra, 2014). Esta metodología permite medir la exposición promedio de la población en cada región a la concentración de pequeñas partículas en el aire ($PM_{2.5}$).

Con base en esta medida, se observó que entre 2002 y 2011 la exposición promedio a la contaminación atmosférica (niveles de $PM_{2.5}$) se redujo en 31 de los 34 países de la OCDE, con la excepción de Israel, Nueva Zelanda y Turquía. Estas estimaciones indican que hay grandes variaciones en la exposición a $PM_{2.5}$ entre regiones y que la exposición más alta se registró en México, Italia, Chile y Turquía. Según cifras de 2011, en 58% de las regiones de la OCDE (que representan 64% de la población total de la OCDE), los niveles de contaminación atmosférica fueron más altos del máximo recomendado por la Organización Mundial de la Salud, de 10 µg/m³µg/m³. En algunas regiones de Corea, Turquía, México, Italia e Israel, así como de China e India, se detectaron valores muy altos. Por ejemplo, Chile muestra una exposición nacional promedio a $PM_{2.5}$ de 6.4 µg/m³µg/m³, la cual es comparativamente baja; sin embargo, en cuatro de 15 regiones, los niveles de contaminación atmosférica son más altos que el valor recomendado de 10 µg/m³µg/m³ (Gráfica 6.9).

Gráfica 6.9. **Disparidades regionales en la exposición promedio a la contaminación atmosférica**

Regiones con la exposición más baja y más alta a niveles de $PM_{2.5}$, 2011

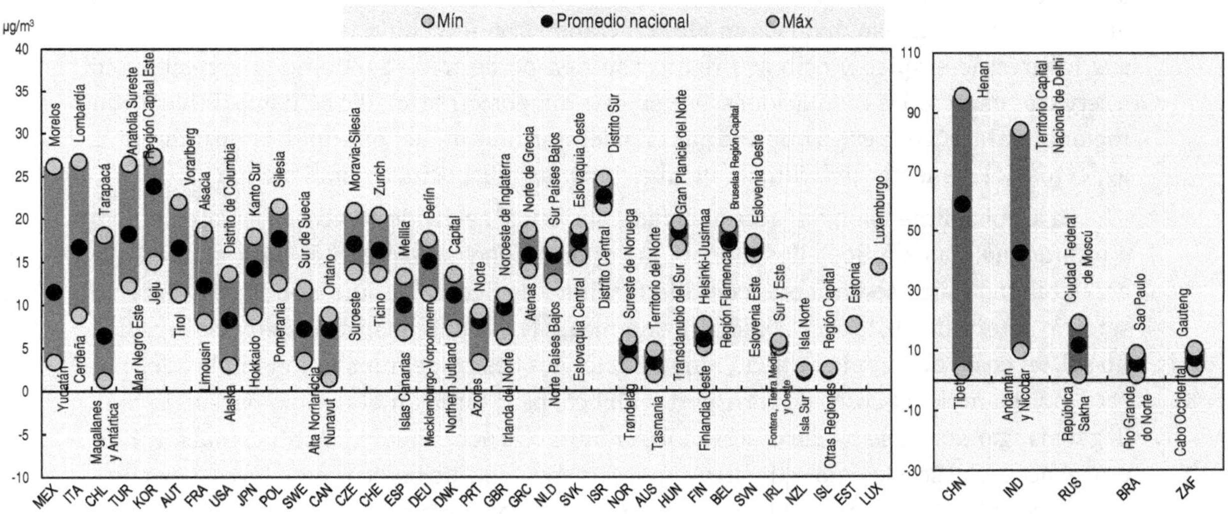

Nota: Los datos se refieren a medidas del promedio de un periodo de tres años (2010-2012). Los valores ofrecen el nivel promedio de contaminación atmosférica en cada región. El promedio regional se obtiene al ponderar los niveles observados de $PM_{2.5}$ por la población en un área de 1 km² y sumar los valores dentro de cada región.

Fuente: OECD (2015) *Regional Well-Being Database, http://dx.doi.org/10.1787/region-data-en.* Cálculos basados en van Donkelaar *et al.* (2015).

StatLink http://dx.doi.org/10.1787/888933268549

Debido a la concentración geográfica de la población, las actividades económicas y las emisiones de diferentes fuentes, las ciudades suelen registrar más contaminación atmosférica que el resto de un país. Sin embargo, las diversas características de las ciudades (como clima, altura, densidad de población, extensión geográfica, red de transporte y actividades económicas, entre otras) y las iniciativas locales para reducir dicha contaminación (mediante regulaciones y políticas públicas de transporte, energía y actividades económicas) generan grandes diferencias en la calidad del aire en las ciudades de un mismo país. Por ejemplo, la exposición promedio a $PM_{2.5}$ de Cuernavaca (México), Milán (Italia) y Kurnamoto (Japón) es tres veces mayor que en otras ciudades del mismo país, en tanto que todas las ciudades de Canadá, Finlandia, Chile, Estonia, Noruega e Irlanda tienen niveles relativamente bajos de contaminación atmosférica (Brezzi y Sanchez-Serra, 2014).

En la actualidad, los únicos resultados ambientales a nivel subnacional que son posibles calcular con un método internacional armonizado son los relacionados con la contaminación atmosférica. Aumentar los indicadores ambientales disponibles es una prioridad para muchos países de la OCDE.

La accesibilidad a los servicios difiere mucho entre territorios

Incluso en la misma región, la accesibilidad a servicios puede ser notoriamente diferente, según el lugar específico de residencia. La dimensión "accesibilidad a servicios" del marco de bienestar regional de la OCDE se refiere a la prestación tanto de servicios básicos (por ejemplo, servicios públicos y servicios de salud) que contribuyan a una calidad de vida digna en términos de condiciones materiales, así como de servicios que mejoren esta calidad de vida, como educación, infraestructura cultural y natural, tecnologías de la información y la comunicación, y transporte, entre otros. Por ejemplo, un mejor acceso al transporte —incluso diversos modos de transporte— ayuda a las personas a llegar a sus lugares de empleo y ocio, y a reducir su tiempo de traslado. Como la accesibilidad a servicios varía con las condiciones locales, esta dimensión se añadió al marco de bienestar regional de la OCDE, pese a que podría considerarse más un factor impulsor de diferentes aspectos del bienestar individual que una dimensión específica por sí misma.

La amplia dimensión de "accesibilidad a servicios" se divide en acceso *físico, económico* e *institucional*, pues todos ellos afectan las oportunidades disponibles para la gente. La accesibilidad física se entiende como la facilidad de acceso al sitio donde se presta un servicio determinado; la accesibilidad económica, a la asequibilidad de un servicio, incluido no solo el costo del propio servicio, sino también los costos de transacción implicados por este (por ejemplo, el costo de transporte público, pero también el tiempo necesario para llegar al lugar donde se presta el servicio). Por último, la accesibilidad institucional significa que el acceso al servicio no se restringe por factores institucionales como leyes, normas o valores sociales. Otro aspecto por considerar en el futuro es la manera en que la accesibilidad a servicios se distribuye entre los diferentes grupos de la población de una cierta región.

El indicador utilizado para medir la accesibilidad a servicios es el porcentaje de familias con conexión de banda ancha (OECD [2014a] y *www.oecdregionalwellbeing.org*), y está disponible para todas las regiones de la OCDE. La conexión de banda ancha es un requisito esencial para tener acceso a la información y a otros servicios que conforman la calidad de vida. Si bien el acceso a la conexión de banda ancha ha mejorado con rapidez en todos los países de la OCDE, aún se observa en muchos de ellos una división entre los entornos rural y urbano, en particular al medirlos en una escala geográfica pequeña (OECD, 2014a). El indicador actualmente disponible refleja la dimensión física de la accesibilidad a servicios, pero no brinda información sobre el uso real de la banda ancha, por ejemplo, sobre el porcentaje de familias suscritas a un proveedor de este servicio, o sobre la calidad de los servicios prestados. En el futuro más esfuerzos tienen que ser realizados para capturar los aspectos económico e institucional de este indicador.

El acceso a los servicios de salud varía entre zonas urbanas y rurales

El marco de bienestar regional de la OCDE mide las desigualdades regionales en el acceso a servicios de salud mediante dos indicadores disponibles para una submuestra de países; ambos indicadores reflejan aspectos del acceso físico, económico e institucional a los servicios.

La distribución territorial de recursos físicos como hospitales, clínicas y médicos de atención primaria influye en el acceso físico a servicios de salud. En el informe de la OCDE *How's Life in Your Region?* se proporciona evidencia de la accesibilidad de hospitales en regiones TL3 de la OCDE en Alemania, Estados Unidos de América y Francia. El indicador mide la distancia al hospital más cercano ponderado por la población ubicada en cada kilómetro cuadrado del territorio regional. Esta medición demuestra que, en promedio, las regiones con mayor densidad poblacional tienen un mayor acceso físico a un hospital (OECD, 2014a).

Un segundo indicador se relaciona con las características de la población que demanda el servicio de salud. El indicador mide el porcentaje de personas que informan de una o más ocasiones en que requirieron atención o un examen médico y no lo recibieron. El indicador se recoge mediante encuestas a familias en las que los entrevistados brindan una lista de razones para privarse de un examen o tratamiento médico, como costo, listas de espera, miedo a los médicos o problemas de transporte. Debido al muestreo de datos, los valores regionales no discriminan entre las causas para privarse de un examen médico; sin embargo, el indicador puede considerarse una medida de la dificultad de acceso a los servicios de salud debido a barreras económicas o de otro tipo.

Solo unas cuantas encuestas familiares nacionales recaban este tipo de información en formas que pueden analizarse a nivel regional, debido a que las muestras son pequeñas. Además, la medida ahora disponible tiene una capacidad limitada para discriminar entre las causas (por ejemplo, económicas, de conocimientos, culturales y otras) para no consultar a un médico (Koolman, 2007; Allin y Masseria, 2009). En los países en los que se dispone de información, un primer análisis descriptivo muestra que las diferencias regionales de necesidades médicas no cubiertas son muy distintas dentro de los países, y que Chile, México e Italia tienen la mayor brecha entre las regiones con mejor y peor desempeño (Gráfica 6.10). Análisis empíricos basados en datos regionales sobre seis países encontraron diferencias regionales importantes en necesidades médicas no cubiertas, incluso después de tomar en cuenta las características individuales (Brezzi y Luongo, *OECD Regional Development Working Paper* [en prensa]).

La agenda estadística futura para medir el bienestar regional

En comparación con otros ejercicios de medición realizados en el ámbito nacional, un enfoque regional o subnacional de la medición del bienestar afronta el reto de encontrar estadísticas confiables y comparables para generar indicadores en la escala territorial deseada. A menudo no se cuenta con información de encuestas para generar indicadores de bienestar en los niveles regional o local, pues las encuestas por lo regular están diseñadas

Gráfica 6.10. **Variaciones regionales del porcentaje de personas que informan de necesidades médicas no cubiertas**

2012

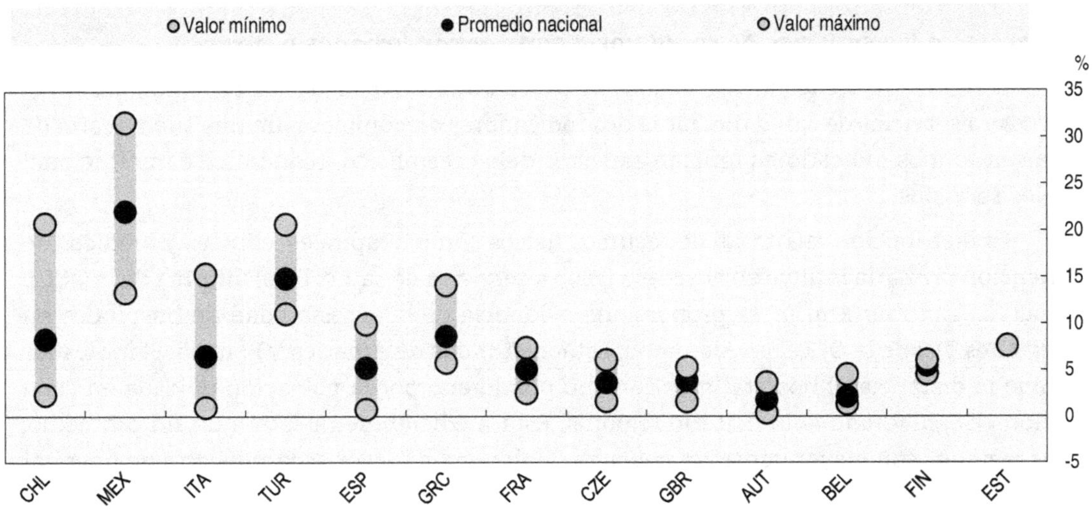

Nota: Las regiones se clasifican según la diferencia entre el valor regional más alto y el más bajo.

Fuente: OECD (2014a), *How's Life in Your Region?*, *OECD Publishing*, París, *http://dx.doi.org/10.1787/9789264217416-en*.

StatLink http://dx.doi.org/10.1787/888933268558

para ofrecer información representativa de la población solo a nivel nacional. Si bien hay margen para cambiar la estructura de las encuestas con el fin de ofrecer más información sobre las regiones más grandes (desde cambios en la estructura de la muestra que otorguen mayor peso a las regiones pequeñas hasta promedios multianuales y publicación de los detalles de las encuestas necesarios para calcular los errores estándar), el futuro de la medición del bienestar en los niveles subnacional y local radica sobre todo en la posibilidad de movilizar una amplia gama de fuentes de datos y métodos más allá de los disponibles en estadísticas oficiales. Lo anterior implica recurrir a datos administrativos y a nuevas fuentes de información (por ejemplo, datos masivos para proporcionar información sobre las diferencias en las tasas de arrendamiento en las localidades), así como extender el uso de los sistemas de información geográfica (GIS) junto con la integración de las fuentes antes mencionadas. El diseño de encuestas específicas y el uso de herramientas innovadoras, como técnicas de estimación para zonas pequeñas, son también áreas importantes para la investigación futura.

En vista de los retos para medir el bienestar regional y las presiones presupuestarias a los órganos estadísticos, es fundamental fijar prioridades para cerrar las brechas de información y asegurar que los resultados sean más pertinentes para la elaboración de políticas públicas. Cabe destacar cinco prioridades:

- ***Actualizar con más regularidad el conjunto vigente de indicadores de bienestar de la OCDE para regiones grandes y ampliarlo para incluir otras de estas dimensiones.*** El conjunto de indicadores de bienestar identificados en el Cuadro 6.2 para las regiones grandes de la OCDE podría actualizarse cada año con apoyo de las oficinas nacionales de estadísticas; asimismo, podrían emprenderse iniciativas para cerrar las brechas de datos específicas a ciertos países y desarrollar indicadores similares para países no pertenecientes a la

OCDE. El conjunto de datos debe también ampliarse en el futuro para incluir medidas del bienestar subjetivo,[6] informes de victimización de los propios afectados, medidas de las competencias de estudiantes y adultos, así como medidas de las relaciones sociales.

- ***Diseñar mejores indicadores de la accesibilidad a servicios en los niveles regional o local.*** Si bien el acceso a la dimensión de servicios es esencial para medir el bienestar en los niveles locales, se carece de medidas internacionalmente comparables. En esta etapa, el único indicador disponible es el porcentaje de familias con conexión de banda ancha. Para mejorar la medición de esta dimensión, se requiere información territorial sobre la ubicación de los centros de prestación de servicios (por ejemplo, escuelas, hospitales, estaciones ferroviarias y espacios verdes, entre otros). Si se integra esta información con datos administrativos (por ejemplo, sobre el uso del servicio en cuestión), así como con datos sobre el lugar de residencia de las personas y la infraestructura de transporte de que disponen, sería posible evaluar (en distintos niveles territoriales) en qué grado los servicios son potencialmente accesibles. Pese al uso creciente de GIS para planificación territorial, aún es escasa la información sobre la ubicación de servicios clave y sus características. Además, se requieren más medidas para valorar la calidad de los servicios proporcionados, más allá de su accesibilidad física. La satisfacción de los usuarios con servicios como transporte, atención a la salud y atención a la infancia sería particularmente relevante. Estos parámetros suelen proporcionarse a nivel local, con diferencias importantes en su calidad entre los distintos territorios. Si bien se ofrece información sobre disponibilidad y calidad de servicios (datos administrativos, encuestas de satisfacción del consumidor y otras), se requieren directrices comunes sobre cómo generar y tratar estos datos.
- ***Fomentar la medición del bienestar en niveles geográficos más detallados.*** En la actualidad, gran parte de la demanda de mejores parámetros de bienestar proviene de gobiernos de ciudades y municipios, así como de comunidades. La *Metropolitan Database* (Base de datos metropolitanos) de la OCDE, que incluye indicadores de 275 zonas metropolitanas de al menos 500 000 habitantes, ofrece un punto de arranque para la medición de condiciones socioeconómicas que podrían ampliarse a indicadores de bienestar. Sin embargo, en el aspecto territorial, la información estadística escasea en particular porque, a diferencia de las regiones TL2, las zonas metropolitanas no necesariamente corresponden a regiones administrativas y gran parte de la información generada por los órganos estadísticos nacionales no puede utilizarse en dicho nivel. Se necesita identificar nuevos métodos de generación de datos y fuentes de información para estas áreas geográficas.
- ***Aplicar definiciones congruentes de todas las zonas urbanas y rurales en todas las fuentes estadísticas.*** En el caso de muchas dimensiones de bienestar (educación, accesibilidad a servicios, salud y otras) se observa una división entre lo rural y lo urbano; esto ocurre tanto en los países en desarrollo como en algunos países de la OCDE (OECD, 2011b). Pese a que no es posible aportar datos verosímiles para ciertas unidades geográficas, un requisito mínimo tendría que ser que todas las encuestas familiares para recabar diferentes tipos de indicadores de bienestar (por ejemplo, encuestas de la fuerza laboral, encuestas familiares generales y sobre victimización, entre otras) apliquen definiciones uniformes para clasificar si los encuestados residen en zonas urbanas o rurales. Estas clasificaciones congruentes contribuirían también a controlar los Objetivos de Desarrollo Sostenible de la ONU, los cuales incluirán objetivos separados para zonas urbanas y

rurales. Al respecto, la definición conjunta de la OCDE y la UE de regiones rurales y urbanas podría aportar una base para una iniciativa internacional de este tipo.

- ***Medir las desigualdades de bienestar en las regiones.*** La evidencia analizada en este capítulo señala que las diferencias de bienestar son importantes, entre y dentro de las regiones. Es recomendable continuar la primera recopilación de datos realizada por la OCDE sobre desigualdad de ingreso y pobreza a nivel regional, actualizarla de forma periódica en el futuro y extenderla a otros países de la OCDE. Se requieren medidas para estimar los niveles de precios entre las regiones de modo que puedan hacerse comparaciones que reflejen el poder de compra de quienes viven en diferentes lugares. También se necesitan medidas de desigualdad a nivel individual en las diferentes regiones en lo referente a otros aspectos de bienestar, como patrimonio familiar o capacidades y competencias, así como asegurarse de proporcionar estadísticas regionales confiables en estos campos. Esta información, cuando se base en la misma definición y las mismas fuentes de datos a nivel nacional, permitiría descomponer las medidas nacionales de desigualdad en sus componentes intra e interregionales; lo cual brindaría perspectivas fundamentales de la importancia relativa de las características individuales y de ubicación.

El objetivo final de mejorar la información estadística para medir el bienestar es apoyar las iniciativas de los países para sustentar y dar forma al debate sobre políticas públicas. Para ello, muchas regiones y ciudades han puesto en marcha iniciativas de bienestar dirigidas a mejorar la eficacia y coherencia de las políticas para la competitividad y la calidad de vida de la región. El informe de la OCDE *How's Life in Your Region?* (2014a) presenta siete estudios de caso con el fin de analizar cómo se utilizan realmente los indicadores de bienestar regional en el diseño de políticas (Recuadro 6.4). Las iniciativas regionales analizadas tienen tres elementos comunes. Primero, es necesario adaptar las medidas de bienestar al contexto local, por ejemplo, al aumentar el número de indicadores y su precisión, con vínculos con indicadores para medir los resultados de las políticas. Segundo, la medición deberá conectarse con diálogos de políticas, identificando a todos los actores pertinentes, así como posibles acciones regulatorias y de políticas, para coordinar el diseño de políticas públicas en todos los sectores y niveles de gobierno. Por último, se requiere alentar a las personas a adaptar las mediciones de bienestar a sus necesidades. Un diálogo abierto y el uso de información son condiciones necesarias para movilizar a los ciudadanos desde el principio.

Recuadro 6.4. **Iniciativas regionales para utilizar indicadores de bienestar en la elaboración de políticas públicas**

En el informe de la OCDE *How's Life in Your Region? Measuring Regional and Local Well-being for Policy-Making* se presentan siete estudios profundos de caso sobre diferentes soluciones metodológicas y políticas para utilizar medidas de bienestar en la elaboración de políticas públicas. Los diferentes estudios de caso aportan buenos ejemplos para utilizar indicadores de bienestar en diferentes etapas del proceso de elaboración de políticas públicas, como la selección de indicadores de resultados de bienestar regionales, la vigilancia de los avances en las circunstancias de las personas a lo largo del tiempo y la puesta en marcha de un proceso de participación de múltiples actores para fomentar el cambio social.

En el caso de Roma, Italia, se utilizó un proceso de consulta integral para priorizar las dimensiones de bienestar que más interesan a los ciudadanos mediante encuestas comunitarias, una herramienta electrónica, reuniones públicas y talleres, entre otros. La región de Cerdeña, Italia, realizó mejoras concretas en la prestación de servicios públicos (por ejemplo, en un periodo de cinco años, la cantidad de residuos

Recuadro 6.4. **Iniciativas regionales para utilizar indicadores de bienestar en la elaboración de políticas públicas** *(cont.)*

urbanos depositados en vertederos se redujo a la mitad, y el porcentaje de residuos urbanos reciclados aumentó de 27% a 48%) como resultado de la participación eficaz de instituciones públicas, el sector privado y la sociedad civil en torno a objetivos de bienestar claros y medibles. Con su iniciativa "Buena Vida", el sur de Dinamarca incluyó un conjunto integral de indicadores de bienestar regional en su Plan de Desarrollo Regional, al combinar indicadores objetivos y de percepción para controlar el avance social en la región. El norte de los Países Bajos desarrolló un conjunto complejo de indicadores de bienestar regional al implicar a varios actores, como la comunidad académica (por ejemplo, la Universidad de Groningen). Newcastle, en Reino Unido, es un buen ejemplo de una ciudad que se basó en necesidades nacionales (establecer consejos locales de salud y bienestar conforme a la Ley de Salud y Atención Social de 2012) para desarrollar una estrategia local de bienestar de gran alcance. El estado de Morelos, México, diseñó su plan estatal de desarrollo en torno a un conjunto de referencias y objetivos claros en diferentes dimensiones de bienestar para un periodo de tiempo predeterminado (correspondiente al mandato del gobierno del estado). Por último, la US Partnership for Sustainable Communities (alianza para comunidades sostenibles de Estados Unidos de América) es una iniciativa nacional para jurisdicciones de todos tamaños. Se destina a alinear políticas y financiación federales con el fin de mejorar el acceso a una vivienda asequible, ofrecer más opciones de transporte y reducir sus costos, y proteger el medio ambiente. La iniciativa recurre a los indicadores existentes —identificados con ayuda de grupos de control y órganos gubernamentales— y brinda directrices a los responsables locales de las políticas públicas.

Fuente: OECD (2014a), *How's Life in Your Region? Measuring Regional and Local Well-being for Policy Making*, OECD Publishing, París, *http://dx.doi.org/10.1787/9789264217416-en*.

Notas

1. Los datos sobre el ingreso per cápita provienen de las cuentas familiares regionales de los países, excepto en los casos de México, Suiza y Turquía, en los cuales los valores se calculan con base en encuestas familiares nacionales. El ingreso disponible por región se recaba en la moneda nacional actual y se transforma en dólares estadounidenses constantes y Paridad de Poder Adquisitivo (PPA) constante para el año de referencia 2005. La transformación se hizo mediante el deflactor de precios implícito del gasto de consumo final de las familias a nivel nacional. Los valores de ingreso disponible por región se dividen entre la población regional para obtener el ingreso per cápita. El ingreso disponible a nivel regional derivado de las cuentas familiares regionales tiene la ventaja sobre los datos de encuestas familiares de que por lo general está disponible en forma anual.
2. Los índices de Pearson son 0.9 y 0.8, respectivamente, considerando todos los países, y mantienen su significación estadística al omitir los tres países.
3. Para mayores detalles, véase *http://go.worldbank.org/OPQO6VS750* (consultado el 29 de mayo de 2015).
4. Los resultados reportados en Piacentini (2014) se basan en definiciones y fuentes de datos similares a las que sustentan las estimaciones nacionales publicadas anualmente por la OCDE en su base de datos *Income Distribution*. Los estimadores regionales disponibles para 28 países de la OCDE en 2010 se basan en el concepto de ingreso familiar disponible homogeneizado (tanto el ingreso de mercado, es decir, el ingreso antes de impuestos y transferencias, y el ingreso disponible, es decir, aquel después de impuestos y transferencias) expresado en términos nominales; es decir, no toman en cuenta las diferencias de precios entre regiones.

5. La definición del ingreso disponible que se emplea en los estimadores de pobreza proporcionada en la base de datos de bienestar regional de la OCDE puede diferir un poco de la que aplica Eurostat.
6. Por ejemplo, desde abril de 2011, la Oficina Nacional de Estadística del Reino Unido (ONS) incluyó un conjunto de preguntas sobre el bienestar subjetivo en su Encuesta de Población Anual, la cual cada año recoge respuestas de alrededor de 165 000 personas de 16 años de edad y más, con base en un conjunto de cuatro preguntas que reflejan la satisfacción ante la vida del entrevistado, sus sentimientos acerca de la felicidad y la ansiedad, y el grado al que siente que lo que hace en la vida vale la pena. La ONS presenta resultados de cada uno de estos cuatro aspectos del bienestar subjetivo a las autoridades de los niveles local y nacional, regional (NUTS 1), así como de Inglaterra, Irlanda del Norte, Escocia y Gales. En *http://www.neighbourhood.statistics.gov.uk/HTMLDocs/dvc124/wrapper.html* (consultado el 29 de mayo de 2015) se ofrece un mapa interactivo que permite a los usuarios explorar los resultados en el nivel de la autoridad local.

Bibliografía

Allin, S. y C. Masseria (2009), "Unmet need as an indicator of health care access", *Eurohealth*, vol. 15, núm. 3, pp. 7-9.

Australian Bureau of Statistics (2011), "Socio-Economic Indexes for Areas", ABS, Canberra, *www.abs.gov.au/websitedbs/censushome.nsf/home/seifa* (consultado el 29 de mayo de 2015)

Brezzi M. y P. Luongo (en prensa), "Regional disparities in unmet medical needs: a multilevel analysis in selected OECD countries", *OECD Regional Development Working Papers*, OECD Publishing.

Brezzi, M. y D. Sanchez-Serra (2014), "Breathing the same air? Measuring air pollution in OECD cities and regions", *OECD Regional Development Working Papers*, OECD Publishing, París, *http://dx.doi.org/10.1787/5jxrb7rkxf21-en*

Brezzi, M., L. Dijkstra y V. Ruiz (2011), "OECD Extended Regional Typology: The Economic Performance of Remote Rural Regions", *OECD Regional Development Working Papers*, 2011/06, OECD Publishing, *http://dx.doi.org/10.1787/5kg6z83tw7f4-en*

Chetty, R., N. Hendren, P. Kline y E. Saez (2014), "Where is the land of opportunity? The geography of intergenerational mobility in the United States", *The Quarterly Journal of Economics* 129, núm. 4, pp. 1553-1623.

Ciccone, A. (2002) "Agglomeration effects in Europe," *European Economic Review*, vol. 46, núm. 2, pp. 213-227.

Ferreira, S., A. Akay, F. Brereton, J. Cuñado, P. Martinsson, M. Moro y T.F. Ningal (2013), "Life satisfaction and air quality in Europe", *Ecological Economics*, vol. 8(C), pp. 1-10.

Glaeser, E.L. y D.C. Mare (2001), "Cities and Skills", *Journal of Labor Economics*, vol. 19, núm. 2, pp. 316-342.

IEAG (2014), *A World That Counts: Mobilising The Data Revolution for Sustainable Development*, Independent Expert Advisory Group on a Data Revolution for Sustainable Development, United Nations Publishing.

Jolliffe, D. (2006), "Poverty, Prices, and Place: How Sensitive Is the Spatial Distribution of Poverty to Cost of Living Adjustments?", *Economic Inquiry*, vol. 44, núm. 2, pp. 296-310.

Kanbur, R. y J. Zhuang (2013), "Urbanization and inequality in Asia", *Asian Development Review*, vol. 30, núm. 1, pp. 131-147.

Koolman X. (2007), "Unmet need for health care in Europe", en *Comparative EU statistics on income and living conditions: issues and challenges*, Proceedings of the EU-SILC Conference (Actas de la Conferencia UE-SILC), Helsinki, Eurostat, pp. 181-191.

López-Calva, L.F., L. Rodriguez-Chamussy y M. Szekely (2007), "Poverty Maps and Public Policy: Lessons from Mexico", en T. Bedi, A. Coudouel y K. Simler (eds.) *More Than a Pretty Picture: Using Poverty Maps to Design Better Policies and Interventions*, World Bank, Washington, DC, capítulo 10, pp. 3-22. *http://ideas.repec.org/b/wbk/wbpubs/6800.html* (consultado el 29 de mayo de 2015).

Moretti, E. (2004), "Estimating the social return to higher education: evidence from longitudinal and repeated cross-sectional data", *Journal of Econometrics*, 121, núm. 1-2, pp. 175-212.

OECD (2014a), *How's Life in Your Region? Measuring regional and local well-being for policymaking*, OECD Publishing, París, *http://dx.doi.org/10.1787/9789264217416-en*

OECD (2014b), *OECD Regional Outlook 2014: Regions and Cities: Where Policies and People Meet*, OECD Publishing, París, *http://dx.doi.org/10.1787/9789264201415-en*

OECD (2014c), *How's Life in Your Region? Case study on the region of Southern Denmark*, OECD Publishing, París, *http://dx.doi.org/10.1787/9789264217416-en*

OECD (2013), *OECD Regions at a Glance 2013*, OECD Publishing, París, *http://dx.doi.org/10.1787/reg_glance-2013-en*

OECD (2012), *Redefining "Urban". A New Way to Measure Metropolitan Areas*, OECD Publishing, París, *http://dx.doi.org/10.1787/9789264174108-en*

OECD (2011a), *How's Life?: Measuring Well-being*, OECD Publishing, París, *http://dx.doi.org/10.1787/9789264121164-en*

OECD (2011b), *OECD Regions at a Glance 2011*, OECD Publishing, París, *http://dx.doi.org/10.1787/reg_glance-2011-en*

ONS (2011), "Measure what matters. National Statistician's reflections on the national debate on measuring national well-being", Office for National Statistics Publishing, Reino Unido.

Piacentini, M. (2014), "Measuring income inequality and poverty at the regional level in OECD countries", *OECD Statistic Working Paper* 2014/03, OECD Publishing, París, *http://dx.doi.org/10.1787/5jxzf5khtg9t-en*

Rice, P., A.J. Venables y E. Patacchini (2006), "Spatial determinants of productivity: Analysis for the regions of Great Britain", *Regional Science and Urban Economics*, vol. 36, núm. 6, pp. 727-752.

Rothwell, J.T. y D.S. Massey (2015), "Geographic Effects on Intergenerational Income Mobility", *Economic Geography*, vol. 91, núm. 1, pp. 83-106.

Royuela, V., P. Veneri y R. Ramos (2014), "Income inequality, urban size and economic growth in OECD regions", *OECD Regional Development Working Papers*, 2014/10, OECD Publishing, París, *http://dx.doi.org/10.1787/5jxrcmg88l8r-en*

Sampson, R. J. (2008), "Moving to Inequality: Neighborhood Effects and Experiments Meet Social Structure", *American Journal of Sociology*, vol. 114, núm. 1, pp. 189-231.

Székely Pardo M., L.F. López-Calva, A. Meléndez Martínez, E.G. Rascón Ramírez y L. Rodríguez-Chamussy (2007), "Poniendo a la pobreza de ingresos y a la desigualdad en el mapa de México", *Economía Mexicana NUEVA ÉPOCA*, vol. XVI, 2.

Van Donkelvar, A., R.V. Martin, M. Brauer y B.L. Boys (2015) "Use of Satellite Observations for Long-Term Exposure Assessment of Global Concentrations of Fine Particulate Matter", *Environmental Health Perspectives*, vol. 123, núm. 2, pp. 135-143.

Wilson,W. J. (1987), *The Truly Disadvantaged: The Inner City, the Underclass, and Public Policy*, University of Chicago Press, Chicago, IL.

Wishlade, F. y D. Yuill (1997), "Measuring disparities for area designation purposes: Issues for the European Union", *Regional and Industrial Policy Research Paper*, núm. 24, European Policies Research Centre.

White, M.P., I. Alcock, B.W. Wheeler y M.H. Depledge (2013), "Would you be happier living in a greener urban area? A fixed-effects analysis of panel data", *Psychological Science*, vol. 24, núm. 6, pp. 920-928.

World Bank (2014), "EU Accession Countries. Poverty Mapping of New Members in EU: Completion memo", World Bank Group, Washington, DC, *http://documents.worldbank.org/curated/en/2014/06/19764353/european-union-eu-accession-countries-poverty-mapping-new-members-eu-completion-memo* (consultado el 29 de mayo de 2015).

World Bank (2015), "A Measured Approach to Ending Poverty and Boosting Shared Prosperity: Concepts, Data, and the Twin Goals", *Policy Research Report*, World Bank, Washington, DC, *http://elibrary.worldbank.org/doi/book/10.1596/978-1-4648-0361-1* (consultado el 10 de junio de 2015).

Bases de datos

Eurostat (2013), "European Union Statistics on Income and Living Conditions (EU-SILC)", European Commission, Bruselas, *http://ec.europa.eu/eurostat/web/income-and-living-conditions/overview* (consultado por última vez el 26 de junio de 2015).

OECD (2015), *OECD Regional Statistics* (base de datos), *http://dx.doi.org/10.1787/region-data-en* (consultado por última vez el 26 de junio de 2015).

OECD (2014), "Regional well-being", *OECD Regional Statistics* (base de datos), DOI: *http://dx.doi.org/10.1787/data-00707-en* (consultado por última vez el 11 de junio de 2015).

OECD (2013), "Metropolitan areas", *OECD Regional Statistics* (base de datos), DOI: *http://dx.doi.org/10.1787/data-00531-en* (consultado por última vez el 26 de junio de 2015).

ORGANIZACIÓN PARA LA COOPERACIÓN Y EL DESARROLLO ECONÓMICOS (OCDE)

La OCDE constituye un foro único en su género, donde los gobiernos trabajan conjuntamente para afrontar los retos económicos, sociales y medioambientales que plantea la globalización. La OCDE está a la vanguardia de los esfuerzos emprendidos para ayudar a los gobiernos a entender y responder a los cambios y preocupaciones del mundo actual, como el gobierno corporativo, la economía de la información y los retos que genera el envejecimiento de la población. La Organización ofrece a los gobiernos un marco en el que pueden comparar sus experiencias políticas, buscar respuestas a problemas comunes, identificar buenas prácticas y trabajar en la coordinación de políticas nacionales e internacionales.

Los países miembros de la OCDE son: Alemania, Australia, Austria, Bélgica, Canadá, Chile, Corea, Dinamarca, Eslovenia, España, Estados Unidos de América, Estonia, Finlandia, Francia, Grecia, Hungría, Irlanda, Islandia, Israel, Italia, Japón, Luxemburgo, México, Noruega, Nueva Zelanda, Países Bajos, Polonia, Portugal, Reino Unido, República Checa, República Eslovaca, Suecia, Suiza y Turquía. La Comisión Europea participa en el trabajo de la OCDE.

Las publicaciones de la OCDE aseguran una amplia difusión de los trabajos de la Organización. Estos incluyen los resultados de la compilación de estadísticas, los trabajos de investigación sobre temas económicos, sociales y medioambientales, así como las convenciones, directrices y los modelos desarrollados por los países miembros.

OECD PUBLISHING, 2, rue André-Pascal, 75775 PARIS CEDEX 16
(30 2014 02 4 P) ISBN 978-92-64-24074-2 – 2015-17

www.ingramcontent.com/pod-product-compliance
Lightning Source LLC
LaVergne TN
LVHW080647011026
849160LV00014B/1350

* 9 7 8 9 2 6 4 2 4 0 7 4 2 *